不出海，就出局

TikTok 出海指南

杰森、孤狼

2026 年 5 月

出版方：JasonHou
地址：69A Hale Rd, Wembley Downs, Perth, WA 6019, Australia
联系：houjinggang@gmail.com
ISBN（平装本）：978-1-923791-00-8
ISBN（电子书）：978-1-923791-01-5
出版年份：2026

目录

前言：不出海，就出局

2025 年初，我飞了趟东南亚。

目的地：胡志明市，雅加达。去看孤狼——他 2024 年就在越南和印尼做 TikTok 直播了，我想实地看看，这条路到底走得怎么样。因为在国内，真的太难了。

都不容易

我做教培出身，身边很多朋友也是。这几年，大家聚在一起，聊得最多的就是一个字：难。

人口红利见顶、政策收紧、流量变贵、用户被分流……曾经风光无限的赛道，转眼变成了泥潭。有人转型，有人躺平，有人咬牙硬撑。

我们都在找新的增长点。

孤狼比我们先动了一步。2024 年，他去了东南亚。不是因为准备好了，是因为在国内实在卷不动了。他跟我说："与其在红海里耗死，不如去蓝海里闯一闯。"

胡志明的那个下午

孤狼带我们走访了几个中国创始人的直播间。

其中一个画面，至今印在我脑子里。

一个越南姑娘坐在镜头前，手里拿着一瓶护肤品，往手背上抹，用越南语在讲解。我一个字都听不懂，但她的眼神是亮的，语速是快的，那种想要成交的热情，隔着语言都能感受到。旁边的助播时不时配合着喊几嗓子，摇一摇小铃铛，气氛热火朝天。

我就站在旁边，看着屏幕上的订单一单一单往上跳。

那一刻，我受到的冲击异常清晰：这不就是我们熟悉的那套打法吗？怎么换个地方，就变成了别人的生意？

我想明白的几件事

回程的飞机上，我一直在想。

第一，出海没有想象中那么难。

TikTok 的算法逻辑和抖音高度一致。我们在国内积累的那些能力——拍视频、做直播、投流、做内容——换个地方照样能用。这不是从零开始，而是优势迁移。

第二，那些"壁垒"，很多是自己吓自己。

语言不通？雇当地主播。物流复杂？有海外仓。不懂政策？找本地服务商。更别说现在 AI 工具这么发达，翻译、客服、内容生成，很多环节都能自动化。门槛没有想象中那么高，只是我们一直不肯迈出第一步。

第三，真正的风险不是出海，是不出海。

国内 14 亿人听起来市场很大，但几百万商家挤在同一个池子里，能分到的只会越来越少。而出海面对的是什么？是全世界。东南亚 6.7 亿人口，拉美 6.5 亿人口，欧美 7 亿人口……加起来是国内市场的好几倍。这些地方的年轻人正在经历我们十年前经历过的消费升级，而中国供应链的优势，放到全球依然是碾压级的。这么大的增量摆在眼前，不去抓，才是真正的风险。

为什么要写这本书

回国之后，我和孤狼坐下来，聊了很久。

最后我们决定：把这一年多摸索出来的东西，系统地写成一本书。

为了写好这本书，我和孤狼访谈了上百个 TikTok 出海团队——有刚起步的个人创业者，也有年销过亿的大卖家。从他们的成功与失败中，我们提炼出了最实用的方法论。

不是为了显摆自己多厉害，是因为我们自己淋过雨，知道那种迷茫的滋味。如果一年前有人把这些告诉我，我至少能少走半年弯路，少交几十万学费。

这本书写了什么：- 全球市场的宏观分析，帮你看清大势 - 8 种经过验证的出海商业模式，总有一款适合你 - 在短视频、直播领域摸爬滚打的实战经验 - 怎样用 AI 工具把效率拉满 - 怎样避开我们踩过的那些坑

每一章都从实战中来，每一个案例都是我们亲眼见过、亲手做过的。

---

15 个国家，从哪个开始？

“我该先做哪个国家？”

这是我被问得最多的问题。老实说，没有标准答案，得看你自己的情况。但我可以给你一个简单的框架：

新手、资金有限、想低成本试水：- 印尼：2.7 亿人口，年轻人多，直播文化成熟。我们在当地有供应链和仓储支持，新手可以借力快速起步 - 巴西：1.3 亿 TikTok 用户，50 美元以下商品免税 60%，政策红利明显

追求爆发力，愿意冒点风险：- 墨西哥：人口年轻，临近美国，物流快

追求高利润，愿意精细化运营：- 日本：利润可达国内 6-10 倍，但对细节要求极高

资金充足，想做品牌：- 美国：消费力最强，但获客成本也最高，没准备好别碰

附录里有 15 个国家的详细档案卡。记住一句话：别贪多，先选一个跑通，再复制。

写在最后

胡志明那个下午的画面，我记忆犹新。

那个越南姑娘，用我听不懂的语言，卖着我再熟悉不过的中国货。直播间不大，设备也普通，但订单就是一单一单地来。

我当时就在想：这些机会，本来也可以是我们的。

11 次创业，我最大的教训就是：机会不等人。当你觉得还没准备好的时候，别人已经在赚钱了。

不出海，就出局。

这不是吓唬人，是我自己花了真金白银换来的认知。

希望这本书能帮到你。更希望有一天，我们能在海外的某个市场相遇，坐下来喝一杯，聊聊各自的故事。

出发吧。

侯景刚

2026 年 1 月，深圳

（本书由侯景刚、孤狼共同完成）

第一部分：全球机遇与商业模式

第一章：全球机遇窗口分析

——站在巨浪的顶端

核心摘要： 本章将为你拆解 2024-2030 年最大的商业机遇——TikTok 全球化。我们不再仅仅谈论流量，而是深入商业的骨髓：从”流量红利”转向”全球供应链溢出”的本质逻辑。我们将通过“全球市场成熟度分层模型”，带你从红海（英美）杀入蓝海（日/巴/墨），并首次披露“时光机理论”（Time Machine Strategy）的落地实操 SOP。 这不是一篇新闻报道，这是一张给你指路的藏宝图。

开篇故事：从亏损 80 万到月入 50 万美金

2024 年 3 月，我在深圳华强北的一家咖啡馆见了周总。他做了 8 年亚马逊，算是”老炮”了。卖的是 3C 配件，巅峰时期一年净利润 400 万。但那天见面，他满脸愁容：

“老侯，我去年净利润还有 200 万，今年到现在亏了 80 万。不是我不努力，广告费涨了、退货率涨了、同行还在疯狂杀价。亚马逊真的卷不动了。”

我问他：“TikTok 考虑过吗?”

他摇头：“那玩意儿不是给小姑娘跳舞的吗？能卖货?”

三个月后，老周抱着试试看的心态，把全部精力转向 TikTok。他把亚马逊的库存拿来测款，用 AI 工具翻译了产品视频，找了几个达人合作。

2025 年 1 月，他给我发微信，附了一张后台截图：

“GMV 50 万美金，利润率比亚马逊高 3 倍。老侯，你当初没骗我。”

老周不是个例，这是正在发生的大迁徙——从亚马逊到 TikTok，从内卷的存量市场到增量的全球蓝海，而这本书，就是要告诉你这场迁徙的路线图。

兄弟们，什么叫做时代的机会?

很多人对”机会”这个词有误解，他们以为机会就是”试试看”、“搞个副业”、“赚点零花钱”。错！大错特错！

真正的时代机会，是由于技术变革引发的生产关系重组，进而带来的财富剧烈再分配。在这种机会面前，个人的努力只是系数，时代的趋势才是基数——基数足够大，系数小一点也能从一无所有变成千万富翁；基数如果是负的，你就是累死，也只是时代的炮灰。

回望过去二十年的中国互联网商业史，我们清晰地看到了三次这种级别的浪潮：

- 第一次浪潮：2003 年的淘宝（电商基建红利）那时候，中国庞大的制造业产能无处宣泄，而线下渠道成本高企。淘宝的出现，把”货”and “人”通过网线连在了一起。那时候哪怕你只是把批发市场的衣服挂上去，图片拍得糊成渣，都能日出千单。这是“供给侧溢出”的红利。
- 第二次浪潮：2012 年的微信公众号（社交图谱红利）智能手机普及，人们的注意力从 PC 端迁移到移动端。谁能写出击中情绪的文章，谁能通过朋友圈裂变，谁就是王者。咪蒙、甚至是早期的微商，都是这波“私域流量”红利的既得利益者。
- 第三次浪潮：2018 年的抖音（算法推荐红利）这是离我们最近的一次。算法不再依赖你关注了谁，而是根据你看了什么推荐什么。内容的传播效率被提升到了人类历史的极限。这时候，随便拍个对口型的视频，甚至发个 PPT，都能一夜涨粉百万。这是“公域算法”的红利。

那么，2026 年，我们在哪里?

国内的淘宝、抖音、拼多多，早已不仅是红海，简直是血海，每一分钱的利润都被极致的内卷压榨干了——我们正站在第四次浪潮的爆发期，这一次不再是中国内部的流量互搏，而是中国供应链溢出 + 中国内容能力溢出 × 全球化市场。

TikTok，就是这第四次浪潮的唯一载体——它不是”海外版抖音”这么简单，它是人类历史上第一个真正意义上的全球化内容与商业操作系统。

2025 年，TikTok 创造了超过 300 亿美元的收入。TikTok 全球月活跃用户已突破 23 亿（2026 年最新数据），占全球社交媒体用户的近 30%，平均每日使用时长超过 100 分钟。TikTok Shop 2025 年全球 GMV 超过 600 亿美元，其中美国市场展现了惊人的爆发力。

这意味着什么？这意味着这辆高速列车已经完成提速，正在向着下一个万亿级市场全速前进——如果你错过了淘宝，错过了公众号，错过了抖音，这一次，请务必抓紧扶手。

1.1 TikTok 全球商业生态深度解析：为什么它是”印钞机”?

很多人看 TikTok，只看到了”跳舞小姐姐”和”搞笑视频”——这就好比看着一座金矿，你只看到了上面的杂草。我们要透过现象看本质：TikTok 到底是一个什么样的商业机器？它的核心运作逻辑是什么？为什么它能让全球几十亿人疯狂剁手?

1.1.1 流量机制的根本性变革：“兴趣图谱” vs “社交图谱”

Facebook 和 Instagram 的底层逻辑是“社交图谱”（Social Graph）——你关注了谁，你就能看到谁，这导致流量特别是商业流量非常容易固化，大 V 永远是大 V，新人很难出头。

TikTok 的底层逻辑是“兴趣图谱”（Interest Graph）——哪怕你粉丝为 0，哪怕你是个刚注册的账号，只要你的视频内容好（完播率高、互动率高），算法就会把你推给可能喜欢你的人。

核心提醒：在 Facebook 时代，你是靠“关系”赢；在 TikTok 时代，你是靠“人性”赢。平台不关心你是谁，它只关心你能让用户产生什么情绪。

【硬核干货】TikTok 推荐算法的权重逻辑（黑箱解密）

我们做过大量测试，TikTok 的算法判定一个视频是否”火”的权重排序大概是这样的：1. 完播率 & 停留时长 (Retention)：这是第一指标。如果用户看了3秒就滑走，系统判定为垃圾内容。2. 复播率 (Re-watch)：用户看了一遍又看一遍，权重极高。3. 分享 (Share)：分享意味着强烈的社交货币属性，容易引发病毒传播。4. 评论 (Comment)：互动。5. 点赞 (Like)：点赞是最廉价的互动，权重其实最低。

小技巧：想提高完播率？把最抓眼球的画面放在前 3 秒，用”等一下，这个太离谱了”这类话术制造悬念，让用户舍不得滑走。

这对我们做生意的启示是什么？意味着“内容即流量”——你不需要像在亚马逊那样花钱买关键词排名 (Ranking)，你只需要把视频的前 3 秒做好，把”冲突感”、“悬念”做足，系统就会免费送你流量。这是一个”货找人”的极致模型。

表 1-1：传统电商 vs 兴趣电商的底层逻辑差异

维度	传统电商（Amazon/Shopee)	兴趣电商（TikTok Shop)
用户动机	搜索式购物（有明确需求）	发现式购物（无明确需求）
决策路径	搜索 -> 找同款 -> 比价格 -> 下单	刷视频 -> 被种草 -> 冲动下单
竞争核心	价格、评价数、关键词排名	内容创意、视觉冲击、情绪价值
爆发速度	慢（需要积累 Review 权重）	极快（爆款视频一夜清空库存）
适合产品	刚需品（纸巾、电池）	奇特品、颜值品、新奇特

这种底层逻辑的变革，直接决定了我们的变现路径。接下来，我们来看看 TikTok 商业化的“三驾马车”是如何运转的。

1.1.2 商业模式的”三驾马车”：从流量到变现

2026 年，TikTok 的商业化路径已经高度成熟，主要由三驾马车驱动：

第一驾：全托管广告投放（GMVmax，AI 时代的暴力美学）
自 2025 年 6 月起，平台全面推行全自动化投放模式（GMVmax），传统手动投放（Ads）已基本退出历史舞台，行业进入了 AI 全自动化时代——AI 会自动测试素材，自动寻找人群，自动调整出价。更有甚者，平台引入了“赔付机制”：如果系统乱花钱没带来转化，平台给你赔付！这让流量获取变成了水电煤一样的基础设施——只要你产品好、素材好，流量管够。

- 新手红利：以前大卖家靠专业的投放团队碾压新手。现在大家都用 AI，站在了同一起跑线上。拼的是什么？拼谁的素材更能打动人。

第二驾：TikTok Shop 闭环电商（终局之战）

以前做 TikTok，要在主页简介（Bio）里挂链接，跳转到独立站（Shopify），流失率巨大，链路太长；而现在，TikTok Shop 实现了“不出 APP 购买”。

· 视频左下角小黄车：看视频 -> 点链接 -> 弹窗下单 -> 支付。全程 3 次点击。
· 直播间小黄车：主播喊”321 上链接” -> 用户点击 -> 抢购。
· 商城 Tab：类似淘宝的货架电商，承接复购和搜索流量。这也是 2025-2026 年的核心增长点。随着用户习惯养成，越来越多的用户开始在 TikTok 里主动搜索商品。

【数据说话】2025 年 GMV 突破 600 亿美元，这只是起步。我们可以参考国内抖音电商的发展历程：从 2018 年的小试牛刀，到 2023 年的 3 万亿人民币 GMV。TikTok Shop 正处于爆发式的快车道上。

第三驾：创作者红利（全球分销大军）

你不需要自己会拍视频，也不需要自己会直播——TikTok 上有成千上万渴望赚钱但没有货源的达人（Creator），你只需要把货盘好，设置好 20% 的达人分销联盟佣金（Affiliate，达人帮你卖货，你给佣金），把样品寄给达人，一夜之间可能就有 1000 个美国网红、泰国网红在帮你卖货。

实战案例：保温杯达人分销从 0 到日销 500 单

▸ 背景：新店 0 粉丝，想测试达人带货模式，手头只有一款保温杯 ▸ 挑战：不知道找谁、怎么谈、样品寄多少 ▸ 策略： 1. 通过达人分销中心（Affiliate Center）后台，筛选”生活类”、“好物分享类”达人 2. 粉丝量不用太大（1 万-10 万最佳），发送 100 份邀约 3. 给有意向的 100 个达人免费寄送样品，设置 20% 佣金 ▸ 结果：30 人产出视频，其中 1 条爆款播放量 500 万，单日清空库存 2000 件 ▸ 关键洞察：中腰部达人（1-10 万粉）ROI 最高，大 V 报价贵且不一定出单

这就是“蚂蚁雄兵”战术。国内多少品牌（如花西子、完美日记）是靠这招起家的？现在，这个战术可以在全球复制。

掌握了变现路径只是开始，TikTok 能在激烈的竞争中屹立不倒，还因为它构建了深厚的硬核护城河。

1.1.3 硬核护城河：从 15 亿美元到 AI 技术

有人问："那如果 Meta（Facebook）抄袭怎么办? YouTube Shorts 流量不也很大吗?"——我告诉大家，这场仗，TikTok 已经赢了。* 技术壁垒：TikTok Symphony 套件，支持 30 种语言的 AI 数字人、10 种语言的自动配音。这技术领先硅谷至少 2 年。它极大地降低了内容生产的门槛。* 基建壁垒：TikTok 为了合规，投入 15 亿美元建立"德克萨斯计划"（Project Texas），把美国数据锁在美国。在欧洲建立三个数据中心。这种重资产投入，显示了字节跳动的决心。* 用户心智：YouTube 是"看长视频学东西"的地方，Instagram 是"看精致生活装 X"的地方，只有 TikTok 是"发现快乐、发现好物"的地方。心智一旦形成，极难改变。

在理解了平台的底层逻辑和护城河后，我们需要把目光投向全球，看看这张版图上隐藏着哪些不同层级的机会。

1.2 全球市场全景图：三个世界的机会分层

做全球生意，最忌讳的一点就是用同一套打法打全球——世界是不平的，按照市场成熟度和竞争烈度，我把 TikTok 的版图划分为三个世界，每个世界的生存法则完全不同。

核心洞察：东南亚赚的是"效率红利"，北美赚的是"品牌溢价"，而日/墨/巴赚的是"信息差的窗口期红利"。

第一世界：成熟市场的"品牌突围战"（美国、英国）

关键词：高客单、高门槛、品牌化、强合规

A. 现状直击（Why US/UK?）美国市场 GMV 体量巨大，是跨境电商的皇冠明珠，但也是刺最多的玫瑰——33% 的美国用户已渗透 TikTok

Shop，意味着早期流量红利已转化为品牌竞争红利，纯粹的"倒买倒卖"（Dropshipping）生存空间被极大压缩，Temu 的极致低价与亚马逊的封锁，倒逼卖家必须走品牌化路线。

B. 生存法则（SOP）："合规与品牌并行" 1. 合规是生命线：美国市场对合规的要求极高。IP 侵权（如迪士尼、漫威周边）、资料造假、发货时效不达标，都会导致直接封店冻结资金。2. 本土化是标配：必须具备美国本土发货能力（3-5 天妥投）、母语级英语客服以及符合美式审美的短视频内容。3. 品牌力是护城河：美国用户愿意为品牌故事（Brand Story）支付溢价。同样的瑜伽裤，Lululemon 可以卖 100 刀，有品牌调性的白牌可以卖 40 刀，而无品牌商品只能在 8 刀的价格带与 Temu 肉搏。

⚠ 避坑警告：严禁触碰 IP 红线。任何未经授权的卡通形象、品牌 Logo 都是封店的导火索。

C. 适合人群 * 由亚马逊大卖转型、有强大海外仓资源的团队。* 有志于做 DTC 出海品牌的工厂型卖家。 * 新手慎入！ 除非拥有雄厚的资金储备与长期投入的决心。

如果说第一世界是品牌的"权力的游戏"，那么第二世界则是效率与成本的"极限挑战"。

第二世界：增长市场的"效率战争"（东南亚）

> 关键词：高频、复购、供应链极致、直播文化

A. 现状直击（Why SEA?）东南亚（泰越马菲印尼）是 TikTok 电商的基本盘，坐拥 7 亿人口红利，文化背景与中国相近，虽然客单价较低，但用户基数大、消费频次高。这里是"量变产生质变"的战场。

> 核心差异：东南亚市场比拼的是供应链的极致效率与成本控制；而日本市场比拼的是极致细节与服务体验。

这里融合了淘宝的丰富度与快手的直播生态，直播带货是核心驱动力，用户粘性极高。

B. 生存法则（SOP）：“效率与本土化双驱” 1. 极致性价比：东南亚用户对价格高度敏感。需要在保证质量的前提下，通过供应链优化将成本压到极致，靠规模效应盈利。 2. 直播常态化：在泰国、越南等市场，直播是 GMV 的主要来源。搭建本土主播团队或使用高质量 AI 数字人进行长时间直播是标准配置。3. 本土化履约：跨境物流的时效（5-7 天）已是基础，现在的竞争焦点在于本土仓储与 24 小时发货能力。

C. 机会与技巧 * 运营技巧：利用 TikTok 直播间的互动功能（如发红包、秒杀）快速拉升人气，利用东南亚用户的从众心理提高转化率。* 机会赛道： * 美妆个护：刚需且高复购（美白、防晒）。 * 穆斯林服饰：印尼、马来市场的 Modest Fashion 是刚需。 * 小家电：高性价比的生活改善型产品（风扇、空气炸锅）。

D. 适合人群 * 拥有强大供应链整合能力的义乌/广东卖家。 * 擅长直播运营、具备 MCN 基因的团队。

如果你觉得东南亚太卷，北美门槛太高，那么接下来的“第三世界”——2026 年的黄金蓝海，将是普通人逆袭的最佳机会。

第三世界：黄金蓝海的”降维打击”（日本、墨西哥、巴西）

关键词：暴利、供需失衡、窗口期、高回报

这是我本书要重点推荐的战场！这是 2026 年真正的机会所在！ 它们处于平台周期的第一年到第二年，什么概念？就是“有货就能卖”——但是，“有货就能卖”不代表”是个货就能卖”，我们必须深入每一个市场的毛细血管，理解它们的痛点和痒点。

1. 日本市场：2025 年 6 月后的时代——高利润的最后堡垒

日本市场非常特殊——它不仅有钱（高客单），而且 TikTok 用户增长极快，却极度缺乏像样的商家，自 2025 年 6 月平台全面进入日本市场以来，这里已成为出海商家的必争之地。

A. 为什么是日本？（除了有钱，还有什么？）

1. “孤独经济”的鼻祖： 日本有 100 万+的”蛰居族”（Hikikomori），有全世界最庞大的单身群体，他们不爱出门，不爱社交，但渴望连接

——TikTok 上的直播陪伴、ASMR（颅内高潮）视频、宠物互动，在日本有着惊人的完播率。这意味着：不仅仅是卖货，卖”情绪”在日本是天价。

2. 极度成熟的物流基建：在东南亚，你发个货可能要担心丢包、担心找不到路；而在日本，黑猫宅急便（Yamato）和佐川急便（Sagawa）的服务是世界级的。
   - 时效：全境次日达是标配。
   - 妥投率：99.9% 以上。
   - 货到付款（Cash on Delivery，COD）支持：日本依然有大量老年人或保守派喜欢 COD，能在日本做 COD，转化率能提升 30%。
3. 高客单价带来的广告空间：同样一个保温杯，中国卖 20 元，美国卖 10 刀，日本能卖 2500 日元（约 120 元人民币）——这意味着你可以承受更高的获客成本（Cost Per Acquisition，CPA，获得一个客户要花多少钱），在东南亚你投广告 ROI 做到 3 才能赚钱，而在日本你 ROI 做到 1.5 可能就赚钱了，因为毛利绝对值够高。

B. 日本市场实操避坑指南（SOP）

想挣日本人的钱，不仅要有货，还要有”匠心”。

⚠ 选品红线：* 虚假宣传零容忍：千万别把”美白功能”吹得天花乱坠。日本《景品表示法》极其严格。一旦被投诉，直接封店罚款。* 版权洁癖：动漫 IP（鬼灭之刃、海贼王等）和知名品牌（Hello Kitty）绝对不能碰，除非你有授权。日本海关对侵权查得非常严。

运营细节（决定生死的细节）：* 说明书：必须是地道的日语。不要用谷歌翻译！不要用”的、地、得”分不清楚的机翻日语。一旦说明书看起来像机翻，退货率会飙升。* 包装：日本用户对包装的在意程度超过产品本身。加上一张精美的手写感谢卡（甚至是印刷的手写体），好评率会翻倍。所谓的”款待”（Omotenashi）精神，体现在每一个胶带的粘贴方式上。* 客服：日本客人的咨询通常非常有礼貌，但也很啰嗦。他们会问：“这个衣服洗三次会缩水几厘米?”你不能回”亲，不会的”，你要回”经过测试，30 度水温下缩水率小于 1% “。专业感是成交的关键。

C. 日本爆品预测

- 收纳整理：日本居住空间小，收纳是刚需。透明鞋盒、多层收纳柜、冰箱收纳格。
- 宠物黑科技：自动喂食器、宠物除毛刷（Hairsucker）、智能猫砂盆。日本把宠物当孩子养。
- 独自生活家电：一人食电饭煲、一人用的小烤箱、手持挂烫机。

实战案例：日本市场收纳盒冷启动

▸ 背景：2024 年 12 月，测试日本 TikTok Shop，选了透明收纳鞋盒作为测试品 ▸ 挑战：0 粉丝、不懂日语、不了解日本用户习惯 ▸ 策略：1. 找日本本土达人（粉丝 3 万）合作，寄样+20% 佣金 2. 视频重点展示”小空间变大”的对比效果 3. 包装加了一张日语手写感谢卡 ▸ 结果：首月 GMV 8 万人民币，退货率仅 3%（远低于行业平均 10%） ▸ 关键洞察：日本用户愿意为”仪式感”付费，包装和细节比价格更重要

---

2. 墨西哥市场：被低估的北美后花园——年轻人的狂欢

2025 年 2 月上线，当年 5 月大促单日 GMV 就逼近 80 万美元——墨西哥是美国的制造基地，年轻人口比例极高（平均年龄 29 岁）。

A. 为什么是墨西哥？（数据背后的狂热）

- 支付习惯的跃进：以前大家都说拉美只用现金，但现在 OXXO（类似 7-11 的便利店）支付极其普及，加上 Mercado Pago 等电子钱包的兴起，线上支付不再是拦路虎。
- 社交成瘾：墨西哥人是天生的乐天派，每天花在社交媒体上的时间超过 3 小时，他们喜欢分享、喜欢炫耀，这天然适合 TikTok 的病毒式传播。

B. 墨西哥实操必读

⚠ 物流：最后一公里的痛：墨西哥的物流比不上中国和日本。丢包率在偏远地区依然存在。解决方案：建议前期走 J&T（极兔）在墨西哥的专线，或者官方认证的海外仓。不要为了省几块钱走不知名小包，否则客诉会让你崩溃。

税务：税务登记号（RFC）的那些事：做墨西哥绕不开税务登记号（RFC）。* 平台代扣：如果你没有 RFC，平台会代扣 36%（20% 所得

税+16% 增值税）。这太高了！ * 这是红利！因为大部分人搞不定 RFC，所以你可以把价格定高 30%，依然有利润。* 建议：前期量小可以忍受代扣，量大了必须找当地会计师事务所注册 RFC，可以将税率降低到极低水平甚至退税。注意：个人卖家前期若无法搞定 RFC，毛利率必须设定在 50% 以上才能覆盖这 36% 的重税。

选品策略： * 美妆：夸张的假睫毛、高饱和度的眼影盘。墨西哥审美倾向于欧美浓妆风，这与东亚的小清新完全不同。* 3C 电子：带 RGB 灯效的键盘、蓝牙耳机、智能手表。只要会发光，就能卖爆。

实战案例：墨西哥 RGB 键盘 7 天起量

▸ 背景：2025 年 3 月，墨西哥站刚开不久，测试游戏外设品类 ▸ 挑战：不懂西班牙语、不了解墨西哥年轻人喜好 ▸ 策略： 1. 选了一款带 RGB 灯效的机械键盘，定价 $35（比本地竞品便宜 40%） 2. 拍了一条”黑暗中发光”的视频，配上拉丁电子乐 3. 投了 $100 的 GMVmax 测试 ▸ 结果：7 天出单 287 单，ROI 4.2，视频自然流量占 60% ▸ 关键洞察：墨西哥年轻人对”炫酷感”极度买单，RGB 灯效是财富密码

---

3. 巴西市场：拉美的电商孤岛——高难度的暴利副本

巴西人爱上网、爱社交，TikTok 用户 1.3 亿，全球第三——但为什么以前没人做？因为“巴西税”和“巴西清关”是地狱级的，这反而是好事！门槛高，意味着竞争者少。

A. 巴西市场的”护城河”

巴西海关被称为”万税之国”，所有跨境包裹都要交 60% 的进口税（如果超过 50 美元）以及 17% 的 ICMS 流转税——听起来很吓人？但在 2024 年 8 月，巴西政府推出了“合规汇款计划”（Remessa Conforme），该计划使得 50 美元以下的包裹免除 60% 进口税，只需缴纳 17% 的 ICMS 税。 这是一个巨大的政策窗口！

B. 巴西实操 SOP

卡 50 美元红线：选品一定要控制客单价。售价+运费尽量控制在 50 美元以内（约 250 雷亚尔）。* 策略：如果你卖一个平板电脑，肯

定超了。但如果你卖手机壳、数据线、TWS 耳机，完全可以控制在红线内，享受免税红利。

⚠ 个人税号（CPF）校验：巴西下单必须提供 CPF。很多用户会填错。 SOP：在详情页、直播间反复强调”请填写正确的 CPF”，并使用 ERP 软件自动校验 CPF 格式，错误的单子先不发货，联系客户修改。

“分期付款”文化： 巴西人买个 30 块钱的东西都喜欢分期（Parcelado）。TikTok Shop 本地支付已经接入了分期功能。定价心理学：不要写”总价 300 雷亚尔”，要写”只需每天 10 雷亚尔”。这对转化率提升巨大。

C. 巴西爆品预测

· 消费电子：巴西电子产品极贵（因为税）。华强北的蓝牙耳机在巴西是硬通货。
· 母婴用品：巴西家庭观念重，婴儿推车、吸奶器、儿童玩具需求巨大。
· 假发：巴西女性对头发极其重视，她们喜欢不停地换发型。假发、接发片、护发精油。

实战案例：巴西 TWS 耳机卡税攻略

▸ 背景：2024 年 10 月，测试巴西市场，选了华强北 TWS 蓝牙耳机 ▸ 挑战：巴西税高、清关复杂、用户经常填错 CPF ▸ 策略： 1. 定价 \$39.9（含运费），卡在 50 美元红线内，享受免税 2. 详情页用葡萄牙语大字标注”请正确填写 CPF” 3. 开通分期付款，文案写”每天只要 2 雷亚尔” ▸ 结果：月销 1200 单，毛利率 35%，远高于国内同款利润 ▸ 关键洞察：巴西的”高税门槛”反而是护城河，能进来的都是认真玩家

表 1-2：三大黄金蓝海市场（日/墨/巴）PK 表：选出你的“天命市场”

维度	日本 (Japan)	墨西哥 (Mexico)	巴西 (Brazil)
物流成本	低（近、稳、快）	中（清关略慢）	高（路途遥远、丢包率高）
回款周期	T+7（平台结算快）	T+15（回款较稳）	T+30（资金周转压力大）
税收难度	中（合规门槛高）	高（RFC 是分水岭）	极高（50 刀红线生死判）
审美风格	极致简约、侘寂感	炫酷 RGB、拉丁热辣	实惠实用、分期支付
核心挑战	语言与细节洁癖	最后一公里时效	税务合规与清关
适合个人卖家	追求高客单、精细化卖家	追求爆发力、3C 外设卖家	有供应链资源、抗风险卖家

面对这些蓝海市场，我们该如何快速切入并复制成功？这就需要用到孙正义最著名的“时光机理论”。

1.3 降维打击与时光机理论：如何复制成功？

孙正义最著名的投资理论叫“时光机理论”（Time Machine Strategy）：>利用不同国家 IT 行业发展的阶段差。先在发达市场开展业务，等时机成熟后，带着资金和经验杀回落后市场；或者在发达市场验证了模式，去落后市场降维打击。

在 TikTok 出海这盘棋上，我们拥有最完美的时光机。

1.3.1 市场的时空折叠：你在哪个年份？

我们可以把中国抖音的发展历程作为一个坐标轴，把全球市场映射上去。这不仅仅是时间的映射，更是“供需关系”的映射。

市场梯队	对应中国抖音阶段	市场特征	核心打法
中国抖音	2025-2026 年	极度内卷，内容为王，拼 IP	玩不转了，快跑
美国/英国	2021-2022 年	电商基建完善，品牌萌芽	做品牌，做 DTC，抓复购
东南亚	2020-2021 年	直播带货爆发，价格战	铺货，店群，大力出奇迹
日/墨/巴	2019 年	小黄车刚开，有品类无品牌	搬运爆款，填补空白

这就好比你拿着 2026 年大火的彩票号码，穿越回了 2019 年。你怎么可能不赢？

> 核心提醒：一个国家的过去，往往是另一个国家的未来。所谓的“全球化”，本质上就是一场利用时空信息差进行的降维打击。

但是！很多人即使拿着号码也赢不了，为什么？因为他们“水土不服”。

1.3.2 真正的 Copy 法则：Copy 逻辑，不是 Copy 视频

很多人理解的复制，就是把抖音视频下载下来，去水印，发到 TikTok——这种做法在 2025 年已经死透了，平台有查重机制，这种账号甚至没有流量，甚至会被系统判定为”垃圾搬运”直接封号。

⚠ 避坑警告：直接搬运国内视频到 TikTok，不仅没流量，还会被封号。TikTok 有成熟的查重系统，0 容忍。

我们执行的“时光机 SOP”分三步走：

第一步：像素级复刻（Pixel Level Copy）—— 适用于启动期

· 动作：找到国内抖音同品类的爆款视频（点赞 10 万+），分析它的分镜——第 1-3 秒是什么画面？BGM 是什么节奏？文案的钩子（Hook）是什么？

- 执行：找国外的模特（或者自己出镜但不露脸）1:1 重拍，背景换成当地的（比如美国的 House，而不是中国的公寓），语言换成当地的。
- 逻辑：经过百万赞验证的脚本，其“情绪结构”是完美的，你只需要换个皮肤（Skin）。

第二步：本土化混剪（Localized Remix）—— 适用于成长期

- 动作：收集 TikTok 上当地同类竞品的视频评论区，看看如果你卖美白牙贴，美国用户在骂什么？泰国用户在夸什么？
- 执行：在原有脚本的基础上加入针对当地痛点的回应。
  - 案例：卖粉底液。中国强调”白”。但在美国，你要强调”遮瑕”和”多样性”（Shade Range）。如果你把中国那一套”一白遮百丑”搬过去，会被喷死。
  - 调整：保留”使用前后对比”的视觉冲击逻辑，但修改文案重点。

第三步：原生原创（Native Original）—— 适用于爆发期

- 动作：当你已经理解了当地文化梗（Meme），开始自己造梗。
- 执行：结合当地的热点事件（比如超级碗、泼水节、狂欢节）做营销——这时候你已经不是一个”中国卖家”，你是一个”懂他们的 Local Brand”。

1.3.3 出海商家的心理七阶段（The 7 Stages of Globalization）

我见过几千个出海商家，几乎所有人都会经历这七个阶段。请对照一下，你现在在哪个阶段？

1. 无知无畏期：“不就是把淘宝货卖给老外吗？简单！” —— 结果：一顿操作猛如虎，一看封店二百五。
2. 愤怒期：“这破平台怎么这么难用？这物流怎么这么慢？这老外怎么事儿这么多？” —— 这是大多数人放弃的阶段。
3. 怀疑期：“是不是外国人根本不买这种东西？我是不是被割韭菜了？”
4. 开窍期（Aha Moment）：突然有一天，一条视频爆了，出了几百单。你发现：“卧槽，原来他们喜欢这种调调！”
5. 狂热期：疯狂铺货，疯狂发视频，每天只睡 4 小时。

6. 冷静期：开始算账，发现虽然单多，但退货也不少，物流成本很高。开始优化供应链，做精细化运营。
7. 成熟期：团队稳定，SOP 固化，开始看报表而不是看后台。这时候，你才算真正“出海”了。

小技巧：大多数人死在第 2-3 阶段。如果你能熬过前 3 个月的”愤怒期”和”怀疑期”，成功率会提升 10 倍。

1.3.4 投资人视角：为什么资本看好个人出海？

如果你想把生意做大，早晚要接触资本。资本怎么看 TikTok？我跟很多风险投资（Venture Capital，VC）聊过，他们的逻辑非常简单：

公式：市值 = (中国供应链成本 × 汇率差 + 全球流量红利) / 竞争壁垒

1. 市盈率套利（Price-Earnings Ratio Arbitrage）：你在中国卖货，市盈率（Price-Earnings Ratio, PE, 简单说就是”市场愿意为你 1 块钱利润付几块钱”）可能只有 10 倍。但如果你是一个 Global Brand，PE 可以给到 30 倍。为什么？因为全球市场的天花板比单一市场高太多。
2. 供应链溢出红利（Supply Chain Spillover）：中国拥有全世界最全的工业门类。很多在中国已经卷不动的产品（比如磁吸充电宝），在巴西、在墨西哥依然是“黑科技”。资本看中的，就是这种“把过剩产能转化为稀缺供给”的能力。
3. 通缩输出（Deflationary Export）：在这个全球通胀的时代，中国商家能提供极其廉价的商品。Temu 证明了这一点，TikTok Shop 将用“内容包装”把这一点的价值放大十倍。Temu 卖的是便宜，TikTok 卖的是“便宜后的快乐”。

所以，各位个人卖家，不要觉得自己是在做小生意。你们是在做全球资源配置的大生意。

1.3.5 兴趣电商的底层密码：情绪价值

前面讲了资本的逻辑，现在讲讲用户的逻辑。

TikTok 和传统电商最大的区别是什么？传统电商是“人找货”——用户带着明确需求来搜索；而 TikTok 是“货找人”——用户本来在刷视频消遣，被你的内容”勾”住了，然后冲动下单。

这意味着什么？意味着你卖的不是功能，而是情绪——用户刷 TikTok 的时候，追求的是即时的情绪满足——解压、快乐、惊喜、向往，你的产品如果能在 3 秒内激发这种情绪就能卖出去，如果只是在讲参数和功能，用户早就划走了。

核心提醒：在 TikTok 上，你卖的不是产品本身，而是产品带来的情绪价值。

表 1-3：功能驱动 vs 情绪驱动的文案降维打击

产品	传统电商视角（卖功能）	TikTok 视角（卖情绪）	情绪内核
筋膜枪	每分钟 3000 次震动，4 个按摩头	让打工人下班后的肩膀像被云朵包裹	极度解压
保温杯	316 不锈钢，24 小时长效保温	随时随地，喝到男朋友亲手递的热咖啡	温暖/陪伴
美白牙贴	含 3% 过氧化氢，7 天见效	让你在面试/约会时，拥有自信到发光的笑容	社交自信
解压球	TPE 材质，耐挤压不漏油	捏开的一瞬间，把老板的坏心情全捏碎	压力释放

所以，我们在选品和做内容时，要紧紧扣住“情绪触发”这个点：

- 卖宠物用品，不是卖狗粮，是卖”它永远爱你”的陪伴感。
- 卖解压玩具，不是卖塑料，是卖”捏一下就爽”的即时满足。
- 卖美妆，不是卖化学成分，是卖”变成更好的自己”的期待感。

· 卖小家电，不是卖功率参数，是卖”生活品质升级”的仪式感。

这就是为什么同样的产品，有人拍出来能卖爆，有人拍出来无人问津。差别不在产品，在于你有没有触发用户的情绪开关。

理论和机遇都看清了，最后我们要落地到最现实的问题：作为一名个人卖家，你现在具体该怎么做？

1.4 操作层面的战略部署：你现在该做什么？

看完上面的宏大叙事，我们落地到执行——如果你现在决定入局，你的前三个月应该怎么规划？

1.4.1 避坑指南：别做韭菜

在开始之前先给你们泼盆冷水——以下三种心态，必死无疑：

⚠ 三种必死心态： 1. 一夜暴富心态：我想今天开店、明天日出千单、后天买法拉利——别做梦了，TikTok 前期需要养号、测品，起步期至少准备 1-3 个月。2. 纯搬运心态：以为做个搬运工就能赚钱——现在 TikTok 对原创度的要求越来越高，你需要建立基本的剪辑或混剪能力。3. 盲目跟风心态：看别人卖水晶赚钱你也卖水晶，看别人卖美牙仪你也卖美牙仪——选品要结合自己的供应链优势和目标市场特性。

1.4.2 推荐路径：个人卖家起步法

对于大多数没有大资本的普通人，我推荐一条低风险、高迭代的路径：

第一阶段（第 1 个月）：网感培养与素材测试 * 动作：注册 TikTok 账号（建议先从美区或东南亚入手练手），每天刷 1 小时，用小号去分析爆款视频。* 目标：理解什么是”TikTok Style”（快节奏、前 3 秒吸睛、BGM 卡点）。 * 实操：尝试剪辑发布 10-20 条带货短视频，不投流，看自然流量反馈。 * 💰 建议预算：$0（纯靠勤奋，赚的是认知）。

第二阶段（第 2-3 个月）：达人分销（Affiliate）* 动作：不开店（通过半闭环或合作店铺），专注于做达人。去达人分销中心（Affiliate Center）领样品，拍视频挂车赚佣金。* 理由：这是 0 库存风险的模式。你只需要对内容负责，不需要管发货、物流、售后。这是新手赚第一桶金最快的方式。* 💰 建议预算：$500 - $1000（主要用于买样、剪辑软件订阅、少量投流测试）。

第三阶段（第 4-6 个月）：开店起盘 * 动作：当你有了一条爆款视频，或者手头积累了原始资金，选择一个新兴蓝海市场（如墨西哥或日本），正式开通 TikTok Shop。* 策略：利用你积累的内容能力，配合少量付费投流（GMVmax），打爆单品。进阶技巧：如果觉得本土仓和合规门槛太高，优先考虑平台的“全托管”模式或使用 AI 数字人客服，用技术手段对冲资源劣势。* 💰 建议预算：$3000 - $10000+（用于囤货、本土仓备货、正式投放和团队起步）。

本章小结：5 个必须记住的核心观点

读完第一章，请把这 5 条刻在脑子里：

1. 2025-2026 是 TikTok 的”淘宝 2008 年”：电商基建刚完善，有货就能卖的窗口期正在关闭，抓紧上车。
2. 兴趣电商 vs 搜索电商：TikTok 不拼价格拼内容，前 3 秒决定生死，完播率是第一指标。
3. 三个世界分层打法：美英拼品牌（新手慎入）、东南亚拼价格（量大利薄）、日墨巴拼速度（黄金窗口）。
4. 时光机理论核心：Copy 逻辑不 Copy 视频，本土化是生死线。日/墨/巴 = 2019 年的抖音。
5. 新手入场建议：先做达人赚佣金积累经验，再开店做老板。别一上来就想着日出千单。

结论：时不我待，行动即答案

兄弟们，文章最后，我想跟你们算一笔账。

20 年前，如果你在百货大楼有个柜台，你就是人上人；10 年前，如果你在天猫有个皇冠店，你身价千万；5 年前，如果你是抖音的大网红，你年入过亿——现在，这些机会的门都已经关上了，或者说门缝只剩下一丝光，但上帝关上门的时候，一定会打开一扇窗。TikTok 就是这扇巨大的落地窗——它不仅是一个 APP，它是中国供应链走向全球的最后一张船票，也是普通人实现阶层跃迁的最后一次低门槛机会。

想想看，当你在睡觉的时候，你的视频在美国被播放，你的产品在巴西被下单，你的美金在账户里跳动——这就是"睡后收入"的极致形态。

不要等到 2027 年，当日本市场变成红海，当巴西市场挤满了中国卖家，你再拍大腿说："哎呀，当年那本书我看了，但我没动"——那是世界上最大的遗憾。

现在不是"要不要做"的问题，而是"要怎么做"、"要做哪个市场"的问题。

重点市场再强调一遍作为结束语：* 求稳求利：去日本（自 2025 年 6 月起，日本站已全面开启）。* 求快求爆：去墨西哥（现在立刻马上，90 天免佣）。* 求大求久：去巴西（搞定物流，那就是你的后花园）。

时代的机会就在眼前，风浪越大，鱼越贵——兄弟们，出海吧！

第二章：商业模式设计

——选择比努力重要一百倍

2024 年深圳，我亲眼见证了一场”豪赌”。

张总是东莞一家保温杯工厂的老板，年产值 3000 万，在国内卷得头皮发麻，听说 TikTok 是新大陆之后，二话不说就砸了 200 万进场。

他的逻辑很简单：“我有全世界最好的工厂，我有最低的成本，我还怕卖不出去?”

于是他做了一个”完美”的决定： - 租了 500 平的直播基地，装修花了 40 万 - 从国内挖了 5 个主播，开出 3 万底薪+提成 - 备了价值 80 万的货发到美国海外仓 - 又花 30 万找了个”TikTok 代运营公司”

6 个月后，直播间日均在线人数只有 3 人，80 万的货卖出去不到 5 万，剩下的全砸在仓库里，主播跑了 3 个，剩下 2 个天天摸鱼，而那个代运营公司早就联系不上了。

老张跟我说：“老侯，我想不通啊。我做工厂 20 年了，什么大风大浪没见过。怎么在 TikTok 上，200 万连个响都没听见就没了?”

我说：“老张，你死在一个字上——贪。”

他贪的不是钱，是模式。

他是做供应链的人，偏要去干 MCN 的活；他适合”躲在后面卖货”，偏要”冲到前面搞直播”；他的优势是”货”，却把所有资源砸在了”人”和”场”上。

用做工厂的思维去做直播，就像用挖掘机去绣花——力气越大，死得越惨。

这一章，我不讲成功学，我只帮你避开老张踩过的坑。读完这章，你要回答一个问题：在 TikTok 这条河里，你到底是来钓鱼的，还是来造船的，还是来卖水的？

2.0 理论框架：TikTok 电商的”四要素模型”

在拆解具体模式之前，我们先建立一个分析框架。

很多人进入 TikTok 电商是”走一步看一步”，看别人做什么火自己就跟着做，结果就是别人赚钱的模式到你手里就亏钱——为什么？因为你没搞清楚底层逻辑。

任何 TikTok 电商生意，都离不开四个核心要素：

```
┌──────────────────────────────────────────┐
│              货 (Supply)                  │
│   你卖什么？货从哪来？成本多少？            │
├──────────────────────────────────────────┤
│              人 (Traffic)                 │
│   流量从哪来？谁帮你卖？                    │
├──────────────────────────────────────────┤
│              场 (Conversion)              │
│   在哪里成交？直播间？短视频？商城？         │
├──────────────────────────────────────────┤
│              钱 (Capital)                 │
│   需要多少启动资金？回款周期多长？           │
└──────────────────────────────────────────┘
```

八种模式的本质区别，就是你把”重心”压在哪个要素上。

模式	核心要素	你需要的能力
供应链出海	货	产品开发、成本控制、库存管理
MCN 机构	人	达人管理、团队运营、商务拓展
直播带货	场	主播能力、话术设计、现场把控
付费投流	钱	数据分析、素材制作、风险控制
货架电商	货+场	选品眼光、SEO 优化、规模运营
海外同城	场	内容制作、本地资源、线下交付
中视频计划	人（内容力）	创意策划、剪辑能力、持续产出
个人带货达人	人（时间+执行力）	选品眼光、视频制作、持续产出

> 核心观点：不要问”什么模式最赚钱”，要问”我的核心能力在哪个要素上”。然后选择那个能让你的优势最大化的模式。

老张的问题就出在这里：他的核心能力是”货”，却把资源投到了”人”和”场”上。结果货的优势没发挥出来，人和场的短板把他拖死了。

接下来，我会详细拆解八种模式。每一种，我都会告诉你：1. 这个生意的本质是什么 2. 这个生意的商业逻辑是什么（为什么能赚钱） 3. 什么样的人适合做（什么样的人会死） 4. 有哪些死法要避开 5. 具体怎么算账 6. 启动清单（照着做就能开干）

2.1 模式一：供应链出海——“货”的战争

> 别名：跨境卖货、品牌出海、亚马逊玩家转型 核心逻辑：只要你的货够硬，流量只是你的搬运工。

很多做工厂的老板看不起做 TikTok 的，觉得是”玩票”——错！TikTok 目前最大的红利，其实依然是“中国优质供应链的溢出”。

什么叫供应链模式？简单说，就是“我有货，我找人帮我卖”。

你不需要自己变成网红，也不需要自己天天直播喊破喉咙，因为你的核心资产是仓库里的货，你的核心能力是把这些货高效率地流转出去。

商业逻辑：从”价差套利”到”效率套利”

很多人以为跨境电商赚的是”信息差”——中国便宜，美国贵——但这是 10 年前的逻辑，现在早就不成立了。

今天供应链模式真正赚的，是效率差： - 你的备货周期比别人短 3 天 → 你的资金周转率比别人高 - 你的退货率比别人低 5% → 你的实际利润率比别人高 - 你的选品命中率比别人高 → 你的库存风险比别人低

用一个公式来表达：

真实利润 = 毛利率 × 周转次数 - 损耗率

毛利 20% 但一年周转 6 次，你赚 120%；毛利 30% 但一年周转 1 次，你赚 30% 还得扣仓储费——这就是为什么我说：供应链生意不是看毛利，是看周转。

这个生意的本质：不是卖货，是卖”周转”

很多人以为做供应链就是”我有好产品”，大错特错——你有好产品但堆在仓库里卖不出去，那叫库存，那是负债！

供应链生意的本质，是资金效率的游戏。

你花 10 块钱生产一个杯子，运到美国运费 5 块，成本 15 块卖 30 块。如果你 1 个月能卖出去你赚 15 块年化回报率极其惊人；如果你 6 个月才卖出去，算上仓储费、资金占用利息你其实是亏钱的。

所以，做供应链模式，不要盯着”毛利”，要盯着“动销率”（Inventory Turnover，库存周转率）。

货如轮转，才是暴利。

画个像：你是不是”天选之子”？

| 这种人最适合（你可以闭眼冲）：

1. “厂二代”：家里有工厂，对产品成本门儿清，能拿到最低价，且能改款。TikTok 上什么火，你哪怕起个夜半夜叫醒工人都能改出来，那你无敌。
2. 亚马逊/独立站老兵：懂物流，懂关务，懂海外仓。你已经交过几百万学费了，TikTok 对你来说只是多了一个流量渠道。
3. 资金充裕的稳健派：供应链模式需要压货。你得有几十万甚至上百万的闲钱，且能忍受 3-6 个月的回款周期。

这种人千万别碰（谁碰谁死）：

1. 大学生/纯小白：手里只有 3 万块钱，想靠囤货发财。还没等货运到美国，你的钱就烧光了。
2. 只会”一件代发”的倒爷：想空手套白狼，去 1688 搬运图片。现在的 TikTok Shop 讲究时效，讲究质量分。你连货都摸不到，退货率能让你封店一万次。
3. 急性子：今天投了钱，明天就想看到回款。供应链生意是”慢生意”，是滚雪球。

这个生意的”生死劫”

我也见过很多工厂老板，进来的时候雄心勃勃，最后亏得底裤都不剩——怎么死的?

死法一：死在”自嗨式选品”

老板觉得：“我这个保温杯是 316 不锈钢的，工艺世界第一，老外肯定识货。”结果老外根本不 care 什么 316 还是 304，老外只 care 这个杯子是不是粉红色的、上面有没有 BlingBling 的水钻。

⚠ 避坑提醒：TikTok 是兴趣电商，不是品质电商。先有视觉冲击，再有产品品质。不要用你的”工业思维”去挑战用户的”情绪思维”。

死法二：死在”备货豪赌”

一条视频爆了出了1000单，老板一激动发了10000个货过去，结果那只是运气爆单，后面流量断了货全压在海外仓，仓储费一个月几千美金，最后只能找垃圾回收公司处理掉还得倒贴处理费。

⚠ 避坑提醒：小单快反。宁可断货，不要压货。起步阶段，空运虽然贵，但比海运压货安全。

钱的逻辑（算笔细账）

假设你在做美国 TikTok Shop，卖一款蓝牙耳机：

项目	金额	说明
售价	$20	
产品成本	-$4	约 28 元人民币
头程物流	-$1 ~ -$3	海运 $1 / 空运 $3
尾程派送	-$5	USPS
平台佣金	-$1	约 5%
达人佣金	-$4	20%，这是你的流量费
毛利	$5	
毛利率	25%	

看着不高？但如果你一天出 1000 单呢？那就是 $5,000 一天的净利。而且这 $4 的达人佣金是你“卖出去了才给”的，这比投广告（不管卖不卖都得给钱）要安全得多。

最佳战场：美国、英国（只有高客单价市场，才能覆盖掉这么重的物流成本）。

实战案例：义乌”厂二代”的 TikTok 逆袭

▸ 背景：小李，95 后，父亲在义乌做假发工厂 20 年。2025 年初，工厂订单下滑 40%，被迫转型。

▸ 挑战：0 电商经验，不懂英语，团队只有自己+1 个运营。

▸ 策略：- 聚焦单一品类：彩色假发片（客单价 $15-25）- 只做精选联盟，不做直播（扬长避短）- 前 3 个月用空运测品，跑出 5 个爆款后才发海运 - 达人佣金设 25%，高于行业平均，吸引头部达人

▸ 结果：- 第 3 个月：月 GMV 突破 $80,000 - 第 6 个月：月 GMV 稳定在 $200,000，净利润率 18% - 成功签约 32 个稳定带货达人

▸ 关键洞察："我爸总想把 304 不锈钢发夹也卖给美国人，我说爸你别闹了。老外买假发是为了好看，不是为了耐用。我们只做'一眼就想买'的款。"

供应链模式的两条路：自营 vs 分销（TAP）

上面讲的是"自营模式"——自己开店，自己发货，自己找达人。但其实还有一条更"躺"的路，叫 TAP（TikTok Affiliate Partner）分销模式。

什么是 TAP？

简单说，就是"我不开店，我只供货"——你把产品入驻到 TikTok 的分销联盟（Product Marketplace），平台上几万个达人和卖家可以直接挂你的货去卖，他们负责流量 and 销售，你只负责发货 and 售后。

TAP 的本质：你是"货架背后的男人"。你不需要懂内容，不需要管直播，你只需要把货备好、价格定好、佣金设高，让别人来帮你卖。

TAP vs 自营对比：

维度	自营模式	TAP 分销模式
开店要求	需要注册 TikTok Shop	不需要开店，入驻供货商体系
流量来源	自己找达人/自己直播	平台撮合，达人主动选品
利润空间	较高（自己定价）	较低（要给更高佣金吸引达人）
运营复杂度	高（店铺+达人+售后）	低（只管发货）
适合人群	想做品牌、有运营团队	纯工厂、只想出货

TAP 适合谁？ 工厂老板（只想出货，别让我搞那些花里胡哨的）、已有亚马逊/独立站业务的人（多一个出货渠道，边际成本几乎为零）、以及资金有限但货源强的人（用高佣金换流量，不用花钱投广告）。

> ⚠ TAP 的坑：佣金必须足够高（通常 25-35%），否则没达人愿意选你的品。而且你对品牌 and 定价的控制力会减弱。

2.2 模式二：MCN 机构——“人”的生意

> 别名：网红公会、达人经纪、星探 核心逻辑：只要搞得定”人”，流量 and 钱都会自己长腿跑过来。

MCN（Multi-Channel Network，多频道网络）听起来很高大上，说人话就是“达人经纪公司”。

你左手有商家（想卖货的人），右手有达人（会拍视频的人），你把他们撮合在一起中间抽成，或者你自己培养达人在这个生态里当”包租公”。

商业逻辑：规模化复制”人”的价值

MCN 的商业逻辑，和传统的”经纪公司”一样： - 艺人经纪公司靠签约明星赚钱 - MCN 靠签约达人赚钱

区别在于：传统明星是”金字塔尖”，一百万人里出一个；TikTok 达人是”规模游戏”，100 个 60 分的达人比 1 个 90 分的明星更值钱。

为什么？因为 TikTok 的算法是去中心化的，它不像电视时代只有央视黄金档才有流量，在 TikTok 上任何一个素人都可能爆发。

所以 MCN 的核心逻辑是：批量生产”及格”的达人，用数量换确定性。

这个生意的本质：是”管理”，不是”创作”

很多做 MCN 的老板自己是做编导出身，觉得自己内容能力天下第一肯定能孵化出大网红，往往做得一地鸡毛。

因为 MCN 的本质不是“怎么拍出好视频”，而是“怎么管理好这群不太成熟的创作者”。

网红大都是情绪化的、不稳定的、缺乏契约精神的——你把她捧红了，她觉得自己牛逼了想单飞了；你给她投流了，她今天失恋了不想直播了。

所以，MCN 的核心能力是“人的资产管理能力” and “标准化的复制能力”。不是靠一个大网红养全家，而是靠一套流水线，批量生产 70 分的网红。

画个像：你是不是”天选之子”？

这种人最适合：

1. “老江湖”型的管理者：懂人性，有极强的情商 and 管理手腕。既能跟网红谈心画饼，又能用合同条款锁死她。
2. 有本地资源的”地头蛇”：比如你在泰国待了 10 年，认识当地的大学生圈子、模特圈子。你能低成本地招到大量素人。
3. 教育培训行业的转型者：MCN 其实就是个”网红培训学校”。你会写 SOP（标准作业流程），会做课件，会批量培训，这比会拍视频更重要。

这种人千万别碰：

1. “艺术家”性格：追求完美，一条视频磨三天。在 MCN 里，速度就是生命，60 分万岁。
2. 玻璃心：被网红鸽了、被商家骂了、被平台扣分了，就要死要活。做 MCN 每天都在处理烂摊子，心力必须极强。
3. 远程操控党：人在中国，想通过网络管理美国的网红？别做梦了。隔着屏幕连他是不是真人都不知道，更别说管他干活了。

这个生意的”生死劫”

死法一：死在”私单”

你辛辛苦苦培养的达人，商家私下联系她：“美女，别走 MCN 公账了，我直接给你微信转账，咱俩对半分。”达人只要不傻，立马跟你解约。

⚠ 避坑提醒：利益捆绑。不要只靠合同，要靠服务。你的选品能力、你的投流能力、你的商务资源，必须是达人离不开的。如果她离开你也能赚这么多，她一定会离开。

死法二：死在”底薪养懒人”

为了招人开出高底薪（比如泰国给 3000 人民币底薪），结果招来一帮混日子的每天打卡摸鱼，你一考核她就离职。

⚠ 避坑提醒：低底薪+高提成。或者极低底薪（仅覆盖生活费）+阶梯提成。筛选出那些真正想赚钱的”狼”，而不是想混日子的”羊”。

钱的逻辑

MCN 的赚钱模式主要有两种：

模式	说明	毛利率
广告抽成	品牌方给达人 $1,000 广告费，你抽 30%-50%	30-50%
带货佣金差	你跟商家谈 30% 佣金，给达人 20%，你吃 10% 利差	10-15%

衍生模式：TSP（代运营服务商）

很多人把 MCN and TSP 混为一谈，其实它们是两个完全不同的生意。

概念区分：- MCN（Multi-Channel Network）：管的是”人”（达人），赚的是达人带货的分成 - TSP（TikTok Shop Partner）：管的是”店”（商家店铺），赚的是代运营服务费

维度	MCN	TSP
核心资产	达人资源	运营能力
服务对象	达人	商家
收入来源	达人佣金分成、广告分成	服务费 + GMV 提成
官方资质	MCN 机构认证	TSP 服务商认证
核心能力	达人管理、内容孵化	店铺运营、直播操盘

TSP 怎么赚钱？一是基础服务费，帮商家开店、上品、做基础运营收取固定月费（$500-$3,000/月）；二是 GMV 提成，帮商家做直播带货按销售额抽成（通常 5-15%）；三是投流服务费，帮商家投广告收取广告费的 10-20% 作为服务费。

TSP 适合谁？有直播操盘经验的团队（国内抖音 DP 转型）、有本地化运营能力的团队（懂当地语言和文化）、以及想做”轻资产”的人（不用压货，靠服务赚钱）。

⚠ 重要提醒：很多大型机构同时持有 MCN and TSP 两个牌照，形成”达人+商家”的闭环。但对于新手来说，建议先专注一个赛道，跑通后再考虑扩展。

最佳战场：东南亚（泰国、越南、印尼、菲律宾）。

原因很简单：人便宜。在泰国你雇一个颜值不错、会说英语的主播，月薪可能只要 3,000-4,000 人民币；在美国你雇一个同样水平的，起步价 $5,000 美金还得担心各种劳动法问题。

东南亚是做 MCN 的天堂，美国是 MCN 的地狱（除非你做顶级头部）。

实战案例：泰国 MCN 从 0 到 200 个达人

▸ 背景：老王，前国内 MCN 运营总监，2024 年底带着 50 万人民币到曼谷创业。

▸ 挑战：不懂泰语，没有本地资源，只有自己+1 个翻译。

▸ 策略：- 第一批达人来源：在泰国大学门口发传单，月薪开 1,500 元+提成 - 制作标准化培训 SOP：从开播话术到违规红线，全部汉化+泰语版 - 每周淘汰机制：连续 2 周 GMV 排名垫底的达人直接淘汰 - 与 3 家中国供应链绑定：达人只需要播，选品 and 发货全部 MCN 负责

▸ 结果：- 6 个月后：签约稳定达人 87 人，储备达人 200+ - 月 GMV：$350,000 - 净利润率：12%（扣除达人工资、场地、投流后）

▸ 关键洞察："MCN 不是艺人经纪，是流水线工厂。我不需要她是明星，我只需要她每天准时开播 4 小时，按我的话术念，不犯低级错误。这样的人，遍地都是。"

2.3 模式三：直播带货——"场"的魔术

> 别名：海外版李佳琦、云端摆摊 核心逻辑：只要你能在那 3 秒钟内让人停下来，并让他相信"这东西真值"，钱就来了。

直播带货是 TikTok 上最热闹也是最累的生意．它就像是在闹市区摆地摊，拼的是嗓门、氛围和演技。

商业逻辑：把"冲动"变成"订单"

为什么用户不去亚马逊搜，而非要在你直播间买？因为冲动。

直播带货卖的不是刚需而是冲动，主播的作用就是在这个冲动消失前的 30 秒内给用户一个下单的理由。

这个理由可能是"全网最低价"，可能是"赠品多到怕"，也可能是"主播真好看，想支持一下"。

但核心是信任。在屏幕那头，用户看不见摸不着，凭什么敢付钱？因为他信你。

直播带货的商业逻辑可以用一个公式表达：

GMV = 曝光量 × 停留率 × 转化率 × 客单价

每一个环节都有对应的优化方法：曝光量靠投流、短视频引流和直播时长；停留率靠主播话术、直播间氛围和福利款留人；转化率靠逼单话术、限时限量和信任背书；客单价靠产品组合和关联销售。

这个生意的本质：是”信任的变现”

很多人以为直播带货就是”对着镜头喊便宜”，大错特错——直播带货的本质是在极短的时间内建立信任，然后把这个信任变现。

用户为什么信你？因为你专业——你对产品的讲解让人信服；因为你真诚——你的表达让人觉得不是在忽悠；因为你持续——你每天都在播，跑得了和尚跑不了庙。

这就是为什么”人设”在直播带货里这么重要——没有人设你就是一个喊价的机器，有了人设你就是一个值得信任的朋友。

画个像：你是不是”天选之子”？

这种人最适合：

1. “戏精”附体者：有极强的表现欲，人来疯。镜头一开，立马亢奋。那种说话慢吞吞、理性的理工男，做不了主播。
2. 国内直播老炮：在国内抖音杀出来的。懂什么是”憋单”，什么是”踢人”，什么是”逼单”。这些话术逻辑是通用的，只需要翻译成外语。
3. 熬夜冠军：时差是硬伤。做美区直播，意味着你每天都要过北京时间的夜生活。身体不好的人，真扛不住。

这种人千万别碰：

1. 脸皮薄的人：不敢对着镜头大喊大叫，不敢做夸张表情。
2. 完美主义者：直播间出了事故（比如灯灭了、样品掉了）就慌神。直播全是突发状况，必须要有极强的临场应变能力。
3. 不能熬夜的人：美区黄金时段是北京时间凌晨。东南亚好一些，但也要求每天固定时段开播。

这个生意的”生死劫”

死法一：死在”没有流量”

播了三个小时在线人数 2 人（一个是你自己，一个是你的运营），很多新手死扛觉得坚持就能感动算法。

⚠ 避坑提醒：流量是买来的，或者是”引”来的。前期不投流（Promote），新号几乎不可能起得来。或者你得有极强的短视频引流能力，发个预告视频爆了，直播间才有人。单纯的”干播”，就是浪费电费。

死法二：死在”封号”

主播一激动说了一句”这个能治百病”或者”这是全网唯一的正品”，下一秒直播间黑屏永久封禁——TikTok 对直播的审核是 AI+人工实时的。

⚠ 避坑提醒：红线意识。什么词能说，什么词不能说，必须刻在脑子里。培训时必须过一遍违禁词清单。

钱的逻辑

直播带货的公式是：GMV = 场观人数 × 转化率 × 客单价

我们来算一笔账（以东南亚为例）：

项目	数据	说明
场观人数	10,000 人	一场直播的总观看人数
平均在线	500 人	同时在看的人数
客单价	$5	东南亚客单普遍较低
转化率	3%	100 个人里有 3 个买
单场 GMV	$1,500	10,000 × 3% × $5

利润拆解：

项目	金额	占比
单场 GMV	$1,500	100%
货品成本	-$750	50%
主播+运营提成	-$150	10%
投流成本	-$300	20%
单场净利	$300	20%

这只是一场 4 小时直播的钱，如果你能每天播、如果有两个直播间同时在播…这就是为什么那么多人在这个赛道里卷，虽然累但那是真金白银的现金流。

最佳战场：- 越南、泰国、菲律宾：直播文化浓厚，用户习惯好 - 美国：单价高，但转化率低，用户没耐心看长直播。除非你做品牌宣发，否则慎入

实战案例：越南美妆直播间 30 天冷启动

▸ 背景：2025 年 6 月，某国内美妆供应链公司进入越南市场，在胡志明市搭建直播间。

▸ 挑战：0 粉丝、0 销量、完全陌生的市场。

▸ 策略：- 前 7 天：每天直播 6 小时，用 $0.99 引流款（唇彩）拉人气 - 第 8-14 天：引入 $5-10 的正价款，观察转化数据 - 第 15-30 天：根据数据筛选出 3 个爆款，集中火力打 - 投流策略：每天投 $50，ROI 低于 1.5 立即停 - 主播培训：每天复盘话术，违规一次罚款 $20

▸ 结果：- 第 8 天：单场 GMV 突破 $2,000 - 第 30 天：月 GMV 达到 $80,000 - 净利润率：15%

▸ 关键洞察："越南用户对价格极度敏感。引流款定价必须'击穿心理防线'——$0.99 的唇彩，成本 $0.3，亏着卖。但她进来了，就可能买你 $8 的眼影盘。"

2.4 模式四：付费投流——"钱"的暴力美学

别名：广告投手、Media Buying、流量套利 核心逻辑：只要 ROI（投入产出比）大于 1，我就敢把预算翻十倍。

这是所有模式里最性感也是最残酷的。

它不需要你囤货（可以找代发），不需要你露脸，不需要你懂内容（素材可以混剪或外包），它只需要你懂数学 and 人性。你就像一个坐在屏幕后面的狙击手，用美金当子弹，打中一个客户赚一笔。

商业逻辑：用”确定性”换”规模”

投流的本质是花钱买”确定性”。

做内容靠的是运气——你不知道哪条视频会爆；投流靠的是数据——只要 ROI>1 你就敢无限放大。这种”确定性”是有代价的，你得付广告费，但换来的是”可预测的增长”。

用一个公式表达：

利润 = (客单价 - 产品成本 - 履约成本) × 订单量 - 广告费

当这个公式算出来是正数，你就可以无限放大广告费，无限放大订单量，无限放大利润。

这就是投流的魅力：一旦跑通，规模可以无限大。

这个生意的本质：是”概率”，不是”赌博”

很多新手投流像赌博：今天投 100 刀没出单心态崩了，明天投 100 刀出单了觉得自己是天选之子——但高手的投流是概率学。

测 10 个素材只要有一个爆了，它的利润就能覆盖掉其他 9 个的亏损；测 10 个品只要有一个爆了，它就能养活全公司半年。

这个生意的核心能力是对“数据波动”的冷酷判断——ROI 跌到 1.5 了是止损还是加注？CPM（千次展示费用）涨了是素材不行了还是大盘涨了？你的每一个决策都是真金白银。

画个像：你是不是”天选之子”？

这种人最适合：

1. 理科生/数据控：对数字极其敏感。看到 CTR（Click Through Rate，点击率）、CVR（Conversion Rate，转化率）、CPC（Cost Per Click，点击成本）这些指标，脑子里能瞬间形成漏斗图。
2. 敢下注但有风控意识的人：只有敢下注的人才能赚大钱。但必须是”算过的下注”，而不是”上头的梭哈”。
3. 熬夜冠军：广告投放需要实时盯盘。美区的大流量往往在半夜爆发。

这种人千万别碰：

1. 抠门的人：看着账户里烧掉 100 美金没出单，心疼得睡不着觉。做投流，亏损是盈利的一部分（测试成本）。你没胆量亏，就没资格赚。
2. 感性的人：“这个视频我拍得这么好，为什么没人看？”这种自我感动在数据面前一文不值。数据说它烂，它就是烂。

这个生意的”生死劫”

死法一：死在”不知道为什么亏”

钱烧出去了没出单，新手只会说”运气不好”，但高手会拆解：是 CTR 太低（素材前 3 秒不行）？是 CPC 太高（竞争太激烈）？还是 CVR 太低（详情页太丑或价格太高）？

⚠ 避坑提醒：不懂数据归因，你烧多少钱都是打水漂。下面是一个简单的诊断框架：

问题	可能原因	优化方向
CTR < 1%	素材前 3 秒不够吸引人	换开头 hook
CPC > $1	竞争激烈或人群太窄	扩人群或换品
CVR < 2%	详情页/价格有问题	优化详情页或降价
ROI < 1	综合问题	从 CTR 开始逐一排查

死法二：死在”资金链断裂”

投流是预充值的（给 TikTok 钱），但回款是有账期的（卖出去货半个月后才能拿到钱）。

如果你的 ROI 不够高，跑着跑着你会发现，账上有利润，但兜里没现金了。

⚠ 避坑提醒：现金流管理是投手的基本功。不要为了追求规模 and 把自己跑死。

死法三：死在”封户”——投手最大的噩梦

这是很多教程不会告诉你的：投流手最怕的不是亏钱，是封户。

你辛辛苦苦养了一个月的广告账户，跑出了稳定的 ROI 正准备放量大干一场，结果第二天一早醒来账户被封了，所有数据、所有素材、所有人群包全部归零。

封户的常见原因：

封户类型	原因	后果
素材违规	视频涉及虚假宣传、敏感词、对比贬低	单条广告下架，多次违规封户
账户关联	用同一设备/IP/支付方式开多个户	所有关联账户一起被封
落地页违规	商品详情页与广告内容不符	封广告+店铺警告
支付异常	信用卡拒付、充值来源可疑	冻结账户余额
刷单/虚假数据	被检测到异常转化行为	永久封禁

⚠ 避坑提醒：- 账户矩阵要做好隔离：不同账户用不同设备、不同 IP、不同支付方式 - 素材审核要前置：发布前先过一遍 TikTok 的广告政策，特别是保健品、美妆、食品类 - 备用户要提前养：不要等主户被封了才去注册新户，那时候已经晚了 - 找正规代理开户：代理户虽然有服务费，但稳定性比自己开的户强

被封户后的心态管理：

如果你做投流，封户是早晚的事，这不是”会不会”的问题而是”什么时候”的问题。高手和新手的区别在于：新手被封户心态崩了觉得天塌了，高手被封户 5 分钟后已经在备用户上重新跑了。

封户是投流的”必修课”，不是”意外事故”。把它当成成本的一部分，提前做好预案。

高阶技巧：投手的”三级账户防线”

为了应对封户，成熟的团队会建立三层防御体系：1. 一级防线：自开/白号（炮灰号）：用于测试争议素材或极度激进的爆品，死了不心疼。2. 二级防线：国内/海外代理户（主力号）：通过正规代理商开通，稳定性高，用于放量支撑 GMV。3. 三级防线：海外本土企业户（保命号）：使用海外当地公司资料开通，权重最高，极难被封，专门用于承接核心品牌流量 and 长期资产。

钱的逻辑

投流的公式很简单：

利润 = (客单价 - 产品成本 - 履约成本) - CPA(获客成本)

如果你卖一个 $30 的产品，成本 $10 物流 $5，你的毛利是 $15；你的广告 CPA 如果是 $10（花 $10 广告费出一单）你赚 $5，如果 CPA 涨到 $16 你每卖一单亏 $1。

这时候考验的就是你的素材能力——好素材能把 CPA 压到 $5，烂素材 CPA 是 $20。

在投流模式里，素材就是印钞机。

最佳战场：- 美国、中东：高客单价，容得下高广告费 - 东南亚：客单太低，除非你投极低成本的白牌，否则广告费能把利润烧穿

实战案例：某投手测 10 个素材找到爆款的过程

- 背景：2025 年 Q3，某团队做美区 TikTok 投流，品类是家居清洁工具，客单价 $25。
- 挑战：前两周投了 $3,000，ROI 只有 0.6，亏了 $1,200。

▸ 策略： - 暂停所有广告，分析数据 - 发现问题：CTR 只有 0.8%，说明素材前 3 秒不行 - 重新制作 10 条素材，专攻”前 3 秒 hook” - 5 条用”问题场景”开头（“你家厨房也这么油?”） - 3 条用”效果对比”开头（Before/After） - 2 条用”夸张表情”开头

▸ 结果： - 第 3 条素材（效果对比类）CTR 达到 3.2% - CPA 从 $18 降到 $7 - ROI 从 0.6 提升到 2.1 - 用这一条素材，30 天内跑了 $50,000 GMV，净利润 $15,000

▸ 关键洞察： “投流不是玄学，是科学。10 条素材里有 1 条能跑，就够了。关键是你要有批量生产素材的能力，and 冷酷杀掉烂素材的决心。”

投流模式数据归因模板

当你的广告效果不好时，按这个顺序排查：

```
第一步：看CTR（点击率）
├── CTR < 1% → 素材问题，换素材
└── CTR > 1% → 进入第二步

第二步：看CPC（点击成本）
├── CPC > $1.5 → 人群太窄或竞争太激烈，扩人群或换品
└── CPC < $1.5 → 进入第三步

第三步：看CVR（转化率）
├── CVR < 1% → 详情页或价格问题
└── CVR > 1% → 恭喜，继续优化提升

第四步：算ROI
├── ROI < 1.2 → 谨慎，可能亏
├── ROI 1.2-1.8 → 可以跑，但要控制规模
└── ROI > 1.8 → 放量！放量！放量！
```

2.5 模式五：货架电商——“搜”的红利

别名：商城模式、Shop Tab 运营、搜索电商 核心逻辑：用户主动搜，你负责被找到。

这是 2025 年下半年到 2026 年 TikTok 力推的战略级业务。

随着 TikTok Shop 商城（Shop Tab）的权重不断提升，越来越多的用户开始像逛淘宝一样在 TikTok 里主动搜索商品——这意味着什么？流量不再只靠内容驱动，搜索流量正在成为第二增长曲线。

核心观点：短视频决定了生意的上限（爆发力），而商城搜索决定了生意的下限（稳定性）。

你不需要拍视频，不需要直播。你只需要把商品上架，把标题（SEO）写好，把图做得诱人，让用户搜到你、点进来、下单。

商业逻辑：承接”主动需求”的流量

货架电商的商业逻辑 and 内容电商完全不同：

维度	内容电商（直播/短视频）	货架电商（商城/搜索）
用户心态	“逛街”，被动种草	“购物”，主动找货
流量获取	需要拍内容或投广告	靠 SEO 优化被搜到
转化逻辑	冲动消费	理性比价
核心竞争	内容创意、主播能力	价格、评价、标题 SEO

货架电商的流量成本趋近于零——用户自己搜过来的。

这个生意的本质：是”货架优化”（SEO）

这跟十几年前做淘宝 SEO 一模一样。在 TikTok 上，你需要针对算法进行“对暗号”式优化：- 标题优化：嵌入高频搜索词（如” Summer Dress”，“Gift for her”）。- 主图优化：在白底图的基础上增加卖点标签，提升点击率。- 评价管理：利用好评返现或赠品，引导用户晒图，提升权重。

平台需要丰富度，所以它会扶持那些商品信息完善、价格有优势、评价良好的链接。在这个模式里，SKU 数量、标题关键词、主图点击率 and 好评率是核心。 你不是在跟人比创意， 你是在跟算法对暗号。

画个像：你是不是”天选之子”？

这种人最适合：

1. ERP 大拿：会用软件批量采集、批量上架、批量修改价格。这是一个纯靠效率 and 规模取胜的生意。

名词解释：ERP（Enterprise Resource Planning，企业资源管理软件），在电商语境下，通常指用于批量管理商品、订单、库存的软件工具，如店小秘、马帮等。

2. 供应链狂魔：手里有几万个 SKU（比如义乌小商品市场），且能做到极低成本。
3. 闷声发财型：不需要任何外部沟通，对着电脑操作就行。社恐福音。

这种人千万别碰：

1. 只会做内容的人：习惯了拍视频，受不了这种枯燥的铺货工作。
2. 追求品牌的人：商品卡模式卖的大都是白牌、杂牌。你想做品牌，这条路不适合你。

这个生意的”生死劫”

死法一：死在”平台规则变动”

今天平台扶持商城流量你有肉吃，明天平台觉得商城流量太杂要清洗，你几千个链接瞬间归零——这是一种寄生模式，宿主（平台）打个喷嚏你就能得肺炎。

⚠ 避坑提醒：不要把鸡蛋都放在一个篮子里。商品卡可以做，但要同时培养其他流量来源。

死法二：死在”价格战”

你会截流别人也会，最后就是大家比谁更便宜，利润被压缩到几毛钱一单，如果你没有极致的供应链优势最后就是给物流公司打工。

⚠ 避坑提醒：要么有供应链优势（成本比别人低），要么有运营优势（效率比别人高），否则别进来卷。

钱的逻辑

这是典型的蚂蚁搬家模式。

一单只赚 5 块钱，但我有 100 个链接每个链接每天出 10 单，加起来就是 5,000 块一天。

最佳战场： - 东南亚：用户有搜索习惯，平台力推商城 - 美国：正在起步，红利窗口期

实战案例：店群玩家的日出千单打法

▸ 背景：老李，原淘宝店群玩家，2025 年中转型 TikTok Shop。

▸ 挑战：不懂内容，不会直播，只会铺货。

▸ 策略： - 用 ERP 软件批量采集 1688 商品，一键翻译上架 - 重点优化标题：研究 TikTok 搜索热词，嵌入关键词 - 定价策略：比同类商品低 10-15%，用价格抢流量 - 每天上架 100 个新品，淘汰 7 天不出单的链接

▸ 结果： - 3 个月后，在线商品数 5,000+ - 日均订单 800-1,200 单 - 单均利润 $0.8-1.2 - 月净利润约 $25,000

▸ 关键洞察：“我不需要爆款，我只需要’不死款’。1000 个商品，每个每天出 1 单，就是 1000 单。这个逻辑，跟十年前做淘宝一模一样。”

2.6 模式六：海外同城——“地”的生意

别名：O2O 引流、本地生活、团购 核心逻辑：线上赚吆喝，线下赚真金。

如果说上面都在卖货，这个模式比较”另类”：它是卖服务的。

你是开餐馆的、做美甲的、修车行的、甚至是房产中介。你利用TikTok的同城流量（LBS，基于位置的服务），把方圆10公里的人引到你店里来。

商业逻辑：获客成本革命

以前不管是在美国还是东南亚，本地商家获客靠什么？发传单、投地推、或者在谷歌地图上买广告，贵且没效果。

TikTok因为有精准定位，它能把你的视频推给就在你附近刷手机的人，一条视频爆了你店里的排队能排到隔壁街——这对于传统实体店来说是降维打击。

画个像：你是不是”天选之子”？

这种人最适合：

1. 海外华人老板：你在洛杉矶开了家中餐馆，或者在曼谷开了家按摩店。你有实体，只缺流量。
2. 地推狂魔：没有店，但你能跑业务。你去跟那些不会做TikTok的老外老板谈：“我帮你拍视频引流，成交一单给我分成。”这就是代运营。

这种人千万别碰：

1. 纯线上思维者：不懂线下交付的苦。视频拍得再好，菜难吃，服务差，差评能把你淹死。
2. 异地操作者：你想在中国运营美国的餐馆号？很难。素材没有真实感，很难火。

这个生意的”生死劫”

死法一：死在”无法承接”

流量太大了——我就见过一个做美发的，视频爆了预约电话打爆，结果店里只有两个理发师根本剪不过来，客户来了要等3小时全是一星差评。

⚠ 避坑提醒：产能预案。流量来之前，先想好如果你火了，能不能接得住。

钱的逻辑

这甚至是零成本的暴利。

你拍视频几乎没成本（就是拍拍你的菜、拍拍你的服务），获客几乎免费，变现是纯利润（服务行业的边际成本极低）。

最佳战场：全球通用。只要有华人开店的地方，都有机会。

实战案例：洛杉矶中餐馆的 TikTok 逆袭

- 背景：老陈，在洛杉矶开中餐馆 15 年，疫情后生意一落千丈。
- 挑战：不懂社交媒体，店里只有 5 个员工。
- 策略：- 让店里的年轻服务员每天拍 3 条短视频 - 内容很简单：拍炒菜过程、拍顾客吃饭反应、拍后厨日常 - 坚持每天发，不管有没有人看
- 结果： - 第 3 周，一条”铁板牛肉”视频爆了，播放量 200 万 - 当周客流量增加 300% - 之后每月都有 1-2 条视频破 10 万播放 - 餐馆从”快倒闭”变成”需要预约”
- 关键洞察：“我不需要专业的拍摄，我只需要真实。老外就喜欢看中国人怎么做菜，那个烟火气，那个锅气，比任何广告都管用。”

2.7 模式七：中视频计划——“脑”的变现

别名：创作者激励、Creativity Program Beta（原 Creator Fund）
核心逻辑：我不会卖货，但我会讲故事。平台给我发工资。

虽然早期那种”搬运工薅羊毛”已经死了，但中视频（1 分钟以上的深度原创） 正在迎来第二春。

TikTok 为了对抗 YouTube 正在大力补贴长视频创作者，只要你的内容完播率高，RPM（Revenue Per Mille，千次播放收益）高得吓人。

商业逻辑：注意力批发

你生产内容，平台采购你的内容来留住用户，你不需要管转化率、不需要管发货，你只需要管“好不好看”——这是一个纯粹的内容生意。

平台为什么愿意付钱？因为你帮它留住了用户，用户在 TikTok 上待的时间越长 TikTok 能卖的广告就越多。

你的收益 = 你帮平台创造的广告价值的分成。

画个像：你是不是”天选之子”？

> 这种人最适合：

1. 故事大王：会讲悬疑、讲历史、讲猎奇。能把一个普通的事情讲得引人入胜。
2. 剪辑大神：能把素材剪出花来，解说配音极具感染力（哪怕是用 AI 配音）。
3. 短剧团队：把国内的霸总剧、婆媳剧翻译一下，老外一样看得津津有味。

这种人千万别碰：

1. 想赚快钱的人：中视频起号慢，收益结算有周期。
2. 没有原创能力的人：现在查重极严。简单的混剪已经很难过审了。

这个生意的”生死劫”

死法一：死在”RPM 波动”

今天 RPM 是 $1 明天变成 $0.01，你的收入完全掌握在平台算法手里，你不知道为什么它就是降权了——这是一份没有安全感的工作。

> ⚠ 避坑提醒：中视频收益不稳定，建议作为副业或者”试水”的方式，不要一开始就 All in。

钱的逻辑

美区 RPM 通常在 $0.5-$1.2 之间，一条 100 万播放的视频大概能赚 $500-$1,200（约 3,500-8,500 人民币），如果你能批量生产这样的视频…

最佳战场：美国、英国、法国、德国（只有发达国家的 CPM 才值钱）。

实战案例：历史解说账号月入 $30,000

▸ 背景：小王，国内历史系研究生，英语不错。2025 年初开始做 TikTok 历史解说。

▸ 挑战：不露脸，没团队，纯一个人操作。

▸ 策略： - 内容定位：冷门历史故事（避开大众题材的竞争） - 用 AI 配音（Eleven Labs），自己写稿 - 每条视频 2-3 分钟，每周发 5 条 - 重点优化：前 5 秒 hook + 悬念设置

▸ 结果： - 第 4 个月：账号粉丝突破 50 万 - 月均播放量：3,000 万 - 月收入：$25,000-$30,000 - 单人运营，边际成本几乎为零

▸ 关键洞察："老外对中国历史特别感兴趣，但他们能看到的内容太少了。我就是把那些国内大家都知道的故事，用英语讲给他们听。对他们来说，这些都是'新'的。"

2.8 模式八：个人带货达人——"零成本"入局

别名：精选联盟达人、Affiliate、素人带货 核心逻辑：我没有货，我没有钱，但我有时间和执行力。

这是门槛最低的 TikTok 电商模式。

你不需要开店、不需要囤货、不需要投广告，你只需要注册成为 TikTok 的带货达人（Affiliate），然后在精选联盟里选别人的商品拍视频挂车，卖出去一单赚一单的佣金。

这是普通小白进入 TikTok 电商的最佳起点。

商业逻辑：用时间换佣金

个人带货达人的商业模式极其简单：

商家把商品放进精选联盟并设置佣金（比如 20%），你选中这个商品拍视频挂购物车，用户通过你的视频下单，你赚取佣金（$20 的商品你赚 $4）。你不用管发货、不用管售后、不用压一分钱的货，你的唯一成本是时间。

这个生意的本质：是”内容变现”的最短路径

很多人想做内容创作者，但变现太慢——要积累粉丝、要等广告主、要谈商务合作。

带货达人模式把这个路径压缩到极致：你的第一条视频就可以挂车，第一个播放就可能带来订单，不需要等粉丝破万、不需要等品牌找你，只要你的视频能打动人下单你就能赚钱。

画个像：你是不是”天选之子”？

这种人最适合：

1. 大学生/宝妈/副业党：有时间但没资金，想零成本试水 TikTok。
2. 国内抖音带货达人：懂怎么拍带货视频，只是换个平台而已。
3. 想验证选品眼光的人：先做达人跑数据，找到爆款后再考虑自己开店。

这种人千万别碰：

1. 急于求成的人：带货视频需要大量测试，可能发 100 条才能找到感觉。
2. 不愿意出镜/不愿意拍视频的人：这是一个纯内容驱动的生意。
3. 想躺赚的人：达人收入不稳定，这个月爆了下个月可能就凉了。

这个生意的”生死劫”

死法一：死在”选品”

你辛辛苦苦拍了视频，挂的商品没人想买，或者商家发货太慢、质量太差导致退货率飙升，你的佣金全部被扣回。

⚠ 避坑提醒：选品比拍视频重要。只选有销量记录的商品，只选评分高的商家。

死法二：死在”限流”

带货视频如果太硬广平台会限流，用户划走率太高你的账号权重会越来越低。

⚠ 避坑提醒：先内容，后带货。把带货视频当成好看的内容来做，而不是硬广。前 3 秒必须有 hook，不能一上来就喊”买买买”。

钱的逻辑

指标	参考值
平均佣金率	15-25%
客单价	$15-30（适合新手的价格带）
单条爆款视频销量	100-1,000 单
单条爆款视频佣金	$300-$5,000

算笔账：- 你挂一个 $20 的商品，佣金 20%，每单赚 $4 - 一条视频爆了，卖出 500 单 - 你赚 $2,000（约 14,000 人民币） - 你的成本：0

最佳战场：- 美区：客单价高，佣金绝对值高 - 东南亚：竞争小，更容易起号，但客单价低

实战案例：宝妈从 0 到月入 $8,000

▸ 背景：小美，全职宝妈，英语一般，2025 年中开始做 TikTok 带货达人。

▸ 挑战：0 粉丝，0 经验，每天只有孩子睡着后的 2-3 小时。

▸ 策略：- 只做母婴品类（自己最熟悉）- 每天发 2 条视频，用孩子的真实使用场景 - 只选精选联盟里销量前 50 的商品 - 佣金低于 20% 的一律不做

▸ 结果：- 第 2 个月：出了第一条爆款，单条视频佣金 $1,200 - 第 5 个月：月均佣金收入稳定在 $6,000-$8,000 - 粉丝 15 万，但核心收入不靠粉丝量，靠爆款视频

▸ 关键洞察："我不是网红，我就是个会拍视频的消费者。我把真实的使用体验拍出来，妈妈们看了会信任。这比任何花哨的拍摄技巧都重要。"

2.9 终极拷问：到底选哪个？（决策矩阵）

讲了这八种模式，我知道你大概率已经晕了——"我觉得我好像哪个都能做，又哪个都不敢做。"

来，我给你一个"灵魂三问"的决策漏斗，拿着这个漏斗去筛掉那些不属于你的机会。

第一问：你的兜里有多少钱？（资金门槛）

启动资金	推荐模式	不推荐模式	建议团队规模
< 5 万	中视频、个人带货达人	供应链、投流、MCN	1 人（单兵作战）
5-20 万	直播带货、货架电商	大规模供应链、付费投流	3-5 人（小作坊）
20-100 万	MCN、垂类供应链	全品类供应链	10-20 人（初创公司）
> 100 万	付费投流、全品类供应链	—	30 人+（规模化企业）

第二问：你的性格底色是什么？（性格门槛）

性格特点	推荐模式	不推荐模式
社恐、不爱说话	货架电商、投流、中视频	直播、MCN
社牛、爱表现	直播、MCN、个人带货达人	枯燥的 ERP 铺货
精细管理型	供应链、投流	需要创意的内容类
创意天马行空	中视频、个人带货达人	数据驱动的投流

第三问：你想赚什么样的钱？（收益偏好）

收益偏好	推荐模式	说明
快钱（今晚见效）	直播、投流	当天就有现金流
稳钱（细水长流）	供应链、品牌	慢但可持续
以小博大	中视频、个人带货达人	万一爆一条呢?
零成本试水	个人带货达人	不用投钱,用时间换佣金

决策流程图

按顺序回答以下问题，找到适合你的模式：

```
Q1：你的启动资金有多少？
├── < 5万 → 跳到Q2
├── 5-20万 → 跳到Q3
└── > 20万 → 跳到Q4

Q2：你擅长什么？
├── 会拍视频/讲故事 → 【中视频计划】
├── 有时间但没技能 → 【精选联盟达人】
└── 有实体店铺 → 【海外同城】

Q3：你能接受的工作强度？
├── 愿意熬夜直播 → 【直播带货】
├── 不想露脸 → 【货架电商】
└── 有团队管理经验 → 【小型MCN】

Q4：你的核心资源是什么？
├── 有工厂/供应链 → 【供应链出海】
```

```
├── 有现金 but 没资源 → 【付费投流】
└── 有本地人脉 → 【MCN机构】
```

总结一张图

模式	核心资产	风险等级	回本周期	新手推荐指数
供应链	货		慢（6月+）	
MCN	人		慢（12月+）	
直播	场（主播）		快（当月）	
投流	钱（数据）		极快（当天）	
货架电商	店群		快（次月）	
同城	实体		中	
中视频	内容		中（3月）	
个人带货	时间+内容		快（当月）	

2.10 模式演化规律：今天的红利，明天的红海

每种模式都有它的”黄金窗口期”。

我们回顾一下过去两年 TikTok 电商的变化：

时间	红利模式	现状
2023年	搬运薅羊毛	已死，平台严打
2024年上半年	低价铺货	内卷，利润极薄
2024年下半年	直播带货起量	成熟，门槛提高
2025年上半年	商品卡红利	正在内卷
2025年下半年	中视频+品牌化	当前窗口期
2026年	AI内容+精细化运营	未来趋势

规律：任何模式的红利期通常只有12-18个月。

你要做的不是追逐红利，而是在红利期建立壁垒——红利期赚到的钱用来建供应链，红利期积累的达人用来做私域，红利期跑通的 SOP 用来复制团队。

> 核心观点：红利是给你”起步”的，不是给你”躺赚”的。任何模式，最终都会回归到”效率” and “壁垒”的竞争。

2.11 模式组合：1+1>2 的打法

很多人问：“我能不能同时做两种模式?”

答案是：可以，但要有主次。

组合一：供应链 + 直播（“自产自销”模式）

为什么要组合？供应链模式的痛点是依赖达人、流量不可控；直播模式的痛点是货源不稳、利润被压缩；组合后自己的货加上自己的场等于利润最大化。

怎么操作?

阶段	时间	重点
阶段一	1-3 个月	用精选联盟测品，找到 3-5 个爆款
阶段二	4-6 个月	爆款转入自有直播间销售
阶段三	7-12 个月	直播间+达人双轮驱动

组合二：MCN + 供应链（“经纪公司+贸易公司”模式）

为什么要组合？ MCN 的痛点是帮别人卖货利润薄，供应链的痛点是找不到稳定的带货渠道，组合后自己签的达人卖自己的货形成双重利润。

怎么操作?

- 第一步：先跑通 MCN 模式，签约 50-100 个达人
- 第二步：在达人带货数据中找到爆款品类
- 第三步：反向对接供应链，拿到该品类的货源
- 第四步：用自己的达人卖自己的货，双重利润

组合三：中视频 + 带货（“内容电商”模式）

为什么要组合？中视频的痛点是收入不稳定、受平台算法影响，带货的痛点是流量成本越来越高，组合后内容引流、带货变现形成良性循环。

怎么操作？先用中视频账号积累粉丝和信任，然后在视频中软植入商品（不影响内容质量），最后用内容粉丝转化为电商客户。

⚠ 避坑提醒：模式组合有风险。新手建议先跑通一个模式，再考虑组合。贪多嚼不烂。

2.12 风险预警：各模式的”危险信号”

当出现以下情况时，立即停下来复盘：

模式	危险信号	阈值	应对措施
供应链	库存周转天数	> 60 天	降价清仓，暂停补货
供应链	退货率	> 15%	检查品控，更换物流
直播	场均 GMV	连续 7 天 < $500	换品或换主播
直播	平均在线人数	持续 < 50 人	加大投流或换时段
投流	ROI	连续 3 天 < 1.2	暂停广告，换素材
投流	CPA	> 客单价×40%	停止投放，分析归因
投流	账户状态	频繁被警告/封户	检查素材合规，更换投放策略
MCN	达人月流失率	> 20%	检查分成机制 and 服务
MCN	私单举报率	上升趋势	加强合同约束，提升服务价值
货架电商	单店日均销量	< 3 单	优化标题 or 下架
货架电商	利润率	< 5%	考虑退出 or 换品类
中视频	RPM	连续下降	检查内容质量，调整方向
中视频	完播率	< 30%	优化开头 hook
个人带货	连续 30 条无爆款	0 出单	复盘选品 and 内容方向
个人带货	退货率	> 20%	更换合作商家

本章小结

读完这一章，你应该记住以下 5 个核心要点:

1. 模式没有高低之分，只有适不适合你。老张的 200 万学费告诉我们：用做工厂的思维去做直播，就是找死。先认清自己，再选择模式。

2. 四要素模型：货、人、场、钱。任何 TikTok 电商生意，都是这四个要素的组合。你的核心能力在哪个要素上，就选择那个模式。

3. 供应链的本质是”周转”，不是”毛利”。货如轮转才是暴利。毛利 20% 周转 6 次，比毛利 30% 周转 1 次赚得多。

4. 每种模式都有”死法”，提前知道才能避开。供应链死在备货豪赌，MCN 死在达人私单，直播死在没流量，投流死在封户 and 不懂数据，个人带货死在选品 and 限流。

5. 零成本入局的最佳路径：个人带货达人。没钱、没资源、没团队？那就从精选联盟带货开始。用时间换佣金，用实战换认知。

6. 红利期只有 12-18 个月，要在红利期建立壁垒。今天的红利是明天的红海。赚到的钱，要用来建立长期竞争力。

本章核心术语速查表

术语	全称	大白话解释
GMV	Gross Merchandise Volume	卖了多少钱（总交易额）
ROI	Return on Investment	投 1 块赚几块
CTR	Click Through Rate	多少人点了（点击率）
CVR	Conversion Rate	多少人买了（转化率）
CPC	Cost Per Click	一个点击花多少钱
CPA	Cost Per Action	一个成交花多少钱
CPM	Cost Per Mille	一千次展示花多少钱
RPM	Revenue Per Mille	一千次播放赚多少钱
MCN	Multi-Channel Network	网红经纪公司（管达人）
TSP	TikTok Shop Partner	TikTok 官方认证服务商（管店铺）
TAP	TikTok Affiliate Partner	TikTok 分销供货商（只供货，不开店）
Affiliate	精选联盟/带货达人	帮商家卖货赚佣金的人
ERP	Enterprise Resource Planning	批量管理商品的软件
SKU	Stock Keeping Unit	商品的最小单位（一个款一个色就是一个 SKU）
LBS	Location Based Service	基于位置的服务（同城推荐的技术基础）
Shop Tab	商城入口	TikTok 的货架电商入口，用户主动搜索购物

模式选择自检清单

在决定进入某个模式之前，请对照以下问题自检：

资金维度 - [ ] 我的可投入资金是多少？这个模式的启动资金需求是多少？ - [ ] 我能承受的最大亏损是多少？这个模式的试错成本是多少？ - [ ] 我能接受的回款周期是多久？这个模式的现金流特点是什么？

能力维度 - [ ] 这个模式需要的核心能力是什么？我有吗？ - [ ] 如果我没有，我能在多长时间内补上？成本是多少？ - [ ] 我的团队能支撑这个模式吗？还是要重新搭建？

资源维度 - [ ] 这个模式需要什么资源？（供应链/达人/场地/…） - [ ] 我现有的资源能复用吗？还是要从零开始？ - [ ] 有没有我认识的人已经在做这个模式？能不能请教？

风险维度 - [ ] 这个模式最常见的”死法”是什么？我能避开吗？ - [ ] 如果做失败了，我有 Plan B 吗？ - [ ] 这个模式的红利期还有多久？我进场的时机对吗？

不要羡慕别人日入万金。 在这个赛道上，活得久的人，赚得最多。

后记：还记得开篇那个亏了 200 万的老张吗？ 2025 年底，他听了我的建议，关掉了烧钱的万人直播基地，把剩下的 5 个主播解散了，只留下一个运营团队，转型做了 TAP 分销模式。

他不再追求当“直播界李佳琦”，而是专注把他的保温杯质量做到极致，把价格压到最低，然后利用他在第一章里学到的“达人分销”战术，跟全美 300 多个中小达人建立了长期合作。

上周我们又喝了一杯咖啡。他容光焕发，告诉我：“老侯，我现在每个月稳赚 15 万美金，还没以前那么累。原来在 TikTok 上，躲在人后收钱，才是最高级的玩法。”

希望读完这两章的你，也能找到属于自己的“最高级玩法”。

兄弟们，选择不对，努力白费。

在这章结束的时候，我希望你不要急着去注册账号，而是静下心来拿出一张纸，把你自己的资源、性格、资金写下来，然后对着上面的表格圈出那个“最适合现在的你”的模式。

不要羡慕别人日入万金。 在这个赛道上，活得久的人，赚得最多。

第三章：选品策略与供应链

2023 年 3 月，孤狼进了 50 万的美妆货，准备大干一场。

3 个月后，这批货还躺在仓库里，最后 3 折清仓，亏了 60 多万。

那是做 TikTok 跨境电商亏得最惨的一次。

但正是这次惨痛的教训，悟出了选品的核心真相——爆过的还会再爆，测品比选品更重要。

这一章，我们会把三年来花了上百万学费换来的选品方法论，毫无保留地告诉你。

3.1 选品就是选命

90% 的人第一步就错了

很多人一上来就问我："什么产品好卖?"

这个问题本身就错了。

不是什么产品好卖，而是什么产品你能卖好。这是两码事。

我见过太多人，看别人卖面膜赚钱，自己也去卖面膜，结果亏得底裤都没了。为什么？因为别人有供应链优势，有内容团队，有投放经验。你什么都没有，就看到别人赚钱了。

选品的本质是三个字：匹配度。

维度	自检问题	不匹配的后果
资金	这个产品需要多少启动资金？你有吗?	现金流断裂，库存积压
供应链	你能稳定拿到货吗？质量有保证吗?	断货、退货、差评
内容能力	你能拍出好的带货视频吗?	投放烧钱没转化
投放经验	你懂 TikTok 的投放逻辑吗?	广告费打水漂

这四个问题，有一个答不上来，劝你别碰。

核心逻辑：爆过的还会再爆

这是我做跨境电商三年，最大的发现：

在抖音上爆过的单品，在 TikTok 上还能爆。在成熟市场爆火的产品，到新市场还能火。

这不是猜测，是我们验证了 30 多个产品后的铁律。

为什么这个逻辑成立?

原因	解释	举例
人性相通	中国用户喜欢的，海外用户也会喜欢	便携榨汁机、筋膜枪、蜗牛面膜
供应链成熟	抖音爆品背后都有完善的中国供应链	成本已被优化到极致
需求被验证	不是假想的需求，是真金白银验证的	抖音月销 10 万+，需求真实
打法可复制	内容脚本、钩子、场景都能迁移	只需换本土模特和语言

这个逻辑，让我们的选品成功率从 5% 提升到 30% 以上。

先说清楚：这里的“30%”，指的是进入复测/跑出 ROAS>2.5 的命中率，不是“最终爆款率”。最终能进爆款池，仍然只有 3-5%（后面测品漏斗会讲）。

“爆过的还会再爆”三大选品来源

来源一：抖音历史爆品库

这是最直接、最有效的选品来源。

具体操作方法：

安排 1-2 个人，专门监控抖音：

1. 每天看抖音小店 Top 100 榜单
   - 重点关注新上榜产品
   - 记录产品、价格、卖点、内容打法
2. 收集高播放带货视频
   - 播放量>100 万的视频
   - 保存素材，分析爆款钩子
3. 追踪 50-100 个头部带货达人
   - 看他们在推什么新品
   - 分析带货节奏
4. 每周五输出《抖音爆品周报》
   - 列出 Top 20 潜力产品
   - 附上供应链、价格、竞品分析

来源二：成熟市场爆品

成熟市场	目标市场	时间差	操作要点
美国	墨西哥、巴西	6-12 个月	监控 Amazon Best Sellers、TikTok 美区
日本、韩国	泰国、越南、印尼	3-6 个月	监控乐天、Coupang
英国、德国	中东	6-12 个月	注意文化适配

来源三：季节性和节庆爆品

节日每年重复，爆品也会重复。

建立一个”历史爆品日历”：- 去年圣诞节什么产品爆了？ - 去年情人节什么产品火了？ - 去年开学季什么产品好卖？

今年提前 3 个月准备，再爆一次。

实战案例：便携榨汁机从抖音复制到 TikTok

实战案例：便携榨汁机跨境复制

▸ 背景：2023 年 10 月，团队在刷抖音时发现便携榨汁机月销 10 万+台，价格 79-129 元 ▸ 挑战：TikTok 美国市场是否有同样需求？ ▸ 策略：1. 搜索”portable blender”，发现美国搜索量月增长 180%，但只有 3 个品牌在投放 2. 1688 找到 15 个同款供应商，成本 12-18 元，起订量 500 台，交期 7 天 3. 采购 500 台小批量测试，投放预算 5000 美元 ▸ 结果：10 天测试，ROAS（广告投产比）6.8，转化率 12.3%，卖出 800 台 ▸ 关键洞察：抖音爆了 3 个月，TikTok 还没人做，窗口期 3-6 个月，先发优势巨大

后续：这个产品成为 2024 年 Q1 第二大爆款，单季度商品交易总额（GMV, Gross Merchandise Volume）超过 200 万美元。

再看几个不同市场的案例：

实战案例：日本市场——颈部按摩仪的”时间差”红利

▸ 背景：2024 年 3 月，韩国 Coupang 上一款颈部按摩仪月销 15 万台 ▸ 挑战：日本用户对品质要求极高，对”中国制造”有偏见 ▸ 策略：- 找出口型供应商，拿到 PSE 认证（日本电气用品安全认证） - 包装全部日文化，说明书找日本人润色 - 素材主打”办公室 OL 疲劳舒缓”场景 - 定价比韩国高 20%（日本用户不信便宜货） ▸ 结果：第一个月 ROAS 4.8，第三个月月 GMV 45 万美元 ▸ 关键洞察：日本”时间差”6-12 个月，但本土化成本更高，认证和包装成本要算进去

实战案例：墨西哥市场——潮流卫衣的”美国→拉美”复制

▸ 背景：2024 年 8 月，美国 TikTok 一款 oversize 卫衣爆火，月销 5 万件 ▸ 挑战：墨西哥物流不稳定，退货成本极高 ▸ 策略： - 墨西哥本地建仓，海运补货 - 定价比美国低 30% - 用当地模特，突出"街头风"和"派对场景" - 找本地网红做开箱视频 ▸ 结果：从美国爆到墨西哥只用 6 周，月 GMV 从 0 到 28 万美元 ▸ 关键洞察：拉美对美国潮流的追随只有 2-3 个月延迟，速度是关键

"爆过的还会再爆"四大注意事项

这个方法威力巨大，但不是万能的。以下四个坑必须避开：

⚠ 注意一：不是所有爆品都能跨市场

有些产品，天生出不了国：

类型	例子	原因
强文化属性	中式茶具、汉服、国潮	海外用户不理解
物流限制	液体、粉末、电池、危险品	运输受限
认证门槛高	药品、食品、保健品	3 个月内搞不定认证
尺寸过大	大件家具、重型机械	物流成本占比>15%

⚠ 注意二：窗口期就是生命线

时机	表现	建议
太早	海外市场还没起来	教育成本高，先观望
刚好	搜索量上涨，竞品<5 个	全力投入
太晚	竞品>20 个	放弃，已经晚了

判断窗口期的方法： - 抖音刚爆（月销过万）→ 立刻验证海外数据 - 海外搜索量开始上涨 → 立刻测品 - 竞品少于 5 个 → 全力投入 - 竞品超过 20 个 → 放弃

⚠ 注意三：本土化不是翻译，是重新创作

维度	错误做法	正确做法
模特	用中国模特	用本土模特，肤色、身材符合当地审美
场景	用中国家居场景	用本土家居风格、街景
语言	直接翻译	本土化表达，找母语者润色
文化	忽视禁忌	研究当地节日、习俗、禁忌

⚠ 注意四：供应链要提前锁定

发现爆品，不是立刻投放，而是先锁定供应链： - 至少对接 3 个供应商 - 拿样品测试质量 - 谈好价格和账期 - 确认产能和交期

这里的“锁定”，指的是把供应链摸清楚（样品/交期/产能/账期），不是让你一上来就压大货。

很多人就是跑着跑着，供应链跟不上，白白浪费流量。

数据驱动选品的三个核心指标

指标一：搜索趋势（看需求）

工具：TikTok Creative Center + Google Trends

数据表现	判断	行动
月增长率>50%，持续 4 周以上	需求在爆发	进入测品
月搜索量<10000	基数太小	放弃
多市场同步增长	全球趋势	优先选择

指标二：竞争强度（看对手）

工具：Pipiads、BigSpy、Kalodata

投放品牌数	判断	行动
<10 个	蓝海	赶紧进
10-30 个	红海	慎重，找差异化
>30 个	血海	别碰

三大竞品监测工具详解：

1. Pipiads——TikTok 投流的”情报头子”在跨境电商圈（尤其是独立站 Dropshipping），Pipiads 的地位依然稳固。它的 TikTok 数据深度是其他平台很难超越的——不仅能看广告素材，还能直接看到投放天数、预估订单量、实时曝光量。2026 年它加强了对 TikTok Shop（小黄车）数据的集成，能追踪挂载产品的销售趋势，对做短视频带货的卖家是刚需。适合谁：追求”快、准、狠”爆款模式的 TikTok 玩家。

2. BigSpy——全平台的”创意百科全书” BigSpy 走的是”大而全”路线，拥有超过 10 亿级的广告素材库，覆盖 FB、Instagram、Pinterest、YouTube、TikTok、AdMob 等 10+平台。免费版额度对新手很友好，是很多初创团队调研市场的首选。2026 年它集成了更多 AI 趋势检测功能，能自动帮你归纳某类产品在不同国家的广告转化特点，不只是单纯展示素材。适合谁：需要全平台调研、寻找跨平台爆品灵感的品牌方和营销人员。

3. Kalodata——TikTok Shop 的”达人透视镜” 专门针对 TikTok Shop 的深度数据分析工具。如果你做的是本土店或达人邀约，强烈推荐——它的数据精度可以精准到每个达人的成交额，在 TikTok Shop 数据分析这个细分领域，甚至比 Pipiads 更强。选品阶段用它看哪些达人在带什么货、带出了多少 GMV，比盲猜靠谱太多。适合谁：做 TikTok Shop 本土店、走达人带货路线的卖家。

更关键的是看头部占有率：- 前三名占 80% 市场份额 → 垄断格局，别进 - 前三名只占 40-50% → 市场分散，有机会

指标三：供应链验证（看自己）

验证项	标准	不达标后果
供应商数量	1688 至少 10 个以上	供应链风险大
成本占比	占售价 20-30%	利润空间小
起订量	测试阶段<1000 件	资金压力大
交期	样品<7 天，小批量<15 天	错过窗口期

不同市场的选品差异

东南亚：性价比为王，但不是越便宜越好

市场	人口	特点	爆款品类	价格区间
印尼	2.7 亿	最大蛋糕，穆斯林为主	美妆护肤、穆斯林服饰、母婴	10-40 美元
越南	1 亿	年轻化，受韩流影响	韩式美妆、时尚服饰、数码配件	10-35 美元
泰国	7000 万	电商成熟，用户习惯好	健康产品、宠物用品、户外用品	15-50 美元

印尼特别注意： - 必须尊重宗教文化 - 产品不能含酒精、猪肉成分 - 包装不能太暴露 - 斋月期间调整策略

日本：品质至上，别想着卖便宜货

维度	特点	对应策略
品质要求	极高，细节到变态	必须有 PSE 等认证
价格敏感度	低，不信便宜货	客单价 50-200 美元正常
用户忠诚度	高，复购率能到 40%	重视售后服务
服务要求	高	说明书必须日文，包装必须精致

适合日本的品类： - 健康养生：按摩器材 80-300 美元、保健品 50-150 美元 - 精品小家电：厨房电器 80-250 美元、个护电器 60-200 美元 - 母婴高端：安全座椅 200-800 美元、婴儿监视器 100-300 美元

拉美：年轻市场，要时尚要潮

市场	人口	特点	爆款品类
墨西哥	1.3 亿	年轻人多，社交属性强	潮流服饰、美妆工具、音乐周边
巴西	2.1 亿	最大市场，运动狂热	运动健身、美容护肤、防晒产品

巴西特别注意：- 清关复杂，关税高达 60% - 物流周期长达 30 天 - 定价必须包含关税，避免客诉

行动清单：选品落地

今天就可以做的 5 件事：

1. ☐ 打开抖音，刷 1 小时带货视频，记录 5 个播放量>100 万的产品
2. ☐ 登录 TikTok Creative Center，搜索这 5 个产品的英文关键词，看海外搜索趋势
3. ☐ 在 1688 搜索这些产品，确认是否有 10 个以上供应商、成本是否合理
4. ☐ 建立《待测品 Excel 表格》：产品名、抖音销量、海外搜索趋势、供应商数量、成本价
5. ☐ 从待测池中挑选 1 个产品，准备进入测试阶段

当你掌握了这套“爆过的还会再爆”的选品心法，手里握着一份充满潜力的候选名单时，千万不要急着立刻重仓压货，因为在真金白银投入之前，我们必须通过一个严谨的漏斗，把那些“看起来很美”的伪需求剔除出去——这就是测品的意义。

3.2 测品比选品更重要

常用术语速查表

在进入测品实操前，你得先听懂“行话”。别被这些英文缩写吓到，其实都是大白话：

术语	全称	大白话解释	核心关注点
CTR	Click Through Rate	点击率	100 个人看到，多少人点进去了？（看素材行不行）
CVR	Conversion Rate	转化率	点进来的人，多少人下单买了？（看产品和价格行不行）
ROAS	Return on Ad Spend	广告投产比	投 1 块钱广告，能卖回几块钱的货？（看赚不赚钱）
CPM	Cost Per Mille	千次展示成本	视频给 1000 个人看，要花多少钱？（看竞争大不大）
CPA	Cost Per Action	获客成本	平均卖出一单，要花多少广告费？（看账平不平）

一个残酷的真相

很多人把所有精力都放在选品上，花几个月研究什么产品好卖。

我告诉你：再牛的选品，不测也是白搭。

为什么？

- 你觉得好卖，用户不一定买账
- 数据看着好，实际转化可能很差
- 供应链看着没问题，真做起来一堆坑

正确的节奏：- 选品：1 周 - 测品：持续进行，永不停止 - 爆款：从测品池中自然产生

我见过太多人，花 3 个月选品，花 3 天测品，结果全军覆没。

建立测品池：永远不要 All In 一个产品

这是我亏了一百多万学费总结出来的核心方法。

测品池四层结构：

层级	产品数量	目的	运营要点
待测池	20-30 个	产品储备库	每周从抖音/竞品/供应商新增 5-10 个
测试池	10-15 个	正在投放测试	按阶段递进投入：100（3 天）→500（7 天）→3000-5000（14 天）；数据差随时止损
爆款池	3-5 个	已验证能赚钱	占 80% 广告预算，持续优化
淘汰池	无上限	记录失败原因	避免重复测试，积累经验

待测池来源：- 抖音爆品监控：每周新增 5-10 个 - 成熟市场爆品：每周新增 3-5 个 - 竞品分析：每周新增 2-3 个 - 供应商推荐：每周新增 1-2 个

进入待测池的标准：- 符合"爆过的还会再爆"逻辑 - 供应链可对接（1688 有 10+供应商）- 物流友好（不超重、不违禁）- 毛利率>60%

关键是快速流转：- 待测→初筛：3 天内开跑 - 初筛→复测：3 天定去留 - 复测→放量：7 天定去留 - 放量→爆款：14 天验证规模化

也就是说，最慢 24 天你必须给产品一个结论：进爆款池，还是进淘汰池。

测品三阶段：从 0 到 1 的完整路径

第一阶段：初筛（100 美元/产品，3 天）

目标	操作	判断标准
验证用户兴趣	1 个素材，投放 100 美元，3 天	CTR>2% 进入复测，<2% 直接淘汰

这个阶段只看点击，不看转化。因为点击代表兴趣。

第二阶段：复测（500 美元/产品，7 天）

目标	操作	判断标准
验证转化能力	3-5 个素材，投放 500 美元，7 天	转化率>3%，ROAS>2.5 进入放量
		转化率 2-3%，ROAS 2-2.5 观察一周
		转化率<2%，ROAS<2 淘汰

复测阶段要测的：- 不同价格点（低价、中价、高价）- 不同素材风格（展示型、场景型、对比型）- 不同人群（年龄、性别、兴趣）

第三阶段：放量（3000 美元/产品，14 天）

目标	操作	判断标准
验证规模化能力	10+个素材，投放 3000 美元，14 天	转化率>5%，ROAS>3.5 进入爆款池
		数据稳定，ROAS 波动<20%

放量阶段要验证的：- 素材衰减：单个素材能跑多久 - 供应链稳定：能否跟上补货速度 - 客诉情况：退货率、差评率

三阶段漏斗效应：

```
初筛：30个产品
    ↓ 33%通过
复测：10个产品
    ↓ 30%通过
放量：3个产品
    ↓ 33%通过
爆款：1个产品
```

最终成功率：3-5%，这就是现实。

快速测品的核心原则

原则一：素材不要追求完美

初筛阶段用最简单的素材：- 白底图+产品展示 - 或者直接用供应商的视频 - 或者参考抖音/竞品的素材

数据好，再优化素材。数据不好，优化也没用。

原则二：定价不要纠结

复测阶段测 2-3 个价格就够： - 低价：成本×2.5 - 中价：成本×3 - 高价：成本×3.5

看哪个 ROAS 最好就用哪个。

原则三：供应链要提前对接，但别提前压货

初筛和复测阶段，你要做的是对接+拿样+确认交期/产能，但不要压大货。

因为 90% 的产品会被淘汰，提前压货就是浪费。

进入放量阶段，再去锁产能、谈账期、做备货。

原则四：决策不要犹豫

阶段	枪毙线	时限
初筛	CTR<2%	24 小时内停掉
复测	转化率<3%	48 小时内停掉
放量	ROAS<3	一周内停掉

说明：3 天/7 天是“跑满周期的判定”，24/48 小时是“止损线”。数据明显不行就提前停；卡在阈值附近，就跑满周期再判。

果断止损，才能保持测品池的流动性。

实战：一个月测 20-30 个产品怎么做到

团队配置：5 人 - 选品专员 1 人：维护待测池 - 投手 2 人：投放测试 - 素材师 1 人：快速制作素材 - 数据分析 1 人：监控数据

周工作流程：

时间	工作内容	产出
周一上午	选品会议，从待测池选 5-8 个产品	5-8 个待测产品
周一下午	素材准备，每产品 1 个简单素材	5-8 个素材
周二-周四	初筛投放，每产品 100 美元	初筛数据
周五	结果评审，通过的进入复测	1-2 个进入复测
下周一	复测开始，每产品 3-5 个素材，500 美元	复测启动

月度节奏：- 每周测试 5-8 个新品（初筛） - 每周有 1-2 个产品在复测 - 每月有 1-2 个产品进入放量 - 每季度有 1 个产品进入爆款池

基础盘：一个月测 20 个产品（5 个/周×4 周）
拉满盘：一个月测 28-32 个产品（7-8 个/周×4 周）

测品最容易犯的 5 个错误

⚠ 错误一：舍不得砍

数据不好还不停，“再试试吧，说不定会好。”

结果一直试，一直亏。

铁律：数据不好，立刻停。不要有感情，不要侥幸。

⚠ 错误二：不敢放量

测出好数据，但不敢放大预算。“万一放大了就不行呢？”

结果小心翼翼，错过最佳窗口期。

铁律：ROAS>3.5，转化率>5%，直接把预算翻 3 倍。

⚠ 错误三：只测不优化

测品不是机械地投钱看数据。素材不好换素材，价格不对调价格，人群不准换人群。

⚠ 错误四：测品和库存脱节

产品爆了，库存没货，白白浪费流量。

库存策略： - 初筛和复测阶段：不囤货 - 进入放量阶段：备货 500-1000 件 - 进入爆款池：备货 3000 件+，准备追加订单

⚠ 错误五：测品没有记录

测完就忘，下次又测同样的产品。或者失败了不知道为什么。

必须建立测品档案： - 产品信息 - 测试数据 - 素材表现 - 失败原因 - 经验教训

两个测品失败案例复盘

失败案例：测试数据完美，规模化却崩盘

▸ 背景：2024 年 1 月，测试一款美白精华，复测阶段 ROAS 5.8，转化率 9.2% ▸ 决策：立刻大规模投入，日预算从 500 美元拉到 5000 美元 ▸ 结果：3 天后 ROAS 暴跌至 1.8，转化率降到 2.1% ▸ 原因分析： - 素材疲劳：只准备了 5 个素材，高频曝光后用户审美疲劳 - 人群耗尽：精准人群只有 30 万，高预算 3 天就跑完了 - 季节错配：1 月测试时正值新年，用户消费意愿高；规模化时已进入淡季 ▸ 教训： 1. 放量前至少准备 15-20 个素材 2. 人群池要够大，至少 100 万+才能承受高预算 3. 考虑季节性因素

失败案例：忽视季节性，30 万库存砸手里

▸ 背景：2023 年 11 月，测试圣诞主题收纳盒，ROAS 4.2 ▸ 决策：直接下单 10 万件，准备冲刺圣诞节 ▸ 结果：12 月 25 日后销量断崖下跌，1 月份日销个位数 ▸ 原因分析： - 圣诞产品窗口只有 6 周（11 月中到 12 月 25 日） - 10 万件需要 8 周卖完，但窗口只有 6 周 - 产品过于圣诞化，无法改造成其他场景 ▸ 损失：30 万库存积压，3 折清仓，亏损 18 万 ▸ 教训： 1. 季节性产品要”短平快”，宁可少赚也不能压货 2. 窗口期 6 周，备货周期不能超过 4 周 3. 选择”可改造”的产品，节后能换场景继续卖

测品成功只是起点，规模化成功才是终点。中间三道坎：素材储备够不够、人群池大不大、时间窗口对不对。

≡ 行动清单：测品落地

1. ☐ 建立”待测池”Excel 表格，每天从抖音/竞品/1688 收集 3-5 个产品
2. ☐ 设定测品预算：初筛 100 美元×10 个产品/周=1000 美元/周
3. ☐ 制定”枪毙线”：CTR<2% 立刻停，转化率<3% 立刻停
4. ☐ 建立测品档案模板：产品名、测试日期、投放数据、失败原因、经验总结
5. ☐ 准备素材 SOP：每个产品至少 5 个素材，不同角度、不同场景

当你的测品数据一路飘红，ROAS 跑到了 3.5 以上，你可能会兴奋地想要立刻把预算翻倍，但这时候往往也是危机最容易爆发的时刻——因为前端流量的爆发性增长，会瞬间击穿后端脆弱的供应链，如果不想经历“爆单即破产”的噩梦，你就必须把供应链从简单的“买卖关系”升级为坚实的“战略支撑”。

3.3 供应链就是印钞机

供应商不是打工的，是合伙人

很多人找供应商，就是简单的买卖关系。价格谈到最低，质量要求最高，有问题就换人。

这种思维，做不大。

我现在的核心供应商只有 5 个，但他们贡献了 80% 的销售额。

为什么？因为我把他们当合伙人。

维度	传统做法	合伙人做法
信息	只告诉你要什么货	分享市场数据、用户反馈，一起优化产品
利益	价格压到最低	销量越大价格越低，利润共享
关系	有问题就换人	给账期，优先保证订单，紧急情况互相支持

真实案例：

去年双 11，我们一个爆款突然火了，需要紧急补货 5 万件。正常交期 20 天，但我们只有 7 天。

我给供应商老板打电话，他二话不说： - 停掉其他客户的订单 - 工人加班加点 - 原材料空运 - 7 天交货

成本多了 30%，但供应商说："这次算我的，长期合作，这点损失算什么。"

这就是长期合作的价值。

1688 找供应商的正确姿势

第一步：精准搜索

不是直接搜产品名，而是：

```
产品名 + 外贸 + 出口 + 跨境
```

比如：蓝牙音箱 外贸 出口

为什么？有出口经验的供应商懂跨境电商的要求：包装符合国际标准、产品质量更稳定、有认证资质。

第二步：筛选条件

筛选项	要求	原因
实力商家	必选	基本保障
金牌供应商	优先	平台认证
实地认证	加分	工厂真实
地区	广东、浙江、江苏优先	制造业最发达

第三步：批量联系

至少联系 20-30 个供应商。

标准询盘模板：

```
您好，我是做TikTok跨境电商的，主要市场是东南亚/日本/拉美。
想了解您们的XX产品：
1. 是否有出口经验？主要出口哪些国家？
2. 起订量和价格？
3. 交期多久？
4. 有哪些认证？
5. 能否提供样品？
```

第四步：样品测试

选出 5-10 个供应商，每个要样品。

样品测试清单：- ☐ 外观质量 - ☐ 功能测试 - ☐ 包装质量 - ☐ 说明书完整性 - ☐ 与描述的一致性

第五步：实地考察

最终筛选出 3 个供应商，一定要实地考察。

考察重点：

考察项	标准	重要性
工厂规模	至少 50 人以上	
生产线	是否自动化	
质检流程	是否有专门的 QC	
仓储管理	是否规范	
老板人品	靠谱、负责	

第六步：小批量合作

第一次合作不要进太多货：- 第一单：500-1000 件 - 看质量、看交期、看沟通 - 没问题再加量

⚠ 血泪教训：

2023 年找了一个新供应商，价格便宜 15%，直接下了 3 万件订单。

结果：- 质量不稳定，不良率 8% - 交期延误，承诺 30 天，实际 50 天 - 售后不配合，出问题就推诿

最后退货率 25%，客诉一堆，品牌声誉受损。

教训：便宜不是第一位的，稳定才是。

义乌实战：线下扫货 3 天指南

如果你做的是小商品、饰品、玩具，1688 只是热身，义乌商贸城才是真正的战场。

时间	行程建议	核心任务	避坑提醒
第一天	一区（饰品/玩具）、二区（五金/电子）	漫无目的地逛，感受档口的热度和新款	别急着下单，先拿名片，加微信。
第二天	锁定目标品类，深度沟通	问起订量、问现货、问是否支持跨境一件代发	别说你是新手，要说你带了几个百万级账号。
第三天	对比价格，拿样成交	选定 3-5 家，当场拿样（甚至直接买样）	档口老板很忙，话要简练。

老哥秘籍：1. 换微信是核心：义乌老板的朋友圈就是最强的选品库，他们发什么新品，你立刻去测，这就是先机。2. 拿样别抠门：有些样品要收钱，直接付。50 块钱的样品费能帮你省下 5 万块的压货坑。3. 看发货能力：问老板："你们家能直接发货到深圳/广州的集货仓吗?"能发的优先。

供应商谈判话术

场景一：谈账期

老板，我们合作三个月了，每个月稳定采购3万件。

我想跟您商量账期的事：

- 目前是款到发货

- 希望调整为月结30天
- 作为交换，我承诺未来6个月月采购量不低于5万件

您看可以吗？

核心逻辑：用量的承诺换账期。

场景二：谈价格

老板，这款产品我们测试效果很好，准备规模化。

预计未来3个月采购量到15万件。

但目前成本结构利润空间有点紧：

- 现在单价3.5元
- 如果能降到3.1元，我们就可以放量投放
- 作为交换，签年度协议，全年采购不低于50万件

您看怎么样？

核心逻辑：用确定性换价格。供应商最怕订单不稳定。

场景三：谈独家

老板，想聊聊独家合作：

- 这款产品我们在TikTok东南亚做得最好
- 如果独家合作，我承诺不再找其他供应商
- 希望您也承诺：这款产品不再供给TikTok渠道其他卖家
- 独家期限：12个月
- 采购承诺：年采购量不低于100万件

可行吗？

核心逻辑：独家合作是最高级的绑定，但前提是你有足够的量。

供应商考核评分卡

每季度给核心供应商打分：

考核维度	权重	评分标准
质量稳定性	30%	不良率<1%得5分，1-2%得4分，2-3%得3分，3-5%得2分，>5%得1分
交期准时率	25%	>98%得5分，95-98%得4分，90-95%得3分，85-90%得2分，<85%得1分
价格竞争力	20%	比市场均价低10%得5分，持平得3分，高10%得1分
沟通响应	15%	2小时内回复得5分，半天得4分，1天得3分，超1天得2分
配合度	10%	主动配合得5分，被动配合得3分，推诿扯皮得1分

评分结果处理：

评分	等级	处理方式
4.5分以上	核心供应商	增加订单量，优先合作
3.5-4.5分	良好供应商	保持现状
2.5-3.5分	警告供应商	要求改进，3个月后复评
2.5分以下	淘汰供应商	启动替换流程

行动清单：供应链落地

1. ☐ 登录1688，用”产品名+外贸+出口”搜索，收集20个供应商联系方式
2. ☐ 发送标准询盘模板，问5个核心问题
3. ☐ 建立供应商档案Excel：名称、联系方式、主营产品、报价、评分
4. ☐ 规划一次义乌实地考察（预算允许的话），至少3天
5. ☐ 制作供应商考核评分卡模板，每季度打分一次

搞定了源头的生产环节，这只是万里长征走完了第一步，接下来这批承载着利润的货物，需要跨越山海准时送到消费者手中，而在这个漫长的流转过程中，任何一个环节的延误或积压，都可能把原本微薄的利润吞噬殆尽，这就需要我们建立一套精细化的物流与库存管理系统。

3.4 物流和库存管理

物流模式选择

FBT（Fulfillment by TikTok）vs 第三方海外仓

维度	FBT	第三方海外仓
费用	较高，贵 20-30%	较低
时效	2-5 天，有保障	看服务商
权重	平台流量倾斜	可能没有
灵活性	低，入仓标准严格	高，可谈判
适合场景	爆款产品、销量稳定	测试产品、多平台运营

我的选择策略：组合使用

产品类型	占销量	物流方式
爆款产品	60%	FBT
测试产品	20%	第三方仓
长尾产品	20%	直发

物流成本优化 5 个技巧

1. 包装优化

优化前	优化后	运费变化
20×15×10cm，200g	18×13×8cm，150g	从 8 元降到 6 元，降低 25%

2. 批量发货

发货量	单价
100kg 以下	10 元/kg
100-500kg	8 元/kg
500kg 以上	6 元/kg

3. 多种物流方式组合

订单类型	物流方式	时效
紧急订单	空运	3-5 天
正常订单	海运+本土仓	15-30 天
测试订单	直发	7-14 天

4. 与物流商建立长期合作 - 争取月结账期 30-60 天 - 长期合作有折扣

5. 多家物流商比价 - 至少 3-5 家备选 - 定期比价，选性价比最高的

推荐物流服务商:

市场	推荐服务商
东南亚	J&T Express、Ninja Van、Kerry Express
日本	佐川急便、黑猫宅急便、日本邮政
拉美	Mercado Envios、99Minutos、Loggi

库存管理核心指标

指标	计算公式	我的标准
库存周转率	年销售成本÷平均库存成本	>6 次/年（2 个月周转一次）
缺货率	缺货天数÷总天数	<5%
滞销率	滞销库存价值÷总库存价值	<10%（滞销=超过 60 天没有销售）

ABC 库存分类管理

类别	占销售额	产品数量	库存深度	安全库存	补货频率
A 类（爆款）	80%	20%	60 天	20 天	每周
B 类（稳定款）	15%	30%	45 天	15 天	每两周
C 类（长尾）	5%	50%	30 天	10 天	每月

实战案例：差点死在库存上

实战案例：爆款断货危机

▸ 背景：2024 年 3 月，春季爆款突然火了，日销从 200 件涨到 2000 件，库存只够卖 7 天，供应商交期 20 天 ▸ 挑战：断货 7 天将损失 42 万美元销售额+账号权重下降+用户流失 ▸ 应对策略： 1. 紧急空运：供应商加急生产 5000 件，空运发货 3 天到仓（成本多 30%） 2. 启动备用供应商：联系 3 个备用供应商，各下 3000 件订单 3. 提价控制销量：价格从 30 美元涨到 35 美元，日销从 2000 件降到 1500 件 4. 海外仓调货：从其他市场调货（物流成本高 20%） ▸ 结果：没有一天断货，月 GMV 创历史新高 180 万美元，但利润率下降 8% ▸ 教训： 1. 永远不要单一供应商，主力 1 个+备用 2 个 2. 日销增长>50% 立刻预警，库存低于 15 天立刻补货 3. 多仓布局，可以互相调货

如果说物流的速度决定了用户能多快拿到产品，那么产品的质量则决定了用户会不会退货、会不会复购以及会不会给你打差评，在 TikTok 这个算法极度重视用户反馈的平台上，质量控制不再是可有可无的锦上添花，而是决定账号生死存亡的生命线。

3.5 质量是生命线

一个差评能毁掉一个月的努力

TikTok 的推荐算法非常看重用户反馈：好评率、退货率、客诉率。质量不行，这三个指标都会很难看，然后算法就不给你流量了。

真实案例：蓝牙耳机质量翻车

▸ 背景：2023 年 8 月推了一款蓝牙耳机，前期数据很好——ROAS 5.2，转化率 8.5%，月销 3000 件 ▸ 问题：第二个月突然崩了，ROAS 降到 2.1，转化率降到 3.2% ▸ 原因：供应商为了降成本用了劣质芯片，连接不稳定 ▸ 数据：退货率从 5% 飙升到 25%，评分从 4.5 降到 3.2，客诉量增加 400% ▸ 应对： - 立刻停售，虽然损失 50 万库存 - 主动联系所有用户，全额退款 - 更换供应商，提高质检标准 ▸ 损失：前后亏了 120 万，但保住了品牌

三级质量控制体系

第一级：供应商筛选

硬性指标	标准
成立时间	>3 年
员工数量	>50 人
年营业额	>1000 万
出口经验	必须有
认证资质	必须有

实地考察清单： - ☐ 生产车间是否整洁有序、有 5S 管理 - ☐ 是否有专门的 QC 和质检记录 - ☐ 仓储是否有 WMS 系统、先进先出 - ☐ 老板人品是否靠谱

第二级：生产过程监控

控制点	检验内容	抽检比例
原材料	供应商资质、成分检测报告、批次追溯	100%
生产过程	首件检验、过程巡检、末件检验	10%
成品出厂	外观检查、功能测试、包装检查	外观 100%，功能 20%

不良品率控制：<2%

第三级：市场反馈监控

监控项	频率	重点
用户评价	每天	1-3 星差评，分析原因
退货数据	每周	退货原因，质量问题占比
客服反馈	每周	高频问题汇总

不同品类的质量标准

电子产品（质量要求最高）

要点	具体要求
安全认证	美国 FCC/UL、欧洲 CE/RoHS、日本 PSE（不能省！）
功能测试	100% 检验：开机、功能、连接、老化 48 小时
包装保护	防静电、防震、防水、说明书完整

美妆产品（最敏感，直接接触皮肤）

要点	具体要求
成分安全	重金属检测、微生物检测、过敏原测试
保质期	生产日期、保质期、存储条件、开封使用期限
包装密封	防漏测试、密封性检查、温度适应性

服装产品

要点	具体要求
面料质量	成分检测、色牢度、起球测试、缩水率<3%
做工质量	线头处理、对称性、纽扣牢固度、拉链质量
尺码准确	误差范围±2cm，版型稳定

当我们把产品做到了极致，把服务做到了完美，很容易陷入一个“叫好不叫座”的陷阱——销量很大，口碑很好，但年底一算账发现没赚到钱；为了避免这种“虚假繁荣”，我们需要像外科手术一样精准地拆解每一分钱的流向，在保证品质的前提下，把成本压缩到极致。

3.6 成本控制决定利润

大部分人只看毛利，不看净利

很多人说：“我这个产品毛利率 70%，肯定赚钱！”

算算净利率多少？可能只有 5%。

成本结构拆解（以售价 30 美元产品为例）：

项目	金额	占比
售价	30 美元	100%
平台佣金	−3 美元	10%
支付手续费	−0.9 美元	3%
净收入	26.1 美元	87%
产品成本	−6 美元	20%
物流成本	−3 美元	10%
包装成本	−0.9 美元	3%
营销成本	−7.5 美元	25%
运营成本	−2.4 美元	8%
退货损耗	−1.5 美元	5%
总成本	−21.3 美元	71%
净利润	4.8 美元	16%

售价 30 美元，最后到手 4.8 美元。

成本优化四个方向

方向	优化空间	核心方法
产品成本	10-20%	规模采购、供应商谈判、产品设计优化
物流成本	20-30%	包装轻量化、批量发货、多仓布局
营销成本	30-50%	精准投放、素材优化、自制内容
运营成本	20-40%	自动化工具、流程标准化、外包服务

营销成本优化案例:

指标	优化前	优化后	变化
人群	女性 18-45 岁，兴趣不限	女性 22-35 岁，兴趣：护肤+美妆+健身	更精准
CPM	15 美元	18 美元	+20%
CPC	0.8 美元	0.5 美元	−38%
转化率	3.5%	8.2%	+134%
获客成本	23 美元	6 美元	−74%

定价策略

三个层次:

层次	方法	适用阶段
成本定价	售价=成本×2	新手，至少不亏
竞争定价	看竞品，质量好定价高 10-20%，差不多定价低 5-10%	进阶
价值定价	不看成本不看竞品，只看用户愿意支付多少	高手

不同市场的定价避雷指南

别小看定价的数字，不同国家的文化禁忌完全不同。

市场	推荐尾数	避雷点	理由
美国/欧洲	.99, .95	无明显禁忌	用户习惯了“促销感”，.99 显得专业且便宜。
日本	.00, .80	4, 9	“4”谐音死，“9”谐音苦。日本人喜欢整数，显得高档。
东南亚	.00, .50	过于复杂的尾数	东南亚用户喜欢简单直接，.00 显得更真诚。
中东	整数定价	过于碎的尾数	中东用户对价格敏感，但更吃“体面感”，整价更好谈。

提醒：这张表是经验偏好，不同国家差异很大，最终以你自己的 A/B 测价数据为准。

心理定价技巧：

技巧	例子	原理
尾数定价	19.99 美元而不是 20 美元	感觉便宜很多
锚点定价	原价 29.99 美元，现价 19.99 美元	感觉赚到了
组合定价	单买 19.99，买 2 件 35（17.5/件），买 3 件 50（16.67/件）	提升客单价

当你打通了选品、测品、供应链、物流和成本控制的所有关卡，看着账户里的资金开始滚雪球般增长时，千万不要掉以轻心，因为跨境电商的深水区里潜伏着无数看不见的暗礁——供应商断供、平台封号、汇率暴跌，任何一个黑天鹅事件都可能让你辛辛苦苦积累的财富一夜归零。

3.7 风险管理：别让一个坑毁了全盘

供应链风险

血泪案例：核心供应商资金链断裂

▸ 背景：2024 年 2 月，合作 1 年的核心供应商突然联系不上 ▸ 原因：工厂资金链断了 ▸ 损失： - 直接损失：120 万货款 - 间接损失：断货 30 天，损失 200 万 GMV - 品牌损失：大量客诉，评分下降 ▸ 教训：1. 主力供应商 1 个（占 70% 订单）+备用供应商 2-3 个（占 30% 订单）2. 每季度评估供应商风险：财务状况、生产状况、人员稳定性 3. 分散采购：不同品类用不同供应商

供应商风险信号： - ⚠ 交期突然延误 - ⚠ 质量突然下降 - ⚠ 老板经常联系不上 - ⚠ 价格异常变动（突然大涨或大降） - ⚠ 核心员工离职

发现风险信号，立刻启动应急预案。

平台政策风险

真实案例：账号被封，月销 80 万 GMV 一夜归零

▸ 背景：2024 年 6 月，印尼账号月 GMV 已做到 80 万美元 ▸ 事件：某天早上登录，账号被封禁，提示”违反平台政策” ▸ 原因：用了一个第三方工具批量回复评论，被判定为”自动化操作” ▸ 损失： - 账号清零，80 万 GMV 没了 - 15 万美元未结算款项 - 20 万美元专属库存 ▸ 申诉过程：1. 第一次申诉：提交营业执照等，被驳回 2. 第二次申诉：找平

台 BD 帮忙，再次被驳回 3. 第三次申诉：请律师发正式函件，进入人工审核 4. 结果：45 天后账号恢复，但错过旺季，GMV 再也没回来 ▸ 教训： 1. 永远不要用未经平台认证的第三方工具 2. 核心账号必须有备份账号（不同主体、不同 IP） 3. 每月导出店铺数据 4. 跟平台 BD 保持良好关系

避免封号 7 条铁律：

1. ☐ 不刷单、不刷评、不刷粉
2. ☐ 不用未认证的第三方工具
3. ☐ 不同账号用不同设备、不同 IP、不同主体
4. ☐ 产品必须合规，认证必须齐全
5. ☐ 素材不抄袭、不侵权
6. ☐ 定期检查政策更新，及时调整
7. ☐ 跟平台 BD 保持沟通

资金风险

三大资金风险点：

风险点	表现	预防措施
库存积压	压货太多卖不出去	库存深度不超过 60 天，定期清理滞销品
账期错配	供应商要现款，平台回款慢	争取供应商 30 天账期，保持充足现金储备
资金集中	大促前备货资金需求大	提前规划融资，分批备货

现金流管理原则：

1. 资金压力测试（公式）： > 资金缺口 = (采购周期 + 平台回款周期) × 每日支出 - 现有现金储备 > > 比如：采购到仓 20 天，回款 15 天，每天广告+货款支出 2000 美金。 > 你需要的安全现金流 = (20 + 15) × 2000 = 70,000 美金。 > 如果账上只有 3 万，说明你随时会断流。

2. 安全边际：账上现金至少覆盖 3 个月支出
3. 资金预算：每月做预算，提前预警资金缺口
4. 融资备份：建立银行授信、供应链金融等渠道，不要等缺钱才找钱

汇率风险

案例：美元兑人民币汇率从 7.2 跌到 6.9

指标	汇率 7.2 时	汇率 6.9 时	变化
售价	30 美元	30 美元	-
收入（人民币）	216 元	207 元	−9 元/件
成本	50 元	50 元	-
利润	166 元	157 元	−9 元/件

月销 10000 件，损失 9 万元。

应对策略：

1. 锁定汇率：用远期外汇合约，锁定未来 3-6 个月汇率
2. 动态定价：汇率波动超过 5% 时及时调价
3. 多币种结算：分散汇率风险

远期结汇操作指南：

1. 确定锁汇需求（预估未来 3-6 个月外汇收入）
2. 找开户银行外汇业务部门申请”远期结汇”
3. 银行给远期汇率（通常比即期低 0.5-1%），签约锁定
4. 合约到期按约定汇率结算

我的策略： - 只锁定 60% 预期外汇收入，留 40% 灵活应对 - 分批锁定，每月锁一次 - 关注央行政策，重大政策发布前谨慎操作

行动清单：风险管理落地

1. ☐ 检查所有第三方工具，是否在平台官方认证名单内
2. ☐ 建立账号备份计划：至少准备 2 个不同主体的备用账号
3. ☐ 导出店铺核心数据（产品列表、客户信息、销售记录）保存

4. □ 联系开户银行，了解远期结汇业务开通条件
5. □ 制作风险预警表：供应商异常信号、账号异常信号、资金异常信号

本章小结

选品铁律：

1. 爆过的还会再爆——核心选品逻辑
    · 抖音爆品、成熟市场爆品，都是你的选品宝库
    · 把握 3-6 个月窗口期
    · 做好本土化改造
2. 测品比选品更重要
    · 选品 1 周，测品持续进行
    · 建立四层测品池：待测池→测试池→爆款池→淘汰池
    · 每月测 20-30 个，成功率 3-5% 是常态
3. 测品三阶段
    · 初筛：100 美元/3 天，CTR>2%
    · 复测：500 美元/7 天，转化率>3%，ROAS>2.5
    · 放量：3000 美元/14 天，转化率>5%，ROAS>3.5

供应链铁律：

1. 供应商是合伙人——长期合作，利益绑定，主力+备份分散风险
2. 质量是生命线——三级质量控制，宁可慢也要质量好
3. 库存=现金流——周转率>6 次/年，ABC 分类管理
4. 成本决定利润——看净利不看毛利，四个方向持续优化
5. 风险未雨绸缪——供应链、平台、资金、汇率，建立预警机制

最后三句话：

第一句：爆过的还会再爆。不要重复造轮子，抖音爆品、成熟市场爆品都是你的宝库。

第二句：测品比选品更重要。不要花 3 个月选品花 3 天测品，建立测品池持续测试。

第三句：供应链就是印钞机。产品选对了测出来了，供应链跟不上一切白搭。

选品、测品、供应链，是 TikTok 出海的基本功。

基本功扎实了，后面的内容、投放、运营才有意义。

基本功不扎实，再牛的投放技巧也没用。

踏踏实实把基本功练好，才能走得远。

下一章，我会讲内容创作和投放策略，教你怎么把产品卖爆。

但前提是，你得先：1. 找到”爆过的”产品 2. 通过测品验证能不能”再爆” 3. 搞定供应链，准备好放大

这三个没搞定，别急着往下走。

第二部分：内容创作与流量获取

第四章：内容创作系统

2025年3月，孤狼在越南胡志明市的办公室里，盯着后台数据发呆。

连续发了47条视频，最高播放量不到5000。团队士气低落，有人开始怀疑：是不是这条路走不通?

我也怀疑过。

直到第48条视频——一条只花了15分钟拍的美白精华开箱。前3秒，我让模特把产品涂在左手背，右手不涂，镜头直接怼上去，对比明显得吓人。

24小时后，这条视频播放量突破47万，带来238个订单，GMV 1.2万美元。

那一刻我明白了：内容不是玄学，是科学。爆款不是运气，是方法。

今天，我把这套方法全部掏出来，不藏着不捏着。你读完这章，就知道怎么做内容、怎么做爆款、怎么让视频真正产生销售转化。

4.1 平台算法机制：这是你必须掌握的游戏规则

【场景引入】

“为什么我的视频没人看? 别人随便拍一条就能爆，我认真拍的反而不行?”

这是被问得最多的问题。

答案很简单：你不懂算法。

TikTok 的算法就像一个筛选机制，它要找的是能让用户停留更久、互动更多的内容。平台目标是让用户一直刷下去，所以它会奖励”粘性”强的内容。

TikTok 的三层漏斗推荐机制

第一层：冷启动流量池（200-500 次曝光）

视频发布后，系统不会立刻判断好不好，而是先给 200-500 个初始曝光，看用户反应。

核心指标	达标线	说明
3 秒完播率	≥65%	最关键！决定视频能不能”活”
点赞率	≥8%	点赞数÷播放量
评论率	≥2%	评论数÷播放量
分享率	有更好	分享说明内容有价值

如果达标：恭喜，进入第二层。如果不达标：这个视频基本就死了，不会再有流量。

第二层：中等流量池（1000-5000 次曝光）

进入这一层，系统给你更多曝光，但考核更严格：

核心指标	达标线	说明
完播率	≥45%	整体完播率，不只是前 3 秒
分享率	≥3%	分享率比第一层要求更高
关注转化率	≥1%	看完视频后关注你的人
评论质量	有深度	不只是数量，还要看内容

第三层：大流量池（10 万+曝光）

这就是爆款的诞生地。一旦进入，播放量呈指数级增长，系统会持续推送，直到数据下滑。

实战案例：越南美白精华的算法闯关

▸ 背景：2025 年 3 月，我们在越南发布一条美白精华开箱视频 ▸ 挑战：账号 0 粉丝，此前 47 条视频全部扑街 ▸ 策略：前 3 秒用强烈对比镜头（左手涂产品 vs 右手不涂） ▸ 数据表现： - 第一层：3 秒完播率 78%，顺利突破 - 第二层：完播率 52%，分享率 4.2%，关注转化率 1.8% - 第三层：最终播放量 47 万 ▸ 结果：238 个订单，GMV 1.2 万美元 ▸ 关键洞察：前 3 秒的视觉冲击，是闯过第一层的关键

各市场用户活跃时间表

这张表是我们团队花 8 个月时间统计出来的，每个市场测了至少 50 个账号，发布上千条视频。准确率 85% 以上，可以直接用。

东南亚市场发布时间表

市场	黄金时间	次优时间	避开时间	特别说明
越南	晚 7-10 点	中午 12-1 点，下午 5-6 点	凌晨 2-6 点	越南人睡得晚，周末全天流量好
泰国	晚 6-9 点	中午 12-2 点（午休刷手机）	早 6-9 点	通勤时间手机使用率反而不高
印尼	晚 8-11 点	周末下午	工作日上午	横跨 3 个时区，雅加达为主
菲律宾	晚 7-10 点	早 6-8 点（通勤刷手机）	凌晨	周末下午 2-5 点流量很好

日本、拉美市场发布时间表

市场	黄金时间	次优时间	避开时间	特别说明
日本	晚 9-11 点	早 7-9 点（电车刷手机）	工作日白天	日本人上班时很少刷手机
墨西哥	晚 8-11 点	周末下午	凌晨	分 4 个时区，中部为主
巴西	晚 9 点-凌晨 1 点	下午 3-6 点	早上	巴西人睡得很晚

实战案例：日本市场的发布时间优化

▸ 背景：2025 年，一位朋友在日本做家居产品，发了 20 多条视频，播放量始终上不去 ▸ 挑战：每条视频只有几百播放，投入产出完全不成正比 ▸ 问题诊断：发现他习惯晚上 6 点发视频——这时候日本人还在下班路上 ▸ 策略：调整到晚上 9 点半发布 ▸ 结果：同样的内容，播放量直接翻 5 倍 ▸ 关键洞察：发布时间差 1 小时，效果差 5 倍，这不是夸张

我的建议：用自动化发布工具，提前设定时间，确保每个视频都在最佳时段上线。这个优化让我们的平均播放量提升了 280%。

内容冷启动策略：3-7-30 法则

视频发布后的前几分钟是最关键的。系统会根据这段时间的数据，决定要不要给你更多流量。

3 分钟法则：初始互动决定生死

视频发布后的前 3 分钟，必须有互动。

执行清单：

1. 准备 10-15 个小号（真实账号，不是僵尸号）
2. 视频发布后立刻通知团队成员
3. 1 分钟内：要有 3-5 个点赞和 1-2 条评论
4. 3 分钟内：累积到 8-10 个点赞，3-5 条评论

评论质量要求：- 不能写："好棒"、"真不错"——这是废话 - 要写："这个产品我用过，真的很好用"、"在哪里可以买到?"

7 天法则：持续给视频注入活力

前 7 天是视频的生命周期黄金期：- 每天都要有新互动（点赞、评论、分享）- 在其他平台引流（Instagram、Facebook、WhatsApp 群）- 回复每一条评论，提高互动率 - 数据好的话，可以投 Promote（官方推广）

30 天法则：完整的观察周期

30 天内如果视频没爆，基本就不会爆了。但这不代表视频没用：- 分析数据，找出问题点 - 好的创意可以重新包装再发 - 提取可复用的元素（音乐、镜头、文案）- 作为数据样本，指导后续创作

> ⚠ 我们踩过的坑：曾经有一条视频发布后完全没管，结果第一层都没过。后来复盘发现，前 3 分钟 0 互动，系统直接判定为低质量内容。那条视频的创意其实很好，可惜了。从那以后，我们团队养成习惯——视频发布后，所有人放下手里的活，先去互动。

4.2 爆款内容创作：可复制的方法论

【场景引入】

我研究过超过 2000 个爆款视频。

从美国到东南亚，从美妆到家居，各个品类、各个市场，能爆的视频有一个共同特点：

前 3 秒决定 90% 的成败。

用户在 TikTok 上的注意力极其有限，平均停留时间只有 1.7 秒。如果你的前 3 秒抓不住他，他就会滑走，再也不会回来。

做了这么多年内容，我总结出四大方法论。这四条规则简单到你可能觉得”就这?“，但就是这四条，让我们的爆款率从 5% 提升到了 35%。

方法论一：黄金第一秒——完播率是一切

不是黄金 3 秒，是黄金第一秒。

3 秒太长了。用户的手指随时准备往上滑，你只有 1 秒钟的机会让他停下来。

核心逻辑：完播率是 TikTok 算法最看重的指标，没有之一。

为什么？因为完播率直接反映了内容质量。用户愿意看完，说明内容有价值；看完的人多，系统就给更多流量。这是一个正向循环。

怎么做到第一秒留住人?

技巧	具体做法	示例
视觉冲击	第一帧就是最震撼的画面	产品效果对比图、夸张的表情、意外的场景
悬念开场	抛出一个让人想知道答案的问题	“你绝对猜不到这个产品卖了多少钱”
争议性开头	说一句有争议的话，让人想反驳或认同	“90% 的人护肤方法都是错的”
数字轰炸	用具体数字制造冲击感	“7 天瘦了 5 斤”、“一条视频赚了 3 万”

方法论二：2 的 n 次方理论——细节的指数级威力

这是我做了 3 年内容后总结出的最核心的方法论。

核心公式：爆款概率 = 2^n

n 是什么？n 是你在内容里塞进去的有效细节数量。

每增加一个让用户停下来的细节，你的视频成为爆款的概率就翻一倍。1 个细节是 2，2 个细节是 4，3 个细节是 8，10 个细节就是 1024。

这不是玄学，是统计学。

为什么细节有这么大的威力？

原因	解释	对应用户行为
细节制造真实感	模糊的描述像广告，具体的细节像朋友分享	用户愿意相信
细节增加停留时间	每个细节都是一个”微钩子”，让用户想看下去	完播率提升
细节触发记忆点	用户看完视频，记住的都是细节	分享和复购
细节区分同质化	同样卖面膜，你的细节越多，越不可替代	差异化竞争

什么是”有效细节”？

不是所有细节都有效。有效细节必须满足一个条件：让用户产生”这个我没想到”的反应。

细节类型	无效版本	有效版本	用户反应
使用场景	“适合日常使用”	“早上挤地铁的时候，单手就能涂完”	“对，我就是这样的场景！”
效果描述	“效果很好”	“用了3天，法令纹浅了0.5mm，我老公问我是不是去打针了”	“这么具体，应该是真的”
使用方法	“涂在脸上”	“从鼻翼两侧往外推，用手指关节的温度帮助吸收”	“原来还有这个技巧”
产品质地	“质地很好”	“挤出来是奶油质地，3秒变成水状，不搓泥”	“描述得好真实”
价格感知	“性价比高”	“换算下来一天只要1.2块钱，比一瓶可乐还便宜”	“这么一算确实划算”

实战案例：细节数量与播放量的正相关

▸ 背景：2025年6月，我们做了一个实验——同一款防晒霜，同一个模特，拍了5个版本

▸ 对照实验设计：- 版本A（1个细节）：防晒霜很好用，推荐 - 版本B（3个细节）：SPF50+，质地轻薄，不假白 - 版本C（5个细节）：SPF50+，质地轻薄，不假白，成膜快（掐表10秒），可以当妆前乳 - 版本D（8个细节）：SPF50+，质地轻薄，不假白，成膜快（掐表10秒），可以当妆前乳，防水（手沾水甩一下，水珠滚落），出汗不花妆，卸妆只要洗面奶 - 版本E（12个细节）：在D版本基础上，增加了”挤出来是0.5cm刚

好够半张脸”、“管口设计可以单手操作”、“味道是淡淡的柑橘味”、“质地从白色 3 秒变透明”

▸ 数据结果： - 版本 A：播放量 1.2 万，完播率 31% - 版本 B：播放量 3.8 万，完播率 42% - 版本 C：播放量 12 万，完播率 51% - 版本 D：播放量 47 万，完播率 63% - 版本 E：播放量 180 万，完播率 72%

▸ 关键洞察：细节数量和播放量几乎呈指数关系，而且细节越多，完播率越高——因为用户想知道"还有什么我不知道的"

细节从哪里来？7 个挖掘维度

维度	问自己的问题	示例细节
视觉	产品长什么样？颜色？质地变化？	“挤出来是淡粉色，推开变成透明”
触觉	摸起来什么感觉？温度？粘腻度？	“上脸凉凉的，5 秒后变成丝滑的感觉”
嗅觉	什么味道？像什么？	“味道像刚切开的黄瓜，清清爽爽”
时间	用多久见效？用多长时间？保持多久？	“涂完等 30 秒再上底妆，持妆 12 小时”
数字	具体的数量、频率、价格？	“一瓶能用 47 次，每次成本 0.8 元”
场景	什么时候用？什么场景用？	“出门前 2 分钟涂，电梯下楼的时间刚好成膜”
对比	和什么比？比之前怎样？	“之前用的那款要等 5 分钟，这个 30 秒搞定”

实操：如何在一条视频里塞进 10 个细节？

时间点	说什么	细节数量
0-3 秒	钩子+1 个核心细节	“这个粉底液改变了我，用了 3 天被 3 个人问是不是打针了”
3-6 秒	展示质地+1 个细节	“你看这个质地，挤出来像奶油，3 秒变成水”
6-9 秒	使用方法+2 个细节	“从鼻翼往外推，用无名指，力度最轻”
9-12 秒	效果展示+1 个细节	“你看这个毛孔，直接隐形了”
12-15 秒	持久度+1 个细节	“我早上 7 点涂的，现在下午 4 点，一点没花”
15-20 秒	价格对比+2 个细节	“才 99 块，能用 2 个月，换算下来每天1.6 块，比一杯奶茶便宜”

累计 10 个细节，n=10，2^10=1024——理论上，这条视频比只有 1 个细节的视频，爆款概率高 1000 倍。

细节的黄金法则：

1. 具体数字比模糊形容词强 10 倍 —— “用了一周” 不如” 用了 7 天零 3 个小时”
2. 感官描述比功能描述强 5 倍 —— “保湿效果好” 不如” 涂完脸上会有一层水润的光泽，像敷完面膜的感觉”
3. 场景细节比产品细节强 3 倍 —— “随时随地” 不如” 等红绿灯的时候，单手从包里掏出来涂一下，绿灯亮了刚好涂完”

⚠ 我们踩过的坑：早期我们的视频追求”高大上”，说的都是”品质卓越”“效果显著” 这种话。后来发现，这些话和没说一样。用户的大脑会自动过滤这种广告语。真正让他们停下来的，是那些具体到离谱的细节。

可以做”标题党”吗？可以，但有边界。

很多人问我：标题党会不会被用户骂？

我的回答是：标题党的本质是制造预期，只要你能兑现预期，就不是骗人。

类型	示例	是否可用
合理夸张	“这个产品改变了我的皮肤”（确实有效果）	可以
悬念制造	“看到最后你会震惊”（确实有反转）	可以
虚假承诺	“用了 7 天年轻 10 岁”（明显不可能）	不行
货不对板	“免费送”（实际要付邮费）	不行

记住：标题党是让人进来，内容是让人留下。进来了但留不住，完播率照样拉胯。

实战案例：越南护肤品的”标题党”实验

▸ 背景：2025 年 9 月，同一款护肤品，我们测试了两个版本的开头 ▸ 版本 A：正常开头——“今天给大家介绍一款护肤品” ▸ 版本 B：标题党开头——“这个产品差点让我丢了工作”（因为皮肤太好被同事追问护肤秘诀，工作分心） ▸ 数据对比： - 版本 A：1 秒留存率 42%，完播率 31% - 版本 B：1 秒留存率 78%，完播率 58% ▸ 结果：版本 B 播放量是版本 A 的 6 倍，转化率高 2.3 倍 ▸ 关键洞察：标题党不是贬义词，是生存技能。但内容必须能圆回来。

方法论三：起承转合——每 3 秒一个转折

这是最简单但最实用的内容结构。

很多人的视频问题在哪？太平了。

从头到尾一个调子，用户看到第 5 秒就知道后面要讲什么，自然就划走了。

核心逻辑：短视频不是讲课，是过山车。每 3 秒钟必须有一个转折，让用户的情绪跟着你起伏。

起承转合的短视频版本：

阶段	时间点	作用	示例
起	0-3 秒	制造冲突，抓住注意力	“我被这个产品坑惨了”
承	3-9 秒	展开问题，引发共鸣	“一开始用的时候，效果很差…”
转	9-18 秒	出乎意料的变化	“直到我发现了正确的用法！”
合	18-25 秒	收尾+行动召唤	“现在这是我回购最多的产品，链接在购物车”

关键点：转折必须出乎意料。

用户的大脑会自动预测接下来的内容。如果你的内容和他预测的一样，他就会觉得无聊。但如果你给了一个意想不到的转折，他的多巴胺就会飙升，想看下去。

常用的转折类型：

转折类型	做法	示例
反转型	先说坏的，再说好的	“这个产品我一开始很讨厌…后来发现是我用错了”
揭秘型	先设悬念，再揭晓答案	“你知道为什么这个产品这么火吗？因为…”
对比型	前后效果强烈对比	“用之前 vs 用之后”（画面切换）
递进型	层层深入，越来越震撼	“这个产品能美白，还能…竟然还能…”

实战案例：泰国按摩仪的”过山车”剧本

▸ 背景：2025 年 10 月，在泰国推一款颈部按摩仪 ▸ 原版视频：平铺直叙介绍功能，完播率只有 28% ▸ 改版剧本（起承转合）：- 起（0-3 秒）：“我花了 500 块买这个按摩仪，差点气死我”（皱眉表情） - 承（3-9 秒）：“因为用了一周，脖子竟然更酸了”（展示产品） - 转（9-15 秒）：“后来我发现，是因为我只用了 1 档！调到 3 档之后…”（表情变化） - 合（15-22 秒）：“现在每天下班回来按 20 分钟，脖子从来没这么舒服过”（满足的表情+CTA） ▸ 数据：完播率从 28% 飙升到 61%，转化率提升 3 倍 ▸ 关键洞察：同样的产品，换个讲法，效果天差地别

---

3 秒转折节奏表（30 秒视频为例）：

时间	内容	用户情绪
0-3 秒	冲击性开头	好奇/惊讶
3-6 秒	问题展开	共鸣/担忧
6-9 秒	引入产品	期待
9-12 秒	第一个效果	满足
12-15 秒	意外发现	惊喜
15-18 秒	更多好处	心动
18-21 秒	使用场景	代入感
21-25 秒	总结+CTA	行动冲动

⚠ 我们踩过的坑：早期我们的视频都是”产品好、功能多、赶紧买”这种结构，完播率始终上不去。后来我们把每个视频都按 3 秒一个节奏点来设计，完播率平均提升了 40%。

方法论四：情感共鸣——点赞靠认同，转发靠颠覆

这是最难但最有威力的方法论。

很多人只盯着播放量，忽略了点赞和转发。但实际上：

- 点赞决定视频能不能进入更大的流量池
- 转发决定视频能不能真正破圈

那么问题来了：用户为什么会点赞？为什么会转发？

点赞的本质：强烈的情感认同

用户点赞，不是因为你的内容”好”，而是因为你的内容说出了他想说的话，或者展示了他想成为的样子。

认同类型	示例	用户内心 OS
观点认同	“便宜的护肤品也能用出好效果”	“对！我一直这么想!”
身份认同	“打工人的护肤只能挤地铁上”	“说的就是我!”
价值观认同	“护肤不是为了取悦别人，是为了自己舒服”	“太对了，就该这样!”
情绪认同	“被甲方改了20稿的设计师专用护肤品”	“懂我!”

转发的本质：强烈认同到彻底颠覆

点赞只需要认同，转发需要更高的门槛——这个内容不仅说得对，而且颠覆了我原来的认知，我必须让别人也知道。

转发动机	示例	用户内心 OS
新知识	“原来洗脸的正确顺序是这样的”	“我竟然不知道！必须告诉朋友”
反常识	“贵的护肤品可能还不如便宜的”	“颠覆了！分享出去”
实用价值	“这 5 个产品解决了我 10 年的皮肤问题”	“太有用了，收藏不如转发”
社交货币	“明星同款平替只要 19.9”	“显得我懂行，发朋友圈”

转发公式：强烈认同 + 认知颠覆 = 转发冲动

实战案例：菲律宾护发产品的”认知颠覆”

▸ 背景：2025 年 12 月，在菲律宾推一款护发精油 ▸ 原版内容：“这款护发精油很好用，能让头发顺滑”（普通卖点） ▸ 改版内容：“你以为护发素要涂在发根？错了，这样做才对”（颠覆认知） ▸ 视频结构：- 先展示大多数人的错误用法（涂发根） - 解释为什么错（堵塞毛囊） - 展示正确用法（只涂发梢） - 展示效果对比 ▸ 数据对比： - 原版：点赞率 4.2%，分享率 1.1% - 改版：点赞率 11.3%，分享率 8.7% ▸ 结果：改版视频分享量是原版的 8 倍，自然流量爆发 ▸ 关键洞察：告诉用户”你错了”比”这个产品好”有效10倍

情感共鸣的内容模板：

模板类型	结构	示例
“你不知道”型	指出常见误区 → 揭示真相 → 给出方案	“你以为 XX？其实 YY 才对”
“我也是”型	展示共同困境 → 产生共鸣 → 提供解决方案	“每天加班到 12 点的人，护肤只能…”
“原来如此”型	抛出疑问 → 科普原理 → 推荐产品	“为什么用了这么多产品皮肤还是差？因为…”
“对比打脸”型	展示反面 → 展示正面 → 强调差异	“以前 vs 现在，就因为换了这个产品”

四大方法论的关系：第一秒留住人（黄金第一秒），用细节堆出可信度（2 的 n 次方），用转折让人看完（起承转合），用情感让人行动（情感共鸣）。四者环环相扣，缺一不可。

HOOK-STORY-CTA 公式：落地执行模板

理解了四大方法论，具体怎么写脚本？用这个公式，直接抄作业。

HOOK（钩子）：前 3 秒必须有爆点

钩子类型	示例	为什么有效
数字型	“这个产品让我 30 天赚了 5000 美元”	数字给人确定感，激发好奇心
对比型	画面左右分屏，一边用了产品一边没用	视觉冲击，让人想看下去
疑问型	“你知道为什么日本女生皮肤这么好吗?”	激发求知欲
秘密型	“我从不告诉别人的选品秘诀”	人都喜欢窥探秘密
争议型	“90% 的人这个产品都用错了”	制造认知冲突
情绪型	“这个产品差点让我和闺蜜绝交”	情绪张力拉满

实战案例：泰国瘦身产品的”数字钩子”

▸ 背景：2025 年 5 月，在泰国推一款瘦身产品 ▸ 策略：开头钩子是”我用这个产品 7 天瘦了 3 公斤” ▸ 执行：前 3 秒直接展示体重秤上的数字变化 ▸ 数据：3 秒完播率 71% ▸ 结果：播放量 85 万 ▸ 关键洞察:具体的数字比模糊的”效果好”强10倍

STORY（故事）：中间 15-30 秒用起承转合讲故事

阶段	说明	示例
起（冲突）	遇到什么问题	“我之前试了很多减肥方法都没用”
承（铺垫）	问题有多严重	“每次看到体重秤都想哭”
转（转折）	怎么解决问题	“直到朋友推荐了这个产品”
合（结果）	最终达到什么效果	“连续用了 7 天，真的瘦了”

关键点：产品要自然融入故事，不能硬广。产品是解决方案，不是广告。

CTA（行动召唤）：最后 5 秒触发情感行动

很多人忘了这一点。视频拍得再好，如果用户不知道下一步该干什么，就是白搭。

CTA 要结合情感共鸣： - 普通版：“点击购物车购买” → 效果一般 - 情感版：“点击购物车，给自己一次改变的机会” → 转化率更高

CTA 模板升级版：

类型	示例	触发情感
紧迫感	“库存只剩最后 50 件，点击购物车”	焦虑，怕错过
认同感	“和我一样的打工人，点这里”	身份归属
期待感	“想变成这样的，评论区扣 1”	对美好的向往
社交感	“觉得有用的转发给闺蜜”	分享价值

那个瘦身产品视频，结尾我用的是：“点击购物车，给自己一次改变的机会。”简单直接，转化率 4.3%。

Made By Mitchell：标杆案例拆解

Made By Mitchell 是 TikTok Shop 上的神话。创始人 Mitchell Halliday 用个人 IP+产品展示的模式，把一个家庭作坊做到了年销 5000 万美元。

我花了 3 个月时间拆解他的所有视频，总结出三个核心点：

1. 真实性是最大的武器

Mitchell 的视频从不刻意美化。经常在家里的工作间拍摄，能看到凌乱的背景、简陋的设备。但就是这种真实感，让用户产生了信任。

他有一条视频，讲自己凌晨 3 点还在调配产品配方，画面里就是他穿着睡衣，头发凌乱，但眼神很坚定。播放量 380 万，评论区全是”太真实了”、“这才是真正的创业者”。

2. 故事化的产品展示

Mitchell 很少直接说”买我的产品”，而是讲产品背后的故事：- 为什么要做这个产品 - 研发过程中遇到了什么困难 - 用户使用后的反馈如何

比如他的唇膏产品，他讲的是”我老婆一直找不到合适的唇膏，我决定自己做一款”。产品有了温度，用户就愿意买单。

3. 持续的互动和回应

Mitchell 几乎回复每一条评论，很多时候会拍视频回应用户的问题。这种高频互动，让粉丝觉得他不是在卖东西，而是在和朋友分享。

Mitchell 的数据表现（2025 年最新数据）：

指标	数据
平均播放量	150 万-300 万
互动率	12-18%
转化率	6-10%
月 GMV	300-500 万美元

我从 Mitchell 身上学到的最重要一点：真诚比技巧更重要。用户不傻，他们能感受到你是真心在做产品，还是只想赚他们的钱。

不同品类的内容策略速查表

做了这么多年，我发现不同品类的产品，内容策略完全不同。不能用同一套模板去套。

品类	核心诉求	最有效形式	最佳时长	关键词
美妆	变美	前后对比、上妆过程、真人测评	15-30 秒	秒变女神、持久不脱妆、显白
服装	穿在我身上什么样	一衣多穿、身材适配、场景搭配	20-45 秒	显瘦、显高、百搭、气质
3C 数码	确实能解决问题	开箱测评、功能对比、使用场景	30-60 秒	黑科技、性价比、实用
家居	生活方式	空间改造、收纳技巧、氛围营造	30-60 秒	提升品质、实用、省空间

实战案例：美妆类——泰国粉底液的”5 秒遮瑕挑战”

▸ 背景：2025 年 8 月，在泰国推一款粉底液 ▸ 策略：设计”5 秒遮瑕挑战”创意 ▸ 执行：模特脸上有明显痘印和斑点，用产品轻轻一涂，5 秒完全遮住 ▸ 数据：播放量 320 万 ▸ 结果：单日带货 7 万美元 ▸ 关键洞察：美妆产品，效果可视化是王道

实战案例：服装类——墨西哥连衣裙的”一裙五穿”

▸ 背景：2025 年 11 月，在墨西哥推连衣裙 ▸ 策略：设计”一条裙子，5 个场合”创意 ▸ 执行：同一条裙子，配不同配饰和外套，适应上班、约会、逛街、聚会、度假 5 个场景 ▸ 数据：转化率 12.7%，创了我们的记录 ▸ 关键洞察：服装要展示”穿在我身上的样子”，场景化是关键

实战案例：3C 数码类——日本蓝牙耳机的”地铁噪音测试”

▸ 背景：2025 年 12 月，在日本推蓝牙耳机 ▸ 策略：设计”地铁噪音测试”创意 ▸ 执行：在拥挤嘈杂的地铁上，展示戴上耳机前后的音质对比 ▸ 数据：转化率 8.2% ▸ 关键洞察：数码产品用户更理性，专业测试能建立信任

⚠ 我们踩过的坑：早期做 3C 产品，我们用美妆那套”前后对比”的方法，效果很差。后来才明白，数码用户要的是”专业感”和”可靠感”，不是”惊喜感”。品类不同，打法完全不同。

4.3 多语言内容制作：细节决定成败

【场景引入】

我见过太多人，觉得找个翻译把中文换成外语就行了。

这是最大的误区。

本地化不是翻译，是文化适配。是让外国用户觉得这个内容就是为他们做的，而不是从中国翻译过去的。

字幕制作的专业标准

字幕不只是文字，它是视觉的一部分。

语言层面的要求：

要求	错误做法	正确做法
不要直译	把"老铁"翻译成"Old Iron"	翻译成"Friends"或"Guys"
用当地流行语	用书面语	越南年轻人会说"chất"表示很酷
避免机器翻译	直接用 Google 翻译	找当地年轻人润色
考虑文化差异	中文梗直接翻译	替换成当地人能懂的表达

视觉层面的参数：

参数	标准	说明
字体大小	屏幕高度的 10% 左右	太小看不清，太大挡画面
颜色	白色字+黑色描边	最清晰，黄色字也可以
位置	屏幕下方 1/3 处	不要遮挡关键信息
停留时长	每行 2-4 秒	要让用户看得清楚

我团队的字幕制作流程：

1. 当地员工翻译（不是翻译公司，是真正的当地年轻人）
2. 审核员检查文化适配性
3. 设计师制作字幕视觉效果
4. 内部测试，确保阅读体验流畅

我们测试过，字幕做得好的视频，完播率能提升 15-20%。

配音的本地化要求

配音比字幕更难，因为声音承载了更多信息：口音、语气、情感。

声音选择标准：

要求	标准	原因
必须是母语配音员	不能是会说外语的中国人	口音太明显，一听就知道是外国人
声音符合产品调性	年轻产品用年轻声音	声音要和目标用户匹配
语速适中	各国语速不同，要适配	太快听不清，太慢显得假
情感饱满	不能像机器人	TikTok 用户喜欢有感染力的内容

技术参数标准：

参数	标准
音频质量	48kHz/16bit 以上
音量	-12dB 到-6dB 之间
背景音乐	音量不能超过人声
音画同步	误差不超过 0.1 秒

一个数据：用母语配音的视频，相比用字幕的视频，转化率平均高 35%。这个投入值得。

各市场语言文化速查表

市场	语言特点	文化禁忌	内容建议
越南	声调语言，南北口音差异大	不用脚指东西，不摸别人头	用胡志明团队，语言更活泼
泰国	敬语复杂，男女说话方式不同	不能批评王室（法律），黄色是王室颜色	视频要用敬语，显得有礼貌
日本	敬语分尊敬语/谦让语/郑重语	核辐射、地震话题禁止	含蓄表达，注重细节品质
墨西哥	和西班牙西语差别大，语速快	毒品、暴力、非法移民话题	要有激情和感染力

越南市场细节：- 年轻人喜欢中英越混用（“这个 product 很 ok”）- 敬语要用对（对长辈、客户用敬语） - 网络用语更新快（要跟上潮流）

泰国市场细节： - 男性句尾加”**ครับ**”，女性加”**ค่ะ**” - 表情符号使用频繁（泰国人爱用 emoji） - 头是神圣的，视频里不能随便摸头

日本市场细节： - 男女用语完全不同 - 年龄层用语差异大 - 汉字使用要准确（同一个汉字，日语意思可能不同） - 制作成本是其他市场的 2 倍，但客单价高，值得

墨西哥市场细节： - 感情表达丰富，语气要有感染力 - 家庭观念重 - 对美国文化有复杂情感，避免美式表达

内容审核四步流程

这部分很重要，一个不小心，账号可能直接被封。

第一步: AI 初审 - 用 ChatGPT 等工具检查文案 - 识别敏感词汇 - 标记可能有问题的地方

第二步: 本地员工审核 - 当地人看内容是否自然 - 文化是否适配 - 有没有理解错误

第三步：小范围测试 - 先投 100 美元测试 - 看用户反应 - 收集反馈

第四步：正式发布 - 大规模投放 - 持续监控数据 - 准备应急预案

各市场内容禁忌总结表：

市场	绝对禁忌	需要注意
印尼	猪肉、酒精、过度暴露、侮辱伊斯兰	祈祷时间（每天 5 次）、斋月内容调整
泰国	侮辱王室、不敬佛教	脚的使用、头部禁忌
越南	政治内容、历史争议（南北战争）	文化差异（南北越）
日本	核辐射、地震嘲讽	礼貌用语、细节品质
墨西哥	毒品、暴力、非法移民话题	对美国的复杂情感
巴西	种族歧视、贫富差距嘲讽	宗教（天主教）、足球话题

⚠ 我们踩过的坑：2025 年，有个朋友在印尼做女装，模特穿的衣服稍微露了点肩膀，账号直接被限流。后来换了保守的款式才恢复。在伊斯兰国家，女性服装一定要保守——肩膀、膝盖都要遮住。

我的原则：做生意就专注做生意，政治、宗教、种族这些话题，离得越远越好。

4.4 内容生产流程：标准化和规模化

【场景引入】

很多人做内容是拍到哪儿算哪儿，没有系统。
这样永远做不大。
内容生产是一门工业，不是手艺活。要建立流水线，才能规模化。

内容生产 6 步流程

完整流程图：

```
选题策划（每周一次）
    ↓
脚本创作（1-2天）
    ↓
拍摄制作（2-3天）
    ↓
后期制作（1-2天）
    ↓
审核发布（每天）
    ↓
数据监控（持续）
```

各环节详细说明:

1. 选题策划（每周一次）

动作	说明
分析上周数据	找出爆款规律
研究竞品热门视频	看别人在做什么
头脑风暴	每次出 20-30 个选题
筛选	选出 10 个最有潜力的

2. 脚本创作（1-2 天）

每个选题的脚本要包括： - 开头钩子（具体文案） - 中间故事（分镜头描述） - 结尾 CTA（具体话术） - 关键镜头标注 - 字幕内容 - 预估视频时长

3. 拍摄制作（2-3 天）

· 批量拍摄，一次拍 10-15 条
· 统一布景，提高效率
· 预留素材，方便后期调整

4. 后期制作（1-2 天）

· 剪辑、配音、字幕、特效
· 多语言版本同步制作
· 统一视觉风格

5. 审核发布（每天）

· 内容审核（敏感内容检查）
· 定时发布（根据各市场最佳时间）
· 初期互动（3 分钟法则）

6. 数据监控（持续）

· 实时监控播放数据
· 评论区管理和回复
· 问题内容及时下架

这套流程能做到： - 每个市场每天发布 3-5 条新视频 - 每周产出 100+条内容 - 保证内容质量和数据表现

内容复用策略：让一条视频发挥 10 倍价值

拍一条视频只在一个市场用，那是浪费。

三种复用方式：

复用方式	做法	价值放大
横向复用	同一条视频做不同语言版本	1 条变 5 条
纵向复用	同步发到 Instagram Reels、YouTube Shorts	覆盖更多平台
变形复用	一个爆款创意用在不同产品上	复制成功

一条视频的制作成本可能是 500-1000 元，但通过复用，可以产生 5000-10000 元的价值。

团队配置参考

基础配置（月产 300-500 条视频）

岗位	人数	职责
内容策划	1 人	选题策划、竞品分析、数据复盘
脚本撰写	1 人	写脚本、设计文案、本地化适配
拍摄	1 人	负责拍摄
剪辑	1 人	剪辑后期
运营推广	1 人	发布视频、评论区管理、数据监控
合计	5 人	月人力成本 3-5 万元

中型配置（月产 1000-1500 条视频）

岗位	人数
内容策划	2 人（分不同市场）
脚本撰写	2 人
拍摄团队	3 人（摄影师、灯光师、化妆师）
剪辑团队	3 人
本地化团队	3 人（不同语言的翻译和配音）
运营团队	3 人（分不同市场）
合计	16 人，月人力成本 12-18 万元

大型配置（月产 3000+条视频）

这个级别需要工业化生产，总计 47 人左右，月人力成本 40-60 万元。包括内容总监、策划团队、脚本团队、拍摄团队、后期团队、本地化团队、运营团队、数据分析等。

看起来成本很高，但如果 GMV 能做到 500-1000 万美元/月，这个投入是完全值得的。

单条视频成本控制

三个版本的成本对比：

版本	适用场景	成本构成	总成本
基础版	初期测试	手机拍摄+剪映剪辑	0-50 元
标准版	规模化运营	策划 30+拍摄 50+剪辑 60+本地化 40+配音 20+音乐 10	210 元
高配版	重点产品	专业设备+模特+专业配音	450 元

我的建议： - 初期用基础版，快速测试市场反应 - 找到爆款模式后，升级到标准版 - 重点产品或关键市场，用高配版

关键是 ROI。一条 210 元成本的视频，如果能带来 2000 元 GMV，ROI 就是 10 倍。这就是好内容。

工具和软件推荐清单

拍摄设备

级别	设备	价格
入门级	iPhone 13 以上或同等安卓机	已有
入门级	手机三脚架	50 元
入门级	环形补光灯	100 元
进阶级	索尼 A7 系列或佳能 EOS R 系列	2 万左右
进阶级	24-70mm F2.8 镜头	1 万左右
进阶级	三灯套装	3000 元
进阶级	领夹式麦克风	500 元

后期软件

类型	软件	价格
免费	剪映/CapCut	免费
免费	Canva（字幕和贴纸）	免费
免费	DaVinci Resolve（调色）	免费版就很强
专业	Adobe Premiere Pro	年费 2000 元
专业	Final Cut Pro	一次性 2000 元

本地化工具

用途	工具	说明
翻译	DeepL	比 Google 翻译准确
翻译	ChatGPT	帮忙优化本地化表达
配音	Fiverr	5-20 美元/条
配音	Upwork	更专业的配音服务

数据分析工具

工具	用途
TikTok Creator Center	官方数据平台（免费）
Google Analytics	追踪流量来源
Excel/Google Sheets	自建数据看板

⚠ 我的原则：能用免费的就不花钱，但关键环节不要省。

4.5 内容数据分析：让数据指导创作

【场景引入】

很多人拍视频就像扔骰子，全凭运气。

专业的做法是：用数据指导创作。

每一条视频的表现，都是下一条视频的指南针。

必须关注的核心数据

播放数据

指标	定义	目标值	说明
播放量	视频被播放的次数	越多越好	基础指标，但不是最重要的
完播率	看完整个视频的人占比	短视频 60%+，长视频 40%+	最重要的指标
平均播放时长	用户平均看了多少秒	尽量长	能找出用户流失的节点

互动数据

指标	计算方式	目标值	说明
点赞率	点赞数÷播放量	5%+	说明内容受欢迎
评论率	评论数÷播放量	1%+	说明内容有讨论价值
分享率	分享数÷播放量	2%+	最能说明内容价值
关注转化率	新增关注÷播放量	0.5%+	影响账号长期价值

转化数据

指标	计算方式	目标值	说明
点击率（CTR）	点击购物车÷播放量	3%+	内容和产品结合度
转化率（CVR）	购买数÷点击数	2%+，好的能做到 5-10%	决定 ROI
GMV	这个视频带来的销售额	越高越好	最终看这个数字

我的数据分析习惯

每天看数据： - 早上第一件事：看昨天发布视频的数据 - 重点看前3小时的数据（能预判这个视频会不会爆） - 及时调整发布策略

每周复盘： - 周一开复盘会 - 分析上周所有视频数据 - 找出爆款的共同特征 - 找出失败的原因

每月总结： - 月度数据报告 - 各市场表现对比 - 内容策略调整 - 下月计划制定

实战案例：用数据找到爆款密码

▸ 背景：2025年7月，泰国美妆市场，前两周发了30条视频 ▸ 问题：效果一般，平均播放量2-3万，转化率1.5% ▸ 分析过程：花一整天分析30条视频数据，发现规律—— - 前3秒展示产品效果的视频：3秒完播率高15个百分点 - 先讲故事再展示产品的视频：后续完播率和转化率更高 ▸ 策略调整： - 推荐页流量（新用户）→ 用"3秒爆点"类型视频 - 老粉丝 → 用"故事+产品"类型视频 ▸ 结果：第三周平均播放量涨到8万，转化率涨到3.2% ▸ 关键洞察：数据不会说谎，答案都藏在数据里

竞品分析方法

我每周会花至少3小时研究竞品的视频。

竞品分析四步法：

第一步：找到竞品的爆款视频 - 在TikTok搜索相关关键词 - 筛选播放量10万+的视频 - 收集至少20条

第二步：拆解视频结构 - 前3秒用了什么钩子 - 中间讲了什么故事 - 结尾怎么引导行动 - 文案怎么写的 - 用了什么音乐

第三步：分析数据表现 - 点赞、评论、分享数据 - 评论区用户在说什么 - 哪些点击中了用户痛点

第四步：提炼可复用的元素 - 不是抄袭，是学习套路 - 找出成功的共同点 - 应用到自己的产品上

我有个表格，记录了过去两年看过的所有爆款视频（超过 5000 条）。每次做新产品，我就从这个表格里找灵感。这不是偷懒，这是站在巨人的肩膀上。

本章小结

7 个核心要点：

1. 算法是游戏规则 —— 不懂三层漏斗机制，就别玩这个游戏。3 秒完播率 65% 是生死线。
2. 黄金第一秒，完播率是一切 —— 不是黄金 3 秒，是黄金第 1 秒。用户手指随时准备划走，你只有 1 秒钟让他停下来。标题党不是贬义词，是生存技能，但内容必须能兑现承诺。
3. 2 的 n 次方理论，细节决定爆款 —— 这是本章最核心的方法论。每增加一个有效细节，爆款概率翻倍。1 个细节是 2，5 个细节是 32，10 个细节是 1024。细节不是点缀，是指数级增长的威力。具体的数字比模糊的形容词强 10 倍，感官描述比功能描述强 5 倍，场景细节比产品细节强 3 倍。
4. 起承转合，每 3 秒一个转折 —— 短视频不是讲课，是过山车。内容太平用户就划走。冲击性开头→问题展开→意外转折→收尾行动，让用户情绪跟着你走。
5. 点赞靠认同，转发靠颠覆 —— 用户点赞是因为你说出了他想说的话，用户转发是因为你颠覆了他的认知。强烈认同+认知颠覆=转发冲动。
6. 本地化是细节活 —— 不是翻译，是文化适配。母语配音的视频，转化率比字幕视频高 35%。
7. 数据驱动决策 —— 完播率、点赞率、转化率，每天看、每周复盘、每月总结。答案都在数据里。

2 的 n 次方理论速查表：

细节数量	爆款概率倍数	内容质量
1-2 个	2-4 倍	普通，很难突破冷启动
3-5 个	8-32 倍	及格，有机会进入中流量池
6-10 个	64-1024 倍	优秀，高概率进入大流量池
10-15 个	1024-32768 倍	爆款体质，算法会持续推荐
15 个以上	32768 倍+	现象级内容，自然流量爆发

最后说一句实话：内容创作没有捷径，只有不断测试、不断优化。我这 3 年发布了超过 10000 条视频，分析了超过 50000 条竞品视频，才总结出这些经验。你不需要重复我的弯路，但你必须走自己的路。

记住这四句话：第一秒留住人，每 3 秒有转折，用细节堆出信任，用情感让人行动。做到这四点，你的视频就能打败 90% 的竞争对手。

本章术语速查表

术语	全称	大白话解释
完播率	Completion Rate	看完整个视频的人占比，TikTok 最看重的指标
1 秒留存率	1-Second Retention	第 1 秒还在看的人占比，决定视频生死
CTR	Click Through Rate	点击率，多少人点了购物车
CVR	Conversion Rate	转化率，点了之后多少人买了
GMV	Gross Merchandise Volume	这个视频带来的销售额
ROI	Return on Investment	投入产出比，投 1 块赚几块
CTA	Call To Action	行动召唤，告诉用户该干嘛
HOOK	—	钩子，前 3 秒抓住用户的爆点
起承转合	—	内容结构法，冲突→铺垫→转折→结果
标题党	Clickbait	用夸张标题吸引点击，但必须内容能兑现
情感共鸣	Emotional Resonance	让用户觉得”说的就是我”的感觉
认知颠覆	Cognitive Disruption	打破用户原有认知，让人想分享
冷启动	Cold Start	新视频获取第一批流量的过程
2 的 n 次方理论	2^n Theory	每增加一个有效细节，爆款概率翻倍。10 个细节=1024 倍概率
有效细节	Effective Detail	让用户产生”这个我没想到”反应的具体信息
细节堆叠	Detail Stacking	在视频每个环节都塞入多个具体细节的技术
微钩子	Micro-hook	每个细节都是一个小钩子，让用户想继续看下去

本章数据和案例来源：作者团队 2024-2025 年实战数据

第五章：直播带货实战

说实话，这一章我纠结了很久要不要写得这么细。因为我知道，90%的人看完不会去做。但剩下那10%真正想干的人，这一章能让你少走三年弯路，少亏50万美金。

我们在东南亚、拉美做了两年直播带货，从一个手机播，到现在管理12个直播间、30多个主播，单月GMV突破800万美金。这中间踩过的坑、流过的血汗，都在这一章里。

直播带货的本质是什么？不是表演，不是娱乐，是销售。是在最短的时间内，用最有效的方式，把产品卖给最需要的人。

5.1 直播间搭建标准：低成本打造赚钱机器

【场景引入】

你是不是也被培训机构忽悠过？动不动就让你花大几万搞设备，说什么”工欲善其事必先利其器”。

扯淡。我见过太多人花了大钱买设备，结果连一场完整的直播都坚持不下来。设备只是工具，真正赚钱的是你的脑子和嘴巴。

我的第一个直播间投入了多少？不到一部中端手机的价格。

实战案例：极简配置冷启动

▸ 背景：2025 年 3 月，胡志明 20 平米小房间 ▸ 挑战：零经验、零团队、零粉丝 ▸ 策略：二手设备+最小化配置 ▸ 结果：第一个月 GMV 8.2 万美金，净利润 1.1 万 ▸ 关键洞察：设备投入不到一部旗舰手机的钱，回报率超过3000%。设备够用就行，不要追求顶配

【核心方法】设备配置清单

在正式介绍设备之前，我想先强调一个核心原则：设备投入要和你的业务阶段匹配。很多新手还没验证模式就重金买设备，这是本末倒置。我给你两套方案：手机直播版和电脑直播版。新手从手机版开始，做到月 GMV 10 万美金以上再考虑升级电脑版——先跑通模式，再优化装备。

方案一：手机直播版（入门级预算）
适合人群： 新手、个人卖家、预算有限

这套方案的核心思路是”够用就好”。说实话，观众在手机屏幕上看直播，对画质的要求远没有你想象的那么高——他们更在意的是你卖的东西好不好、价格划不划算。所以设备选择的原则是：保证稳定流畅，不追求极致画质。

核心设备清单：

设备	推荐配置（2026 年）	选择要点
直播手机	iPhone 14/15 系列（二手或官翻）或三星 S23/S24	128GB 以上，建议用后置摄像头直播，画质远超前置。各地二手价格不同，选当地性价比最高的旗舰机即可
手机支架	铝合金落地三脚架	高度 1.2-2 米可调，带手机夹，稳定性第一，便宜但晃的不要买
补光灯	18 寸环形灯	色温 3200K-5600K 可调，亮度可调，这是直播间画面好看的关键
无线麦克风	领夹式 2.4GHz（如罗德 Wireless GO、DJI Mic 等）	这个不能省！收音距离 10 米以上，音质直接影响观众体验
备用电源	20000mAh 充电宝×2	支持 PD 快充，边播边充，长时间直播必备
散热器	手机背夹散热器	必备！手机过热会卡顿降频，东南亚气候热更需要

可选设备（根据需要添置）:

设备	用途	优先级
背景布（2m×3m）	纯色防皱，白/粉/灰，让画面更干净	中
产品展示台	高度可调 60-120cm，展示产品用	中
4G 路由器	网络备用，关键时刻救命	高
补光棒/小射灯	产品特写补光，让产品更好看	低
监播设备	旧手机或平板，看弹幕、监控数据，避免”盲播”	高

手机直播的优势： - 启动成本低，一部手机加几个配件就能开播 - 操作简单，一个人就能搞定全部流程 - 机动性强，换场地方便，甚至可以户外直播 - TikTok 对手机直播有流量倾斜（平台认为更”真实”）

手机直播的劣势：- 画质有上限，放大看细节会模糊 - 长时间直播手机容易过热，需要散热器 - 不能同时看后台数据和直播画面（除非加监播设备）- 切换产品、上链接操作不太方便

手机选择技巧

- 首选 iPhone：TikTok 对 iOS 优化更好，画质稳定，推流不容易出问题
- 安卓选三星/小米旗舰：别买中低端机型，直播推流适配不如 iPhone，容易出 Bug
- 买二手或官翻：各地区价格差异大，选当地性价比最高的上一代或上两代旗舰即可
- 存储 128GB 起步：直播 App+录屏+素材，64GB 真的不够用

方案二：电脑直播版（进阶级预算）
适合人群：团队作战、月 GMV 10 万+、追求画质和效率

当你的直播间开始赚钱、团队开始扩大的时候，就可以考虑升级到电脑直播了。电脑直播最大的优势不是画质——虽然画质确实更好——而是效率：你可以同时看后台数据、回复评论、切换产品链接，整个直播流程会顺畅很多。

核心设备清单：

设备	推荐配置（2026 年）	选择要点
电脑/笔记本	i5/R5 以上处理器，16GB 内存，独立显卡	能同时跑 OBS+直播后台+数据监控，不卡顿就行
摄像头	罗技 C922/C930e 或 索尼 ZV-E10/佳能 M50	1080P 30fps 起步，自动对焦。网络摄像头够用，相机画质更好但设置复杂
采集卡	Elgato Cam Link 4K 或同类产品	如果用相机直播需要，把相机画面传到电脑
麦克风	舒尔 MV7、罗德 NT-USB、铁三角 AT2020 等	USB 接口即插即用，桌面麦克风音质比领夹麦更好
补光灯	18 寸环形灯×2 或 专业 LED 面板灯	主灯+辅灯配置，比手机直播多一个灯
落地灯架	2 米灯架×2-3 个	稳固，可调角度，便宜的容易倒
背景	专业背景架+背景布，或直接布置实景	实景更真实，绿幕抠像效果一般不推荐

软件配置：

软件	用途	说明
OBS Studio	推流软件	免费，功能强大，需要学习
TikTok Live Studio	官方直播工具	免费，比 OBS 简单，功能少一些
Snap Camera 等	美颜滤镜	免费，可选

电脑直播的优势：- 画质更好，产品细节更清晰 - 可以同时监控数据、回复评论、管理后台，效率高 - 支持多场景切换、画中画、字幕叠加等高级功能 - 长时间直播稳定，不会过热

电脑直播的劣势： - 成本比手机版高出不少 - 设置相对复杂，需要调试 OBS 参数 - 不够灵活，换场地很麻烦 - 需要稳定的有线网络

⚠ 避坑提醒：电脑直播常见问题

1. OBS 设置错误：码率根据上行网速调整，一般 4000-6000kbps（网络差的地区设 4000kbps），分辨率 1080P，帧率 30fps
2. 声画不同步：检查采集卡驱动，音频延迟调整
3. 画面卡顿：关闭后台程序，用有线网络
4. 推流失败：检查推流地址和密钥是否正确

手机版 vs 电脑版 对比

看完上面两套方案，你可能还在纠结选哪个。我用一张表帮你做个对比：

维度	手机版	电脑版
启动成本	低（一部手机+配件）	中高（电脑+相机+配件）
画质	★★★☆☆	★★★★★
操作难度	★★☆☆☆	★★★★☆
灵活性	★★★★★	★★☆☆☆
稳定性	★★★☆☆	★★★★★
适合阶段	0-10 万 GMV	10 万+GMV

我的建议：

先用手机版跑通模式，验证产品能卖、能赚钱，再升级电脑版。

我见过太多人还没开播就重金买设备，结果播了三天就放弃了。记住：设备不是最重要的，能卖货才是。省下来的钱投在好产品和推广上，回报率高得多。

⚠ 这些设备不要买（智商税清单）

在你还没跑通模式之前，以下这些东西都是智商税：

1. 专业摄像机：观众在手机屏幕上看直播，真的看不出区别
2. 专业调音台：直播不是录歌，用不上这么复杂的设备

3. 绿幕抠像设备：后期换背景效果很假，用的人不到 1%
4. 多机位切换台：新手操作复杂，容易出问题，分散注意力
5. 顶级麦克风：和入门级无线麦相比，观众听不出差别

【核心方法】布光方案

设备选好了，接下来聊聊布光。这是很多新手忽略的环节，但它直接影响画面质量和观众的第一印象。你有没有发现，有些直播间看起来特别舒服，主播皮肤好、产品好看；有些直播间就是怪怪的，脸色暗沉、产品没质感？80% 的原因就是布光。

我给你两套方案：简单版一个灯搞定，进阶版三灯专业布光。

方案一：简单布光（一灯方案）
适合：新手、预算有限、快速开播

这套方案只需要一个环形灯加灯架，是最简单也最常用的方案。

设备清单：| 设备 | 规格 | |——|——| | 18 寸环形灯 | 色温可调 3200K-5600K，亮度可调 | | 灯架 | 1.6-2 米可调 |

布光位置：

```
背景/墙面
────────────
      主播
       ○
       ↓ （视线方向）

   [手机+环形灯]
```

环形灯放在摄像头正后方，主播脸正对环形灯，这样：- 光线均匀打在脸上 - 眼睛里有漂亮的环形眼神光 - 没有明显阴影

参数设置：

场景	色温	亮度	说明
白天直播	5000-5500K	70-80%	接近自然光
晚上直播	4000-4500K	80-100%	稍暖，更舒适
美妆类	4500-5000K	90%+	要亮，看清细节
服装类	5000-5500K	80%	还原真实颜色

一灯方案小技巧

· 环形灯和脸的距离：50-80cm，太近太亮刺眼，太远光线不够
· 灯的高度：略高于眼睛，往下打 15 度角，脸部更立体
· 避免背光：不要让窗户在主播背后，会变成剪影

一灯方案的局限： - 产品展示区可能光线不足 - 脸部缺少层次感 - 背景可能偏暗

方案二：进阶布光（三灯方案）
适合： 有一定规模、追求画质、专业团队

当你的直播间开始赚钱，想要进一步提升画面质量的时候，可以升级到三灯方案。三灯布光是专业摄影的标准配置，能让主播和产品都更好看。

设备清单：

设备	规格	数量
主灯（Key Light）	18 寸环形灯或 LED 面板灯	1
辅灯（Fill Light）	12 寸环形灯或柔光灯	1
背景灯/产品灯	LED 射灯或灯条	1-2
灯架	1.6-2 米可调	3
柔光罩/反光板	可选，让光线更柔和	1

三点布光位置图：

背景墙
↓ [背景灯]

主播

○

[辅灯]　　[主灯]

↘　　↙

[摄像头]

三灯分工:

灯光	位置	角度	作用
主灯	主播右前方 45°	略高于眼睛，向下 15°	主要照明，塑造脸部轮廓
辅灯	主播左前方 45°	与主灯对称	填补阴影，让光线柔和
背景/产品灯	产品区上方或侧面	向下打	突出产品，让产品”发光”

主灯和辅灯的亮度比例:

风格	主灯:辅灯	效果
柔和均匀	1:1	几乎没有阴影，适合美妆
轻微立体	2:1	有轻微阴影，适合服装
明显立体	3:1	阴影明显，适合质感产品

参数设置表:

品类	主灯色温	辅灯色温	产品灯色温	整体亮度
美妆护肤	4500K	4500K	5000K	高（产品要亮）
服装饰品	5000K	5000K	5500K	中高（还原颜色）
数码 3C	5500K	5500K	6000K	中（冷光科技感）
家居日用	3500K	3500K	4000K	中（暖光居家感）
食品	4000K	4000K	4500K	中高（食物要有食欲）

布光常见问题诊断

问题	原因	解决方案
脸部油光/反光	光线太强太直	加柔光罩，或灯离远一点
脸部阴影重	只有单侧光源	加辅灯，或用反光板补光
肤色发黄	色温太低（太暖）	调高色温到 4500K-5000K
肤色发青	色温太高（太冷）	调低色温到 4000K-4500K
产品颜色失真	光源色温不统一	所有灯用相同色温
背景太暗	光只打在人上	加背景灯，或开房间灯
眼睛没神	缺少眼神光	用环形灯，眼睛会有光圈

⚠ 布光避坑提醒

1. 不要用顶灯：从头顶打下来的光会让眼窝发黑，像熊猫眼
2. 不要用闪光灯：直播是持续光源，不是拍照
3. 不要混用不同色温：一边暖光一边冷光，脸会一边黄一边青
4. 白天记得拉窗帘：自然光会变化，影响画面一致性

实战案例：布光调整提升转化率

▸ 背景：越南美妆直播间，转化率一直在 9% 左右 ▸ 问题：观众反馈”看不清产品颜色”、“主播脸色不好” ▸ 诊断：只用一个 4000K 环形灯，光线偏暖偏暗 ▸ 调整： - 主灯色温从 4000K 调到 4800K - 加一个辅灯消除阴影 - 加一个产品射灯，让产品更亮 ▸ 结果：转化率从 9% 提升到 13.5%，提升 50% ▸ 关键洞察：观众看不清=不敢买，布光直接影响转化

【核心方法】场景设计标准

布光搞定之后，接下来是场景设计。不同品类的直播间，场景设计有很大差异。我用三个品类来举例，你可以根据自己的产品类型参考。

美妆类直播间（泰国实测转化率最高方案）：

```
[摄像头视角]
────────────────
|      背景墙       |
|     (Logo)       |
|                  |
| 主播位置    产品  |
|    ↓     展示区 |
|  椅子       ↓   |
|          展示台 |
────────────────
```

要素	标准配置	实测数据
主色调	浅粉色/奶白色	测试 17 种颜色后的最优选择
主灯色温	4000K	正面打光
辅灯色温	4500K	45 度侧面补光
观众停留时长	4 分 37 秒	比优化前提升 101%
转化率	14.6%	比优化前提升 59%

服装类直播间（越南 GMV 最高配置）：

要素	标准配置	原因
主色调	浅灰色/米白色	不抢服装颜色
色温	5000K	自然光，还原真实颜色
必备道具	全身镜（1.7 米落地）	试穿必须
衣架数量	最多 3 件	多了显乱

⚠ 避坑提醒

- 衣架上衣服不能太多，最多 3 件
- 换下来的衣服不要随便扔，观众看到觉得不专业
- 试穿时对着镜子展示，手机镜头会变形

家居类直播间（印尼亏了三个月摸索出来的）：

实战案例：厨房收纳架的场景优化

▸ 背景：在雅加达卖多功能厨房收纳架 ▸ 挑战：产品静态展示，转化率只有 6% ▸ 策略：改成现场演示——把厨具乱糟糟放桌上，然后一件件放进收纳架 ▸ 结果：转化率从 6% 飙升到 19%，单场 GMV 从 2 万涨到 7 万美金 ▸ 关键洞察：家居产品不能光展示，必须演示使用场景

【核心方法】网络配置（三重保险）

最后一个基础设施是网络。你可能觉得网络没什么好讲的，装个宽带不就行了吗？我曾经也这么想，直到吃了一次大亏。

血泪案例：8 分钟断网损失 22 万美金

▸ 背景：2025 年 6 月，马尼拉大促直播，准备三个月，预热两周 ▸ 挑战：观众 5000+人，正准备主推——网断了 ▸ 结果：重连花了 8 分钟，观众走了 4200 人，GMV 从预估 30 万只做了 8 万 ▸ 关键洞察：网络断了就是钱断了，必须三重保险

从那以后，我所有的直播间都配备了”三重保险”——主网络断了切备用，备用断了还有第三层。成本多花一点，但心里踏实。

网络三重保险配置：

层级	配置	要求	备注
主网络	光纤宽带	上行≥20Mbps，延迟 <30ms	签合同写 99.5% 在线率
备用 1	4G 路由器	无限流量套餐	10 秒内能切换
备用 2	5G 手机热点	大流量套餐	最后的救命稻草

直播前 30 分钟网络压力测试清单：1. [ ] 同时开三个设备连 WiFi，看是否影响主播 2. [ ] 让助理在直播间走动，看信号是否波动 3. [ ] 主动断一次主网络，测试切换到 4G 的速度

5.2 直播销售技巧：这才是赚钱的核心

【场景引入】

上一节讲的设备、布光、场景，都是基础设施。说句大实话：这些东西花点钱、花点时间，谁都能搞定。真正决定你赚多少钱的，是销售技巧。

我见过太多人，直播间搞得很漂亮，产品也不错，就是不出单。为什么？

因为不会卖。

直播带货≠直播+带货，而是用直播的形式做销售。你本质上是一个销售员，只不过面对的不是一个客户，而是同时面对几百、几千个客户。这既是挑战，也是机会——你一张嘴，能同时影响几千人的购买决策。

【核心方法】开播前 30 分钟流程（决定生死）

70% 的观众在前 5 分钟决定走还是留，90% 在前 30 分钟决定买还是不买。

标准开播流程（300+场直播验证）：

时段	目标	话术类型	实测留存率
0-2 分钟	让观众停下来	利益型/悬念型开场	72%（利益型最高）
2-5 分钟	建立信任和期待	自我介绍+福利预告+互动钩子	-
5-15 分钟	第一款产品成交	爆款引流款讲解	-
15-30 分钟	主推产品成交	深度讲解+催单	-

4 种开场话术模板（附实测留存率）：

类型	话术模板	留存率
利益型	“今天直播间福利疯了，XX产品只要 $19.9，前 100 名还送…”	72%
悬念型	“我手里这个东西，让我三个月瘦了 15 斤，你们猜是什么？”	68%
冲突型	“很多人说 XX 产品是智商税，今天我就现场打脸给你看…”	65%
限时型	“这场直播只有 2 小时，XX 产品只有 50 件，卖完就下播…”	63%

⚠ 避坑提醒：错误开场

“大家好，欢迎来到我的直播间，我是某某某，今天给大家带来…”

观众已经划走了。

第一款产品选择标准：

要求	标准	原因
价格	$10-30	不用纠结，降低决策门槛
功能	简单直接	一眼就能看懂
演示效果	视觉冲击力强	现场演示能出效果

实战案例：泰国美妆第一款产品选择

▸ 背景：需要选择直播开场第一款产品 ▸ 选择：卸妆水，$12.9 ▸ 策略：现场涂口红，用卸妆水一擦就掉，视觉冲击力强 ▸ 结果：转化率 23%，为后面产品打下基础 ▸ 关键洞察：第一款产品选最容易成交的，不是利润最高的

【核心方法】产品讲解 6 步法

完整的产品讲解流程（15-20 分钟/款）：

步骤	时长	核心任务	话术要点
1.引发需求	2-3 分钟	讲痛点，不讲产品	“你们是不是经常…”
2.产品介绍	3-4 分钟	是什么/有什么用/为什么有效	用大白话，举例子
3.效果展示	5-6 分钟	Before-After 对比 / 现场演示	最重要环节！
4.价格锚定	2-3 分钟	对比定价法	专柜价→美容院价→直播价
5.打消顾虑	2-3 分钟	风险逆转	7 天无理由/假一赔十
6.限时催单	3-5 分钟	稀缺性+紧迫感+从众	“还剩 XX 件…”

价格锚定话术模板：

"这款产品，如果你去专柜买，$199。
去美容院做一次，$300起步，还要做5-8次才有效果，总共$1500-2400。

而这款精华液，一瓶可以用2个月，效果比美容院做一次还好。
平时我卖$139，今天直播间$89，相当于打6.4折。

你算算，$89用两个月，平均一天$1.4，一杯奶茶的钱，就能让皮肤变好，值不值？"

打消顾虑话术速查表：

顾虑	应对话术
不确定有没有效果	“支持 7 天无理由退货，用了没效果直接退，运费我们承担”
担心过敏	“通过 XX 认证，敏感肌可用，可以先在耳后试用”
价格还是觉得贵	“买 2 件再减 $10，还送价值 $25 的小样”
不确定是不是正品	“现场给你看防伪码，扫一扫验真伪，假一赔十”

催单三板斧：

1. 稀缺性："只准备了 100 件，现在还剩 37 件"
2. 紧迫感："这个价格只到今晚 12 点"
3. 从众心理："又有 8 个人下单了…现在还剩 29 件…"

小技巧

数字要真实，但可以通过控制每批上架数量制造稀缺感。比如你有 1000 件货，每次上架 100 件，卖完再上架。

【核心方法】6 大话术模板

讲完产品讲解的基本流程，接下来我把这几年积累的话术模板分享给你。这套话术体系，我花了 2 年时间、300+场直播总结出来，帮我把转化率从 6% 提升到 18%。你拿去直接用，再根据自己的产品和风格调整。

1. 产品介绍话术（3W1H 法则）

要素	内容	示例
What（是什么）	产品定义	"这是一款美白精华液，日本 XX 品牌"
Why（为什么需要）	痛点切入	"脸上暗沉、不够白？这款专门解决"
How（怎么用）	使用方法	"每晚洁面后，取 2-3 滴，均匀涂抹"
How much（多少钱）	价格	"平时 $129，今天 $79，打了 6 折"

2. 稀缺性话术

限量话术："只准备了[数量]件，因为[原因]。现在还剩[数量]件，卖完真没了。"

限时话术："这个价格只持续到[时间]，过了恢复原价$[价格]。错过多花$[差价]。"

组合话术："限量[数量]件，限时到[时间]，两个条件同时满足才有这个价。"

3. 信任建立话术（风险逆转）

"我知道你们可能担心[顾虑]，所以我们提供：

- 7天无理由退货，不满意全额退款

- 运费我们承担，来回都不用你出
- 假一赔十
- [时间]内没效果，全额退款

你没有任何风险，不满意就退，风险全在我们这边。"

4. 从众心理话术

实时播报："又有3个人下单了...5个...10个...现在一共87人下单了..."

用户反馈："河内的Lan说[好评]...曼谷的Som说[好评]...都是真实反馈。"

数据展示："这款上个月卖了8000件，复购率35%。100个人买，35个人会再次购买。"

5. 催单话术

直接催单："想要的朋友，点击屏幕下方购物车，选择颜色数量，点击下单。动作要快！"

倒计时："给大家10秒考虑，10...9...8...还没下单的抓紧，马上涨价！"

确认收货："刚下单的朋友，check手机有没有收到短信确认。收到的扣1。"

【避坑指南】突发情况应对

情况	错误做法	正确做法
网络卡顿	慌张、解释	启动备用网络+“稍等一下帮大家调整画面”+助理评论区安抚+恢复后送福利
产品卖光	“卖光了，下一款…”	“太疯狂了！售罄了！没抢到的加我微信到货通知+下一款更厉害”
观众质疑	忽视/生气/辩解	“理解你的顾虑，其实[解释]。我们支持 7 天无理由退货”→继续讲产品
主播口误	停顿、尴尬、反复纠正	自嘲+快速过：“口误了（笑），我们继续…”
没人下单	“怎么没人下单啊?”	“还有朋友在犹豫，我再演示一次…再加一个福利…”

5.3 各市场直播特色：一套玩法走天下？死得很惨

【场景引入】

前面讲的设备搭建和销售技巧，是放之四海而皆准的基础能力。但如果你以为学会这些就能在全球各地复制成功，那就大错特错了。

很多人问我：“你的方法能不能在所有市场用?”

不能。

我用在越南做得好的方法去日本做，亏了20多万美金才学会一个血淋淋的教训：因地制宜。每个市场的用户习惯、文化背景、消费心理都不一样，你必须针对性地调整策略。

【核心方法】四大市场对比

维度	东南亚	日本	拉美	中东
直播时长	8-12 小时	2-3 小时	4-5 小时	3-4 小时
用户特点	价格敏感、爱熬夜	追求完美、决策慎重	热情奔放、冲动消费	购买力强、注重品质
核心策略	马拉松战术	精品化服务	娱乐化狂欢	高端+文化尊重
转化率	10-15%	10%	15-20%	12%
客单价	$20-30	$60-80	$30-40	$60-100

东南亚：马拉松战术

东南亚是我最熟悉的市场，也是中国卖家出海最容易上手的市场。这里的用户特点是价格敏感、爱熬夜、决策周期长。针对这些特点，我们摸索出了一套”马拉松战术”。

为什么要长时间直播？

实战案例：河内直播时长测试

▸ 背景：2025 年在河内测试不同直播时长 ▸ 数据对比：- 3 小时直播：GMV $12,000 - 6 小时直播：GMV $28,000（增长 133%） - 10 小时直播：GMV $51,000（再增长 82%） ▸ 关键洞察：东南亚用户会反复进来看，第一次不买，第二第三次才买。直播时间短，他们进来的机会就少

---

10 小时直播节奏安排：

时段	目标	策略	产品
18:00-19:00	预热开场	低价引流款+福利预告	1-2 款，$5-15
19:00-21:00	第一波高潮	重点产品+限时优惠	2-3 款，$25-50
21:00-22:00	缓冲互动	游戏+抽奖+清库存	3-5 款
22:00-01:00	第二波高潮	主推轮播+组合销售	5-8 款，$20-60
01:00-02:00	再次缓冲	聊天互动为主	1-2 款
02:00-04:00	最后冲刺	组合套餐+买一送一	清库存

10 小时直播团队配置:

角色	人数	职责	注意事项
主播	2-3 人轮换	直播销售	每人最多 4 小时，嗓子受不了
助播	1-2 人	展示产品、配合	不需要一直在镜头前
场控	1 人	监控数据、控制节奏	提醒主播该讲什么产品
客服	2-3 人	回复问题、跟进订单	响应时间 30 秒内
库存	1 人	实时更新、补货	避免超卖

实战案例：泰国话术调整

▸ 背景：刚开始用越南的激情打法做泰国市场 ▸ 问题：泰国观众说"太吵了"、"不舒服" ▸ 调整：主播放慢语速，多微笑，多和观众聊天 ▸ 结果：转化率立刻提升 50% ▸ 关键洞察：泰国用户要温柔，不要激情

印尼砍价技巧

印尼用户喜欢砍价，要给他们"砍价"的感觉： 1. 先报高价：$50 2. "今天特价"：$35 3. "前 100 名"：$30 4. "现在下单再送礼品"

每次降价，评论区都会刷"买买买"。

日本：精品化直播

如果说东南亚市场是”量大管饱”，那日本市场就是”精雕细琢”。这是我做过最”难搞”的市场，但也是最赚钱的市场之一。日本用户对品质、细节、服务的要求，高到你无法想象。

日本直播的”反常识”策略：

维度	东南亚做法	日本做法	原因
时长	8-12 小时	2-3 小时	播太久=卖不出去才播那么久
产品数量	30-50 款	5-10 款	每款讲透彻，15-20 分钟
语言	随意	必须敬语	“です・ます”体必须用
包装	普通	精美	打开包裹像拆礼物

日本用户的购买决策 5 问：

1. 这是什么品牌？品牌背景如何？
2. 产品成分/材质是什么？有没有认证？
3. 怎么使用？有什么注意事项？
4. 效果如何？有没有真实案例？
5. 售后如何？出问题怎么办？

你必须把这 5 个问题讲清楚，他们才会买。

日本直播标准流程（2 小时）：

时段	内容	要点
前 10 分钟	开场+品牌介绍	敬语打招呼，预告产品
10-110 分钟	产品讲解（每款 20 分钟）	背景 3 分钟→详解 5 分钟→使用方法 4 分钟→效果展示 5 分钟→价格购买 3 分钟
110-120 分钟	总结+售后说明	强调售后服务，感谢观众

⚠ 日本市场血泪教训

有个观众在评论区说：“背景桌子上有个水杯，不专业。”

我当时不以为意，结果那场直播转化率比平时低 30%。复盘发现，很多日本观众看到水杯后就走了。

细节必须完美。

日本市场包装标准（成本比东南亚高 3-4 倍，但值得）：

要素	标准
外箱	硬纸箱，不能有破损
内衬	防震气泡膜
产品	独立包装+彩色纸
附赠	手写感谢卡+小礼品

结果：日本客户复购率 40%，远超东南亚的 15%。

拉美：娱乐化狂欢

讲完了亚洲市场，我们来看看地球另一边的拉美。如果说东南亚是”马拉松长跑”，日本是”精品艺术展”，那拉美就是”嘉年华狂欢派对”。

核心理念：30% 卖货+70% 娱乐

观众来直播间不是为了买东西，是为了娱乐，买东西只是娱乐的一部分。

拉美直播标准配置：

要素	要求
背景音乐	拉丁音乐/雷鬼顿，音量够大但不盖过主播
主播风格	语言有激情，肢体丰富，表情夸张
穿着	鲜艳暖色系（红/橙/黄）
互动方式	唱歌、跳舞、小游戏、每 30 分钟抽奖

拉美直播节奏（4 小时）：

时段	内容	要点
前 20 分钟	音乐开场+热身	主播跟着音乐出场，可以跳一段
20-60 分钟	第一波产品+音乐	产品-娱乐-产品-娱乐交替
60-180 分钟	持续循环	每 2-3 个产品来一个娱乐环节
180-240 分钟	最后狂欢	音乐加快+组合销售+倒计时

实战案例：墨西哥”音乐美妆夜”

▸ 背景：墨西哥城美妆直播 ▸ 策略：墨西哥本地女主播，边化妆边唱歌，跟着音乐节奏涂口红、画眼线 ▸ 结果：观众嗨翻，评论区刷”Qué bonita!“，4 小时 GMV $32,000，转化率 22% ▸ 关键洞察：拉美用户要的是狂欢，产品融入娱乐中

中东：高端+文化尊重

最后聊聊中东。这是一个让很多人又爱又怕的市场——爱的是购买力强、客单价高，怕的是文化差异大、容易踩雷。中东是个金矿，但必须掌握正确的开采方法。

中东直播关键点：

要素	要求	原因
女主播穿着	肩膀、膝盖遮住，款式保守	文化禁忌
产品选择	美妆不能有酒精，食品要清真认证	穆斯林禁忌
直播时间	避开祷告时间，斋月白天不播	宗教要求
语言	阿拉伯语最好，英语可以	用户习惯

中东各国差异：

国家	客单价	热销品	注意事项
沙特	$60-100	高端美妆、电子、家居	文化最保守
UAE	$50-80	奢侈品、时尚、电子	相对开放
埃及	$20-35	日用品、服装、小家电	价格要实惠

【实战数据总览】

市场	时长	留存率	转化率	客单价	单场 GMV
越南	8-10 小时	45%	12%	$25	$30-50K
泰国	6-8 小时	50%	15%	$30	$25-40K
印尼	10-12 小时	40%	10%	$20	$20-35K
日本	2-3 小时	70%	10%	$75	$15-25K
墨西哥	4-5 小时	60%	18%	$35	$20-30K
巴西	4-6 小时	65%	20%	$40	$25-35K
沙特	3-4 小时	55%	12%	$80	$25-40K

关键发现:

1. 时长≠GMV：日本直播最短（2-3 小时），但客单价最高（$75）
2. 转化率和客单价成反比：巴西转化率最高（20%），但客单价相对不高
3. 文化适配度决定留存率：日本留存率最高（70%），因为我们的日式服务做得最好

5.4 数据复盘与优化：不看数据的直播是瞎播

【场景引入】

前面三节讲的是”怎么做”，这一节讲”怎么改进”。很多人直播完了就完了，从不复盘，这是最大的浪费。

不复盘的直播是在浪费机会。每场直播都是一次测试，平台会给你大量的数据反馈。这些数据告诉你哪里做对了、哪里做错了，但很多人连看都不看。

我每场直播后都花 2 小时复盘。就是靠这个习惯，转化率从 6% 提升到 18%，单场 GMV 从 8000 美金提升到 50000 美金。复盘不是可选项，是必修课。

【核心方法】8 个关键指标

指标	含义	重要性	标准值	提升方法
观看人数（UV）	有多少人进来	★★★★☆	新号 100-500，成熟号 500-2000	短视频引流、DOU+、开播提醒
留存率	平均待多久	★★★★★	新号 20-30%，成熟号 40-50%	开场抓眼球、节奏控制、福利预告
互动率	点赞/评论/分享	★★★★☆	点赞 30-50%，评论 5-10%	主动要求、互动问答、抽奖
点击率（CTR）	点购物车比例	★★★★☆	8-15%	明确指引、视觉提示、限时刺激
转化率（CVR）	实际下单比例	★★★★★	新号 5-8%，成熟号 10-15%	产品选对、价格锚定、话术到位
客单价（AOV）	平均订单金额	★★★★☆	因市场而异	组合销售、满减、升级推荐
GMV	直播总销售额	★★★★★	因账号而异	系统优化所有指标
ROI	投入产出比	★★★★★	>3	提升利润率、降低成本

GMV 公式：

GMV = 流量(UV) × 转化率(CVR) × 客单价(AOV)

注：留存率、互动率、点击率是决定转化率的核心过程指标。你可以理解为一个漏斗：

进房人数(UV) → 留下来看(留存) → 点击购物车(CTR) → 下单购买(CVR) → 客单价(AOV)

每个环节都会影响最终 GMV，要系统优化。

实战案例：短视频引流是最强武器

▸ 背景：2025 年 1 月，越南账号观看人数一直在 300-400 徘徊 ▸ 测试 3 种方法：- 方法 1：每天发 3 条短视频预告 → UV 提升到 500 - 方法 2：投 200 美金 DOU+ → UV 提升到 800 - 方法 3：做一条爆款短视频（播放量 200 万）→ UV 暴涨到 3200 ▸ 关键洞察：爆款短视频是最强的引流工具

【核心方法】5 步复盘法

每场直播后必做：

步骤	时长	任务	产出
1.数据收集	10 分钟	整理所有数据到 Excel	数据表
2.对比分析	20 分钟	和上一场、历史平均值对比	差异点
3.找出问题	30 分钟	根据数据定位问题	问题清单
4.制定方案	30 分钟	针对每个问题制定改进方案	行动计划
5.下场实施	-	落实改进方案	效果验证

实战案例：一次完整的复盘优化

▸ 背景：2025 年 3 月，越南直播间连续 3 场 GMV 都在 $25000 左右，上不去

数据对比：| 指标 | 第一场 | 第二场 | 第三场 | 问题诊断 | |——|——-|——-|——-|———-| | 观看人数 | 1200 | 1150 | 1280 | 稳定，增长空间不大 | | 留存率 | 38% | 35% | 40% | 低于目标 45% | | 转化率 | 11% | 10% | 12% | 还可以 | | 客单价 | $27 | $25 | $26 | 太低，目标 $35+ |

改进方案：- 留存率：测试 3 种开场（利益型/悬念型/冲突型）- 客单价：推出 3 个套餐（单品 $28/2 件套 $50/3 件套 $70）

第四场结果：- 留存率：48%（从 38% 提升到 48%）- 客单价：$38（从 $26 提升到 $38）- GMV：$42,300（增长 71%！）

【实战案例】数据诊断与调整对照表

光讲理论没用，我用 5 个真实案例告诉你：看到什么数据，应该调整直播的哪个部分。

案例 1：观看人数低 → 调整引流策略

数据诊断案例：越南账号观看人数瓶颈

问题数据：| 指标 | 数值 | 行业均值 | 诊断 | |——|——|———-|——| | 观看人数 | 280 人 | 800 人 | 严重偏低 | | 留存率 | 45% | 40% | 正常 | | 转化率 | 12% | 10% | 正常 |

诊断结论：留存率和转化率都正常，说明直播内容没问题，问题出在引流。

调整方案：

调整项	具体动作	执行周期
短视频引流	每天发 3 条预热视频，直播前 2 小时、30 分钟、开播时各发一条	立刻执行
付费推广	直播期间投 $100 DOU+，选”直播间引流”目标	每场直播
开播提醒	发私信提醒粉丝开播，设置开播通知推送	开播前 1 小时
直播预告	发布直播预告海报，写清楚福利和时间	开播前 1 天

调整后结果： - 第 1 周：观看人数 280→450（+61%） - 第 2 周：观看人数 450→720（+60%） - 第 4 周：观看人数稳定在 800-1000

关键洞察：观看人数低，不要改直播内容，要改引流策略。

案例 2：留存率低 → 调整开场和节奏

数据诊断案例：泰国直播间留存率暴跌

问题数据：| 指标 | 数值 | 行业均值 | 诊断 | |——|——|———-|——| | 观看人数 | 1200 人 | 800 人 | | 高于均值 | | 留存率 | 22% | 45% | 严重偏低 | | 平均观看时长 | 1 分 48 秒 | 4 分钟 | 太短 |

诊断结论：人进来了但留不住，问题出在直播内容——开场不吸引人，或者节奏有问题。

进一步分析（看分时段数据）： | 时段 | 在线人数 | 变化 | |——|———-|——| | 0-1 分钟 | 1200 人 | - | | 1-2 分钟 | 650 人 | −46% ← 问题在这！ | | 2-5 分钟 | 380 人 | −42% | | 5-10 分钟 | 290 人 | −24% |

发现：前 2 分钟流失了一半人，说明开场有严重问题。

调整方案：

调整项	原来的做法	改成
开场话术	“大家好欢迎来到直播间…”	“等等！别划走！今天这款产品只要 $9.9…”
开场节奏	先自我介绍 3 分钟	先亮产品+报价格，30 秒抓住观众
前 5 分钟	慢慢热场	直接上引流款，快速成交
福利预告	没有	开场就说”待会有抽奖，别走”

调整后结果：

指标	调整前	调整后	变化
留存率	22%	48%	+118%
平均观看时长	1 分 48 秒	4 分 12 秒	+133%
GMV	$8,500	$19,200	+126%

关键洞察：留存率低，先看分时段数据，找到流失最严重的时间点，针对性调整。

案例 3：点击率高但转化率低 → 调整话术和信任

数据诊断案例：印尼直播间”只看不买”

问题数据：

指标	数值	行业均值	诊断
点击率（CTR）	18%	12%	很高
转化率（CVR）	4%	10%	严重偏低
加购率	15%	12%	正常

诊断结论：观众对产品感兴趣（点击率高），也加购了，但就是不付款。问题出在临门一脚——价格、信任、或者催单话术。

进一步分析（看用户行为漏斗）：

```
观看 1000人
  ↓ 点击购物车 180人 (18%)
  ↓ 加入购物车 150人 (15%)
  ↓ 提交订单 60人 (6%) ← 流失严重
  ↓ 付款成功 40人 (4%)
```

发现：从”加购”到”提交订单”流失了 60%，说明观众在下单前犹豫了。

调整方案：

调整项	原来的做法	改成
价格锚定	直接报价 $25	先说专柜价 $50，再说直播价 $25，“5 折！”
限时限量	没有强调	“只有 50 件，现在还剩 32 件，卖完就没了”
风险逆转	没有提	强调”7 天无理由退货，不满意直接退”
运费策略	满额才包邮	直接宣布全场包邮，减少下单阻力
催单话术	“喜欢的可以下单”	“10 秒倒计时，10…9…8…还剩 18 件…”
付款方式	只支持信用卡	加 COD（货到付款），印尼用户爱用

调整后结果：| 指标 | 调整前 | 调整后 | 变化 | |——|——-|——-|——| | 转化率 | 4% | 11% | +175% | | 付款率 | 67% | 89% | +33% | | GMV | $12,000 | $28,500 | +138% |

关键洞察：点击率高但转化低，问题在”临门一脚”——价格锚定、稀缺性、信任背书、支付方式，四个都要检查。

案例 4：转化率高但 GMV 低 → 调整客单价策略

数据诊断案例：越南直播间”赔本赚吆喝”

问题数据：| 指标 | 数值 | 行业均值 | 诊断 | |——|——|———-|——| | 转化率 | 16% | 10% | 很高 | | 订单数 | 320 单 | 200 单 | 很多 | | 客单价 | $12 | $28 | 太低 | | GMV | $3,840 | $5,600 | 偏低 |

诊断结论：卖得多但赚得少，客单价只有行业均值的 43%。问题出在产品结构和连带销售。

进一步分析（看订单构成）：| 订单类型 | 占比 | 客单价 | |———-|——|——-| | 买 1 件 | 78% | $10 | | 买 2 件 | 15% | $18 | | 买 3 件+ | 7% | $32 |

发现：78% 的订单只买 1 件，没有连带销售。

调整方案：

调整项	原来的做法	改成
产品组合	只卖单品	推出 2 件套（$18，省 $2）、3 件套（$26，省 $4）
话术引导	“这款 $10”	“单买 $10，但我建议买 2 件，第 2 件半价只要 $8”
满减活动	没有	满 $20 减 $2，满 $30 减 $5
主推策略	推低价款	先推高价款，低价款做连带
赠品策略	单件也送赠品	买 2 件以上才送赠品

调整后结果： | 指标 | 调整前 | 调整后 | 变化 | |——|——-|——-|——| | 客单价 | $12 | $24 | +100% | | 订单数 | 320 单 | 280 单 | −12% | | GMV | $3,840 | $6,720 | +75% | | 利润 | $768 | $1,680 | +119% |

关键洞察：订单数少了 12%，但利润多了 119%。不要追求订单数，要追求利润。

案例 5：综合诊断模板

以后你自己复盘，可以用这个模板：

第一步：列出关键数据

指标	本场数值	上场数值	目标值	差距
观看人数				
留存率				
点击率				
转化率				
客单价				
GMV				

第二步：找到问题指标

差距最大的那个指标，就是你要重点优化的。

第三步：对照调整方向

问题指标	说明	调整方向
观看人数低	人进不来	引流：短视频、DOU+、预热、开播提醒
留存率低	人留不住	内容：开场话术、节奏控制、互动频率
点击率低	不感兴趣	产品：选品、展示方式、痛点切入
转化率低	不敢买	信任：价格锚定、风险逆转、催单话术
客单价低	买得少	连带：组合套餐、满减、话术引导

第四步：制定具体行动

每次只改 1-2 个变量，否则你不知道是哪个改变带来了效果。

【避坑指南】常见问题诊断表

问题	可能原因	解决方案
观看人数上不去	引流不够/账号权重低/时间不对	加大短视频发布+投DOU++调整时段
留存率低	开场不吸引/内容无聊/节奏问题	优化开场+增加互动+控制节奏
转化率低	产品不行/价格没优势/话术不到位	选对产品+价格锚定+风险逆转
客单价低	只卖单品/没引导多件购买	推出套餐+满减+话术引导
退货率高	产品质量/描述不符/发错货	换供应商+如实描述+加强质检

【工具推荐】

最后推荐几个我常用的数据分析工具。工具只是辅助，关键是养成复盘的习惯。

工具	功能	说明
FastMoss	行业公认的数据霸主	类似于国内的飞瓜，数据最全，可以看全区域的大盘数据
EchoTik	选品和达人分析	界面友好，适合新手，能精准抓取达人的带货数据
Kalodata	爆品挖掘神器	擅长挖掘飙升榜单，想跟卖爆款一定要用它
TikTok Shop Seller Center	官方后台	免费，最准的数据永远在官方后台，不仅要看，还要每天看
录屏软件	录下直播，回看复盘	免费，回看自己的直播找问题，这比看数据更直观

5.5 主播培养与管理：人对了，事就成了

【场景引入】

前面四节讲的都是”事”——设备、技巧、市场、数据。这一节讲”人”。因为做直播带货做到一定规模之后，你会发现：主播是最大的瓶颈。

设备可以买，货源可以找，流量可以投，但好主播太难找了。我这三年面试过 300+主播，真正能用的不到 30 人，能独当一面的不到 10 人。主播的选拔和培养，是直播带货规模化的核心难题。

【核心方法】5 个选拔标准

标准	重要性	测试方法	好的表现
心态正	最重要	问"直播 2 小时一单没出怎么办"	"我会分析原因，是产品、价格还是话术问题"
表达能力	必须	给产品，现场介绍 3 分钟	讲清楚是什么/有什么用/为什么买，不卡壳
亲和力	必须	观察笑容、眼神、语气	笑容自然、眼神有交流、不高冷
学习能力	可培养	培训时观察	听课专注、提问积极、实操快速上手
形象得体	可培养	面试观察	穿着整洁、妆容清爽、符合产品调性

⚠ 避坑提醒：只看颜值是大坑

我刚开始招主播就犯这个错。招了个很漂亮的女孩，结果一上播就紧张，话都说不利索，干了一周就走了。

颜值是加分项，不是必选项。能力>颜值。

【核心方法】30 天培养计划

阶段	时间	内容	目标
理论学习	Day 1-7	直播流程+产品知识+话术学习	能背出每个产品3个卖点
实战演练	Day 8-14	模拟直播+助播实习+陪播	完整流程不卡壳
独立直播（新手期）	Day 15-21	每天2-3小时，后台监控指导	基本话术能说顺
独立直播（成长期）	Day 22-30	每天4-5小时，有GMV要求	GMV达到平均水平60%，转化率8%+

30天考核通过才能转正：- 理论考试：80分以上 - 实操考核：独立直播4小时，GMV达标 - 综合评价：我和团队评分

筛选结果：30天下来，能留下的不到70%（淘汰率超过30%）。

【核心方法】5个管理原则

原则	做法	原因
目标管理	只看结果（GMV/转化率/留存率），不管过程	每个主播风格不同，不能强求统一
数据透明	每个主播数据都公开	激发竞争+互相学习
多劳多得	底薪 $300-500 + GMV提成1-3% + 奖金	播得越多赚得越多
持续培训	每周话术培训+每月产品更新+每季度外部培训	市场在变，主播要跟上
人文关怀	生日送礼+生病给假+定期团建	主播不是机器，你对她好她才用心

薪资结构示例：

某主播月 GMV $200,000 - 底薪：$500 - 提成（2%）：$4,000 - 奖金：$1,000 - 总收入：$5,500

【避坑指南】主播管理 5 个坑

坑	我的教训	正确做法
只看颜值	招了漂亮女孩，一周就走	能力>颜值
舍不得给钱	提成从 2% 降到 1%，3 个好主播跑了	好主播值那个价
没有培训体系	新人 3 个月才能独立，太慢	30 天系统培训
管得太死	要求一字不差按话术说，很僵硬	给发挥空间
只奖不罚	主播犯错不罚，纪律松散	奖惩分明

【发展路径】

路径	职责	收入	适合人群
金牌主播	专注直播，成为顶级	月入 $10,000+	热爱直播，不想做管理
主播团长	管理 3-5 个主播，培训考核	底薪 $1,000 + 团队 GMV 0.5%	有管理能力
直播运营	整体运营（选品、排期、数据分析）	底薪 $1,500 + 奖金	有运营思维

第五章小结

核心要点回顾

1. 直播带货的本质是销售，不是表演。一切不以成交为目的的直播都是在浪费时间。
2. 设备够用就好。把钱省下来投在推广和好产品上，回报率高得多。
3. 话术是科学，有公式可学。价格锚定、稀缺性、风险逆转，拿来就能用。
4. 不同市场用不同打法。东南亚马拉松、日本精品化、拉美娱乐化、中东高端化。
5. 数据不会骗人。每场直播后花 2 小时复盘，转化率从 6% 提升到 18%。
6. 主播是最大的资产。选对人、培养好、管理好、留住人。

实操检查清单

直播前：- [ ] 设备检查完毕（手机满电、麦克风正常、灯光调好）- [ ] 网络测试通过（主网+4G 备用+5G 备用）- [ ] 产品准备齐全（按顺序摆放）- [ ] 话术复习完成 - [ ] 场景布置完美（背景整洁、产品展示清晰）

直播中： - [ ] 开场 30 秒抓住观众 - [ ] 每 3-5 分钟互动一次 - [ ] 每个产品按 6 步法讲解 - [ ] 实时关注数据，及时调整 - [ ] 突发情况有预案

直播后：- [ ] 数据收集（5 分钟内）- [ ] 复盘分析（2 小时内）- [ ] 改进方案制定 - [ ] 下场直播准备

本章术语速查表

术语	全称	大白话解释
GMV	Gross Merchandise Volume	卖了多少钱
UV	Unique Visitors	多少人进来看了
CTR	Click Through Rate	多少人点了购物车
CVR	Conversion Rate	多少人真的买了
AOV	Average Order Value	平均每单多少钱
ROI	Return on Investment	投 1 块赚几块
Promote/DOU+	-	TikTok/抖音付费推广工具

记住我的话:

看完不代表能做到。90% 的人会说”学到很多”，然后什么都不变。

只有 10% 的人会马上行动：买设备、搭直播间、测试话术、每场复盘。

你想成为那 90%，还是那 10%?

直播带货这个赛道，现在还有红利，但窗口期不会太长。

趁现在还有机会，抓住它，干就完了。

第六章：付费推广优化——花钱赚钱的真功夫

这章我就讲一件事：怎么把每一分钱花在刀刃上。

付费推广不是简单的买流量，是买利润。你得学会跟算法跳舞。

什么叫跟算法跳舞？就是你得理解平台的游戏规则——它想要什么，你就给什么；它讨厌什么，你就绕着走。很多人把投流当成买菜，以为钱砸下去流量就来了，其实这里面的门道，比你想象的深得多。

我们这几年在越南、泰国、印尼、巴西这几个市场烧了几百万美金，踩了无数坑，测出了一套可复制的投放体系。不讲虚的，只讲能用的。

6.1 智能投放工具：GMV MAX 的深度应用

你是不是也遇到过这种情况：手动设了一堆受众标签，结果展示量少得可怜？或者出价高了亏本，出价低了根本跑不动？

说实话，在 TikTok 上做投放，最让人头疼的就是这种”两难困境”——你觉得自己很懂用户，精心设置了一堆人群标签，结果系统告诉你：不好意思，符合条件的人太少了，你的广告压根跑不出去。于是你放宽条件，流量是来了，但来的全是”只看不买”的吃瓜群众，钱花了，单没成。

好消息是，算法进化得比你想象中快。商品交易总额（GMV，Gross Merchandise Volume）最大化工具，简称 GMV MAX，就是平台给商家的一把”聪明钥匙”。你可以把它理解成一台”傻瓜相机”——不用你手动调光圈、快门，系统自己帮你找最佳参数。但话说回来，傻瓜相机也得会用，不然照样拍不出好片。

GMV MAX 的核心逻辑是全自动化优化：你给系统一个目标（GMV），系统利用机器学习自动匹配最容易下单的用户。听起来很美好，但这里面有几个关键点，搞不明白就容易踩坑。

第一，给足学习期。新计划上线前 48 小时，千万别手贱乱动。很多人一看数据不好看，立马调预算、改出价，结果把系统刚积累的学习数据全打乱了。你得让系统跑够 50 个转化，它才能”学会”谁是你的客户。这就像训练一只狗，你得给它时间形成条件反射，不能今天教坐下，明天又教握手，后天又改成打滚——狗都被你搞糊涂了。

第二，素材定生死。既然人群选择和出价策略都交给系统了，你唯一能控制的变量就是素材。同样的产品、同样的预算，换一套素材，效果可能天差地别。这一点我后面会详细展开，因为它实在太重要了。

第三，多链接布局。不要只推单品，要学会用产品组合来拉高客单价。比如你主推一款 50 美金的精华，可以同时挂一个 9.9 美金的小样做引流，再搭一个 99 美金的礼盒做利润款。系统会自动学习哪种组合最能打动用户的钱包。

这套打法到底有多管用？我讲个真实案例。

2024 年 3 月，我们在泰国推一款单价 35 美金的美白精华。刚开始用传统广告投放，ROI 只有 1:1.5，扣掉物流和人工基本是亏的。后来我们切换为 GMV MAX 模式，同时开启”多链接”功能，搭配 9.9 美金的面膜做引流品。同样每天 500 美金预算，ROI 稳定在 1:3，终于开始赚钱了。

为什么会有这么大的差距？因为 MAX 工具能自动识别那些”喜欢买套装”的高净值用户——这类人你用手动标签很难精准触达，但机器学习能从海量行为数据中把他们挖出来。

6.1.1 广告素材的 5 个”死穴”

前面说了，在 GMV MAX 模式下，素材是你唯一能控制的变量。换句话说，素材就是你的业务员——业务员不行，你给再多路费（预算）也是白搭。

那什么样的素材才算”行”？这几年我们测了上千条素材，总结出 5 个最容易踩的坑，也可以叫”5 个死穴”，踩中任何一个，你的广告基本就废了。

第一个死穴：开头不够狠。TikTok 用户的耐心只有 3 秒，准确地说，是 2.8 秒。在这短短的时间里，你要么抓住他的眼球，要么被他无情划走，没有第三种可能。怎么抓？两个技巧：要么用具体数字制造冲击感（“30 天瘦 20 斤”比”快速减肥”有力 10 倍），要么用视觉反差制造好奇心（使用前后对比、丑小鸭变天鹅）。

第二个死穴：太像广告。这是很多传统品牌最容易犯的错。他们花大价钱请专业团队，灯光、布景、后期一条龙，拍出来的东西确实精美，但在 TikTok 上，精美往往等于”死得快”。为什么？因为用户一眼就能看出这是广告，而人对广告有天然的防御心理。反过来，那些用 iPhone 原相机拍的、素人出镜的、背景就是普通办公室或家里的内容，反而更容易获得信任。

第三个死穴：效果不可见。用户买东西，本质上买的是一个”变好的自己”。你得让他清清楚楚地看到，用了你的产品之后会变成什么样。所以，产品 360 度展示、使用前后对比、15 秒内呈现完整变化过程——这些手法虽然老套，但永远管用。

第四个死穴：只讲功能，不讲后果。卖空气净化器，别说”六层滤网，过滤 99.9% 颗粒物”，要说”你家孩子每天在家呼吸的空气，可能比马路边还脏”。前者是产品说明书，后者是扎心的事实。用户不关心你的技术有多牛，他只关心”这跟我有什么关系”。

第五个死穴：没有背书。用户在做购买决策时，需要一个”理由”来说服自己。这个理由可以是销量（“已售 10 万件”），可以是口碑（当地网红的真实测评），也可以是权威认证。总之，你得给他一个台阶下，让他觉得”买这个是对的”。

把这 5 点串起来，本质上还是第四章讲的”黄金第一秒+起承转合”那套逻辑——前 3 秒抓眼球，中间建立信任，结尾推行动。但广告素材和自然流量内容有一个关键区别：广告素材的容错率更低。自然流量内容可以慢慢养，广告素材不行，每一分钱都在烧，开头不够狠，钱就白花了。

说到”真实感比精美度更重要”，我讲个我们亲身经历的故事。2024年在越南，我们花 5000 美金请专业导演拍了一部”微电影”级广告，灯光考究、调色高级、配乐煽情，自我感觉良好得不行。结果呢？点击率（CTR，Click Through Rate）只有 0.8%，低得可怜。后来我们死马当活马医，让仓库小哥拿手机随便拍了一段打包发货的视频，画面晃、收音差、灯光惨白——点击率直接飙到 4.5%。

这件事给我的教训是：TikTok 用户是来刷短视频找乐子的，不是来看电视广告的。你把自己当央视做，观众直接把你当广告跳过。

6.1.2 分品类素材方法论：卖衣服和卖耳机的区别

前面讲的素材原则是通用的，但不同品类的产品，用户的决策逻辑完全不一样，素材的侧重点也要跟着变。我见过太多卖家，把美妆的套路照搬到 3C，或者把服装的打法硬套到家居，结果水土不服，钱白花了。

这里我把几个主流品类的素材方法论拆开讲，大家对号入座。

服装类：穿搭变装是王道

服装是 TikTok 上最容易出爆款的品类，但也是竞争最激烈的。用户买衣服，买的不是布料，是”穿上之后的自己”。所以服装素材的核心是让用户代入。

最有效的三种形式：

第一种是变装视频。开头是素人穿着普通甚至邋遢，突然一个转场，换上你的衣服，整个人气质都变了。这种反差感特别容易引发”我也想要”的冲动。

第二种是对镜展示。模特站在全身镜前，360 度展示穿搭效果，重点是要展示真实身材。很多卖家喜欢用身材完美的模特，但我们测试下来，微胖模特的转化率反而更高——因为用户觉得”她穿着好看，我穿也应该不差”。

第三种是面料细节。尤其是卖高客单价服装，用户会担心质量问题。你需要用特写镜头展示面料的垂坠感、透气性、做工细节，让用户”隔着屏幕都能感受到质感”。

服装素材有个大忌：模特一直在摆 pose，但不说话。这种内容在 Instagram 可能行，在 TikTok 就是找死。TikTok 用户需要”陪伴感”，模特最好能说点什么，哪怕是”姐妹们，这件真的绝了”这种废话，也比干站着强。

3C 数码类：暴力测试最抓人

3C 产品用户最担心的是什么？质量不行、用两天就坏。所以 3C 素材的核心是建立信任，让用户相信这东西靠谱。

最有效的手法是暴力测试。卖防水手表？直接扔水里，捞出来还在走。卖防摔手机壳？从三楼扔下去，手机完好无损。卖蓝牙耳机？戴着去跑步、去健身、去洗澡，展示各种极端使用场景。

这类视频的关键是过程要真实。别搞那种明显是摆拍的假测试，用户一眼就能看出来。最好是用”一镜到底”的方式拍摄，不给剪辑造假的空间。

另一种有效形式是功能演示。但要注意，别像产品说明书那样罗列参数，要用场景说话。比如卖降噪耳机，别说”降噪深度 40 分贝”，要展示戴上耳机之后，旁边的人大喊大叫你都听不见。

3C 素材还有一个技巧：拆机视频。把产品拆开，展示内部结构和用料，让用户看到”真材实料”。这种内容在日本市场特别受欢迎，因为日本用户对品质有执念，他们愿意花时间了解产品细节。

家居类：解决生活麻烦

家居产品的购买动机通常是解决一个具体的生活痛点。所以家居素材的核心是痛点前置——先让用户感受到痛，再展示你的产品如何止痛。

最经典的套路是 Before & After。收纳产品就展示使用前乱糟糟的抽屉 vs 使用后整整齐齐的抽屉；清洁产品就展示使用前油腻腻的厨房 vs 使用后闪闪发光的厨房。这种对比越强烈，用户的购买冲动越强。

家居素材有个要点：场景要接地气。别在精装修的样板间里拍，要在普通人的家里拍。用户看到的环境越像自己家，越容易产生共鸣。

还有一种形式是生活小妙招。把产品包装成”生活技巧”而不是”广告”，比如”收纳达人的 10 个神器”，用户看完觉得学到了东西，顺便就下单了。这种内容的完播率特别高，因为用户是抱着”学习”的心态在看，而不是抱着”又是广告”的防备心态。

美妆类：前后对比 + 真人测评

美妆是最成熟的品类，套路也最固定。核心就两个字：效果。用户买美妆，就是想变好看，你得让他看到”用了真的会变好看”。

前面讲的”黄金三部曲”脚本，就是为美妆量身定做的。这里补充几个细节：

素人比网红好用。我们测试过，同样的产品，用普通长相的素人做测评，转化率比用精致的网红高 30% 以上。为什么？因为用户觉得”她皮肤本来就好，用什么都好看”，但看到素人从痘痘脸变成光滑肌，就会想”我也可以”。

过程比结果重要。别只展示”使用前 vs 使用后”的两张图，要展示完整的使用过程——怎么挤、怎么涂、涂完什么感觉。这个过程越细致，用户越信任。

差评也是素材。这个听起来反直觉，但我们发现，在素材里主动提一两个小缺点（比如”唯一的缺点是有点贵”），反而能提高转化率。因为用户觉得你实诚，不是在吹牛。

6.1.3 TEST 方法论：让优化标准化

素材解决了”内容好不好”的问题，但投放是一个系统工程，光有好素材还不够。你还得解决”投给谁”“什么时候投”“怎么知道效果好不好”这些问题。

很多人投广告凭感觉：今天觉得这个人群不错，明天又想试试那个时段，后天看数据不好就慌了，把计划全停了重来。这样东一榔头西一棒槌，永远摸不清门道。

我们内部有一套标准化的优化流程，叫 TEST 方法论，就是把投放优化拆成四个步骤，每个步骤解决一个问题：

T - Target（受众测试）：先别急着”精准定向”，用宽泛的人群跑 3 天，看看到底是哪类人在买。有时候你以为的目标客户，和实际愿意掏钱的人，完全是两拨人。让数据告诉你答案。

E - Element（素材测试）：这一步最重要的原则是”单变量”。每次只改一个东西——换个开头，或者换个背景音乐，或者换个模特。如果你一次改三四个变量，最后效果好了或者差了，你都不知道是哪个因素起的作用。

S - Schedule（时间测试）：不同市场的黄金时段完全不一样。东南亚人下班早，晚上 7 点到 10 点是高峰；日本人加班多，深夜 11 点之后才有空刷手机。别把国内的经验直接搬过去，要自己测。

T - Tracking (数据追踪)：每天雷打不动看这几个核心指标：展示量、点击量、CTR、加购数、CVR（转化率）、ROI。数据不是看一眼就完了，要形成日报、周报，追踪趋势变化。

顺便说一个很多人忽略的细节：如果你发现广告点击率挺高，但实际到店的人很少(到达率低于 70%)，那问题很可能出在落地页加载速度上。用户点了你的广告，等了 3 秒页面还没出来，直接就跑了。这时候赶紧压缩图片大小，把页面做轻。

6.2 直播间投放：投流与主播的二人转

前面讲的都是短视频带货的投放逻辑，但 TikTok 还有另一个战场——直播。第五章我们聊了直播带货的内容和运营，这一节专门讲直播间的投流，因为它和短视频投流完全是两套玩法。

短视频投流，你可以提前做好素材，设好参数，让系统慢慢跑。直播间投流不一样，它是实时的——主播在前面卖命吆喝，投流手在后面实时调控流量，两个人得配合得像跳双人舞一样默契。配合好了，一场直播能顶一周的短视频；配合砸了，钱烧光了人气还是起不来。

6.2.1 直播投流的底层逻辑

直播间投流（在 TikTok 叫 Live Shopping Ads，简称 LSA）和短视频投流最大的区别是：你买的不是”播放量”，是”进入直播间的人”。

这意味着什么？意味着你的投放效果，不光取决于你的出价和素材，还取决于主播的承接能力。你花钱把人引进来了，主播接不住，人马上就走，系统会判定你的直播间”不受欢迎”，然后给你的流量越来越差、越来越贵。

所以直播投流的第一原则是：投流节奏要跟着直播节奏走。

什么意思？一场直播不是从头到尾都一样的，它有起承转合。下面这个节奏划分是我们团队常用的参考框架，但具体时间点会因品类、主播风格、流量情况而不同，大家根据实际情况灵活调整：

开场期（大约前 15 分钟）：这时候直播间还没热起来，主播在暖场，不适合大量投流。你可以小额投放，目的是”起量”，让直播间有点人气基础。

爬坡期（大约 15-45 分钟）：主播开始进入状态，产品讲解到位，互动起来了。这时候逐步加大投放，把人气往上拉。

爆发期（大约 45-90 分钟）：这是一场直播的黄金时段。如果前面的数据还不错（停留时长、互动率、转化率都及格），就要敢于放量。很多投流手的毛病是”舍不得”——眼看着数据挺好，但不敢加预算，结果错过了最佳放量时机。

收尾期（最后 30 分钟左右）：流量开始自然回落，这时候要逐步收缩预算，别硬撑。很多人到了收尾期还在猛投，结果进来的都是”逛逛就走”的低质量流量，ROI 直线下跌。

需要强调的是，这些时间点不是铁律。有的主播状态来得快，30 分钟就能进入爆发期；有的直播间人气起得慢，可能要 1 个小时才热起来。投流手要学会”看数据说话”，而不是机械地按时间表操作。

6.2.2 投流手和主播的实时配合

直播投流最难的不是技术，是沟通。

想象一下：主播在镜头前，不可能每隔几分钟就喊”投流手，加预算”。观众听到这种话，会觉得很假，对直播间的信任感直接崩塌。所以投流手和主播之间，需要建立一套简单的沟通方式。

常见的做法有几种：

方式一：简单手势或口头暗示。比如主播说"家人们太热情了"可能表示流量够了，说"怎么今天有点冷清"可能表示需要加流量。具体用什么暗示，团队内部约定好就行，不用搞得太复杂。

方式二：助播/场控传话。很多直播间会有助播或场控人员，他们可以通过耳机、手势或者小纸条跟主播沟通。投流手发现数据异常，先告诉场控，场控再用合适的方式提醒主播。

方式三：投流手自主判断。这是最考验经验的方式。投流手不依赖主播的信号，完全根据后台数据自主决策——看到停留时长下降就减投，看到互动率上升就加投。这种方式要求投流手对数据非常敏感，而且要熟悉主播的节奏。

关键时刻要特别注意：当主播开始倒数"3、2、1，上链接"的时候，这是转化的黄金窗口。投流手要提前准备好，在倒数开始时适当提高出价，把流量顶上去。

不管用哪种方式，核心原则是一样的：投流手和主播要形成默契，能够实时感知直播间的状态变化，并快速做出反应。这种默契需要多场直播的磨合，不是看一篇文章就能学会的。

6.2.3 直播素材的选择：实时画面 vs 引流短视频

直播投流有两种素材形式：一种是直接用直播间的实时画面做投放，用户点了广告直接进直播间；另一种是用预录的引流短视频做投放，用户看完短视频再进直播间。

这两种方式各有优劣，要根据情况选择。

实时画面投放的优势是"所见即所得"，用户点进来看到的和广告里一模一样，不会有落差。但缺点是，如果你的直播间此刻不够精彩（比如主播在喝水、或者刚好在讲一个不那么吸引人的产品），投放效果就会很差。

引流短视频投放的优势是可以精心制作，把最精彩的内容剪辑出来。但缺点是，用户看完短视频的期待值被拉高了，进直播间一看"也就那样"，可能马上就走。

我们的经验是：新手用引流短视频，老手用实时画面。

为什么？因为新手主播和新手投流手配合不默契，直播间状态不稳定，用实时画面风险太大。用引流短视频相当于加了一层”滤镜”，把直播间最好的一面展示出来。

等团队配合成熟了、直播间状态稳定了，再切换到实时画面投放。实时画面的优势是”真实”，用户进来发现跟广告一样精彩，信任感会更强，转化率也更高。

6.2.4 直播间投流的成本控制

直播投流最怕什么？“钱烧了，人来了，单没成”。

这种情况通常有两个原因：要么是投流投歪了，引来的不是目标客户；要么是主播没接住，人来了但留不住。

怎么判断是哪个原因？看两个指标：

平均停留时长：如果低于 1 分钟，说明人来了但不想待。这时候要么是投流人群选错了（来的人对你的产品没兴趣），要么是主播的开场太弱（人进来几秒钟就觉得”没意思”）。

互动率：如果停留时长还行，但点赞、评论、加购都很少，说明主播的”钩子”不够。人是愿意待的，但没有被激发出购买欲望。

还有一个很多人忽视的成本：付费流量和自然流量的比例。

健康的直播间，付费流量应该占 30%-50%，剩下的是自然流量。如果你的付费占比超过 70%，说明你的直播间”只能靠钱买人”，一旦停止投放就没人看。这种直播间是不可持续的。

怎么提高自然流量？核心是提高直播间的互动数据——点赞数、评论数、分享数、停留时长。这些数据好，平台算法会判定你的直播间”受欢迎”，给你更多免费流量。所以主播要不断引导互动：“觉得好看的扣 1”“想要这款的打’想要’”——这些话术听起来很傻，但真的管用。

6.3 Spark Ads：借达人之力，行爆款之道

聊完了自己投自己的内容，再聊聊怎么借别人的力。

TikTok 有一个非常独特的广告形式，叫 Spark Ads。简单说，就是你可以花钱推广别人的视频——比如某个达人发了一条用你产品的视频，效果不错，你可以把它”加热”，让更多人看到。

为什么要推别人的内容，而不是自己做？因为达人的内容自带信任背书。

用户看广告是有防备心的，但看达人的日常内容就没那么警惕。一个越南本地网红真心实意地推荐你的产品，效果可能比你自己做 100 条广告都好。Spark Ads 就是让你借用这种”达人信任”，同时用付费流量把它放大。

6.3.1 什么样的达人视频值得投?

不是所有达人视频都值得花钱推广。我们踩过很多坑，总结出几条选片标准:

第一，看评论区，而不是看点赞数。点赞高不代表转化好。你要看的是评论区有没有人在问”哪里买”“链接在哪”“多少钱”。如果评论区全是”好好看”“太厉害了”这种泛泛的夸奖，说明用户只是觉得内容有趣，但没有购买意向。

第二，看完播率。TikTok 后台可以看到视频的完播率（看完整条视频的人占多少)。完播率高的视频，说明内容真的吸引人，值得投。完播率低的视频，哪怕点赞很多，投了也是浪费钱，因为很多人只是顺手点了个赞就划走了。

第三，看达人的粉丝画像。达人的粉丝是不是你的目标客户？一个美妆达人有 100 万粉丝，但 80% 是男性，那她的视频对你卖女性护肤品就没什么价值。

第四，看视频的”可投性”。有些视频内容很好，但不适合当广告投。比如达人说了一些可能违规的话（夸大效果、对比竞品)，或者画面里有敏感内容，投出去可能会被拒审。

6.3.2 怎么拿到达人的授权?

Spark Ads 需要达人授权才能投。很多新手卡在这一步：达人不回消息，或者狮子大开口要天价授权费。

几个实用技巧：

主动出击，批量联系。不要只盯着一两个大达人。我们通常会一次性联系 20-30 个达人，最后能谈成 5-6 个就不错了。数量上去了，成功率自然就上去了。

话术要直接。别绕弯子，开门见山："你好，我们是 XX 品牌，看到你发的 XX 视频，觉得内容很棒，想付费推广这条视频，授权费 XX 美金，你看可以吗？"达人每天收到大量消息，那种寒暄半天不说正事的，他们根本没耐心看。

授权费怎么定？一般是视频播放量的 1%-5% 折算成美金，或者直接给一个固定金额（比如 50-200 美金）。小达人（1 万-10 万粉丝）通常要价不高，而且更愿意配合；大达人（50 万以上粉丝）要价高、流程复杂，性价比反而不一定好。

用"长期合作"换低价。如果一个达人的内容你很喜欢，可以谈长期合作：你每个月固定付一笔钱，他授权你所有相关视频。这样单条视频的成本会降很多。

6.3.3 Spark Ads 的投放技巧

拿到授权之后，怎么投才能效果最大化？

第一，别只投一条。如果你拿到了 5 条达人视频的授权，同时投放，跑几天看数据。表现最好的那条重点放量，表现差的及时止损。

第二，Spark Ads + 购物车组合使用。单纯投 Spark Ads，用户看完视频还要自己去搜索购买，转化链路太长。最好的方式是在达人视频下面挂上你的购物车链接，用户看完直接点击购买，转化率能提高不少。

第三，二次创作。拿到达人的原视频后，可以做一些简单的二次加工：加上促销信息、加上"点击链接购买"的引导、调整开头让它更抓人。但注意不要改得太多，保留达人内容的"原生感"。

我们在印尼有个案例。当时找了一个只有 3 万粉丝的小达人，她拍了一条用我们美白产品的视频，自然播放量只有 5000。但我们看她的评论区，很多人在问”姐姐这个在哪买”。于是我们花了 50 美金买了授权，投了 200 美金做 Spark Ads 推广，结果带来了 800 多美金的销售额。ROI 大概 1:3.2，虽然不算惊艳，但比我们同期自己做的素材（ROI 只有 1:1.8）好了将近一倍。

这就是达人内容的威力——用户是冲着达人来的，不是冲着广告来的。当然，这个数据不是每次都能复制，达人内容的效果波动很大，有的爆有的扑，关键是多测试、快迭代。

6.4 A/B 测试与成本控制：让每一分钱都有回报

聊完了工具和素材，接下来要解决一个更根本的问题：怎么知道你的钱花得值不值？

你是不是觉得广告投出去就像”开盲盒”？运气好 ROI 爆表，运气差亏个精光，完全看天吃饭。其实不是的，高手从不靠运气，靠的是 A/B 测试——说白了，就是让几组不同的方案”打擂台”，谁赢了就把钱投给谁。这个方法论不是什么新鲜玩意儿，但真正能做好的团队不多。

A/B 测试有三个核心原则：单变量、大样本、快执行。

什么意思呢？单变量是说每次测试只改一个东西，前面讲素材测试时提过。大样本是说别看几十个点击就下结论，至少要跑到几百上千的样本量，数据才有统计意义。快执行是说测试周期要短，发现问题立刻调整，别磨磨蹭蹭一个测试跑半个月。

具体怎么操作？三个层面：

创意层面，同时跑 5 个版本的素材，每个版本给 100 美金预算，3 天后看数据。哪个 CTR 高、CVR 高、ROI 好，哪个就是”冠军素材”，后续重点投放。

预算层面，遵循我们内部的”73 原则”——70% 的预算给已经验证盈利的冠军素材，30% 用来测试新创意。为什么要留 30% 测新素材？因为再好的素材也会”疲劳”，用户看多了就腻了，你得不断有新弹药补上来。

出价层面，别只听系统的建议出价。系统给你一个参考价，你要测三个档位：系统价、系统价+20%、系统价-20%。有时候出价高一点，反而能抢到更优质的流量；有时候出价低一点，虽然量少但利润更高。不测永远不知道。

我讲一个我们在越南做的测试案例。当时推一款美白面霜，我们准备了 5 套不同风格的素材，想看看到底哪种打法在越南最管用：

· A 方案：使用教程，手把手教你怎么涂
· B 方案：前后对比，素人脸上痘印消失的过程
· C 方案：用户真实评价，找了 10 个买过的顾客录小视频
· D 方案：专家成分解析，请了个医学博士讲产品里有什么好东西
· E 方案：明星同款，强调某个泰国女星也在用

每套素材跑了一周，结果出来让我们挺意外：B 方案（前后对比）CVR 高达 15%，遥遥领先；C 方案（用户评价）10%，排第二；E 方案（明星同款）12%，也不错；D 方案（专家解析）只有 4%，垫底；A 方案（教程）6%，中规中矩。

后来我们主攻 B 方案，ROI 稳定在 1:3.5，同时保留 C 和 E 作为替补轮换，防止素材疲劳。这个测试给我们最大的启发是：在越南市场，"亲眼看见变白"的效果，比任何明星代言、专家背书都更有说服力。用户相信自己的眼睛，不太信权威。

6.4.1 核心指标的"数据诊断"

测试做完了，怎么判断效果好不好？这就需要学会"看病"——通过几个核心指标，诊断你的广告健康不健康。

我们团队有个规矩：每天早上第一件事，不是看昨天赚了多少钱，而是先看这四个关键指标的健康度。因为 GMV 只是"结果"，这四个指标才是"过程"，过程不健康，结果早晚要出问题。

指标	大白话解释	诊断建议
CTR	多少人点了	低于 3% 说明素材太烂或受众选错，赶紧换图/视频。
CVR	多少人买了	低于 5% 说明价格太贵、页面太丑或支付不顺。
CPC	点击一次多少钱	太高了就避开晚 8 点的竞争高峰，调下时间。
CPM	千次展示多少钱	反映竞争激烈程度，通过提升素材质量分来降成本。

光知道指标是什么还不够，关键是看到异常数据后，知道问题出在哪、怎么解决。我们内部整理了一套”诊断决策树”，遇到问题按图索骥：

情况 A：CTR 高 + CVR 低——流量被吸引过来了，但进店后没下单。这说明你的素材很诱人，但用户点进来一看，发现”货不对板”。可能是落地页加载太慢（超过 3 秒用户就跑了），可能是价格比预期贵，也可能是没有货到付款（COD）选项，用户不敢付钱。逐个排查，总能找到原因。

情况 B：CTR 低 + CPM 高——你的素材在跟别人抢流量，但系统觉得你的素材不讨喜。平台算法很聪明，它会把用户喜欢的内容往前推，把用户不喜欢的往后压。你的素材被压下去了，只能花更高的价钱才能买到同样的曝光。解决办法是立刻停掉旧计划，换新素材，尤其是换一个更抓人的开头。

情况 C：ROI 达标 + 预算花不完——这是个”幸福的烦恼”。你的计划跑得很稳，利润也不错，但系统没给你更多流量，预算花不出去。这时候可以尝试小幅加预算（别一下翻倍，循序渐进地加），或者稍微提高出价，告诉系统你愿意花更多钱，让它给你更多流量。具体加多少，要根据数据反馈来调整。

听起来有点抽象？我讲个真实的”诊断案例”。

曾经我们在墨西哥推高端护肤品，ROI 只有 1:1.5，算上各种成本基本是亏的。我们一看数据：CTR 5%，很高，说明素材很吸引人，用户愿意点进来看；但 CVR 只有 3%，极低，说明用户点进来看了，但不愿意买。

问题出在哪？我们排查了落地页速度、支付方式、页面设计，都没问题。最后发现是价格——我们那款产品定价 80 美金，在中国是中端价位，但对墨西哥普通消费者来说太贵了，超出了他们的心理承受范围。后来我们换成一款 39 美金的入门款产品，同样的素材、同样的投放策略，ROI 回升到 1:2.8，终于开始赚钱了。

这件事教会我一个道理：别想着用流量去强推一个不匹配市场价格带的产品。用户被素材吸引过来，一看价格不对，扭头就走。流量再多也没用，你只是在给平台交学费。

6.4.2 产品生命周期投放策略：什么时候该怂，什么时候该猛

前面讲的 TEST 流程，主要是解决”测款”的问题——怎么找到能跑的产品和素材。但测出来之后呢？一个产品从上架到下架，不同阶段的投放策略完全不一样。很多人的问题是：该猛的时候不敢猛，该收的时候舍不得收。

我把产品生命周期分成四个阶段，每个阶段的打法都不一样。

第一阶段：测款期

这个阶段的目标不是赚钱，是验证产品有没有市场。

预算要小，每天 50-100 美金就够了。但出价可以适当提高（具体幅度要看竞争情况，可以先比系统建议价高一点试试），因为你需要在短时间内拿到足够的数据样本。如果出价太低，可能一天就跑出几十个展示，什么都看不出来。

测款期通常持续 3-7 天。这期间不要频繁调整，让数据跑出来。重点看两个指标：CTR（素材吸不吸引人）和 CVR（用户愿不愿意买）。

测款的结果无非三种：- CTR 高、CVR 高：恭喜，可以进入下一阶段。- CTR 高、CVR 低：素材没问题，但产品或价格有问题，需要调整。- CTR 低：素材不行，换素材重新测。

很多人在测款期就犯了一个大错：测一个产品就投入太多感情和预算。正确的做法是”赛马”——同时测 5-10 个产品，跑出来的重点培养，跑不出来的果断放弃。别在烂产品上浪费时间。

第二阶段：爬坡期

测款成功了，接下来是爬坡期。这个阶段的目标是稳步放量，在保持 ROI 的前提下，把销售规模做上去。

关键词是”稳步”。很多人测款成功后，第二天就把预算从 100 美金加到 1000 美金，结果系统消化不了，ROI 直线下跌。

正确的做法是”小步快跑”：每次加预算的幅度不要太大（比如 20%-30% 只是一个参考值，具体要看你的产品和市场），然后观察数据变化。如果 ROI 保持稳定，继续加；如果 ROI 明显下滑，立刻暂停，分析原因。每个产品、每个市场对”加预算”的消化能力不一样，没有放之四海而皆准的比例，关键是多测试、多观察。

爬坡期还有一个重要任务：素材储备。你测款期跑出来的”冠军素材”不可能用一辈子，用户看多了会腻。趁着爬坡期，赶紧让内容团队多拍一些变体素材，准备好”二号选手”“三号选手”，一旦冠军素材疲劳了，马上顶上去。

爬坡期通常持续 2-4 周，具体取决于你的产品和市场。有些产品爬得快，一周就能到达稳定状态；有些产品需要更长时间。

第三阶段：爆发期

当你的产品进入稳定盈利状态，日销量也达到了一定规模，就进入了爆发期。这个阶段的目标是最大化利润，能赚多少赚多少。

爆发期要敢于花钱。只要 ROI 还在盈利线以上，就继续加预算、拓展新的流量渠道。很多人的毛病是”小富即安”——产品每天赚 500 美金利润，觉得挺好的，不敢再加了。其实这时候如果敢投，可能一天能赚 2000 美金。

爆发期还要做一件事：多渠道覆盖。不要只投 TikTok，可以同时投 Facebook、Google、本地的社交平台。不同平台的用户有重叠，但不完全重叠。多渠道覆盖能让你触达更多潜在客户。

但爆发期也要有风险意识。一个产品不可能永远爆，你得时刻盯着数据，一旦发现 ROI 开始下滑、竞争对手开始跟进、用户评价开始变差，就要准备进入下一阶段。

第四阶段：衰退期

没有永远的爆款。用户会审美疲劳，竞争对手会跟进模仿，平台算法也会变化。当你发现 ROI 开始持续下滑、花同样的钱买到的流量越来越差，说明产品进入了衰退期。

衰退期的策略是保本清仓。把投放目标从”赚利润”改成”出库存”。可以降价促销，可以做捆绑销售，总之是把手里的货尽快卖掉，回笼资金。

很多人在衰退期犯的错是”不甘心”。明明数据已经告诉你这个产品不行了，还是想”再试试”“再抢救一下”。结果又烧了一大笔钱，库存还是没清完。

正确的心态是：产品有生命周期是正常的。一个产品能跑 6 个月已经很不错了，别指望一个产品吃三年。衰退期果断收手，把资源投入到下一个产品的测款上，才是正道。

阶段	目标	预算策略	关键动作
测款期	验证市场	小预算，适当提高出价	同时测多个产品，快速筛选
爬坡期	稳步放量	小步加预算，观察数据	储备替补素材
爆发期	最大化利润	ROI 健康就继续加	多渠道覆盖
衰退期	保本清仓	逐步降低	降价促销，回笼资金

6.5 本地化投放：入乡随俗是第一竞争力

前面讲的工具、素材、测试方法，都是”术”的层面。但做海外市场，还有一个更根本的东西——本地化。这是”道”的层面，搞不明白，再好的工具和方法也白搭。

我见过最勤奋的卖家，每天干到凌晨两三点，把国内爆火的文案翻译成英文、泰文、越南文，然后同时往好几个国家投。结果呢？赔得底掉。不是不努力，是方向错了。

为什么同样的内容，在国内能爆，到了海外就扑街？因为日本人的严谨、泰国人的幽默、巴西人的热情，对广告的需求完全不一样。你拿一套东西打天下，等于用中餐的口味去开西餐厅，做得再用心也不对味。

真正的本地化，绝不只是把文字翻译一下那么简单。它是一个系统工程，至少包括四个维度：

视觉本地化——不同文化对颜色、构图、风格的偏好差异巨大。东南亚人喜欢鲜艳、高饱和度的颜色，画面越热闹越好；日本人喜欢淡雅、留白、有高级感的色调，太花哨反而显得廉价；拉美人喜欢热情、奔放、有力量感的画面，配乐要嗨，节奏要快。

模特本地化——这一点很多人忽视。我们做过对比测试：同样的产品、同样的脚本，在越南用越南模特出镜，比用中国模特转化率高 1.5 倍。用户看到”自己人”在用这个产品，信任感天然就强。你想想，如果一个美国品牌在中国投广告，画面里全是金发碧眼的老外，你会觉得亲切吗？

支付习惯本地化——这直接关系到用户能不能顺利付钱。东南亚用户对在线支付的信任度很低，必须支持货到付款（COD，Cash on Delivery），否则转化率直接腰斩；拉美用户喜欢分期付款，你不给分期选项，他可能就不买了。这些不是营销问题，是基础设施问题，但很多人就是栽在这上面。

6.5.1 六大市场黄金投放时间表

本地化还有一个很容易被忽视的维度：时间。

不同国家的人，生活节奏和作息习惯差别很大。你在错误的时间投广告，就像在凌晨三点给客户打推销电话——钱花了，人也得罪了。

下面这张表是我们烧了 100 多万美金测出来的黄金时段，每个数据背后都是真金白银的教训。建议直接收藏，少走弯路：

市场	黄金时段（当地时间）	特点
越南	19:00 - 22:00	下班早，晚饭后是购物高峰。
泰国	18:00 - 21:00	每月 1 号、15 号发工资日，预算翻倍投。
印尼	20:00 - 23:00	斋月期间，晚上开斋后是爆单期。
日本	21:00 - 23:00	加班文化盛行，深夜才是属于自己的时间。
墨西哥	20:00 - 23:00	圣诞节前半个月是全年的"大金矿"。
巴西	21:00 - 01:00	睡得晚，刷手机频率极高。

表里有几个细节值得多说两句。泰国的"发薪日效应"特别明显——每月 1 号和 15 号是大多数公司的发薪日，这两天用户的购买力和购买意愿会突然飙升，我们通常会把预算翻倍。印尼的斋月更有意思：白天穆斯林不能吃东西，晚上开斋之后才开始活跃，那个时间段的流量质量特别高，因为大家都在刷手机消遣。

说到本地化的威力，我讲一个日本市场的案例。

我们有一款 60 美金的蓝牙耳机，在东南亚卖得很吃力——价格太高，当地用户觉得贵。但我们判断这款产品在日本有戏，因为日本消费者愿意为品质付费。

问题是怎么打动日本人？我们研究了很久，发现日本用户对"匠人精神"有执念。于是我们重新做了一套素材：不拼价格、不喊促销，走极简风，慢镜头展示产品细节，强调材质、工艺、设计理念。配乐也换成了安静的钢琴曲，整体调性往"高级感"上靠。

结果呢？CVR 达到 8%，比我们在东南亚的 5% 均值高出不少，ROI 稳定在 1:3 左右，而且复购率极高。很多日本用户买了一副自己用，过段时间又来买一副送人。

这个案例给我最大的启发是：日本人不差钱，他们差的是对你产品的信心。你得用他们信任的方式去沟通，让他们相信这个东西值这个价。

说完成功案例，再说个踩坑的教训。

有一次我们在印尼投广告，用了一个穿吊带衫的模特。在中国、在泰国，这完全没问题，但在印尼——广告直接被封了。印尼是穆斯林国家，对着装有严格要求，我们的素材触犯了当地宗教禁忌。钱白花了不说，账号还被警告。

所以我说，本地化不只是营销策略，更是尊重。你尊重当地的文化、宗教、习俗，用户才会尊重你的品牌。

6.6 付费推广的 10 条铁律

讲了这么多方法论、案例、数据，最后我想把这几年的投放经验浓缩成 10 条铁律。这些话听起来简单，但每一条背后都是真金白银买来的教训。

第一，测试大于猜测。很多人喜欢凭感觉拍脑袋，觉得”这个人群应该行”“那个素材肯定爆”。但市场永远比你聪明，你猜对的概率远低于你以为的。正确的做法是拿出 10% 的预算去试错，用数据验证假设，然后把剩下的 90% 砸向已验证的方向。

第二，素材是核心。这一点我前面反复强调，再说一遍：好素材和烂素材，成本能差 10 倍。同样 1000 块预算，好素材能给你带来 100 个客户，烂素材可能只有 10 个。在素材上省钱，是最大的浪费。

第三，数据不撒谎。很多人看到 GMV 涨了就高兴得不行，其实 GMV 只是”虚荣指标”。你得看 ROI、看毛利润、看扣完所有成本之后口袋里还剩多少钱。有些团队 GMV 做得很漂亮，一算账其实在亏钱——这种热闹，不要也罢。

第四，受众定生死。再好的广告，发给不需要的人，也是骚扰。一个卖婴儿奶粉的广告推给单身年轻人，除了浪费预算，还可能被用户举报。找对人，比说对话更重要。

第五，本地化无上限。细节做得越深，护城河就越宽。别人只是翻译了文案，你连模特、背景、配乐、支付方式都做了本地化——用户能感受到这种诚意，竞争对手很难追上来。

第六，动态优化。今天的爆款，可能明天就失灵。用户会审美疲劳，竞争对手会模仿抄袭，平台算法也在不断调整。你不能指望一套素材吃一年，必须每天盯后台、每周迭代素材。

第七，全链路思考。投流只是流量入口，用户点了广告之后还有一长串环节：落地页加载、商品详情页、支付流程……任何一个环节卡壳，前面的投入全白费。很多时候投流效果差，锅不在广告本身，而在落地页太慢、支付不顺。

第八，失败是学费。亏钱不可怕，可怕的是亏了钱什么都没学到。每一次测试失败，都要复盘、记录、总结：为什么失败？下次怎么避免？这些经验才是你最宝贵的资产。

第九，不要贪多。很多人一上来就想同时打 5 个国家，结果哪个都打不透。先把一个市场跑通，搞明白这个市场的玩法，然后再复制到下一个。贪多嚼不烂，这话永远不过时。

第十，投流是投资，不是花钱。会投流的人，是用钱在换钱——投 1 块进去，能拿 3 块、5 块出来。不会投流的人，是在”花钱买教训”。区别在于你有没有把投流当成一门手艺去打磨。

6.6.1 广告审核”必死项”（风控红线）

说完正面的方法论，也得提醒一下反面的红线。TikTok 的审核机制非常严格，而且是全球统一标准加上各地区特殊要求，一不小心就会踩雷。违规的后果不只是广告被拒、钱白花，严重的会导致账号永久封禁、广告主体被拉黑——到那时候，你换个马甲重开都难。

以下几条是”必死项”，碰都不要碰：

虚假承诺——严禁出现”100% 治愈”“1 天变瘦”“永不反弹”这类极端词汇。平台对这类内容零容忍，因为一旦出了问题，用户投诉的是平台。你可以说”使用后效果明显”，但不能承诺”一定有效”。

侵权行为——严禁直接抓取他人视频或使用未经授权的明星肖像、音乐。很多人觉得”东南亚管得松”，其实不是管得松，是还没查到你。一旦被举报，轻则下架，重则封号索赔。

敏感部位——美妆、内衣、健身类广告要特别注意，不能大尺度特写敏感部位。有些画面在你看来是”展示效果”，在审核眼里就是”擦边球”。尤其是投放穆斯林国家，尺度要更加保守。

违规支付——严禁引导用户去站外私下打款，比如加微信转账、PayPal 私付。所有交易必须走 TikTok 的合规链路，平台要抽佣、要合规、要保障用户权益，你绕开平台等于触犯它的核心利益。

6.7 投流手的每日工作 SOP

理论讲完了，最后落到实操层面：一个合格的投流手，每天到底该干什么？

很多人觉得投流是”技术活”，设好参数就等着收钱。其实投流更像是”盯盘”——股票交易员怎么盯大盘，投流手就怎么盯后台。你不能指望设完一次就躺赚，必须每天跟踪、每天调整、每天迭代。

下面是我们团队投流手的标准日程，想成为年薪百万的操盘手，先从死磕这份清单开始：

上午 9:00-10:00，看盘与止损。这是一天最重要的一个小时。打开后台，检查昨天全天的数据表现，重点看 ROI——亏损严重的计划立刻关停或降预算，不要心存幻想。同时检查账户余额，确保广告费没断粮。很多人账户余额用完了还不知道，白白错过一整天的流量。

上午 10:00-12:00，测试与上新。这个时段用来上传新素材、开启 A/B 测试。每天至少上 2-3 个新素材，保持弹药充足。同时，针对 ROI 表现优秀的计划，可以小幅提速——注意是”小幅”，别一下子翻倍，要根据数据反馈逐步加，步子迈太大容易扯着蛋。

下午 2:00-4:00，沟通与协同。投流不是一个人的战斗，需要跟内容组、物流组、客服组紧密配合。这个时段用来同步物流回款数据，确认货到付款（COD）的签收率是否异常——如果签收率突然下降，可能是物流出了问题，也可能是引来的流量质量变差了。同时跟内容组反馈昨日爆款素材的特征，让他们照着样子再拍 10 个变体。

晚上 8:00-10:00，黄金档盯盘。东南亚和拉美市场进入黄金投放期，这是一天中流量最贵、竞争最激烈、也最容易出单的时段。这两个小时要实时观察消耗速度，看预算有没有跑偏、ROI 有没有异常。发现问题立刻调整，别等到第二天早上再后悔。

6.8 故障排查手册：投流手的急救指南

讲了这么多”怎么做对”，最后讲讲”出问题了怎么办”。

投放这件事，不可能永远一帆风顺。数据异常、计划跑飞、突然掉量……这些情况你一定会遇到。新手遇到问题容易慌，要么乱调一气把计划搞得更糟，要么干脆躺平等死。

这一节我整理了最常见的几种”故障”和对应的排查方法，相当于投流手的”急救手册”。遇到问题先别慌，对照这个清单一条条排查。

故障一：有钱花不出去

症状：预算设了 500 美金，跑了一天才花了 50 美金，计划就是跑不动。

可能原因及解决方案：

原因 1：人群太窄。你设置的受众标签太精准了，符合条件的用户太少，系统找不到人给你展示。→ 解决：放宽受众条件，先用宽泛人群跑 3 天，让系统自己去学习谁是你的客户。

原因 2：出价太低。你的出价比竞争对手低太多，在流量竞拍中抢不到位置。→ 解决：尝试提高出价（幅度因品类和竞争程度而异，可以先试着提 10%-20%），看能不能跑起来。如果提价后还是跑不动，说明问题不在出价。

原因 3：素材质量分太低。平台有一套内部评分系统，会给每个素材打分。质量分低的素材，系统不愿意给它流量，因为推出去用户不喜欢，会影响平台的用户体验。→ 解决：换素材。尤其是换一个更抓人的开头，开头 3 秒决定了素材的生死。

原因 4：账户问题。有时候不是计划的问题，是账户本身出了状况——比如余额不足、支付方式过期、账户被风控限流。→ 解决：检查账户状态，确保余额充足、支付方式正常、没有违规警告。

故障二：计划”跑飞”了

症状：一觉醒来，发现昨晚的计划把 500 美金预算全花光了，但转化只有两三单，ROI 惨不忍睹。

原因分析：这种情况通常发生在”不设上限”或”设了很高的日预算”的计划上。系统在某个时段突然找到了一批”愿意点击”的用户，但这些用户只是好奇，并不真正想买。系统不知道这些是”假流量”，继续猛投，结果钱花光了，单没成。

解决方案：

第一，设置合理的日预算和出价上限。别图省事设一个很高的数，要根据你能承受的最大亏损来设。比如你最多能接受亏 200 美金，日预算就设 200 美金。

第二，开启”成本保护”功能。TikTok 有一个功能叫 Cost Cap（成本上限），可以设置”每个转化最多花多少钱”。超过这个价，系统就会自动降速。

第三，分时段投放。把预算分散到不同时段，而不是让系统自己决定什么时候花。比如设置”晚上 7 点到 10 点投 60% 的预算，其他时间投 40%“。这样即使某个时段跑飞了，损失也是有限的。

第四，每天睡前检查一次。跑飞通常发生在深夜。养成习惯，睡前看一眼后台数据，如果发现异常，立刻暂停。

故障三：突然掉量

症状：前几天还好好的，每天稳定出单，突然有一天流量断崖式下跌，花同样的钱，展示量只有原来的十分之一。

可能原因及解决方案：

原因 1: 素材疲劳。同一批用户看你的广告看太多次了, 产生了”广告盲区”, 直接无视。平台检测到用户对你的素材不感兴趣了, 就减少给你的流量。→ 解决: 上新素材。不是小修小改, 是换一套完全不同的内容。

原因 2: 被跟卖了。你的产品被竞争对手发现了, 他们用更低的价格、更高的出价来抢你的流量。→ 解决: 检查竞品动态。如果确实被跟卖了, 要么降价迎战, 要么换一个竞争没那么激烈的产品。

原因 3: 平台算法调整。TikTok 的算法不是一成不变的, 它会不定期调整。有时候一次调整就会导致某些类型的内容流量下降。→ 解决: 这种情况你没法控制, 只能适应。多观察、多测试, 看看新的算法喜欢什么样的内容。

原因 4: 季节性因素。有些产品有明显的季节性。比如防晒霜在夏天卖得好, 冬天流量自然就少。→ 解决: 提前做好产品规划, 旺季来之前备好货, 淡季及时切换品类。

原因 5: 账户被限流。如果你之前有过违规记录, 或者投放内容打了擦边球, 平台可能会”悄悄”限制你的账户流量, 不通知你, 但就是不给你量。→ 解决: 首先检查账户是否有违规警告或处罚记录。如果有, 走正规申诉流程, 说明情况、提交整改措施。同时排查过去的素材, 把可能存在问题的内容下架或修改。平台对”知错就改”的商家通常会给机会, 但如果你试图通过注册新账号来规避处罚, 一旦被系统识别 (平台有关联账户检测机制), 可能导致更严重的封禁。合规经营才是长久之道。

故障四: ROI 突然下降

症状: 流量没变, 花的钱也没变, 但转化率突然下降, ROI 从 1:3 掉到 1:1.5。

可能原因及解决方案:

原因 1: 流量质量下降。虽然展示量没变, 但系统给你匹配的用户变了。可能之前是”精准用户”, 现在是”泛流量”。→ 解决: 检查受众报表, 看看最近进来的用户画像有没有变化。如果变了, 调整受众设置或换素材。

原因 2：竞争加剧。同品类的竞争对手变多了，用户有了更多选择，你的转化率自然就下降了。→ 解决：检查竞争环境。如果竞争确实加剧了，要么做差异化，要么降价，要么换一个没那么卷的市场。

原因 3：产品评价变差。如果你的产品在平台上的评价下降了（比如出现了差评、退货率上升），系统会降低给你的流量质量，因为它不想把"好用户"推给"差卖家"。→ 解决：检查商品评分和用户反馈。如果有差评，尽快处理；如果退货率高，检查产品质量和物流。

原因 4：落地页出问题。可能你的落地页被改了（比如价格调整、页面布局变化），用户进来后体验变差了。→ 解决：用自己的手机走一遍购买流程，看看有没有卡顿、加载慢、信息不清楚等问题。

故障五：广告被拒审

症状：素材上传后，一直显示"审核中"或直接被拒绝。

常见原因及解决方案：

被拒原因	具体表现	解决方法
夸大宣传	出现"最""第一""100%"等绝对化用语	改成"效果明显""广受好评"等相对表述
画面敏感	皮肤裸露过多、画面血腥、涉及敏感话题	重新拍摄，注意当地文化禁忌
侵权素材	使用了别人的视频、音乐、明星肖像	换成原创内容或有授权的素材
落地页不符	广告里说的和落地页展示的不一样	确保广告内容与落地页一致
缺少资质	某些品类需要特殊资质（如医疗、金融）	提交相关资质证明

如果你确定内容没问题但还是被拒，可以尝试申诉。TikTok 后台有申诉入口，说明情况后等待人工复审。有时候是机器审核误判，申诉成功率还是挺高的。

故障排查的核心心法

最后总结一下故障排查的心法：

第一，别慌。数据波动是正常的，不是每次波动都是"出问题了"。先观察 24-48 小时，看看是短期波动还是持续下滑。

第二，单变量排查。一次只查一个原因，不要同时改多个东西。比如你怀疑是素材问题，就只换素材，其他都不动。如果换完素材好了，说明确实是素材的锅；如果没好，再查下一个原因。

第三，记录复盘。每次故障都要记录下来：什么症状、什么原因、怎么解决的。时间长了，你会发现很多问题是重复出现的，有了记录就能快速定位。

第四，接受失败。不是所有问题都能解决。有些产品就是跑不起来，有些时候就是运气不好。与其死磕一个烂计划，不如果断放弃，把精力投入到下一个机会上。

本章小结

这一章的内容非常多，从智能投放工具到直播投流，从达人合作到故障排查，几乎覆盖了付费推广的方方面面。最后帮大家梳理一下核心框架。

付费推广这件事，说简单也简单，说复杂也复杂。简单在于，它的底层逻辑就是"花钱买流量，流量变销量"；复杂在于，从花钱到赚钱之间，有无数个环节可能出问题，每一个环节都需要精细化运营。

如果让我用几句话总结这一章：

工具层面：学会用 GMV MAX，让算法帮你找人；学会做 Spark Ads，借达人的力量破圈。

内容层面：素材是核心竞争力，不同品类要用不同打法，但"真实感"永远比"精美度"重要。

投放层面：短视频投流和直播投流是两套逻辑，直播投流需要投流手和主播配合默契。

策略层面：产品有生命周期，测款期、爬坡期、爆发期、衰退期，每个阶段的打法都不一样。

本地化层面：尊重当地文化，视觉、模特、支付、时间都要本地化，细节决定成败。

风控层面：知道什么能做，更要知道什么不能做。遇到故障别慌，按清单逐条排查。

做到这些，你就能在付费推广这条路上少走很多弯路。

核心术语表

术语	全称	大白话解释
ROI	Return on Investment	投入产出比。投1块钱能赚回几块钱。
GMV	Gross Merchandise Volume	交易总额。就是一共卖了多少钱。
CTR	Click Through Rate	点击率。看到的人里有多少人点了广告。
CVR	Conversion Rate	转化率。点了广告的人里有多少人买了单。
CPM	Cost Per Mille	千次展示成本。广告给一千个人看要花多少钱。
CPC	Cost Per Click	单次点击成本。一个人点一下要花多少钱。
COD	Cash on Delivery	货到付款。东南亚人民最爱的支付方式。
LSA	Live Shopping Ads	直播购物广告。专门给直播间引流的广告形式。
Spark Ads	-	原生内容加热。花钱推广达人的视频，借他的信任背书。
Cost Cap	-	成本上限。设置每个转化最多花多少钱，防止跑飞。

质量自检清单

读完这一章，花 5 分钟对照下面的清单给自己打个分。每打一个勾，说明你在这个环节已经及格了；还没打勾的，就是接下来需要重点突破的方向。

工具与素材 - [ ] 我是否已经开始使用 GMV MAX 工具？ - [ ] 我的视频素材前 3 秒是否足够吸引人？ - [ ] 我是否针对自己的品类（服装/3C/家居/美妆）使用了对应的素材方法论？ - [ ] 我是否有至少 3 套以上的替补素材，防止素材疲劳？

直播与达人 - [ ] 如果做直播，我和主播之间是否有配合暗号？ - [ ] 我是否尝试过 Spark Ads，借达人内容获取流量？ - [ ] 我选择达人视频时，是否优先看评论区的购买意向？

投放策略 - [ ] 我是否在黄金时段进行投放？ - [ ] 我是否根据产品生命周期调整投放策略？ - [ ] 我的日预算和出价上限是否设置合理，防止”跑飞”？

本地化与合规 - [ ] 我的落地页加载速度是否快于 3 秒？ - [ ] 我是否针对不同市场使用了本地化模特和背景？ - [ ] 我的素材是否避开了所有审核”必死项”？

财务健康 - [ ] 我的 ROI 是否覆盖了物流和货值成本？ - [ ] 我的付费流量占比是否控制在 70% 以下？

最后再强调一遍：付费推广不是简单的”砸钱”，是”算数”。每一分钱花出去之前，你得想清楚它能带回来多少；每一分钱花出去之后，你得追踪它到底带回来了多少。把账算清楚了，钱自然就进来了。

好了，理论讲完了，剩下的就是干。兄弟们，开搞！

第三部分：运营管理与风险控制

第七章：人心博弈——把”流量”变成”留量”的客服体系

2024 年 12 月的一个深夜，我接到一个老朋友的电话。

电话那头，他的声音带着疲惫和困惑："孤狼，我做不下去了。这几个月亏了二三十万美金，我想不通到底哪里出了问题。"

这位朋友是印尼市场的早期玩家，选品眼光毒辣，内容团队也够拼。巅峰时期月 GMV 做到四五十万美金，在雅加达的圈子里小有名气。

我问他："退货率多少?"

他沉默了几秒："大概……12% 到 15% 吧。"

"店铺评分呢?"

"跌到 3.5 以下了。"

我叹了口气。我知道问题出在哪了。

后来我去看了他的后台。问题很清楚：他只配了 2 个远程中文客服，靠谷歌翻译回复印尼用户的消息。用户问”Kapan dikirim”（什么时候发货），客服回复”Please wait”。用户追问物流单号，客服复制粘贴一个查询链接，连一句解释都没有。

在印尼市场，用户期待的是像朋友一样的聊天，得到的却是冷冰冰的机器回复。

更致命的是，当批量退货潮来临时，他的客服团队完全应付不过来。有用户在 TikTok 发视频吐槽，评论区几十人跟风，他们甚至没有发现这条视频的存在——等发现时，店铺评分已经崩了，平台流量断崖式下跌。

三个月后，这位朋友退出了印尼市场。

我讲这个故事，不是为了吓唬你，而是想让你明白一个很多人忽视的真相：

在 TikTok 出海这场游戏里，前线打仗的是投手和主播，但决定这场仗能不能守住果实的，是躲在屏幕后面的客服。

很多人把 90% 的精力花在研究算法、素材和选品上——这些都很重要，但它们解决的是”把用户引进来”的问题。而客服解决的，是”把用户留下来”的问题。

流量是攻城略地，客服是安抚民心。城池攻下来了，民心没稳住，这城早晚得丢。

反过来的例子也有。我认识一个越南本地卖家，产品说实话很一般，但客服做得特别扎实——每个用户的偏好都记在本子上，收货后主动问体验，有问题二话不说先补偿。结果复购率能做到 35% 以上，同样的利润，他赚得比别人稳得多。

这就是差距。赢在流量，死在客服；活在客服，赢在口碑。

这一章，我们不只是聊”怎么回复消息”这种基础操作。我们要聊的是：如何在屏幕背后打一场跨文化的心理博弈，如何用一句话化解美国大妈的暴怒，如何用一个表情包让泰国小妹成为你的铁粉，如何让那些原本要给你差评的人，最后变成你品牌的死忠。

7.1 跨文化客服体系：不只是翻译，而是”换脑子”

【场景引入】

2024 年双 11，我有个做美国市场的朋友，卖智能手表。产品在亚马逊上一搜一大把，没什么独特卖点。但他有个绝活：他招了三个菲律宾客服，覆盖美国用户的活跃时段，不仅英语流利，而且非常有温度。

有个美国用户半夜下单，发现尺寸选错了。按正常流程，订单已经进入打包环节，改不了。但客服主动联系仓库，在包裹发出前 5 分钟帮他拦截并修改了订单。

用户感动坏了。他在 TikTok 发了一条视频，专门夸这家店的售后服务。那条视频获得了几百万播放，带来了远超预期的订单量。

一个客服的主动行为，换来的回报可能是成本的几十甚至上百倍。当然，这是个案，不是每次都能复现，但它说明了一个道理：客服的价值上限，远比你想象的高。

这就是我要告诉你的核心认知：客服不是成本中心，是利润中心；不是负担，是武器。

但问题来了：怎么才能打造出这样的客服团队？

答案是两个字：分层。

7.1.1 客服团队的三层架构

很多人问我，客服团队应该怎么搭？几个人够？要不要本地化？

我的答案是：这取决于你的 GMV 规模和目标市场，但架构逻辑是通用的——分层处理，各司其职。

这是我们花了两年时间、试错了几十种方案后总结出的最优解：

第一层：智能客服（AI + 自动化）

这是你的第一道防线，成本最低、效率最高。

维度	说明
核心功能	处理常见问题（FAQ）、自动回复、订单状态查询、物流跟踪
覆盖率	成熟店铺经过持续训练后，通常可处理 40-60% 的常见咨询；新店 FAQ 不全时，初期可能只有 20-30%，需要持续迭代
月成本参考	基础版 50-100 美元，进阶版 200-400 美元（取决于工具和调用量）
工具选择	TikTok Shop 自带的自动回复、第三方客服工具（如 Gorgias、Tidio）、或基于 ChatGPT API 自建

⚠ 关键提醒：AI 客服的命中率取决于你的 FAQ 库质量。新店刚开始 FAQ 不全，AI 会经常答非所问，反而惹恼用户。建议先用人工积累 100-200 个高频问题后，再逐步切换到 AI。

话术示范——让 AI 像人一样说话：

场景	冷冰冰的回复	有温度的回复
查物流	Your order is being processed.	Hi! Your order is on its way It should arrive by Friday. I’ ll keep you posted!
催发货	Please wait for shipment notification.	Got it! We’ re packing your order right now. You’ ll get a tracking number within 24 hours, promise!

第二层：一线人工客服（处理复杂咨询 + 销售转化）

这是你的主力军。他们不只是”回答问题”，更重要的是把咨询变成订单。

维度	说明
核心职责	处理 AI 无法解决的复杂问题、投诉处理、产品推荐、追单转化
在线时长	覆盖目标市场的主要活跃时段（通常 8-12 小时）
核心能力	语言能力 + 销售意识 + 同理心
考核重点	不只看满意度，还要看”追单转化率”和”客单价提升率”

什么是”追单转化率”?

用户咨询了但没下单，客服能不能追回来？这是很多人忽略的金矿。

我们统计过，优秀客服的追单转化率能做到 15-25%（取决于品类和客单价），普通客服只有 3-5%。同样 100 个咨询，优秀客服能多成交 10-20 单。这个差距，直接体现在你的 GMV 里。

第三层：高级客服/客服主管（危机处理 + 质量管控）

这是你的”救火队长”，专门处理棘手问题。

维度	说明
核心职责	重大投诉处理、差评/舆情危机公关、客服质量监控、团队培训
响应要求	严重问题必须在 10-30 分钟内介入
权限范围	可突破常规补偿上限（需明确审批机制）

实战案例：小成本换来大回报的危机逆转

▸ 背景：2024 年初，一个有一定粉丝量的用户在 TikTok 吐槽我们的产品有瑕疵，评论区开始有人跟风。▸ 危机：如果不处理，差评会持续发酵，店铺评分和流量都会受影响。▸ 处理：客服主管快速介入，私信提供”全额退款 + 补发升级款 + 手写道歉信”的超预期方案，旧品不用退。▸ 结果：用户被诚意打动，自发拍了第二个视频夸我们售后好。这条”反转视频”获得了可观的播放量，带动了一波订单增长。▸ 成本：不到 100 美元（产品成本+运费）。回报：远超成本的 GMV 增量，以及无价的品牌口碑。▸ 关键洞察：危机处理得好，信任度反而比没出事时更高。具体回报取决于用户的影响力和内容传播度，但这种”小投入博大回报”的机会值得把握。

7.1.2 不同市场的”情绪密码”：文化适配指南

这是很多人做客服时最容易忽视的维度：不同文化背景的用户，期待的服务方式完全不同。

你用对待美国用户的方式对待日本用户，会显得太随意；你用对待日本用户的方式对待美国用户，会显得太啰嗦。

这张表是我们踩了无数坑后总结出来的”文化适配指南”：

市场	常见用户倾向（非绝对）	服务风格建议	常见雷区
美国	多数用户偏务实、直接、重效率	快速给方案，少说废话，补偿要实在（优惠券、退款）	过度客套或绕弯子，容易被认为敷衍
英国/欧洲	普遍注重礼貌和专业度，但不喜欢过度热情	语气正式但不冷漠，强调流程和政策的合理性	美式的过度热情（“OMG so sorry!”）可能显得不专业
日本	普遍在意细节和礼貌，对服务标准要求高	高礼仪服务姿态，道歉要诚恳，细节（如包装）很重要	任何让用户感到被怠慢的细节，包括语气词选择
东南亚	多数用户价格敏感，偏好亲切随和的沟通	像朋友一样聊天，适当用表情包，语气亲切	太官方、太机械的回复，会拉开距离感
中东	较重视尊重和面子，部分用户喜欢议价	给足面子，适当留有协商空间	一口回绝、不给台阶
拉美	普遍热情，注重情感连接	热情回应，适当的闲聊会拉近距离	太冷冰冰，或对时效承诺过于刚性

⚠ 重要说明：以上是我们在实践中观察到的常见倾向，不代表所有用户都是如此。每个市场内部也有很大差异，建议结合你的实际用户反馈不断调整。

场景示范——同样是”物流延误”，不同市场怎么回复?

市场	回复示范
美国	“Hi! Apologies for the delay. Your package is now in transit and will arrive by [date]. As a thank-you for your patience, here’s a 15% off code for your next order: [CODE].”
日本	“この度は配送の遅延により、大変ご迷惑をおかけし誠に申し訳ございません。現在お荷物は配送中で、[日付]までにお届けの予定です。お詫びとして、次回ご利用いただける 15% 割引クーポンをお送りいたします。”
泰国	“ขอโทษนะคะ ของดีเลย์หน่อยค่ะ ตอนนี้กำลังส่งอยู่แล้วนะคะ น่าจะถึงประมาณ [วันที่] ค่ะ ขอมอบส่วนลด 15% ให้เป็นการขอโทษนะคะ ”

关键洞察：客服本地化不只是”语言翻译”，而是”思维方式”的切换。同样的意思，用不同的表达方式，效果天差地别。

7.1.3 全球化时区覆盖：成本与效率的平衡

做全球生意，时区覆盖是硬伤。用户凌晨 3 点发消息，你早上 9 点才回复，黄花菜都凉了。

但 24 小时覆盖成本太高，怎么平衡?

核心原则：抓住”黄金时段”，其他时段用 AI 兜底。

市场	用户活跃高峰（当地时间）	建议覆盖时段	团队配置建议
美国	晚 7-11 点，周末全天	9:00-23:00（美东时间）	菲律宾团队（英语流利、时区接近、性价比高）
欧洲	晚 6-10 点	9:00-21:00（欧洲中部时间）	东欧兼职（波兰、乌克兰，部分人具备 2-3 语种能力）
东南亚	晚 8-11 点，午休时段	10:00-23:00	本地团队（越南、马来西亚、印尼本地人）
日本	晚 9-12 点，通勤时段	8:00-24:00	日语专业客服（可用中国日语专业毕业生）

成本控制技巧：

1. 错峰排班：高峰时段多排人（3-4 人），低谷时段少排人（1 人+AI），不要平均分配。
2. 多市场复用：英语客服可以同时服务美、英、澳、加四个市场，不需要每个国家单独招人。
3. 兼职+全职混合：高峰时段用全职，边缘时段用兼职，控制固定成本。

客服成本预算参考（按 GMV 规模）

这张表是我们在东南亚和欧美市场的实际数据，仅供参考。不同品类、客单价、咨询密度会有较大差异：

月 GMV 规模	AI 客服	人工客服	主管	月总成本	占 GMV 比例
$10,000	$50	$400-600（1人兼职）	无（自己兼）	$450-650	4.5-6.5%
$50,000	$150	$1,800-2,500（2-3 人）	$600-800	$2,550-3,450	5-7%
$100,000	$250	$3,500-5,000（4-6 人）	$1,200-1,500	$4,950-6,750	5-6.7%
$300,000+	$300	$8,000-12,000（8-12 人）	$2,500-4,000	$10,800-16,300	3.6-5.4%

⚠ 重要说明：- 刚起步时客服成本占比会偏高（5-7%），这是正常的，不要为了省钱砍客服。- 规模上去后，占比会自然下降到 3-5%，这是规模效应。- 以上数据基于中等客单价（$30-80）的快消品类，高客单/低客单会有差异。

7.1.4 客服招聘：去哪找人，怎么避坑

地区	推荐招聘渠道	月薪参考（美元）	核心注意事项
菲律宾	OnlineJobs.ph、Upwork	$400-800	必须视频面试验证口语，南部口音偏重；建议先试用 2 周再转正
越南	ITviec、VietnamWorks	$350-550	英语能力需单独测试，本地语客服性价比极高
马来西亚	JobStreet、LinkedIn	$500-800	华人多，中英双语能力强，适合管理东南亚多国
东欧	Upwork、LinkedIn	$700-1,100	部分人具备多语种能力，适合欧洲市场
墨西哥	Indeed Mexico、Computrabajo	$600-900	西语母语，适合美国西语用户群

招聘避坑技巧：- 不要只看简历，一定要视频面试，测试真实口语水平和反应速度。 - 先发短期任务（1-2 周），表现好再签长期合同，降低招错人的风险。 - 明确 KPI 和考核标准再招人，不要招进来才发现期望不一致。

7.1.5 客服绩效考核：怎么定 KPI 才能让人拼命干

招到人只是开始，怎么考核才是关键。

很多老板设 KPI 就只看”满意度”，这太粗了。满意度高不代表能帮你赚钱，客服的价值应该体现在转化率和客户终身价值上。

客服 KPI 考核体系（参考）

以下指标适用于中高客单价（$30 以上）、咨询密度中等的店铺。低客单/高频低价品类的基准通常会低一些，建议根据自身数据调整：

指标	权重	达标区间	优秀区间	说明
首次响应时间	15%	3-5 分钟	≤2 分钟	用户等待越久，流失概率越高；但追求≤1 分钟对小团队不现实
平均响应时间	10%	3-8 分钟	≤3 分钟	对话过程中的响应速度
一次解决率	20%	70-80%	≥85%	一次对话解决问题，不需要用户反复追问
客户满意度（CSAT）	20%	4.0-4.3 分	≥4.5 分	5 分制，不同品类/市场基准差异大
追单转化率	20%	5-10%	10-20%	咨询未下单用户的追回比例，取决于品类和客单价
客单价提升率	15%	3-8%	8-15%	通过推荐、组合销售提

⚠ 注意：- 以上数据基于我们在快消品类的经验，仅供参考。- 不同品类差异很大：高客单耐用品的追单转化率可能更高，低客单快消品的响应时间要求更严。- 建议先跑 1-2 个月数据，摸清自己的基线，再设定合理目标。

激励机制设计：

光有 KPI 没奖金，等于白搭。我们的激励方案：

- 基础工资：占 70%，保障稳定性
- 绩效奖金：占 20%，按 KPI 达成率发放
- 超额提成：占 10%，追单成功的订单按 0.5-1.5% 提成

管理心得：不要只惩罚不奖励。我见过有老板扣得狠、奖得少，结果优秀客服全跑了，留下的都是混日子的。好客服是靠奖出来的，不是靠罚出来的。

7.1.6 FAQ 话术库：从”被动回答”到”主动成交”

很多人搞 FAQ 就是列一堆标准答案，这没用。好的 FAQ 是用来把”咨询”变成”订单”的。

核心原则：每一次回复，都是一次微型销售。

问题场景	错误做法	正确示范
尺码咨询	“请参考详情页尺码表。”	“根据您的身高体重，L码应该最合适。L码稍微修身，如果您喜欢宽松一点可以选XL。您平时喜欢哪种风格？我帮您推荐~”
发货查询	“订单处理中，请耐心等待。”	“亲，已经在打包了！预计今天下午发货。我看您在洛杉矶，预计5-7天能到，下周就能收到啦！有任何问题随时找我~”
支付失败	“请检查您的银行卡余额。”	“哎呀，没付成功太可惜了！通常是银行风控拦截，您可以试试PayPal或者换张卡。需要的话，我可以帮您申请一个5%的补单优惠券~”
犹豫不下单	（不回复，等用户自己决定）	“我看您刚才在看这款，有什么顾虑吗？如果是担心尺码，我们支持免费换货哦。现在下单还能赶上这周的促销价~”

⚠ 话术禁忌：永远不要对用户说”不行””没办法””做不到”。如果真的做不到，也要换一种说法：“这个确实有点难，但我帮您想想有没有其他方案……”

7.1.7 简易 CRM：花小钱记住每个客户

很多人问我，CRM 系统要不要花大钱买？

我的建议：刚起步用免费工具就够了，等月 GMV 过了 10 万美金再考虑专业系统。

工具	成本	适用阶段	优缺点
Google Sheets	免费	GMV<$20,000	够用、简单，多人协作时容易乱
Notion	免费/低价	GMV<$50,000	界面好看、可协作，学习成本稍高
Airtable	免费/低价	GMV<$100,000	功能强大，可与其他工具联动
HubSpot CRM	免费版够用	任意规模	专业级，免费版已够中小卖家用

CRM 必记字段：

字段	为什么重要	示例
客户 ID/邮箱	唯一标识	john@gmail.com
累计购买次数	识别 VIP	6 次
累计消费金额	判断客户价值	$580
最近购买日期	判断活跃度	2024-11-15
偏好品类/尺码	精准推荐	运动手表、L 码
特殊备注	服务个性化	喜欢黑色、送货地址常变
投诉记录	预警风险	2024-10 曾投诉物流延误

实操技巧：每次客服对话结束后，花 10 秒更新一下备注。三个月后你会发现这些备注值千金——客服能直接喊出用户名、记得他上次买了什么、知道他的偏好。这种”被记住”的感觉，是让用户成为铁粉的秘诀。

7.2 售后服务：把”退货”变成”第二次成交”

【场景引入】

我见过两个极端。

一个朋友为了降低退货率，搞了极其严苛的政策：必须提供质检报告、运费自理、还要扣 20% 手续费。结果用户一看这政策，根本不敢下单——万一不合适呢？转化率直接腰斩。

另一个朋友走另一个极端，搞”无理由退货、运费全包”。结果在低客单价品类被羊毛党薅得倾家荡产——有人买了穿一次就退，有人专门找瑕疵骗退款。

两个极端都是死。我的原则是：政策要清晰，执行要灵活。

7.2.1 退换货处理：标准化流程 + 差异化执行

不要把退货看成损失，要把退货看成第二次营销的机会。

处理得好，退货用户可能变成复购用户；处理得差，他会去社交媒体骂你。

标准退换货流程：

步骤	目标时限（工作日）	执行要点
① 快速响应	尽快，目标≤4 小时	收到申请后尽快回复，不要让用户在焦虑中等待
② 了解原因	-	先倾听，不要急着辩解；搞清楚是质量问题、尺码问题还是单纯不喜欢
③ 提供方案	-	不要只给”退”或”不退”，给用户 2-3 个选择
④ 快速执行	目标≤48 小时	方案确定后尽快执行，退款/补发不要拖；具体时效以平台规则为准
⑤ 跟进反馈	结束后 1-2 天	处理完后询问是否满意，顺便引导好评

说明：以上是目标时限，实际执行要结合团队规模、时区、平台政策灵活调整。核心原则是”快”，但不要为了追求数字而牺牲处理质量。

退货原因 × 处理方案 对照表：

退货原因	费用承担	补偿方案	备注
质量问题/描述不符	卖家承担全部	全额退款 + 15-20% 补单券	是我们的错，必须大方
尺码不合适	协商（建议卖家承担）	全额退款或免费换尺码	尤其新客户，首单体验最重要
单纯不喜欢	用户承担运费	全额退款 + 小额长期券	政策明确，但态度要好
超期/已使用/疑似恶意	用户承担	视情况协商	礼貌但坚定，保留证据

实战案例：小成本换来的老客户维护

▸ 背景：2024 年黑五，一名美国老客户医为尺码不合申请退货，货值 200 多美元。▸ 情况：该用户历史购买多次，是核心 VIP。按政策需用户承担约 30 美元运费。▸ 决策：我们主动免除了运费，额外赠送优惠券，同时客服视频演示了如何测量尺寸。▸ 结果：该用户当天重下了订单，并在社交媒体上主动推荐我们。▸ 关键洞察：对优质老客户，规则是用来打破的。几十美元的成本，换来的是客户终身价值和口碑传播。具体回报因人而异，但这种"以小博大"的投入是值得的。

实战案例：如何礼貌但坚定地拒绝恶意退货

▸ 背景：2024 年 9 月，某用户购买衣服 10 天后申请退货，理由是"洗后缩水"。▸ 疑点：照片模糊且有明显穿着痕迹，超过 7 天退货期，疑似薅羊毛。▸ 回复："感谢您的反馈，我们非常重视每一位客户的体验。根据我们的退货政策，7 天内未使用的商品可以退货。您的情况已超过退货期限，且商品已使用，暂时无法直接退货。如果您认为是质量问题，麻烦提供更清晰的照片，我们会重新评估并给您一个满意的答复。" ▸ 结果：用户未再纠缠，无差评产生。 ▸ 关键洞察：对真实客户要大方，对恶意薅羊毛要坚决。分寸拿捏的关键是：证据链是否完整。

7.2.2 物流焦虑心理学：为什么用户总在问"到哪了"

你有没有发现，客服收到最多的问题就是"我的包裹到哪了"?

这背后是一个心理学现象：不确定性焦虑。

用户在 TikTok 下单，往往是冲动消费。下单时期待值拉满，然后开始漫长的等待。这个等待过程中，用户的情绪会经历几个阶段：

阶段	用户心理	你应该做的
下单后 1 小时	兴奋 → 开始焦虑"会不会被骗"	立即发送订单确认，告知预计送达时间
第 1-2 天	反复查物流，显示"未揽收"更焦虑	揽收后立即推送物流单号和查询链接
第 3-7 天	每天查一次，物流信息不更新就烦躁	关键节点（出库、到达目的国）主动推送
临近送达	期待值再次拉满	提醒用户留意电话，避免快递员联系不上
签收后	开箱验货，有任何不满会放大	签收后 6-24 小时内询问是否满意

物流跟踪的主动推送清单：

- ☐ 下单后 15 分钟：确认订单，告知预计送达时间
- ☐ 揽收后：发送物流单号 + 实时查询链接
- ☐ 到达目的国/城市：提醒用户留意电话
- ☐ 签收后 6-24 小时：确认收到，询问是否满意，引导好评

转化技巧：在签收提醒里加一句："如果您喜欢这款产品，发一条开箱视频@我们，下一单直接 8 折！"这招在拉新和内容获取上屡试不爽。

7.2.3 物流异常处理：不推卸、不扯皮、先安抚

物流延误、丢件、破损是跨境电商的常态。你控制不了物流公司，但你能控制用户的情绪。

处理原则：先安抚用户，再去跟物流公司算账。

异常类型	处理标准	补偿参考（按客单价调整）
延误超 48 小时	主动联系用户解释原因，提供预计送达时间	订单金额的 5-10% 优惠券，或 $5-15 固定券
确认丢件	立即重发（优先加急物流）或全额退款，用户自选	额外赠送订单金额 10-15% 的补偿券
产品破损	用户提供照片确认后，免退货直接补发	额外赠送小礼品或订单金额 10-20% 的券

补偿原则：补偿金额建议与客单价/毛利率挂钩，而不是固定金额。高客单品类可以给更大额的券（用户感知强），低客单品类按比例给（控制成本）。

⚠ 我们踩过的坑：以前丢件了我们会先跟物流公司扯皮，等物流公司赔了再给用户补发。结果用户等不及直接去平台投诉，店铺评分被扣惨了。记住：用户的时间比物流公司的赔款更重要。先解决用户问题，再找物流公司索赔。

7.2.4 各市场物流商选择参考

选错物流商，轻则多花钱，重则丢单丢客户。

这张表是我们的实际使用经验，仅供参考。物流价格会随货量、时间、政策变化，建议多家比价：

市场	常用物流商	参考时效（天）	核心注意事项
美国	UPS、USPS、FedEx、云途、燕文	7-15	USPS 性价比高但时效不稳；旺季建议备选 2 家
英国	Royal Mail、DPD、Hermes	10-18	关税政策严格，注意申报价值
印尼	J&T Express、SiCepat、Anteraja	3-7	J&T 覆盖最广含偏远岛屿；必须支持 COD
越南	Giao Hàng Nhanh、Viettel Post	2-5	GHN 城市快；Viettel 农村覆盖好
泰国	Flash Express、Kerry Express	2-4	Flash 便宜；Kerry 服务好
马来西亚	J&T、Pos Laju、Ninja Van	3-5	J&T 性价比高

⚠ 东南亚特别提醒：- COD（货到付款）是刚需，占订单 50-70%。选物流商必须确认支持 COD，手续费通常 2-4%。- 不要只看报价，要看妥投率。有些物流商便宜但丢件率高，算上赔付成本反而更贵。- 建议前期同时用 2-3 家物流商，跑一个月数据再决定主力。

7.3 危机公关与口碑管理

【场景引入】

在 TikTok 时代，用户的声音被无限放大。

一条差评视频可能毁掉你三个月的努力——我见过有店铺因为一条 50 万播放的吐槽视频，三天内评分从 4.8 跌到 3.9，流量断崖式下跌。

但反过来，处理好了，一次危机也能变成爆单的机遇。

我的客诉处理原则：快、诚、超。

· 快：响应要快，不能让情绪发酵
· 诚：态度要诚，不找借口不推卸
· 超：方案要超预期，让用户觉得”赚了”

7.3.1 危机分级与响应机制

不同严重程度的问题，处理人和响应时间必须不同。

危机等级	场景举例	响应时限	处理人	处理权限
普通	尺码咨询、物流查询、使用问题	≤2 小时	一线客服	常规处理，补偿≤$15
中等	产品瑕疵、延误超 48H、首次投诉	≤30 分钟	高级客服	可补发/退款，补偿≤$40
严重	差评视频、社媒 @品牌、二次投诉	≤10 分钟	客服主管	可突破常规上限，需记录审批
公关级	网红/KOL 曝光、大量跟风差评	立即	老板/合伙人	全力止损，成本后算

⚠ 铁律：不要让一线客服处理严重问题。我见过客服为了省事直接拒绝用户，结果用户发视频曝光，一条差评毁了三个月的努力。严重问题必须升级，这是死规定。

7.3.2 危机公关六步法

当你在评论区看到”骗子”“垃圾”“再也不买”这种字眼时，不要慌，按这六步走：

① 倾听——不反驳、不删除

在评论下方公开回复：“非常抱歉给您带来了不好的体验，我已经私信您了，一定负责到底。”

为什么要公开回复？因为其他用户在看。他们想知道你是那种遇到问题就跑路的卖家，还是负责任的品牌。

② 共情——先处理情绪，再处理问题

私聊第一句话不要急着解释或给方案，先共情：“如果我是您，收到这样的产品我也会很生气。这是我们的失职，真的很抱歉。”

③ 承认——大方认错，不找借口

不要说”可能是物流的问题”“可能是您操作不当”。哪怕真的不是你的错，这时候也不是辩解的时候。

④ 方案——给选择权，而不是命令

“我们可以给您三个方案：A）全额退款；B）重新发一件，旧的不用退；C）退一半的钱，产品您留着。您看哪个更合适?”

给用户选择权，让他觉得自己在掌控局面。

⑤ 补偿——超出预期

无论用户选哪个方案，额外给一张补偿券。让用户觉得”赚了”，而不是”勉强接受”。

⑥ 跟进——请求更新

问题解决后，礼貌地请求用户更新评论或视频：“如果您觉得我们的处理还可以，能否帮忙更新一下评论呢？这对我们小店真的很重要　　”

大多数用户会同意。有些用户还会专门发一条”反转视频”夸你。

7.3.3 负面评价的另一面：差评也能是资产

这是一个反直觉的观点：在评价数量足够多、差评占比低的前提下，被妥善处理的差评，反而能提高用户信任度。

为什么？因为全是五星好评的店铺，用户会怀疑是刷的。

但如果用户看到：有人给了差评 → 卖家认真回复并解决了 → 差评用户更新说”问题已解决，服务态度很好”

这反而比 100 条五星好评更有说服力。它证明了：这家店遇到问题会负责。

当然，这有个前提：你的好评基数要够大，差评占比要低（通常 <5%）。如果差评太多，那就不是”展示服务态度”了，而是”劝退用户”。

所以，不要把差评当敌人。把它当成展示你服务态度的舞台——前提是你有能力把它处理好。

7.3.4 社交媒体监控：别等火烧到门口才发现

你必须实时监控关于你品牌的讨论。等用户来找你投诉，往往已经晚了——他可能已经发了视频、写了差评。

监控什么：

- 品牌名 + “scam”（骗子）
- 品牌名 + “fake”（假货）
- 品牌名 + “never arrived”（没收到）
- 品牌名 + “worst”（最差）

用什么工具：

- 免费方案：设置 Google Alerts，监控品牌关键词
- 付费方案：Brand24、Mention 等舆情监控工具
- 进阶方案：用第三方数据服务监控 TikTok、Instagram 评论

⚠ 合规提醒：如果考虑自建爬虫监控社媒，需要注意各平台的使用政策和当地数据合规法规，避免踩坑。

考核指标：负面舆情的 30 分钟发现率必须达到 90% 以上。

⚠ 绝对禁区：永远不要雇水军去评论区对骂或刷好评。一旦被发现（大概率会被发现），品牌就彻底完了。真诚，是危机公关唯一的解药。

7.3.5 客户满意度提升：超预期才是护城河

满意度不是靠讨好，而是靠超出预期。

用户的预期是”产品能用、物流正常、有问题能退”。你做到这些，只能得到”不差评”，得不到”好评”。

想要好评和复购，必须超出预期。

超预期的三件套:

策略	做法	成本	效果
主动关怀	送达后第1天询问是否满意，第7天询问使用体验	0	让用户觉得被重视
情感化沟通	用”Hi Sarah”而不是”Dear Customer”；低客单快消品可适当用 emoji，高客单/B2B 场景则保持专业	0	拉近距离，但要匹配用户预期
意外惊喜	随机在包裹里塞小礼物或手写卡片	$1-3	我们观察到好评率有明显提升，但具体效果因品类而异

高阶玩法：建立你的”VIP 粉丝群”。把复购 3 次以上的用户拉进 WhatsApp/Telegram 群，给他们新品优先试用权、专属折扣。

这群人会成为你遇到危机时最坚定的"护旗手"，也是最好的免费推广员。

7.4 本章核心术语表

术语	全称	解释
GMV	Gross Merchandise Volume	商品交易总额，即一共卖了多少钱
CSAT	Customer Satisfaction Score	客户满意度评分，通常 5 分制
NPS	Net Promoter Score	净推荐值，衡量用户愿不愿意推荐给朋友
SOP	Standard Operating Procedure	标准作业程序，即"办事流程"
FAQ	Frequently Asked Questions	常见问题集
CRM	Customer Relationship Management	客户关系管理，存客户资料和互动记录的系统
COD	Cash On Delivery	货到付款，东南亚市场的主流支付方式
CLTV/LTV	Customer Lifetime Value	客户终身价值，一个客户在整个生命周期内贡献的总利润

7.5 本章小结

回顾一下这一章的核心认知：

1. 客服是利润中心，不是成本中心 优秀的客服能提升转化率、复购率和客单价。把客服当成”花钱的地方”，是最大的认知误区。
2. 分层架构是效率的关键 AI 处理简单问题，人工处理复杂咨询和销售转化，主管处理危机。各司其职，才能高效运转。
3. 文化适配比语言翻译更重要 不同市场的用户，期待的服务方式完全不同。客服本地化的核心是”换脑子”，而不只是”换语言”。
4. 售后是第二次成交的机会 退货处理得好，用户可能变成铁粉；处理得差，用户会去社交媒体骂你。把每一次售后都当成营销机会。
5. 危机就是机遇 差评视频处理得好，品牌信任度反而比没出事时更高。关键是：快速响应、真诚道歉、超预期补偿。
6. 物流要主动推送，不要等用户来问 用户的焦虑来自不确定性。在关键节点主动告知，能大幅减少咨询量和差评。

7.6 读完立刻动手：自检清单

- ☐ 你是否建立了 AI 自动回复，能处理至少 30% 的常见问题？
- ☐ 你的客服是否覆盖了目标市场的主要活跃时段？
- ☐ 你是否有针对不同市场的差异化话术（而不是一套话术打天下）？
- ☐ 你的 FAQ 库里是否有”销售引导”话术，而不只是”回答问题”？
- ☐ 你是否建立了超过 48 小时延误即主动联系用户的 SOP？
- ☐ 你是否有一个简单的 CRM，记录客户的购买历史和偏好？
- ☐ 你是否设置了品牌关键词的舆情监控？
- ☐ 你的包裹里是否放了能引导用户发视频/好评的小卡片？
- ☐ 你的客服 KPI 是否包含”追单转化率”，而不只是”满意度”？

最后送你一句话：

流量决定你能走多快，客服决定你能走多远。

在这个人人都在抢流量的时代，愿意在客服上下功夫的人，反而能赢到最后。

因为用户记住的，从来不是你的广告有多炫，而是出了问题时，你有没有好好对待他。

第八章：数据分析与优化

数据不会说谎，但 90% 的人都在用错误的方式看数据

开篇故事

2023 年 7 月，印尼雅加达，一家星巴克。

我遇到了一个做 TikTok 的中国卖家。聊天时他特别兴奋，拿出手机给我看 Shopify 后台："你看，我上个月 GMV 破 100 万美元了！团队 20 多人，5 个直播间，做得还不错吧？"

我没接话，而是问他："净利润多少？"

他愣了一下："大概 20 万吧，没细算。"

"20 万美元？"我追问。

"20 万人民币…"他声音小了。

我让他打开计算器，跟他一笔笔算账：

成本项目	金额（美元）
产品成本	400,000
广告投放	180,000
团队工资	120,000
物流仓储	80,000
平台佣金	50,000
其他杂费	30,000
总成本	860,000

收入 100 万美元，净利润 14 万美元。团队 20 个人，平均每人每月贡献 700 美元利润。扣除办公室、设备、税费，实际净利润率不到 2%。

“你这不是做生意，是在给 TikTok 和物流公司打工。”我直接告诉他。

一个月后，他关了 3 个直播间，砍掉了 10 个人，专注做最赚钱的那个类目。三个月后，GMV 虽然降到了 60 万美元，但净利润反而涨到了 18 万美元，利润率 30%。

这就是数据分析的价值：不是让你的 GMV 看起来更漂亮，而是让你真正赚到钱。

本章核心观点

数据分析的本质是什么？找到那个真正能让你赚钱的杠杆点。

我做了 8 年电商，测试过上千个策略，最后发现一个扎心的事实：在所有的优化动作中，只有 20% 真正创造了价值，剩下 80% 都是无效努力。问题在于，大多数人根本分不清哪些是那关键的 20%。他们每天忙忙碌碌地看数据、调策略、测产品，但 90% 的时间都花在了不重要的事情上。

而数据分析，说到底，就是帮你找到那关键的 20%。

8.1 关键指标体系：别被虚荣数据骗了

8.1.1 内容指标：90% 的人都看错了

去年 11 月，我团队有个小姑娘特别兴奋地跑来跟我说：“孤狼，我昨天发的视频爆了！80 万播放量！”

我问她：“转化了多少单？”

她愣住了：“啊？我没看…”

打开后台一看：80 万播放，带来了 23 单，GMV 不到 500 美元。而另一个视频，只有 12 万播放，却转化了 156 单，GMV 6800 美元。

这就是大多数人的误区：被虚荣指标迷惑了眼睛。播放量、点赞数、粉丝数，这些数字看起来很漂亮，但如果不能转化成真金白银，它们就只是让你心情愉悦的安慰剂。更可怕的是，很多人会因为这些虚假的正反馈，继续在错误的方向上投入时间和金钱。

那么，做 TikTok 内容，到底应该盯哪些指标？让我从最重要的开始说起。

指标 1：完播率——最诚实的内容评分

完播率，顾名思义，就是有多少人把你的视频从头看到尾。这个指标之所以重要，是因为它直接决定了 TikTok 算法会给你多少流量。

TikTok 的算法逻辑其实很简单：用户看完了，说明内容好，就给你更多流量；用户没看完就划走了，说明内容不行，流量立马断掉。没有任何讨价还价的余地。这就意味着，完播率是你能否获得自然流量的第一道门槛。

那么，完播率要做到什么程度才算合格？这是我们用 20 万美元广告费测出来的标准：

视频时长	完播率及格线	完播率优秀线
15 秒以内	45%	55% 以上
15-30 秒	25%	35% 以上
30-60 秒	15%	20% 以上

如果你的视频完播率低于及格线，基本上就是在浪费流量。与其硬投广告试图挽救，不如删掉重拍，因为再多的钱也买不来用户的注意力。

说到这里，你可能会问：怎么才能提升完播率？在测试了上百个视频之后，我总结出了三个最有效的技巧。

第一个技巧是前 3 秒必须抓住眼球。用户的注意力是极度稀缺的，你只有 3 秒钟的时间让他们决定是继续看下去，还是划走。我测试过各种开头方式，发现最有效的是”悬念式”开头，比如”这个方法让我三天赚了 5000 美元”，而不是”大家好，我是 XX”。后者在 TikTok 上等于自杀。

第二个技巧是视频节奏要快。TikTok 用户的观看习惯和传统视频平台完全不同，他们的大脑已经被训练成需要高频刺激。这意味着你的视频每 3-5 秒必须有一个视觉或信息的转折点，慢节奏的视频在这个平台上就是死路一条。

第三个技巧是长视频要分段。如果你非要做超过 30 秒的视频，就必须每 10 秒设置一个小高潮，用字幕或音效提醒用户”重点来了”。这样做的目的是不断给用户留下来的理由，否则他们随时可能划走。

指标 2：互动率——用户愿不愿意为你动手指

互动率的计算公式是：（点赞+评论+分享+保存）÷ 播放量。

这个指标反映的是用户对你内容的参与程度。一个视频如果播放量很高但互动率很低，说明用户只是被动地看了一眼就划走了，并没有真正被内容打动。而高互动率意味着用户不仅看完了视频，还愿意花额外的时间和精力与你互动，这是内容质量的真实证明。

根据我的实战经验，互动率的评判标准大致是这样的：低于 2% 说明内容有问题，需要赶紧优化；2%-4% 是中等水平，还有提升空间；4%-7% 是优秀水平，可以继续保持；超过 7% 就有爆款潜质，应该考虑加大投放。

但这里有一个坑，很多人都会踩：不同市场的互动习惯完全不同。美国用户相对”高冷”，3% 的互动率就算优秀了；东南亚用户特别热情，5% 只是及格线；而中东用户是最爱互动的，7%-8% 的互动率都很常见。如果你用同一套标准去衡量不同市场，就会得出完全错误的结论。

去年我们测试过一款智能手表，同一个视频投放到三个不同市场，数据差异巨大。美国市场播放 50 万，互动率 2.8%，转化率 4.2%；印尼市场播放 80 万，互动率 6.5%，转化率 3.1%；沙特市场播放 35 万，互动率 9.2%，转化率 5.8%。

如果只看播放量和互动率，你会觉得印尼市场最好。但实际上，沙特市场虽然播放量最少，转化却最好，最终 ROI 是美国的 2.3 倍。这个案例让我深刻认识到，看数据一定要结合市场特性，不能一刀切。

指标 3：分享率——最被低估的金矿

在所有的互动指标中，分享率是我最看重的一个，没有之一。

为什么？因为分享代表用户愿意把你的内容推荐给朋友，这是最强的信任背书。点赞和评论都是用户自己的行为，但分享意味着用户愿意用自己的社交信用为你背书。在所有形式的推广中，朋友推荐的转化率永远是最高的。

根据我的实战经验，分享率超过 0.8% 就有爆款潜力，超过 1.5% 有 90% 的概率会成为爆款，超过 3% 就准备好接单到手软吧。

那么，什么样的内容用户愿意分享？我分析了 500 个高分享率视频，发现了三个共性。

第一是实用性极强。教人省钱、赚钱、解决具体问题的内容，用户会很乐意分享给有同样需求的朋友。第二是情感共鸣。戳中痛点、让人感同身受的内容，会激发用户”这说的不就是我吗”的分享冲动。第三是社交货币。分享出去能让人显得有品味、有见识的内容，用户会主动传播以提升自己的社交形象。

如果你的内容能同时满足两到三个条件，爆款的概率会大大提升。

指标 4：评论质量——比数量更重要

很多人只看评论数量，这是大错特错的。100 条”哈哈哈”“666”的无效评论，远不如 10 条”在哪买？多少钱？“的购买意向评论有价值。

这个道理很简单：前者只能证明你的内容有娱乐性，后者才能证明你的内容能带货。而我们做 TikTok 的最终目的，不是成为网红，而是赚钱。

所以我们团队每天会安排专人分析评论，把评论分成四类：购买意向类（如”链接在哪？““多少钱?”），产品咨询类（如”效果怎么样？““质量好吗?”），正面反馈类（如”太棒了！““很有用”），以及无效或负面类（如”哈哈哈”“骗人的”）。

一个健康的带货视频，购买意向类评论应该占比超过 15%，产品咨询类超过 25%，正面反馈类在 20%-40% 之间，无效或负面类应该控制在 10% 以下。如果负面评论占比太高，千万别急着投广告，先找原因解决问题。

去年双十一，我们有一个视频评论数量暴涨到 2000 多条，团队一开始很兴奋。但我让他们仔细看评论内容，发现 80% 都是负面的——用户在抱怨产品质量问题。幸亏我们及时停掉了广告，否则继续投放至少会损失 5 万美元。

这个教训告诉我：评论数量高不一定是好事，关键要看评论质量。数据从来不会说谎，但你必须学会正确地解读它。

8.1.2 商业指标：数据最终要转化成钱

去年有个老板找我咨询，说自己月 GMV 50 万美元，问我怎么才能做到 100 万。

我看了他的数据之后，没有直接回答这个问题，而是问了另一个问题："你现在的净利润多少？"他说大概 1.5 万美元。我算了一下，利润率只有 3%。

这时候我就直接告诉他："你现在的问题不是怎么做到 100 万 GMV，而是怎么在 50 万 GMV 的基础上，把利润率提升到 20%。否则就算你做到了 100 万 GMV，也只是多赚了 1.5 万美元，但团队压力翻倍，风险也翻倍，这笔账怎么算都不划算。"

三个月后，他按照我的建议做了一系列调整：砍掉了三个利润率低于 10% 的产品线，优化了物流方案降低成本，把广告预算集中到 ROI 最高的几个视频上。结果 GMV 反而降到了 35 万美元，但净利润涨到了 7 万美元，利润率达到了 20%。

这就是为什么我一直强调，要看对指标。GMV 只是表面的繁荣，净利润才是真正的生意。接下来，让我详细说说做 TikTok 电商必须关注的几个核心商业指标。

指标 1：投资回报率（ROI）与广告投产比（ROAS）

首先要区分清楚两个容易混淆的概念。

ROI 是投资回报率，计算公式是（总利润 ÷ 总成本）× 100%。这是公司账本上的"终极数字"，决定了你最后兜里剩多少钱。ROAS 是广告投产比，计算公式是总收入 ÷ 广告费。这是你在 TikTok 广告后台看到的数字。

为什么必须区分？因为很多新手看到后台 ROAS 显示 2.5 就觉得赚翻了，结果月底一算账发现还是亏了。问题出在哪？ROAS 只算了广告费一项成本，但实际上你还有产品成本、运费成本、团队成本、售后成本等等一堆支出没算进去。

打个比方，ROAS 就像是你在某一场牌局里的输赢，而 ROI 是你算上场地费、茶水费、打车费之后的真实盈亏。很多人只看牌桌上的筹码，以为自己赢了钱，回家一盘点发现还是亏的。

根据我的实战经验，ROAS 通常要超过 2.5 才能保本，超过 4.0 才算优秀。ROI 则是超过 15% 才有钱赚，超过 30% 才算优秀。

这里有一个完整的成本清单，你在计算 ROI 时必须全部考虑进去：产品成本（包括采购价、包装材料、质检费用）、物流成本（包括头程、尾程、退货物流）、平台成本（包括佣金、支付手续费、广告费）、运营成本（包括人员工资、办公场地、水电网费）、售后成本（包括退货损失、客诉赔偿、坏账）、隐性成本（包括库存积压、汇率损失、试错成本）。

很多人容易漏算的是包装材料、退货物流、支付手续费、办公场地租金、客诉赔偿，以及几乎所有的隐性成本。而这些”漏算”的成本加起来，往往能把你账面上的利润全部吃掉。

去年 Q3 我们测试过一款智能家居产品，表面利润率看起来有 27%，非常可观。售价 59.99 美元，产品成本 18 美元，物流成本 8 美元，广告成本 12 美元，平台佣金 3 美元，其他成本 3 美元，表面利润 15.99 美元。

但当我们把隐性成本加进去——退货率 15% 每单损失 5 美元，客诉赔偿每单分摊 1 美元，库存积压每单分摊 2 美元，运营成本每单分摊 4 美元——实际单品利润只剩 3.99 美元，真实利润率不到 7%。

发现问题后，我们重点改进了产品质量和物流方案，把退货率从 15% 降到了 5%。最终实际利润率提升到了 18%。这个案例再次证明，不把账算清楚，你永远不知道自己是赚是赔。

指标 2：转化率——流量值不值钱的试金石

转化率的概念很简单：100 个人来了，有几个人买。计算公式是订单数除以访问用户数。

但关于转化率，有一个常见的误解需要澄清。很多人觉得转化率越高越好，其实不一定。转化率 8% 但客单价 25 美元的产品，长期价值可能不如转化率 3% 但客单价 80 美元且复购率 35% 的产品。所以看转化率时，一定要综合考虑客单价和复购率。

转化率的标准也因品类和流量来源而异。从品类来看，低价日用品（5-15 美元）转化率及格线是 6% 以上，中价产品（15-50 美元）是 3% 以上，高价产品（50 美元以上）是 1.5% 以上。从流量来源来看，短视频自然流量转化率通常在 2%-4%，直播流量在 5%-12%，付费广告流量在 3%-6%，达人带货则可以达到 6%-15%。

这些差异背后的逻辑很好理解：价格越高，用户决策越谨慎，转化率自然越低；流量越精准、信任度越高，转化率就越高。

那么如何提升转化率？有三个核心技巧。

第一是降低决策门槛。用户从看到产品到下单，经历的步骤越少，转化率越高。我们曾经把购买流程从 4 步简化到 2 步，转化率直接提升了 40%。每多一个步骤，就多一次用户流失的机会。

第二是消除购买顾虑。详细的产品说明、真实的用户评价、明确的退换货政策，这些都能让用户更放心地下单。用户不买的原因往往不是不想要，而是不敢要。

第三是制造紧迫感。限时优惠、限量销售、倒计时，都能刺激用户快速下单，避免”我再想想”然后再也想不起来。但这里有个原则：必须真实，别骗人。一旦用户发现你的”限时”永远不结束，你的品牌信誉就毁了。

指标 3：客单价——利润的放大器

客单价直接决定了你的天花板在哪里。同样 100 个订单，客单价 30 美元和客单价 60 美元，收入差一倍，利润可能差两倍甚至更多。

提升客单价有很多方法，我在实战中用得最多的是这几个。

产品组合套餐是最常用的策略。比如单买手机壳 15 美元，但”手机壳+钢化膜+数据线”套餐只要 28 美元。用户觉得划算，你的客单价提升了 86%，同时还清掉了一部分滞销品库存。

阶梯式满减也很有效。设置满 30 减 3、满 50 减 8、满 80 减 15 这样的门槛，大约 30% 的用户会为了凑单而增加购买金额。关键是门槛设置要合理，太低没意义，太高用户懒得凑。

高价值版本引导是个心理学技巧。同时展示基础版 29 美元、标准版 49 美元、豪华版 79 美元三个选项，大多数用户会选择中间那个，觉得”最便宜的肯定不好，最贵的又没必要”。我们测试过，使用这个策略后平均客单价从 35 美元提升到了 50 美元。

推荐关联产品也能有效提升客单价。买瑜伽垫的用户很可能也需要瑜伽服、拉力带、瑜伽球，在购物车页面推荐这些关联产品，转化率可以达到 15%-25%。

最后是会员专享价。设置一个 19.9 美元/年的会员，享受 8 折优惠。这不仅能提升单次客单价（用户觉得既然办了会员就多买点才划算），还能大幅提升复购率。

指标 4：用户生命周期价值（LTV）——真正的生意要看长期

LTV 是一个客户在整个生命周期内能给你带来的总收入。计算公式是：首单客单价 +（复购次数 × 复购客单价）。

为什么这个指标这么重要？因为它决定了你能花多少钱去获取一个客户。如果一个客户的 LTV 是 50 美元，你花 40 美元获客就是亏的；但如果 LTV 是 150 美元，花 40 美元获客就是稳赚的。

去年我们做过一个产品对比测试，结果非常有启发性。

产品 A 是一次性消费品，首单客单价 45 美元，但复购率只有 5%，平均 LTV 约 47 美元。获客成本 18 美元，LTV 与获客成本之比是 2.6。

产品 B 有复购需求，首单客单价 38 美元，比产品 A 低，但复购率达到 40%，平均复购次数 2.5 次，复购客单价 42 美元。算下来平均 LTV 是 38 加上 2.5 乘以 42 等于 143 美元。虽然获客成本 25 美元比产品 A 高，但 LTV 与获客成本之比达到了 5.7。

结论是：产品 A 首单价高，看起来更赚钱，但长期价值远不如产品 B。基于这个发现，我们把 80% 的资源投入了产品 B，长期利润是产品 A 的 3 倍以上。

这个案例告诉我们，做生意不能只看眼前，要看长期。提升 LTV 有三个关键：选择有复购需求的产品（消耗品、耗材类、需要定期更换的产品），建立用户触达机制（邮件、短信、社群），以及提供优质的售后服务。

有一个数字值得记住：获取一个新客户的成本是维护老客户的 5-7 倍。这意味着，提升现有用户的 LTV，往往比拼命拉新更划算。

指标 5：库存周转率——别让钱死在仓库里

库存周转率的计算方式是：统计周期内销售成本除以库存平均余额。简单说，就是你的货多长时间能变现一次。

这个指标为什么重要？因为很多卖家"账面赚钱，兜里没钱"，原因就是钱全变成货堆在仓库里了。货卖不出去，就是一堆废品占着你的资金。

根据我的经验，周转天数小于 15 天是优秀的，说明资金效率极高；15-30 天是合格的；超过 45 天就比较危险了，面临积压和坏账风险。

记住一句话：卖得快不叫赢，钱转得快才叫赢。

8.1.3 用户指标：别把钱花在无效获客上

去年有个做 TikTok 的团队找我，说他们每月新增 5000 个客户，看起来增长很快，但利润一直上不去。

我问了一个简单的问题："平均获客成本多少？"他们愣住了，说没算过。

于是我让他们把所有营销成本加起来——广告费、达人费用、团队工资、拍摄制作成本，再除以新客户数。结果出来了：平均获客成本 35 美元。

然后我问他们平均客单价多少，他们说 42 美元。毛利率呢？40% 左右。我帮他们算了一笔账：每个客户的毛利只有 16.8 美元，但获客成本要 35 美元，这意味着每个客户亏损 18.2 美元。月新增 5000 个客户，就是月亏 9.1 万美元。

"我们还以为自己在高速增长…"他们的脸都绿了。

这就是不看获客成本的代价：增长越快，亏得越多。表面的繁荣背后，是实实在在的巨额亏损。

指标 1：获客成本（CAC）——每个客户的真实成本

获客成本的计算公式是：总营销成本除以新客户数。

关键在于”总营销成本”要算全。很多人只算了广告投放费用，忘了还有达人合作费用、内容制作成本（拍摄、剪辑、设备）、营销团队成本（工资、提成、培训），以及最容易被忽略的测试试错成本（失败的广告、无效的投放）。

去年Q1,我们在美国市场推一个美妆产品线,详细核算了所有成本:总广告投放12万美元，达人合作费用8万美元，内容制作成本2.5万美元，团队成本1.5万美元。总营销成本24万美元，新客户6000人，实际获客成本是40美元。

产品客单价55美元，毛利率45%，单客毛利24.75美元。获客成本40美元高于单客毛利24.75美元，表面上看是亏钱的。

但这里有个关键数据:30天复购率达到32%,平均LTV是95美元。95美元除以40美元等于2.375，这个比例虽然不算优秀，但还算健康，长期来看是能赚钱的。

这个案例说明，评判获客成本是否合理，不能只看首单毛利，必须结合LTV来看。LTV与CAC的比值超过3是优秀的，2-3是合格的，1-2是警戒状态需要优化，低于1则必须立刻停止。

指标2：复购率——区分好生意和坏生意

复购率是最能体现产品和服务质量的指标。用户愿意第二次购买，说明你的产品好、服务好、体验好。反过来，如果复购率很低，就要好好反思哪里出了问题。

复购率的标准因品类差异巨大。消耗品（护肤品、补剂、宠物食品）30天复购率通常在20%-35%，90天复购率在40%-60%。耐用品（电子产品、家具、运动器材）30天复购率只有5%-10%，90天复购率10%-15%。时尚类（服装、鞋包、配饰）居中，30天复购率8%-15%，90天复购率20%-30%。

提升复购率的核心方法有三个。首先是产品质量要过硬，这是基础中的基础，产品不行什么营销技巧都是白搭。其次是建立触达机制，通过邮件、短信、社群保持与用户的联系，实测可以提升复购率30%左右。最后是设计复购激励，第二单优惠、会员体系、积分体系，都能有效提升复购率约25%。

这里还要提醒一个常见问题：TikTok 广告后台、数据罗盘和 GA4 的数据经常对不上。比如广告后台显示成交 100 单，罗盘却只显示 90 单。原因是不同平台的归因逻辑不同——有的用点击归因，有的用浏览归因。有人今天点了广告，后天才下单，不同平台算的日期就不一样。

面对这种情况，不要纠结个位数的差异，记住一个原则：小账看趋势，大账看毛利。最终以你银行卡收到的钱为准。

指标 3：用户留存——比新增更重要

很多人只关注新增用户，却忽视了留存。结果就像往漏水的桶里倒水，前面拼命倒，后面哗哗往外流。

我见过最夸张的案例：一个团队月新增 1 万用户，流失 8000 个，实际净增只有 2000 个。但他们的考核指标只看新增，所以一直在烧钱拉新，却从不关注为什么用户留不住。这种做法就是把钱往水里扔。

对于关注类产品或社群类业务，留存率的标准大致是：次日留存超过 35% 算及格，7 日留存超过 18% 算及格，30 日留存超过 8% 算及格。

提升留存最有效的方法是建立用户社群，并且保持高频输出有价值的内容。我们实测过，每周输出 2-3 条干货内容的社群，30 日留存从 6% 提升到了 22%，复购率比非社群用户高出 85%。

记住：只看新增不看留存，是很多团队烧钱的根本原因。

8.2 数据工具：工具不在多，在于会用

8.2.1 工具选择：3 年试错后的精选

关于数据工具，大多数人的问题不是缺工具，而是不会用工具。我自己也走过这个弯路，最多的时候订阅了 12 个工具，月费 800 美元，但真正用的只有 3 个。交了几个月”智商税”后，我开始认真梳理，把不常用的工具全部砍掉。

现在我只用 5 个核心工具，月费不到 200 美元，效率反而比以前高得多。这让我明白一个道理：工具的价值不在于它有多强大，而在于你

能把它用到多深。一个 Excel 用得好的人，比订阅了十几个 SaaS 工具却只会看表面数据的人强一百倍。

以下是我精选的核心工具清单：

工具名称	费用	核心用途	必要程度
TikTok Shop 数据罗盘	免费	小店全量数据、直播间漏斗、达人分析	
TikTok Creator Center	免费	视频数据、粉丝画像、热门趋势	
Shoplus	99 美元/月	竞品分析、爆款监控、达人数据	
Google Analytics 4	免费	流量来源、转化路径、用户行为	
Hotjar	39 美元/月起	热力图、录屏回放、转化漏斗	
Excel/Google Sheets	免费	数据汇总、综合分析、趋势追踪	

让我逐个说说这些工具的核心价值和使用方法。

TikTok Shop 数据罗盘是做小店必备的官方工具。它能让你实时监控直播间流量漏斗——用户在哪个环节跑掉了，是进直播间就走了，还是看了半天不下单，一目了然。它还能帮你分析达人带货效果，哪个达人是真的能带货，哪个只是数据好看但转化为零。每天复盘直播间时，我会重点盯着”商品点击率”和”支付转化率”。如果点击率高但支付率低，说明价格或话术有问题；如果点击率本身就低，说明封面的引流款不够吸引人。

TikTok Creator Center 是官方创作者中心，免费且数据最准确。我每天会花 10 分钟看三个问题：哪个视频表现最好？粉丝都从哪来？最近有什么热门话题可以蹭？这 10 分钟的投入，往往能带来意想不到的灵感。

Shoplus 是我用得最频繁的第三方工具，主要用来做竞品分析和爆款监控。去年 11 月，我通过它监控到竞品有一个视频突然爆了，立刻分析了视频内容和产品特点，3 天后上架了类似产品，第一周就卖了 8.4 万美元 GMV。99 美元的月费，换来超过 800 倍的回报，这笔投资怎么算都划算。

Google Analytics 4 是做独立站必装的工具。配置好电商增强功能后，它能告诉你哪个渠道转化率最高、用户在哪个页面流失最多、什么时间段下单最集中。这些信息对优化广告投放和网站设计都非常有价值。

Hotjar 能让你”看到”用户在网站上的真实行为。热力图显示用户点击最多的地方，录屏回放让你像看电影一样观看用户的完整浏览过程，转化漏斗告诉你用户在哪一步放弃了购买。曾经我们改版了一个落地页，上线后转化率从 4.5% 暴跌到 2.8%，用 Hotjar 一看录屏，发现原来是购买按钮被移到了页面最下方，很多用户根本没滚动到那里就离开了。调整按钮位置后，转化率立刻恢复。

最后是 Excel 或 Google Sheets。所有工具的数据，最终都要汇总到表格里进行综合分析。我坚持做了 2 年多的数据积累，每天更新日期、GMV、订单数、新客数、广告花费、ROI 等核心指标。现在打开表格，就能一眼看出趋势是向上还是向下，哪里出了问题，应该重点优化什么。

说到底，工具只是辅助，关键是你的分析能力。一个 Excel 加上会思考的大脑，比任何昂贵的 SaaS 工具都管用。

8.2.2 数据看板：一张表看清全局

数据分散在各个平台是个大问题。每天登录七八个平台查数据，效率极低，而且容易遗漏关键信息。更好的做法是建立一个统一的数据看板，把所有核心数据汇总到一个地方。

根据业务规模，我推荐两种看板方案：

月 GMV 10 万美元以下的团队，用 Excel 版看板就够了。核心是建立四张表：每日核心数据表（GMV、订单、ROI 等）、产品数据表（每周更新）、视频数据表（每周更新）、月度对比表。成本为零，操作简单，完全能满足中小团队的需求。

月 GMV 50 万美元以上的团队，可以考虑开发专业看板。初期开发成本大约 5000 美元，月维护成本约 500 美元。专业看板应该包含四个核心板块：今日核心指标（一眼看出当天状态）、趋势分析（发现长期规律）、产品表现（识别明星产品和问题产品）、异常预警（及时发现并处理问题）。

去年双十二，我们的看板发出”库存剩余 50 件”的预警，我们及时补货，避免了断货损失。那一个月，这套预警系统帮我们挽回了至少 5 万美元的潜在损失。算上开发和维护成本，总投入约 11000 美元，ROI 超过 900%。

8.2.3 竞品监控：合法”偷师”的艺术

做 TikTok 最快的学习方法，就是看同行在做什么。这不是抄袭，而是站在别人的肩膀上学习。

去年我们决定进入智能穿戴品类，一开始对这个市场一无所知。于是我花了一周时间，系统分析了这个品类前 20 名卖家的打法：他们卖什么产品？定价多少？视频什么风格？找什么达人合作？分析完之后，我们不是照搬，而是找到了一个差异化的切入点。结果第一个月就做了 12 万美元 GMV，比预期快了两倍。

竞品监控有一套标准流程，我称之为”四步法”。

第一步是找出竞品。搜索品类关键词，找出排名靠前的 20 个账号，这就是你要研究的对象。

第二步是建立追踪表。记录每个竞品的粉丝数、发布频率、爆款视频、价格策略等关键信息，每周更新一次。

第三步是深度分析爆款。当某个竞品出现爆款时，要仔细分析：产品有什么特点？视觉呈现有什么亮点？文案怎么写的？互动数据如何？

第四步是差异化跟进。学习但不照搬，在竞品的基础上加入自己的特色。完全照抄不仅有法律风险，也很难超越对方。

去年双十一前，我通过监控发现竞品都在推颈部按摩仪，大家的打法都差不多：强调功效、打折促销。我决定做差异化：定位”送礼”而非自用，用”买一送一”代替打折。结果我们的转化率比竞品高出 40%，那款产品卖了 6.8 万美元。

这就是竞品监控的价值：通过观察别人的成功和失败，让自己少走弯路。每天花 30 分钟研究竞品，能帮你省下上万美元的试错成本。

8.3 数据优化：别瞎改，要科学测试

8.3.1 一次教训换来的优化流程

去年有一次，我看着某个产品的页面觉得图片不够好看，于是拍脑袋决定换了一张精修图。结果上线后，转化率从 3.5% 直接掉到了 2.3%，一周下来少赚了 2.8 万美元。

事后分析才发现，用户更喜欢看起来真实的实拍图，而不是过度修饰的精修图。但如果我当时做了 A/B 测试，这个问题在几天内就能发现，损失可以控制在几百美元。

从那以后，我们建立了标准化的优化流程，我称之为”六步优化法”。任何改动，不管看起来多有道理，都必须经过这个流程验证，杜绝拍脑袋决策。

第一步是发现问题。每天花 10 分钟看核心数据，任何异常都是信号：GMV 下降超过 15%？转化率下降超过 10%？退货率上升超过 20%？发现异常就要开始排查。

第二步是分析原因。异常可能来自多个方面：流量端（流量质量下降？竞争加剧?）、产品端（差评增多？图片问题？价格问题?）、平台端（政策变化？算法调整?）、外部因素（季节性变化？竞品动作?）。要逐个排查，找到真正的原因。

第三步是提出假设。假设必须是具体的、可验证的、有预期效果的。比如”把产品图从精修图换成实拍图，预计能提升转化率 20%“就是一个好假设，而”改一下图片可能会好一点”就太模糊了。

第四步是设计测试。A/B 测试有几个原则：只改一个变量（如果同时改图片和价格，你怎么知道是哪个起作用了?）、样本量足够大（至少 1000 个访问）、测试周期足够长（至少 7 天，避免某一天的特殊情况干扰结论）。

第五步是执行测试。50% 的流量看 A 版本，50% 看 B 版本。测试期间不能改动其他任何东西，否则测试结果就不可信了。

第六步是分析决策。测试结果出来后，如果改进版比原版好超过 10%，就全量上线；如果差异小于 5%，就保持现状；如果改进版更差，就回滚到原版。

8.3.2 素材衰退：别死在过时素材上

在讲具体测试案例之前，有一个概念必须先说清楚，那就是”素材衰退”。

很多人有个误解：一个视频今天爆了，就觉得可以一直用下去。但现实是，再好的素材也有生命周期，用久了效果就会越来越差。

素材”死掉”之前，通常会出现三个信号。

第一个信号是点击率连续下降。这说明用户已经看腻了，不想点了。解决办法是换封面图，或者重新剪辑前 3 秒。

第二个信号是 CPM（千次展示成本）暴涨。这说明竞争变大了，或者系统判断你的内容不如以前受欢迎了。此时这个视频的生命周期基本到头了，应该赶紧推新视频。

第三个信号是流量稳定但转化率暴跌。这说明你的视频已经触达过目标用户群了，现在触达的是非目标人群，他们看了也不会买。解决办法是换受众定向，或者换产品。

认识到素材衰退的规律，你就不会在一个过气的视频上浪费太多广告预算。

8.3.3 真实优化案例：转化率提升 42%

现在让我分享一个完整的优化案例。

去年 9 月，我们的一款美妆产品转化率从 3.2% 降到了 2.3%，按照六步优化法开始排查。首先排除了流量端问题（流量质量和来源都没变化），然后检查产品端，发现问题出在新换的产品图片上——原来的实拍图被换成了精修大图。

于是我们提出假设：用户更喜欢真实感强的图片。接下来设计了一个 ABC 测试：A 版本是当前的精修大图，B 版本是实拍场景图，C 版本是实拍图加用户评价截图。

测试跑了两周，结果出来了：A 版本转化率 2.4%，B 版本 3.1%，C 版本 3.4%。C 版本比 A 版本高出 42%，数据非常显著。于是我们全量上线了 C 版本。

这个小改动的影响有多大？按照当时的流量水平，年收入直接增加了 38.4 万美元，而这个改动的额外成本是零。

8.3.4 最常用的三类 A/B 测试

在实际运营中，我们最常做的 A/B 测试有三类，每一类都积累了不少经验。

第一类是产品定价测试。定价是门艺术，不是越便宜越好。我们测试过一款产品，29.9 美元时转化率 5.8%，利润率 35%；39.9 美元时转化率下降到 4.2%，但利润率提升到 48%。算总账，高价版的利润反而高了 20%。这说明在一定范围内，提价带来的利润率提升可以超过订单量下降的损失。

第二类是促销策略测试。不同价位的产品适合不同的促销方式。低价产品适合买赠（买一送一类），能把客单价拉高 45%；中价产品适合金额折扣（满 100 减 20 类），效果提升约 28%；高价产品适合百分比折扣（8 折类），因为绝对值看起来更大，感知更明显。

第三类是页面元素测试。我们测试过很多细节，结论很有意思：用户真实上传的图片比白底精修图转化率高 34%，展示评价截图比不展示高 41%，购买按钮写”马上抢购”比写”加入购物车”高 23%。这些都是看起来很小的改动，但累加起来的效果非常可观。

做测试不需要什么昂贵的工具。新手用 TikTok 自带的 A/B 测试功能就够了，完全免费。进阶一点可以用 Google Optimize，也是免费的。

8.3.5 持续优化是一种习惯

优化不是一次性的工作，而是一种习惯。市场在变、竞争在变、用户在变，昨天有效的策略明天可能就失效了。只有保持持续优化的节奏，才能在变化中保持竞争力。

我的优化节奏是这样的：

每天早上花 15 分钟看数据，回答三个问题：GMV 达标了吗？转化率正常吗？有没有什么异常？发现异常就立刻记下来，排进当天的待办事项。

每周五花 2 小时做总结。把本周数据和上周对比，看看趋势是向上还是向下；回顾本周的测试结果，决定哪些要全量上线、哪些要放弃；规划下周要做的测试和优化。

每月初花半天做复盘。盘点上个月的得与失，哪些做对了，哪些做错了，有什么教训；规划本月的重点方向和目标。

每个季度花 1-2 天做战略思考。跳出日常琐事，看看市场有什么大的变化，自己有没有系统性的瓶颈，是否需要调整整体战略。

这套节奏我坚持了两年多，已经成了肌肉记忆。每次有人问我怎么做到持续增长的，我都会说：没什么秘诀，就是这套日复一日的笨功夫。

本章小结

写到这里，这一章的核心内容就讲完了。

数据分析这个话题，说简单也简单，说复杂也复杂。简单在于，它的底层逻辑永远不变：发现问题、分析原因、提出假设、测试验证、持续优化。这套方法论适用于任何业务，任何市场，任何时代。复杂在于，每个环节都有无数的细节和坑，需要你在实战中不断积累经验。没有人能一开始就把所有指标都看懂、把所有工具都用好、把所有测试都做对。这是一个需要时间和耐心的过程。

如果让我用几句话总结这一章的核心要点，我会说：

第一，看对指标比看数据更重要。别被播放量、粉丝数这些虚荣指标迷惑，要盯着真正值钱的指标——ROI、净利润率、LTV。数据本身没有好坏，关键看你怎么解读它。

第二，工具不在多，在于会用。5 个核心工具，月费不到 200 美元，用好了就足够应付绝大多数场景。那些订阅了一堆昂贵工具却不知道怎么用的人，本质上是在逃避思考的责任。

第三，任何改动都要科学测试。用六步优化法——发现问题、分析原因、提出假设、设计测试、执行测试、分析结果——杜绝拍脑袋决策。一次拍脑袋的损失，可能需要十次测试才能弥补。

第四，持续优化是一种习惯，不是一次行动。每天 15 分钟看数据、每周 2 小时总结、每月半天复盘，形成固定节奏。只有日积月累，才能持续进步。

第五，也是最重要的一点：赚钱才是王道，数据只是手段。不要为了数据而数据，所有的分析和优化，最终目的都是让你真正赚到钱。如果一个漂亮的数据报表没有转化成银行卡里的余额，它就是一张废纸。

最后我想说，数据分析能力是可以习得的。它不需要你有数学天赋，也不需要你会写代码，只需要你愿意静下心来，认真看数据、分析数据、从数据中学习。坚持三个月，你就会发现自己看问题的角度完全不同了。坚持一年，你会成为团队里最懂数据的那个人。

这就是我想告诉你的关于数据分析的一切。

第九章：团队建设与管理

开篇故事：那个让我亏了 100 万的”完美团队”

2019 年，我拿到一笔融资，决定大干一场。

我按照”专业”的方式搭建团队：策划部 4 人、设计部 3 人、技术部 5 人、运营部 6 人、客服部 4 人、行政部 2 人。一共 24 个人，租了 200 平的办公室，每个月固定支出 15 万。

当时我特别得意，觉得这才是正规军，这才能干大事。

结果呢？

3 个月后，平台规则突然调整，我们的主力产品销量腰斩。我想快速转型，但发现根本转不动：策划要重新学，设计要重新做，运营要重新测，流程走一圈下来，半个月过去了。

6 个月后，项目彻底失败。裁员补偿、办公室违约金、设备折旧，加起来亏了小 100 万。

那次失败给我上了血淋淋的一课：跨境电商不是阵地战，是游击战。你需要的不是正规军，而是特种小队。

从那以后，我彻底改变了团队建设的思路。现在我管理 3 个市场，年 GMV 约 2000 万美元，核心团队只有 15 人。每个人都能独当一面，架构灵活，进退有度。

这一章，我把这套”轻量化团队”的方法论全部分享给你。

9.1 结果导向的团队设计：先想要什么结果，再配人

忘掉那些组织架构图吧

很多人跟我聊团队建设，上来就问："我这个团队应该怎么搭？需要哪些部门？每个部门几个人？"

你搞反了。不是你想要什么部门，而是你要完成什么结果。

结果导向的团队设计三步法：

第一步：列出你要达成的核心结果

不是列岗位，是列结果。比如：

结果维度	具体目标	衡量标准
内容产出	每天产出 2 条能带货的高质量视频	视频完播率>30%
销售业绩	每月 GMV 达到 10 万美元	实际成交额
客户满意	投诉 24 小时内解决	满意度 4.5 分以上
投放效率	广告 ROI 保持在 300% 以上	后台数据
库存健康	库存周转率保持在 30 天以内	ERP 报表

第二步：倒推需要的核心能力

要达成这些结果，需要什么能力？注意，不是需要什么岗位。

结果	需要的能力	能力来源
视频产出	内容策划+拍摄+剪辑	全职 or 外包
GMV 目标	选品+供应链谈判+库存管理	全职
客户满意	客户沟通+问题处理+售后服务	外包 or 全职
ROI 目标	数据分析+广告投放+素材优化	全职

第三步：找能扛起这些结果的人

不是招一个岗位的人，是招一个能扛起结果的人。这个人可能身兼数职，可能一个人干两个人的活，但只要他能出结果，就是对的人。

实战案例：越南 5 人团队年 GMV 800 万美元（作者团队真实案例，不同团队结果差异较大）

▸ 背景：2023 年，我们启动越南市场，目标年 GMV 500 万美元 ▸ 挑战：预算有限，只能招 5 个人，但要覆盖内容、销售、客服全链路 ▸ 策略：放弃"岗位思维"，改用"结果思维"配置团队 ▸ 结果：5 人团队，年 GMV 做到 800 万美元，人效约 160 万美元/人 ▸ 关键洞察：每个人对结果负责，不需要部门墙，效率反而更高

这 5 个人是怎么分工的？

姓名	负责的结果	具体产出	月薪+提成
Linh	内容结果	每月 3 个爆款视频，带货 GMV>15 万美元	1000+提成
Duc	供应链结果	产品质量 OK，供货稳定，周转 <30 天	800+提成
Anh	投放结果	广告 ROI>400%，月消耗>5 万美元	1000+提成
Minh	服务结果	满意度>4.5 分，复购率>25%	600+奖金
Huong	服务结果	与 Minh 轮班，覆盖 16 小时在线	600+奖金

5 个人，没有部门，没有层级，没有复杂的流程。但每个人都清楚自己要出什么结果，完不成就直接聊。

从 15 人优化到 8 人：我是怎么做到的

2024 年初，我的团队有印尼 15 个人，分工很"专业"：

部门	人数	岗位
内容部门	5 人	策划 1+拍摄 1+剪辑 2+运营 1
商务部门	3 人	选品 1+采购 1+供应商管理 1
营销部门	3 人	投放 1+达人对接 1+数据分析 1
客服部门	3 人	客服专员
行政	1 人	助理

看起来很专业对不对？分工明确，各司其职。但我发现三个致命问题：

问题一：部门墙严重

内容部门做的视频，商务部门说产品不对；商务部门选的品，内容部门说拍不出效果。每次开会都在扯皮，没人对最终结果负责。

问题二：效率低下

一个视频从策划到发布，要 3-5 天。竞争对手早就抢占了热点。

问题三：成本高企

15 个人，每月人力成本 1.5 万美元。GMV 只有 30 万美元，人效太低。

我是怎么优化的？

第一步：取消部门，只保留结果岗

我直接把 15 个人叫到一起，说了一句话："从今天开始，没有部门了，只有三个结果：内容结果、销售结果、服务结果。谁能扛起这个结果，谁就留下。"

第二步：重新定义每个人的职责

结果	人数	具体职责	考核标准
内容结果	2 人	从策划到发布全包	每天 2 条视频，月 3 个爆款，带货>8 万美元
销售结果	2 人	选品、采购、投放全包	ROI>350%，月 GMV>25 万美元
服务结果	3 人	客服、售后、用户维护	满意度>4.5 分，复购率>20%
运营支持	1 人	数据看板、系统对接	支撑全团队运转

第三步：给一个月适应期，不行就换人

结果怎么样？一个月后，有 7 个人主动离职了，因为他们习惯了按部就班，不习惯扛结果。留下的 8 个人，个个都是能打的。

优化前后对比：

指标	优化前（15 人）	优化后（8 人）	变化
月人力成本	1.5 万美元	1 万美元	−33%
月 GMV	30 万美元	50 万美元	+67%
人效	2 万美元/人	6.25 万美元/人	+213%

核心洞察：不是人越多越好，而是能出结果的人越多越好。

不同阶段的人员配置

启动阶段（0-3 个月，目标：验证模式）

配置	说明
团队规模	1-3 人
核心人员	你自己：干所有的事（选品、拍视频、投广告、回复客户）
辅助人员	内容助手（可选）：帮你剪辑，300-500 美元/月兼职
外包支持	客服外包（可选）：按需付费，2-3 美元/小时
唯一目标	验证模式能不能跑通

⚠避坑提醒：这个阶段别招人。我见过太多人，还没开始卖货，就先招了一堆人，结果产品没选对，模式没跑通，团队工资发不出来了。

扩张阶段（3-12 个月，目标：放大规模）

岗位	人数	职责	月薪范围
内容负责人	1-2 人	扛内容产出和爆款结果	800-1500 美元+提成
销售负责人	1-2 人	扛 GMV 和 ROI 结果	1000-2000 美元+提成
客服负责人	1 人	扛满意度和复购率结果	600-1000 美元+提成
助理/实习生	1-2 人	处理杂事，减轻主力压力	300-500 美元

注意：这 8 个人不一定都是全职。内容和销售可以全职，客服能外包就外包，助理能找兼职就找兼职。固定成本要尽量低，变动成本可以高一点。

稳定阶段（12 个月以上，目标：系统化运营）

团队	人数	职能
内容团队	2-4 人	内容策划、视频制作、账号运营
销售团队	2-3 人	选品采购、广告投放、数据分析
客服团队	2-3 人	售前咨询、售后服务（或外包）
运营支持	1-2 人	协调统筹、数据看板、系统维护
市场拓展	1 人（可选）	新市场调研、新渠道测试

⚠ 避坑提醒：经验上，团队超过 15 人后管理复杂度会明显上升，需要增加管理层和流程规范，决策速度也会变慢。我的建议是：尽量控制单团队规模，业务做大后优先考虑拆分市场，每个市场保持小团队运作。

9.2 随时可撤退的轻量化架构

为什么要”随时可撤退”？

做跨境电商，你要时刻记住一件事：这个生意可能随时做不下去。

不是吓唬你，这些年我见过太多这样的案例：

时间	事件	后果
2020 年	亚马逊封店潮	多少大卖一夜倒闭
2021 年	独立站政策收紧	多少 COD 玩家血本无归
2022 年	Shopee 撤出多个市场	多少卖家措手不及
2023 年	TikTok 多国政策变化	多少人被迫转型

政策变了，平台规则变了，市场饱和了，任何一个因素都可能让你的生意突然归零。

所以你的团队设计，必须做到”随时能撤”。什么叫随时能撤？就是如果今天决定不干了，能在较短周期内完成停损与退出，把损失降到可控范围。具体撤退周期视合同结构、库存规模、当地法规而定，目标是缩短周期、降低损失，而不是追求”零成本”。

轻量化架构的三大原则

原则一：核心能力自己做，边缘业务全外包

你的时间和精力是有限的，要用在刀刃上。

业务类型	是否自己做	原因
选品决策	必须自己做	核心竞争力，决定卖什么
内容方向	必须自己做	品牌定位，决定怎么卖
数据分析	必须自己做	决策依据，决定卖得好不好
战略决策	必须自己做	生意方向，决定往哪里走
视频剪辑	可以外包	按条计费（视复杂度），比招全职便宜
物流仓储	可以外包	按件/按仓储量计费，省事省心
客服售后	可以外包	按时薪或按量计费，可找专业团队
财务税务	可以外包	按月付费（视业务复杂度），避免踩坑

实战案例：波兰市场测试——0 撤退成本

▸ 背景：2025 年我们测试英国市场，用的全是外包团队 ▸ 做法：内容外包给自由职业者，客服外包给菲律宾团队，仓储用第三方 ▸ 结果：3 个月后发现市场不行，决定撤退 ▸ 撤退成本：几乎为零。停掉外包合同，清理库存，就完了 ▸ 关键洞察：如果当时招了全职员工、开了办公室、建了仓库，撤退成本至少 10 万美元

原则二：远程优先，本地化按需

我的用人原则：能远程就远程，必须本地才本地。

岗位类型	工作方式	原因
内容策划	远程	懂平台、懂用户，在哪里都能做
视频剪辑	远程	给素材给要求，远程完全 OK
广告投放	远程	对着电脑就能投，不需要办公室
数据分析	远程	数据在系统里，远程更安静高效
产品拍摄	本地	需要实地拍摄产品、模特、场景
本地化运营	本地	需要深入了解本地市场和文化

我现在 15 个核心员工，12 个是远程，只有 3 个在本地。

远程管理的核心工具：

工具	用途	费用
Slack	日常沟通，文件分享	免费版够用
Zoom	每周视频会议	免费版够用
Notion	文档、流程、知识库	10 美元/人/月
Lark/飞书	任务分配、进度跟踪	免费版够用
Google Analytics / Looker Studio	业务数据实时看板	免费

原则三：用工具替代人，能自动化就自动化

2025 年了，很多重复性工作完全可以用工具替代。

场景	工具	效果	成本
客服自动化	Tidio + ChatGPT API	可自动处理大部分常见问题，减少人工客服压力	约 100 美元/月起（视功能包）
广告自动化	TikTok 自动出价	部分账号可提升 ROI 稳定性，需 A/B 测试验证效果	免费
数据自动化	Looker Studio（原 Google Data Studio）	实时看板，减少数据整理工作量	免费
库存自动化	ERP 系统（全球交易助手等）	可提升库存周转效率、降低缺货风险	约 200-500 美元/月（视规模）

实战案例：用工具优化客服效率（作者团队实际经验，效果因业务类型而异）

▸ 背景：以前客服团队 4 人，每天处理约 200 个咨询，月成本约 4000 美元 ▸ 做法：引入 Tidio 客服机器人 + ChatGPT API ▸ 结果：机器人处理大部分常见问题，人工客服减少到 2 人 ▸ 成本对比：月成本降低约

60%（具体节省金额视工具套餐和人员配置）▸ 关键洞察：自动化工具可显著提升响应速度和覆盖时长，但需持续优化话术库

不同市场的轻量化配置

越南市场（年 GMV 800 万美元）

类型	配置	月成本
全职团队	内容 2 人+投放 1 人+客服 2 人	3500 美元
外包服务	视频剪辑+财税顾问	1500 美元
工具成本	ERP+客服机器人	200 美元
固定成本合计		5200 美元/月
变动成本	海外仓 0.8 美元/件+提成 1-2%	按业绩浮动
撤退成本	员工补偿+库存残值损失	10-15 万美元

⚠ 避坑提醒：年销 800 万美金的规模，你的备货通常在 50-100 万美金。撤退时，库存清理的损失（通常按货值 30%-50% 折价）才是最大的大头，千万别只盯着工资。

墨西哥市场（年 GMV 500 万美元）

类型	配置	月成本
全职团队	内容 1 人+本地化 1 人+数据 1 人+选品 1 人（远程）	4500 美元
外包服务	视频剪辑+菲律宾客服+财税	2100 美元
工具成本	ERP 等	200 美元
固定成本合计		6800 美元/月
变动成本	亚马逊 FBA 1.2 美元/件+提成 1-2%	按业绩浮动
撤退成本	项目制/外包人员补偿压力较小（需确认合规）+库存+FBA 移除	约 3-4 万美元（视具体情况）

轻量化 vs 重资产对比（以墨西哥为例）:

对比项	传统重资产模式	轻量化模式	差额
年固定成本	34.4 万美元	8.16 万美元	省 26.24 万
撤退成本	15-20 万美元	3-4 万美元	省 11-16 万
决策速度	慢（层层审批）	快（扁平管理）	-
调整灵活性	低	高	-

核心洞察：轻量化架构的威力是——进可攻，退可守。

9.3 人才选用留：认知力>心力>能力

选人标准：不看学历，只看三力

做了这么多年，我发现一个规律：能力强的人很多，但能出结果的人很少。

为什么？因为很多人只有能力，没有认知力和心力。

三力	定义	重要性
认知力	看问题的高度、深度和广度。能看清本质，能抓住关键，能预判趋势。决定做什么、往哪走	
心力	责任心，把公司的事当自己的事。遇到问题第一反应是”我怎么解决”，而不是”这不是我的问题”	
能力	专业技能，解决问题的水平，执行落地的效率	

为什么认知力排第一？

因为方向错了，再努力也是白搭。

我以前有个运营负责人，特别拼，每天工作 12 小时，什么事都亲力亲为。但他认知有局限——只会用老方法做新市场。别人都在用短视频带货了，他还在死磕图文；别人都在用 AI 提效了，他还在手工剪辑。团队累死累活，业绩就是上不去。

后来换了一个人，没那么”拼”，但认知很清醒。他上来第一件事不是干活，而是花两周调研：市场怎么变的？竞争对手在做什么？哪些事情 ROI 最高？然后砍掉 80% 的无效工作，集中资源打爆一个点。三个月后，GMV 翻了 3 倍。

认知力决定你做什么，心力决定你做不做得成，能力决定你做得多快。

顺序不能错： - 认知力低的人，方向错了，越努力越偏 - 认知力高但心力弱的人，想得清楚但执行不到位 - 认知力高、心力强的人，能力差一点也能补上来

核心标准：先看他怎么想问题，再看他怎么扛责任，最后才看他怎么干活。

怎么判断一个人的认知力？

面试的时候，聊几个问题就能看出来。

测试问题一：你怎么看待 XX 行业/赛道的未来？

高认知力的回答	低认知力的回答
能说出底层逻辑：用户需求变化、技术趋势、政策走向	只能说表面现象：现在很火、竞争很大
有独立观点，能说出”别人没看到的点”	人云亦云，复述网上的观点
能区分”确定性机会”和”不确定性风险”	要么盲目乐观，要么盲目悲观

测试问题二：如果给你 100 万预算做 XX 市场，你会怎么分配？

高认知力的回答	低认知力的回答
先问清楚目标，再分析优先级，给出资源分配逻辑	不问目标，直接按经验分配
会说”先测试小样本，验证后再放大”	直接说”投广告 XX 万、招人 XX 万”
能说出”不做什么”比”做什么”更重要	什么都想做，没有取舍

测试问题三：讲一个你做过的最成功的决策，为什么成功？

高认知力的回答	低认知力的回答
能讲清楚决策背后的思考逻辑	只讲结果好，讲不清为什么
能说出当时看到了什么别人没看到的	归因于运气好、执行力强
能复盘哪些是可复制的，哪些是偶然的	觉得成功就是成功，没有反思

测试任务：给一个开放性问题，看他怎么分析

比如招内容运营，我会问："如果让你从0开始做一个TikTok账号，你会怎么做？给你3天时间，写一份方案。"

高认知力的表现	低认知力的表现
先研究平台算法、用户画像、竞品打法	上来就说发什么内容、怎么剪辑
方案有优先级：先测试什么、后放大什么	方案是流水账：第一周、第二周、第三周
能说出"不确定的地方需要测试验证"	觉得方案写完就能执行，没有灰度思维

远程人才的招聘渠道

做跨境电商，团队是全球化的，招聘也要全球化。

主要招聘渠道：

渠道类型	具体平台	适用岗位	成本
全球平台	LinkedIn、Indeed、Glassdoor	中高端岗位	0-300 美元/月
区域平台	JobStreet（东南亚）、Computrabajo（拉美）、StepStone（欧洲）	基础岗位	按需付费
自由职业	Upwork、Fiverr、Freelancer	项目制远程工作	按项目付费
本地渠道	当地大学、华人社群、员工推荐	实习生、应届生	0-500 美元
社交媒体	Facebook 群组、TikTok、Instagram	内容创作者	0 美元

⚠ 合规提醒：远程用工的合同类型需结合当地法律与实际管理方式（是否固定工时、是否被指挥监督等）判断。如果符合项目制/外包特征，可签署《项目服务协议（Service Agreement）》；如果存在实质雇佣关系，则应签署当地合规的雇佣合同。建议由当地律师确认用工性质，避免误分类带来的补偿与罚款风险。

招聘成本效益对比：

渠道	成本	周期	质量	推荐指数
员工推荐	500 美元/人	1-2 周		
社交媒体	0 美元	1-3 周		
LinkedIn	0-99 美元/月	2-4 周		
Upwork	按项目付费	1 周		
付费平台	300 美元+/月	1-2 周		

我的建议：优先员工推荐，其次社交媒体，最后才是付费平台。

实战案例“随时能撤”。

渠道	成本	周期	质量	推荐指数
员工推荐	500 美元/人	1-2 周		
社交媒体	0 美元	1-3 周		
LinkedIn	0-99 美元/月	2-4 周		
Upwork	按项目付费	1 周		
付费平台	300 美元+/月	1-2 周		

我的建议：优先员工推荐，其次社交媒体，最后才是付费平台。

实战案例：TikTok 招聘视频找到头部主播

▸ 背景：需要在越南找一个内容运营 ▸ 做法：在 TikTok 上发了一条招聘视频，说明我们做什么、需要什么人、待遇如何 ▸ 结果：一周收到 200 多份简历，找到了 Linh ▸ 成本：0 美元（只花了拍视频的时间）▸ 后续：Linh 现在是我们的头部主播，月收入 5500 美元，年创造 GMV 超 180 万美元

快速培养：3 天上手，7 天出活（适用于标准化岗位）

很多公司的培训搞得特别复杂，新人入职要培训2周甚至1个月。等培训完，市场都变了。

我的培训原则：够用就行，边干边学。（注：以下节奏适用于流程标准化、重复性较强的岗位；核心决策岗位需要更长的磨合与培养周期。）

新人入职培训（3天）：

天数	上午	下午	晚上作业
第1天	看我们的TikTok账号、产品、竞争对手（2小时）	了解目标市场、用户画像、内容定位（2小时）	分析3个竞品账号，写简单报告
第2天	学习工具（Slack、Notion、数据看板）（2小时）	跟老员工做一遍实际工作（3小时）	用工具完成一个简单任务
第3天	独立完成一个小任务（3小时）	老员工review，给出改进建议（1小时）	总结3天心得

3天后，新人已经可以开始干活了，虽然效率不高，但能出活。

边干边学（第4-10天）：

- 每天给一个具体任务，明确标准和截止时间
- 遇到问题随时问，老员工随时答
- 每天下班前，15分钟review当天工作
- 每3天做一次小测试，看掌握情况

培训效果里程碑：

时间节点	效率水平
第 3 天	能开始干活
第 10 天	效率达到正常员工的 60-70%
第 30 天	效率达到正常员工的 90% 以上

⚠ 避坑提醒：不要把培训搞得太复杂。够用就行，边干边学最高效。市场变化太快，等培训完可能玩法都变了。

留人：用结果分钱，用未来绑人

招人容易，留人难。我的答案：两个东西，钱和未来。

薪酬设计原则：底薪保生存，提成看结果，奖金拉差距

销售类岗位（内容运营、广告投放）：

构成	比例	说明
基础工资	60%	保障基本生活
业绩提成	30%	GMV 的 1-2%，超额部分更高
奖金激励	10%	爆款奖励 500 美元/条

提成阶梯设计：

目标完成度	提成比例
完成基础目标	1%
超额 50%	1.5%
翻倍完成	2%

实战案例：越南内容运营 Linh 的收入结构

▸ 基础工资：1000 美元/月 ▸ 月度 GMV：20 万美元 ▸ 提成：20 万×1.5% = 3000 美元 ▸ 爆款奖励：3 个爆款×500 = 1500 美元 ▸ 总收入：5500 美元/月（越南当地白领的 5 倍） ▸ 关键洞察：这个收入外面没公司能给，所以她不会跳槽

服务类岗位（客服、运营支持）：

构成	比例	触发条件
基础工资	70%	保障基本生活
绩效奖金	20%	KPI 完成率>100%，奖励基础工资的 20%
质量奖励	10%	客户表扬 50 美元/次，零投诉月 200 美元

股权激励方案（核心员工）：

条件	要求
参与条件	工作满 1 年，绩效连续优秀
股权比例	核心员工 0.2-0.5%，负责人 0.5-2%
行权条件	4 年行权期，每年 25%，在职期间免费行权

内部创业机制：

内容	说明
申请条件	核心员工可申请开拓新市场
公司支持	提供启动资金 5-10 万美元
利润分成	亏损公司承担，盈利 50% 归员工

留人的核心：让优秀的人赚到钱，让核心的人看到未来。

9.4 团队文化：不讲情怀讲结果，不搞形式讲实效

结果导向的文化

很多公司喜欢搞企业文化，墙上贴满愿景使命价值观，但员工根本不 care。

为什么？因为虚。跟实际工作没关系，跟员工利益没关系。

我的团队文化只有 4 个字：结果导向。

不管你用什么方法，不管你几点上班，不管你在哪里工作，我只关心你能不能出结果。

结果导向的具体体现：

原则	说明	示例
不看过程，只看结果	我不管你怎么做的，只管做没做出来	内容运营，我只关心每月能不能做出 3 个爆款，带货 15 万美元
不找借口，只找方法	不要说客观条件怎么样，说你打算怎么解决	周会上说“但是”必须带解决方案
不讲情怀，只讲效果	“带大家分钱”就是最大的情怀	利益共同体，你帮我创造价值，我带你分钱

实战案例：开除”很努力”的员工

▸ 背景：一个广告投放，每天加班到很晚，周末也在研究 ▸ 问题：3 个月了，ROI 一直在 200%，达不到 300% 的目标 ▸ 沟通：他说已经很努力，市场竞争太激烈 ▸ 结果：给了 1 个月期限，还是做不到，直接换人 ▸ 后续：新人第 2 个月就做到 350% 的 ROI ▸ 关键洞察：努力不等于结果。我不是在买时间和努力，我是在买结果

远程团队的凝聚力建设

远程团队最大的问题不是沟通效率，而是缺乏凝聚力。我用结果凝聚人，不是用活动凝聚人。

1. 结果透明化

我们有一个共享数据看板，所有核心指标实时更新：

透明内容	目的
每个人的月度目标和完成进度	做得好的人有成就感
每个市场的 GMV 和 ROI	做得差的人有压力
每个账号的播放量和带货数据	形成良性竞争
每个广告的花费和转化	互相学习借鉴

2. 即时认可和奖励

不要等到月底、季度才奖励，要即时认可。

我们的 Slack 有一个”Wins”频道：- 视频爆了 → 立刻发红包庆祝 - ROI 突破新高 → 立刻发奖金 - 客户给好评 → 立刻截图表扬

3. 会议节奏

会议类型	频率	时长	目的
全员视频会	每周一次	30 分钟	对齐目标，分享进展
复盘会	每月一次	1 小时	总结上月，规划下月
战略会	每季度一次	半天	讨论方向，调整策略

⚠ 避坑提醒：会议不是汇报工作，是讨论问题和分享经验。“报告式”会议没意义，发个邮件就行了。

4. 线下聚会（每年 1-2 次）

虽然是远程团队，但每年还是要见一次面。目的不是团建，是建立信任。

去年我们在泰国普吉岛聚了 3 天，15 人，成本约 2 万美元。回来后，团队协作明显更顺畅（具体效率提升难以量化，但沟通成本和信任度都有改善）。

快速迭代的学习文化

跨境电商变化太快，团队必须有快速学习的能力。

学习机制：

机制	频率	内容
分享会	每周	每人分享本周学到的新东西
竞品分析	每月	集体分析竞争对手的新动作
外部学习	按需	在线课程、行业会议、付费咨询

学习预算分配（年 GMV 的 0.5-1%）:

以我们去年 2000 万美元 GMV 为例:

学习项目	预算
在线课程和书籍	1 万美元
行业会议和差旅	5 万美元
付费咨询和顾问	8 万美元
社群和人脉	3 万美元
合计	17 万美元

实战案例: 高端社群的认知投资回报（作者个人经历, 回报因人而异）

▸ 投入: 约 2 万美元参加一个高端社群 ▸ 收获: 认识几个做得很好的同行, 学到广告投放优化技巧 ▸ 效果: ROI 有明显提升（从约 350% 提升到 420% 区间） ▸ 回报: 按年度广告消耗计算, 预估多赚数十万美元量级 ▸ 关键洞察: 用小钱买认知, 用认知赚大钱——但前提是能落地执行

9.5 风险控制：别把所有鸡蛋放在一个篮子里

团队风险：别依赖任何一个人

做生意最怕的是核心员工突然离职: - 核心运营离职 → 账号无人接手, 半个月没发视频 - 广告投手离职 → 投放策略无人懂, ROI 直接腰斩 - 供应链负责人离职 → 供应商联系方式都带走了

关键人才的备份机制：

1. 核心岗位必须有 AB 角

岗位	A 角（主力）	B 角（备份）
内容运营	主力 1 人	备份 1 人
广告投放	主力 1 人	我自己
供应链	主力 1 人	备份 1 人

2. 知识文档化

所有核心流程必须文档化，存在 Notion 知识库里：

文档类型	内容
内容创作 SOP	从选题到拍摄到剪辑到发布
广告投放 SOP	从开户到投放到优化到复盘
供应链 SOP	从选品到谈判到下单到验货
客服 SOP	从话术到流程到特殊情况处理

任何新人来了，看文档就能上手 80% 的工作。

3. 定期交叉培训

每个季度做一次交叉培训： - 内容运营学广告投放 - 广告投放学内容创作 - 客服学供应链管理

目的：不是让每个人都精通所有，而是关键时刻能顶上。

市场风险：别把所有赌注压在一个市场

2022 年 Shopee 撤出多个市场，只做 Shopee 的卖家一夜失去所有生意。2023 年 TikTok 在美国面临禁令风险，只做美国市场的卖家夜不能寐。

我的市场分散策略：

市场类型	资源配置	具体市场	占比
主力市场	60%	越南（年 GMV 800 万）	40%
成长市场	30%	墨西哥（年 GMV 500 万）	25%
测试市场	10%	泰国（启动中）	5%

⚠ 我的原则：业务成熟期，建议控制单一市场占比不超过 50%，确保一个市场出问题时公司仍能存活。初创期可能难以做到，但应有意识地逐步分散风险敞口。

平台风险：别只做一个平台

很多人只做 TikTok，TikTok 政策一变，整个生意就受影响。

我的平台布局：

平台	资源配置	策略
TikTok	70%	主力平台，内容创作、广告投放都以此为主
Instagram	20%	辅助平台，内容同步发布
YouTube Shorts	10%	测试平台，内容改编发布

实际操作成本：

项目	额外成本
时间成本	每条视频多花 10-15 分钟同步
运营成本	几乎为 0（内容复用）

收益：

平台	额外流量
Instagram	+10-15%
YouTube	+5-10%
总计	+15-25%

资产风险：防范“内贼”与数据流失

远程团队最难管的是核心资产流失。如果你的内容、数据、客户清单都在员工个人电脑里，一旦离职，你可能一无所有。

1. 数据主权归公司 - 统一云端：所有文档、SOP 必须在公司指定的企业网盘（如 Notion、飞书文档）协作，严禁私传本地。 - 严禁导出：核心客户清单、投放数据看板，开启“禁止下载”和“动态水印”功能。

2. 账号管理权隔离 - 管理员权限：TikTok 账号、广告后台、ERP 的最高管理权限必须掌握在你自己（老板）手中。 - 收回流程：离职当天，一键收回所有远程办公工具（Slack、Notion 等）的访问权限，确保数据不被恶意删除。

> 核心思路：主力不变，但降低风险。

团队建设检查清单

在搭建团队前，用这个清单自检：

结果导向检查

- ☐ 是否明确了要达成的核心结果？
- ☐ 是否按结果配人，而不是按岗位招人？
- ☐ 每个人是否都清楚自己要出什么结果？

轻量化检查

- ☐ 核心能力是否自己做，边缘业务是否外包？
- ☐ 远程岗位是否优先远程？
- ☐ 是否用工具替代了重复性人力？
- ☐ 撤退成本是否在可接受范围内？

人才管理检查

- ☐ 选人时是否优先看认知力?
- ☐ 新人是否能在 3-7 天内上手?
- ☐ 薪酬设计是否与结果挂钩?
- ☐ 核心员工是否有长期激励?

风险控制检查

- ☐ 核心岗位是否有 AB 角?
- ☐ 核心流程是否文档化?
- ☐ 市场是否分散（单一市场<50%）?
- ☐ 平台是否分散（有多个流量入口）?

本章核心术语表

术语	英文	大白话解释
人效	Revenue per Employee	每个人平均创造多少 GMV
ROI	Return on Investment	投 1 块钱能赚几块钱回来
SOP	Standard Operating Procedure	标准操作流程，照着做就行的手册
AB 角	Backup Role	同一个岗位有两个人能干，互为备份
OKR	Objectives and Key Results	目标与关键结果，一种目标管理方法

本章小结

1. 结果导向设计团队：不要为了岗位设岗位，要为了结果找人。先明确要什么结果，再倒推需要什么能力，最后找能扛起结果的人。
2. 保持轻量化架构：核心能力自己做，边缘业务全外包；远程优先，本地化按需；用工具替代人。目标是”随时能撤”，进可攻退可守。
3. 选人看认知力第一：认知力>心力>能力。方向错了再努力也白搭，认知力决定做什么，心力决定做不做得成，能力决定做得多快。
4. 用结果分钱留人：底薪保生存，提成看结果，奖金拉差距。让能出结果的人赚到钱，让核心员工看到未来。
5. 分散风险不依赖：不依赖任何一个人（有备份），不依赖任何一个市场（占比<50%），不依赖任何一个平台（多渠道布局）。

记住：跨境电商是特种作战，不是阵地战。你需要的是能独立作战的特种小队，不是需要层层管理的正规军。团队是1，其他都是后面的0。选对人，用轻架构，才能在快速变化的市场中活下来，活得好。

第十章：法律合规与风险管理

【开篇故事】

2024 年 3 月，一个叫老王的朋友约我吃饭，人瘦了一圈。

他在美国做 TikTok Shop，主卖家居收纳，做了一年半，月销售额 80 万美金，利润率 25%，一年净赚 150 多万人民币。刚租了更大的办公室，准备扩团队冲刺旺季。

然后，加州税务局（CDTFA）的一封信，让他整个人都懵了。

“侯哥，我一直以为我在中国，美国管不着我。”他苦笑，“没想到用了美国海外仓，就触发了销售税。”

结果呢？

补缴过去 18 个月的销售税：12.8 万美金。罚款：3.2 万美金。利息：8000 美金。总共 16.8 万美金，折合人民币 120 多万。

更麻烦的是——他用 FBA 发货，货放在加州、德州、新泽西等 8 个州的仓库，每个州都要单独注册、单独申报。光律师费和合规费又花了 4 万美金。

一年的利润，全搭进去了。

同一年，另一个做美妆的朋友，用了 18 张从网上下载的图片做广告。没买授权。

Getty Images 的律师函一来，单张图片赔偿 2000 美金。18 张，总共赔 3.6 万美金。账号被封，之前积累的 20 万粉丝全废了。

你看，做跨境电商，产品卖不出去顶多换个品。但法律出事，几年心血一夜清零。

【核心观点】

合规不是成本，是护城河。你合规了，别人抄你也抄不走；你不合规，随时可能被人举报搞死。

很多人不重视合规，说白了三个原因：

原因	心态	真相
侥幸心理	“我就小打小闹，谁会查我?”	平台有机器扫描，税务局有数据比对，查到就完蛋
短视思维	“先赚快钱，出事再说”	出事那天往往是最赚钱的时候，损失最大
成本恐惧	“合规太贵了，我做不起”	合规一年3-5万，不合规被罚一次10万起步

我跟你算笔明账：

- 合规经营一年成本：3-5 万人民币（律师咨询+税务代理+基础认证）
- 不合规被罚一次：最少 10 万起步，严重的倾家荡产

这账怎么算都是合规划算。

10.1 各国法律环境深度解析

电商法规要求：别拿国内经验往外套

【场景引入】

很多人做跨境的第一个坑就是：把国内那套直接搬过去。

去年有个学员，在国内做抖音卖得好好的，跑到美国 TikTok 照搬话术："7 天见效，无效退款"。

三天后账号被封，理由是虚假医疗宣传。

在国内这种话术遍地都是，但在美国，联邦贸易委员会（FTC, Federal Trade Commission）可不跟你开玩笑。

中国电商法规的执行强度和处罚节奏与欧美不同。你在国内能玩的很多套路，到了欧美就是作死。

美国市场：最自由也最规矩

美国律师比老师都多，法律意识极强。一个产品出事，能引来一群律师打集体诉讼。

消费者保护法——美国人最会较真

实战案例：减肥产品功效宣传翻车

▸ 背景：学员在美国 TikTok 卖减肥产品 ▸ 挑战：文案写"一周瘦 10 斤，无效退款"，觉得已经很保守（国内都写一周瘦 20 斤） ▸ 结果：收到 FTC 警告，罚款 5 万美金 ▸ 理由："缺乏科学依据的功效声明" ▸ 关键洞察：美国功效承诺必须有临床数据支持，不是你说有效就有效

美国消费者保护红线一览表：

红线	要求	违规后果
功效承诺	必须有可靠、充分证据支持（视产品性质可能需要临床/实验数据）	罚款 1-10 万美金
前后对比图	必须是真实用户，不能 P 图，要有用户授权	账号封禁+赔偿
价格展示	必须包含所有费用（税费、运费一次性说清）	平台警告+下架
退货政策	美国无统一法定退货期限，由平台/商家决定；若承诺退货必须按承诺执行	投诉率飙升+封号

小技巧：宣传文案全部改成”用户反馈”、“大多数人感觉”这种表述，别说绝对的话。

产品安全认证——这钱省不得

实战案例：省 3000 美金认证费，亏了 4.5 万

▸ 背景：朋友做充电宝，为了省 3000 美金的 FCC 认证费直接发货 ▸ 挑战：2 万个充电宝到美国海关，全部扣押 ▸ 过程：每天仓储费 200 美金，15 天后扛不住 ▸ 结果：加急认证费 3 万美金+仓储费 3000 美金，总共亏 4.5 万美金 ▸ 关键洞察：早花 3000，能省 4 万多

美国必做认证清单：

产品类型	认证要求	费用	周期
电子产品	FCC 认证	1000-3000 美金	2-4 周
儿童用品	CPSC 认证	2000-5000 美金	4-6 周
食品	FDA 食品设施注册	官方免费（代理费另计）	1-2 周
化妆品	FDA/MoCRA 登记 +标签合规	费用因品类而异	2-4 周
所有产品	英文标签+警告说明	自行制作	无

⚠ 我们踩过的坑：学员卖儿童玩具，没做CPSC认证就上架。有家长投诉孩子差点被小零件卡住喉咙。虽然最后证明是家长监护不当，但因为没认证，还是赔了 2.5 万美金和解费。没认证就是你的错。

欧盟市场：数据保护是命门

欧盟对用户隐私的保护到了变态的程度。通用数据保护条例（GDPR，General Data Protection Regulation）的罚款能让你倾家荡产——Google 被罚过 5000 万欧元，Amazon 被罚过 7.46 亿欧元，巨头都扛不住。

GDPR——小卖家也跑不掉

实战案例：小卖家被 GDPR 罚 5 万欧元

▸ 背景：朋友做独立站，月销售额 20 万欧元，觉得自己是小生意，GDPR 管不到 ▸ 挑战：有用户要求删除数据，他没当回事 ▸ 结果：用户举报，德国数据保护局查下来，罚款 5 万欧元 ▸ 损失：三个月的净利润全搭进去 ▸ 关键洞察：GDPR 不管你多小，只要你卖货给欧盟用户就得遵守

GDPR 硬规矩速查表：

规定	具体要求	违规后果
收集信息告知	收集任何信息前必须明确告知用户，要勾选同意（不能默认勾选）	罚款
删除数据请求	用户要求删数据，通常需在 1 个月内响应（复杂情形可延长），备份应限制访问并在合理周期内清理	罚款
罚款标准	年营业额 4% 或 2000 万欧元，取高的那个	——
数据泄露上报	72 小时内必须报告，逾期可能加重处罚	高额罚款

实操三步走：

1. 网站必须有 Cookie 弹窗（找个 GDPR 插件，100 欧元搞定）
2. 用户资料定期清理，别无限存储
3. 找个 GDPR 合规服务商，年费 1000-2000 欧元，能省大麻烦

CE 认证——进欧盟的门票

没 CE 标志的产品在欧盟就是非法产品，海关见一个扣一个。

实战案例：LED 灯没认证，35 万全废

▸ 背景：卖家发一批 LED 灯到欧洲，货值 35 万人民币 ▸ 挑战：没做 CE 认证 ▸ 结果：在荷兰鹿特丹港被扣，交 5 万欧元罚款才能拿回来 ▸ 最终选择：放弃货物，因为罚款比货值还高 ▸ 关键洞察：CE 认证费用 2000-10000 欧元，比货打水漂便宜多了

CE 认证实操指南：

项目	费用	周期	备注
简单产品认证	2000 欧元	2-3 个月	——
复杂产品认证	10000 欧元起	3-6 个月	——
欧盟授权代表	1000-3000 欧元/年	——	必须有

⚠ 注意：CE 认证不是一次性的，产品改版了要重新认证。

欧盟新规“双煞”：EPR 与 GPSR（2025-2026 核心要点）

很多老卖家在 2024 年底吃了大亏，就是因为忽视了这两个新规。

1. 生产者责任延伸（EPR，Extended Producer Responsibility）

这不是一个单一认证，而是一系列环保要求。你卖包装、卖电池、卖电子产品，都要在当地注册回收。

类别	核心覆盖国家	费用参考	周期
包装法	德国（LUCID）、法国	100-300 欧元/年	1-2 周
电气电子设备（WEEE）	德国、法国	500-1500 欧元/年	4-8 周
电池法	德国、法国	300-800 欧元/年	4-8 周

注：以上费用随品类、销量、合规服务商浮动，实际以服务商报价为准。

⚠ 实战提醒：德国包装法（LUCID）是强制中的强制。没有这个注册号，货发到亚马逊或 TikTok 仓库会被直接拒收。

2. 通用产品安全法规（GPSR，General Product Safety Regulation）

2024 年 12 月正式强制。它要求欧盟销售的几乎所有非食品类产品都必须有： - 欧盟负责人（欧代）信息。 - 产品标识（型号、批次号）。 - 制造商和进口商的详细联系信息（必须印在产品或包装上）。

避坑策略：不要只在 APP 后台填个欧代信息。GPSR 要求必须在实物包装上印有欧代联系方式。海关查验时，如果包装上没有这些信息，直接扣货。

东南亚市场：看起来松，其实坑更多

很多人觉得东南亚市场不规范，可以野蛮生长。错了，东南亚的坑比欧美还隐蔽，因为规则不透明，执行随意性强。

东南亚三国对比表：

国家	难度	注册周期	费用	核心坑
越南	★★★★★	3-6 个月	8-15 万人民币	必须有投资许可证，数据本地化
泰国	★★★☆☆	1-2 个月	3-5 万人民币	外汇管制，单笔 5 万美金以上要报备
印尼	★★★★☆	2-3 个月	3-5 万人民币	清关效率低，各种灰色费用

越南——最难啃的骨头

我有个朋友 2023 年想进越南市场，花了 8 个月才搞定所有手续，光律师费就花了 12 万人民币。

越南硬门槛：

- 外资做电商必须有投资许可证（办理 3-6 个月，花费 8-15 万人民币）
- 数据必须存在越南本地服务器（一年成本 3-5 万人民币）
- 很多文件要翻译成越南语+公证

我的建议：除非你准备在越南深耕，否则别碰。先做泰国和印尼，成熟了再考虑越南。

泰国——最友好的选择

泰国是东南亚里最适合新手的市场，政策相对透明。

注意事项：

- 外汇管制：单笔 5 万美金以上要报备银行
- 数据保护法类似 GDPR，但罚款少（最多 100 万泰铢，约 2 万人民币）
- 电商注册 1-2 个月搞定，费用 3-5 万人民币

实操经验：泰国市场可以先用 TikTok Shop 测试，不用一开始就注册公司。等月销售额稳定在 50 万人民币以上，再考虑本地化。

印尼——最大的机会和最多的麻烦

印尼人口 2.7 亿，市场够大，但也够难搞。我 2022 年在印尼做过 8 个月，教训深刻。

印尼真实情况：

- 必须注册 PT 公司（费用 3-5 万人民币，周期 2-3 个月）
- 数据本地化（服务器一年 2-3 万人民币）
- 税务极严：增值税 11%+所得税 22%，不交税账户秒冻
- 清关效率低，货在海关卡 1-2 周是常态
- 各种灰色费用（关系费、加急费），预算要多留 20%

⚠ 血泪建议：印尼市场先用 Tokopedia、Shopee 这些本地平台测试，别上来就搞独立站。等稳定后再本地化。

东南亚市场生存法则（4 条）：

1. 必找本地合作伙伴（律师+会计师+货代）
2. 第一批货小批量发，测试清关流程
3. 预算多预留 30% 应急金
4. 合规文件全部留档，应对检查

10.2 税务合规：最贵的学费都在这

【场景引入】

做跨境电商最不能碰的红线就是税务。产品卖不动顶多亏点钱，但税务出事是要坐牢的。

实战案例：逃税被罚 47.6 万欧元

▸ 背景：圈内朋友做欧洲市场，一年卖 200 万欧元，净利润 60 万欧元 ▸ 做法：觉得自己在国内，欧洲管不到，没注册 VAT ▸ 结果：2023 年 7 月，德国税务局冻结 TikTok Shop 账户，账户里还有 18 万欧元没提现 ▸ 罚单：补缴过去三年 VAT 38 万欧元+罚款 7.6 万欧元+利息 2 万欧元=47.6 万欧元 ▸ 他的原话："早知道一年花 3000 欧元找代理做合规，哪至于赔这么多。"

欧盟 VAT——想赚欧洲的钱就得交的税

增值税（VAT，Value Added Tax）是欧盟所有国家都有的消费税，你只要在欧盟卖货就必须交。

欧盟 VAT 数据一览表：

项目	内容
注册门槛	跨境远程销售：年销售额 1 万欧元（约 7.5 万人民币）；若在欧盟存货/进口则通常需立即注册
德国税率	19%
法国税率	20%
波兰税率	23%
意大利税率	22%
注册费用	找代理 500-2000 欧元
年度申报维护	1000-3000 欧元

很多人觉得税率高，19% 的税不就是没利润了吗？

VAT 通常可通过含税定价转嫁给消费者。

你卖 100 欧元的货，其中约 16 欧元是 VAT，你收了之后交给政府。但要注意：若售价被平台压死或竞争激烈无法涨价，VAT 会直接挤压你的利润。

VAT 分阶段策略（踩过坑总结的）：

月销售额	策略	说明
1 万欧元以下	视情况判断	纯跨境直邮且无欧盟库存可暂缓；若用海外仓/FBA 则需立即注册
1 万-5 万欧元	必须注册一个国家	建议选波兰（税务局相对好沟通）
5 万欧元以上	主要销售国都要注册	德国、法国、西班牙、意大利

英国 VAT——脱欧后的独立账

2021 年英国脱欧后，VAT 变成单独体系，不能用欧盟 VAT 号。

英国 VAT 要点：

项目	内容
注册门槛	年销售额 8.5 万英镑（约 75 万人民币）
标准税率	20%
儿童用品/食品税率	5% 或 0%（视品类）
注册费用	HMRC 官方免费；找代理服务约 1500-2500 英镑

实操建议：英国市场独立做，月销售额 5 万英镑以上就值得注册。英国税务局比欧洲其他国家效率高，注册快，沟通方便。

美国销售税——50 个州 50 种玩法

美国没有统一的 VAT，而是每个州自己收销售税，这才是真正的噩梦。

美国销售税复杂程度：- 50 个州中，45 个州+华盛顿特区（DC）有州级销售税，税率 4%-10% 不等，另有地方税 - 每个州门槛不同，大部分是年销售额 10 万美金或 200 笔订单 - 每个州都要单独注册、单独申报、单独缴税

实战案例：15 个州的税务噩梦

▸ 背景：朋友做美国市场，年销售额 300 万美金 ▸ 挑战：在 15 个州触发了纳税义务 ▸ 成本：每个州都要找律师注册，光律师费 2 万美金，每月申报费 3000 美金 ▸ 关键洞察：早做规划，找专业税务公司打包处理

美国销售税分阶段策略：

年销售额	策略	年成本
50 万美金以下	可暂不管，风险小	0
50-200 万美金	在主要州注册（加州、德州、佛州、纽约）	8000-15000 美金
200 万美金以上	必须做全合规	20000-35000 美金

关税——合理省税能多赚 30%

关税是跨境电商的大头成本之一，但也是最有优化空间的。

主要市场关税率参考（仅为常见区间，具体以 HS 编码与原产地为准）：

品类	美国	欧盟	东南亚
T 恤	16%	12%	10-30%
夹克	28%	12%	10-30%
手机配件	0%	3-5%	0-20%
耳机	6%	3-5%	0-20%
护肤品	0%	0-6.5%	5-15%
彩妆	6.5%	0-6.5%	5-15%

省关税的三个实战技巧：

技巧 1：HS 编码决定生死

HS 编码就是商品的国际分类代码，不同编码关税差几倍。

实战案例：HS 编码优化省 30 万美金

▸ 背景：学员卖蓝牙音箱 ▸ 问题：一开始按”音响设备”报关，关税 12%，每个产品多交 3 美金 ▸ 优化：找报关行改成”蓝牙通讯设备”，关税 0% ▸ 结果：一年发 10 万个产品，省了 30 万美金

⚠ 注意：HS 编码要合理选择，不能明显不符，被海关查到要罚款。

技巧 2：利用 RCEP 协定零关税

2022 年区域全面经济伙伴关系协定（RCEP）生效后，中国和东盟国家之间很多产品关税降到 0%。

实操：如果你做泰国、越南市场，货从中国直接发，申请 RCEP 原产地证明，很多品类免关税。

技巧 3：海外仓降低关税基数

货发到保税仓或海外仓，按批发价报关，关税基数低。等卖给消费者再按零售价收款。

举例对比：

发货方式	报关价格	关税（按 15% 算）
直邮	50 美金（零售价）	7.5 美金
海外仓	10 美金（成本价）	1.5 美金

一年省下的关税能覆盖海外仓成本。

⚠【重大预警】美国 Section 321（800 美金免税额）政策变动

多年来，中国跨境小包直邮能火，全靠美国海关的 Section 321 法案：只要包裹货值低于 800 美金，免关税。

2025-2026 年风险点：美国政府正在推动取消针对中国跨境电商（如 TikTok Shop, Temu, Shein）的 Section 321 豁免。如果取消，即使你发一个 5 美金的手机壳，也可能要交 25% 以上的关税+处理费。

应对方案：1. 测试海外仓模式：大宗货海运到海外仓，按批发价交税，应对直邮关税飙升。2. 优化定价逻辑：毛利至少留出 20% 的“关税波动空间”。

所得税和税务架构——大卖家才需要考虑

年销售额 200 万美金以下的，别操心所得税，把精力放在卖货上。

但如果你做到年销售额 500 万美金以上，就要考虑税务架构了，否则白白多交几十万税。

常设机构（PE，Permanent Establishment）陷阱：

简单说，你在某个国家有”实体存在”，就要在那里交企业所得税。

触发条件	避免方法
在当地租办公室超过 6 个月	不自己租办公室
在当地雇佣员工	用合作伙伴或代理
在当地有固定仓库（自有或长租）	用第三方海外仓

大卖家常用税务架构（年销售额 500 万美金以上）：

中国公司（生产采购）→ 香港公司（贸易中转）→ 各国销售

好处：- 香港企业税 16.5%，比国内低 - 香港离岸所得免税 - 方便外汇进出

成本：- 香港公司注册：8000-15000 港币 - 年度审计报税：20000-40000 港币 - 必须有真实业务，不能是空壳

我的建议：年销售额300万美金以下别折腾，老老实实交税；300万美金以上找专业会计师设计架构。

10.3 知识产权保护：一不小心赔几十万

【场景引入】

跨境电商最容易踩的坑除了税务就是知识产权（IP，Intellectual Property）。国内对 IP 保护相对宽松，很多人无感。但在欧美，侵权就是真金白银的赔钱。

实战案例：用苹果 logo 赔 8 万美金

▸ 背景：2023 年，朋友卖手机支架，用了苹果的 logo 做宣传图 ▸ 时间：卖了 3 个月 ▸ 结果：收到苹果律师函——商标侵权 ▸ 代价：和解赔 8 万美金，账号被封，40 万人民币库存全销毁 ▸ 关键洞察：大品牌的东西一点都不能碰

商标——碰瓷高发地

商标是最容易被告的，因为太好识别了。

实战案例：对勾 logo 被 Nike 告

▸ 背景：学员做服装，设计了个对勾 logo，跟 Nike 的勾子有点像 ▸ 心态："不完全一样应该没事" ▸ 结果：Nike 律师函直接寄到家，索赔 5 万美金 ▸ 最终：花了 3 万美金和解，账号也没了

保护自己的方法:

1. 有品牌必须注册商标（早注册早安心）

地区	费用	说明
美国	300-500 美金/类别	——
欧盟	850 欧元/类别	覆盖 27 国，性价比最高
英国	170 英镑/类别	——

2. 绝对不要碰大品牌的擦边球（Nike、Apple、LV 等，100% 被告）

3. 选品时先查商标（去 USPTO、EUIPO 查一下有没有近似商标）

版权——随便用图片就是作死

版权侵权最隐蔽，很多人不知道自己侵权了，等律师函来就晚了。

版权三大高危区域:

高危区域	具体风险	避坑方法
图片	Getty Images、Shutterstock 机器扫描全网找侵权，每张赔 2000 美金	① Shutterstock 月费 29 美金不限量② 免费图库 Unsplash、Pexels③ 自己拍产品图
音乐	流行歌曲商业推广是侵权	① 用 TikTok 曲库音乐 ② 买无版权音乐（Epidemic Sound 月费 15 美金）
字体	方正、汉仪商用要授权	① 用免费商用字体（思源黑体、阿里巴巴普惠体）② 商业字体买授权（年费 1000-3000 元）

实战案例：18 张图片赔 3.6 万美金

▸ 背景：朋友做独立站，从网上随便下了 18 张图片做产品页 ▸ 时间：半年后收到 Getty Images 律师函 ▸ 结果：每张图赔偿 2000 美金，总共 3.6 万美金 ▸ 关键洞察：正版图库月费 29 美金，能避免 3.6 万美金损失

专利——大公司的猎杀游戏

专利侵权是最贵的侵权，一旦被告基本就是几十万美金起步。

高风险品类：- 电子产品（手机支架、耳机、充电器）- 创意家居（收纳神器、厨房小工具）- 美容仪器（脸部清洁仪、按摩仪）

实战案例：手机散热器专利侵权赔 12 万美金

▸ 背景：2022 年有个卖家做手机散热器，卖得很火 ▸ 挑战：被一家美国公司起诉专利侵权 ▸ 证据：对方拿出 2019 年的专利证书 ▸ 结果：和解赔 12 万美金，签永久停售协议

避坑方法：

1. 选品前去 Google Patents 查专利（看有没有类似产品已注册）
2. 绝不碰大品牌仿品（苹果、戴森有专门的打假团队）
3. 收到律师函先核实真假（很多是诈骗邮件，查律师牌照）
4. 年销售额 100 万美金以上买产品责任险（包含专利侵权保险）

收到侵权函怎么办（4 步应急）：

1. 别慌，先验证真假（查律师事务所是否真实存在）
2. 立即下架相关产品（先止损）
3. 找 IP 律师咨询（费用 1000-3000 元，但能省几十万）
4. 能和解就和解（打官司律师费 10 万美金起）

10.4 平台规则与政策

TikTok 规则的红线：账号是命根子

【场景引入】

2023 年有个学员，账号 70 万粉丝，月 GMV 150 万人民币，稳定盈利。

突然有一天账号被封，理由是”多次违规”。申诉三次全被驳回，几个月心血全没了。

更惨的是，封号的同时账户余额也被冻结，18 万人民币提不出来，供应商货款还没结，差点资金链断裂。

账号被封比货卖不出去还惨。

TikTok 死刑红线一览表:

红线类型	违规行为	后果
虚假宣传	“一周瘦 20 斤”、“100% 有效”、P 图前后对比、“医生推荐”	警告→限流→封号
禁售品	处方药、仿品、成人用品、武器危险品	直接封号
知识产权侵权	用大牌 logo、搬运视频、未授权音乐做付费广告	封号+赔偿
诱导交易	虚假库存”仅剩 3 件”、虚假原价、引导加微信、刷单	封号+冻结资金

2025 新变：AI 内容红线

现在大家都在用 AI 生成模特图、AI 数字人视频。主流平台正推行 AI 内容透明度要求（具体标注规则以最新平台政策为准）。

- 建议标注：使用 AI 生成的视觉、音频内容，发布时按平台要求勾选相应标签，如“AI-generated content”标签。

· 版权风险：使用 AI 生成的名流形象（如 AI 泰勒·斯威夫特）推广，属于严重侵权，直接封号。
· 虚假欺诈：用 AI 生成虚假的产品演示效果（如 AI 生成的美白瞬间对比），属于欺诈，判罚极重。

TikTok Shop 账号健康分（Account Health）系统

TikTok现在模仿亚马逊，实行账号健康分体系（分值与规则因地区/时期可能调整，以平台最新公告为准）。

分值范围	处罚措施（参考）
低分段	警告，不影响经营
中分段	限制参加大促活动，部分商品下架
高分段	搜索降权，限制提现周期，禁止上新
累计严重违规	永久封号，资金冻结（周期以平台公告为准）

保命操作：1. 每日必看：每天进后台看 Account Health 仪表盘，有违规立即申诉。2. 申诉技巧：申诉信要诚恳，说明"为什么错（如新员工误操作）"、"做了什么改进（如加强合规培训）"，并附上采购增值税发票。

正确做法对照表：

错误做法	正确做法
"一周瘦 20 斤"	"大部分用户反馈有效"
"100% 有效，无效退款"	用真实用户评价
P 图前后对比	真实案例展示，标注"效果因人而异"

保命策略（4 条）：

1. 建立内容审核流程：视频发布前必须 2 人审核
2. 敏感品类找专业合规顾问审核
3. 矩阵号运营：同时做 3-5 个账号，不要 all in 一个
4. 定期学习平台政策更新：每月至少一次

直播带货的合规要点：主播一句话能毁全盘

直播是实时的，主播嘴一滑，几十万人看着，想撤都撤不回来。

实战案例：一句话被罚 3 万美金

▸ 背景：学员做美国市场直播 ▸ 问题：主播说了句" This product cures acne"（这产品治痘痘） ▸ 结果：被用户录屏举报，FTC 介入调查 ▸ 代价：罚款3万美金，账号永久封禁

直播死刑线一览表：

类型	违规行为
虚假宣传	"用一次白三度"、"我自己天天用"（虚假背书）、演示假效果
价格诈骗	"全网最低价"（没对比依据）、虚假原价、刷假单
引导站外交易	让用户加微信、线下私交易、诱导刷好评

直播合规三件套（必做）：

序号	措施	说明
1	主播上岗前必须培训	合规话术、应急话术
2	配一个人实时监控	发现违规立即纠正
3	准备产品资质文件	随时应对检查

10.5 财务风险控制

汇率风险：一觉醒来利润没了

实战案例：汇率波动半年亏 90 万

▸ 背景：2022 年朋友做欧洲市场，月销售额 120 万欧元，净利润 30% ▸ 上半年：欧元汇率 7.2，每月净赚 260 万人民币 ▸ 下半年：欧元暴跌到 6.8，每月只赚 245 万人民币 ▸ 损失：每月少赚 15 万，半年损失 90 万 ▸ 更惨的是：还有 50 万欧元货款没结汇，汇率一跌直接蒸发 20 万人民币

汇率怎么吃掉你的利润（算笔账）：

产品售价 50 美元，成本 200 人民币

汇率	收入	利润	利润率
美元 7.0	350 元	150 元	43%
美元 6.5	325 元	125 元	38%

汇率跌 7%，利润率掉 5 个点。月销售额 100 万美金，一个月就少赚 5 万美金（约 32 万人民币）。

实战对冲方法（分阶段）：

月销售额	策略	说明
50 万美金以下	收到就结汇	别想着抄底，收到钱就换成人民币
50-200 万美金	分批结汇	分 3-5 批，每周结汇 20%，平均汇率
200 万美金以上	远期锁汇	找银行签远期合约，锁定未来 3-6 个月汇率，成本 0.2-0.3% 点差

终极方案：多币种分散——同时做美国（美元）、欧洲（欧元）、东南亚（当地币），不同货币相互对冲。

资金安全：平台账户随时可能冻结

实战案例：95 万被冻结 6 周

▸ 背景：2023 年学员账户里有 95 万人民币，准备提现发年终奖 ▸ 问题：因为 3 笔退款纠纷，账户被平台风控冻结 ▸ 结果：申诉 6 周才解冻，年终奖发不出，核心员工走了两个

资金安全三大风险及防范：

风险类型	触发原因	防范方法
平台账户冻结	退款率超5%、知识产权投诉、刷单被发现、单日收款异常大	账户余额超10万就提现，一周一次；保持退款率3%以内；不刷单
银行账户冻结	大额资金突然进账（怀疑洗钱）、对方是黑名单公司、外汇申报不规范	大额收款提前跟银行报备；保留交易证据（合同+订单+物流单）
收款通道涨价	PayPal、Payoneer费率调整	同时用2-3个收款通道备用；定期对比费率

实战操作三原则：

1. 三账户分离：收款户、运营户、备用户
2. 周周提现：别贪平台那点利息
3. 证据齐全：所有交易留档

保险配置：3000美金能救你50万

实战案例：保险救了5.8万美金

▸ 背景：2023年朋友卖充电器 ▸ 问题：有用户的充电器起火烧了沙发，索赔5.8万美金 ▸ 结果：他买了产品责任险，保险公司全赔 ▸ 成本：他一年保费才3500美金 ▸ 对比：另一个没买保险的遇到类似问题，和解赔了4万美金，半年白干

必买三险详解：

险种	保什么	谁必须买	费用标准
产品责任险	产品导致的人身伤害或财产损失	所有卖实体产品的	年销售额100万美金：3000-5000美金/年 年销售额500万美金：8000-12000美金/年
货运险	运输中的货损、货丢	单批货值超10万人民币	货值的0.1-0.5%
账户资金险	账户被盗、被冻结	账户余额常年超50万人民币	保额的0.5-1%

分阶段保险配置表：

年销售额	保险配置	年成本
100万美金以下	产品责任险（必买）+货运险（按需）	5000-8000美金
100-500万美金	产品责任险+货运险（必买）+账户资金险（建议买）	15000-25000美金
500万美金以上	全险	35000-50000美金

推荐保险公司：Chubb、AIG、平安跨境电商险

10.6 各国物流报关实务

报关是生死线

【场景引入】

报关是跨境电商最容易翻车的环节，比选品、推广更凶险。因为报关一旦出错，不是少赚钱，而是货都拿不回来。

实战案例：HS 编码报错多交 8 万+错过黑五

▸ 背景：2023 年学员 45 万人民币的货发美国 ▸ 问题：报关时 HS 编码报错，海关按高税率算 ▸ 结果：多交 8 万关税，被查验货在海关卡了25天，错过黑五旺季

实战案例：没认证 30 万货被销毁

▸ 背景：一批 LED 灯 30 万货值 ▸ 问题：没有 FCC 认证 ▸ 结果：海关直接扣货销毁，30万打水漂

美国报关：规则最严，罚款最狠

美国海关（CBP，Customs and Border Protection）是全球最较真的。抽检概率不低且不可预测，热门品类和低报风险会显著提高查验率。而且有全球最完善的数据库，你报的价格、品类，系统自动比对，异常立马标记。

美国报关必备材料清单：

材料	内容要求
商业发票	产品详细描述+准确 HS 编码+真实货值
装箱单	每箱内容+重量尺寸
提单	海运提单或空运提单
特殊认证	FDA（食品美妆）、FCC（电子产品）、DOT（汽车配件）

报关流程和时间：

1. 货代提前报关（到港前 3-5 天）
2. 海关审核材料
3. 可能查验（15-20% 概率）
4. 缴税放行

正常 1-3 天，查验 5-10 天

美国报关三大致命坑：

坑	案例	后果
低报货值	货 10 万美金报 3 万想少交税	海关数据库比对异常，扣货+高额罚款
HS 编码报错	蓝牙耳机报成”耳机配件”(关税 12%)，其实应报”蓝牙通讯设备”（关税 0%）	一年多交十几万
没有必要认证	LED 灯没 FCC 认证，35 万货值	全扣，高额罚款

⚠ 美国海关有全品类价格数据库，显著低报容易触发查验，罚金额度依情节与法规裁量，可能非常高昂。

保命操作（4 条）：

1. 找靠谱货代（别省几百块找小作坊）
2. 货值真实申报（别贪小便宜吃大亏）
3. 提前办好认证（该花的钱必须花）
4. 第一批小量测试（验证流程没问题再大批量）

欧盟报关：27 国一关，但坑不少

欧盟的好处是：货进了任何一个欧盟国家，在 27 国内流通不用再报关。坏处是：欧盟对产品安全和环保要求全球最严。

欧盟报关必备清单：

材料	说明
商业发票+装箱单	基础材料
CE 认证	大部分产品必须
EORI 号	欧盟企业识别号，没有报不了关
VAT 号	建议有，否则进口 VAT 退不回来
原产地证明	申请优惠税率

报关流程：

货到港（鹿特丹、汉堡、安特卫普）→ 报关 → 缴税 → 放行（正常 2-5 天）

欧盟报关三大坑：

坑	案例	后果
没有 CE 认证	家居灯 35 万货值，在鹿特丹港被扣	要么补办 CE（6 万欧元+2 个月），要么销毁
没有 EORI 号	到港口才发现没 EORI 号	货在港口产生天价仓储费
VAT 没办好	没有 VAT 号	进口 VAT 白交，没法抵扣

实操建议（4 条）：

1. 选鹿特丹港入关（效率最高）
2. 提前 2 个月办 EORI 和 VAT
3. CE 认证必须做（别想蒙混过关）
4. 用欧洲海外仓，专业团队处理报关

英国报关：脱欧后的独立王国

2021 年脱欧后，英国彻底独立了。以前货到欧盟，英国能直接发。现在不行，英国单独报关、单独认证、单独缴税。

英国报关要点：

要点	说明
英国 EORI 号	跟欧盟不通用，要单独申请
英国 VAT	跟欧盟 VAT 分开
UKCA 认证	英国版 CE 认证，部分高风险产品需要

⚠ 常见错误：用欧盟 EORI 号报英国关——不行，系统直接拒绝。

实操建议：- 英国市场独立运营，别跟欧盟混着做 - 提前办好英国 EORI 和 VAT（各需 1-2 周） - 高风险产品办 UKCA 认证

东南亚报关：效率低、隐性成本高

东南亚市场大，但报关是最让人头疼的环节。效率低、规矩不透明、灰色成本高。

东南亚三国报关对比表：

国家	特点	清关时间	核心坑
越南	最难搞，必须有进口许可证，材料要翻译成越南语	5-7 天	没有本地合作伙伴别碰
泰国	相对友好，流程规范	3-5 天	关税高（部分产品 30-40%）
印尼	最慢最乱，必须有印尼进口商，部分产品要 SNI 认证	7-15 天	海关效率低+各种杂费

实战案例：印尼报关多花 4000 美金杂费

▸ 背景：一批货 5 万美金货值 ▸ 预算：报关费+关税应该 8000 美金 ▸ 实际：花了 12000 美金 ▸ 差额：多出来的 4000 美金都是”杂费”（关系费、加急费）

东南亚生存法则（4 条）：

1. 必须找本地货代（外地货代搞不定）
2. 第一批小量测试（摸清门道）
3. 预算多留 30% 应急
4. 清关时间留足（别指望快）

报关省钱技巧速查表：

技巧	效果
HS 编码找专业人士优化	能省 30% 关税
用 RCEP 原产地证明	很多品类免关税
货值真实申报	罚款比省的税贵 10 倍
找靠谱货代	别省小钱吃大亏
第一批小量测试	验证没问题再放量

10.7 合规自检清单

在进入新市场之前，对照以下清单自检：

法律合规自检

- ☐ 目标市场的电商法规是否了解清楚？
- ☐ 产品是否需要特殊认证（FCC/CE/FDA/CPSC 等）？
- ☐ 是否已按需办理欧盟 GPSR 和 EPR 注册？
- ☐ 消费者保护法的红线是否清楚（退货、宣传、价格）？
- ☐ 数据保护合规是否到位（GDPR/本地化）？

税务合规自检

- ☐ 是否触发 VAT/销售税注册门槛?
- ☐ VAT/销售税是否已注册?
- ☐ 税务申报是否按时完成?
- ☐ 关税 HS 编码是否优化?
- ☐ 是否已测算 Section 321 政策变动后的成本?

知识产权自检

- ☐ 产品是否涉及商标侵权?
- ☐ 图片/音乐/字体是否有授权?
- ☐ AI 生成内容是否已按平台最新要求进行标注?
- ☐ 是否查过专利风险?
- ☐ 自有品牌是否已注册商标?

平台规则自检

- ☐ 产品描述是否符合平台规范?
- ☐ 是否有虚假宣传风险?
- ☐ 是否有禁售品风险?
- ☐ 内容审核流程是否建立?
- ☐ 是否定期检查账号健康分（Account Health）?

财务风险自检

- ☐ 汇率对冲策略是否制定?
- ☐ 是否定期提现（周提现）?
- ☐ 多收款通道是否备好?
- ☐ 产品责任险是否购买?

物流报关自检

- ☐ 必要认证是否办好?
- ☐ EORI/VAT 号是否办好?
- ☐ HS 编码是否专业优化?

- ☐ 本地货代是否找好?

本章小结

5 条核心要点回顾:

1. 合规是护城河，不是成本：合规一年 3-5 万，不合规被罚一次 10 万起步。你合规了，竞争对手很难搞死你；你不合规，随时可能被人举报干掉。
2. 税务是最大雷区：VAT/销售税一定要按规定注册和申报，逃税被查的代价是几年心血全废+可能坐牢。
3. 知识产权别碰大牌：商标、版权、专利都是雷区，图片要买授权，logo 要自己设计，选品前要查专利。
4. 平台规则牢记红线：虚假宣传、禁售品、诱导交易都是封号红线，主播一句话说错就能毁全盘。
5. 财务风险要分散：汇率要对冲，资金要分账户，保险要买好，鸡蛋别放一个篮子里。

本章术语速查表

术语	全称	大白话解释
VAT	Value Added Tax	增值税，卖货给消费者要交的税
GDPR	General Data Protection Regulation	欧盟数据保护法，用户隐私要保护好
CE	Conformité Européenne	欧盟安全认证，进欧盟的门票
FCC	Federal Communications Commission	美国电子产品认证
FDA	Food and Drug Administration	美国食品药品监管局
CPSC	Consumer Product Safety Commission	美国消费品安全委员会，儿童用品要过这关
EORI	Economic Operators Registration and Identification	欧盟企业识别号，报关必须有
FTC	Federal Trade Commission	美国联邦贸易委员会，管虚假宣传的
HS 编码	Harmonized System Code	商品国际分类代码，决定关税多少
RCEP	Regional Comprehensive Economic Partnership	区域全面经济伙伴关系协定，可以免关税
PE	Permanent Establishment	常设机构，在当地有实体就要交税
IP	Intellectual Property	知识产权（商标、版权、专利）
[illegible]	[illegible]	[illegible]

写在最后：合规是最便宜的保险

看完这一章，你可能觉得头大：税务、法律、知识产权、报关……每一个都是坑，每一个都要花钱。

但我跟你算笔账：

不合规的代价：- VAT 逃税被罚：45 万欧元（真实案例）- 知识产权侵权：3-12 万美金（真实案例）- 报关失误货被扣：30-50 万人民币（真实案例）- 账号被封：几个月心血全废（无法估量）

合规的成本：

年销售额	合规成本	占比
100 万美金以下	5-8 万人民币/年	约 1%
100-500 万美金	15-30 万人民币/年	约 1-2%
500 万美金以上	50-80 万人民币/年	约 1-2%

你看，合规成本是营业额的 1-2%，但不合规的损失可能是 100%。

四个忠告（请牢记）：

1. 别省专业费用：律师、会计师、报关行，该花的钱必须花。省 1 万可能亏 50 万。2. 提前布局：进入新市场前 2 个月就开始办手续，别等货到港口了才想起来办认证。3. 专业的事找专业人：别自己瞎搞，自学成才的代价太高。4. 持续学习：法规每年都在变，每季度至少学习一次最新政策。

合规不是成本，是壁垒。

你合规了，竞争对手很难搞死你；你不合规，随时可能被人举报干掉。

很多人觉得合规是束缚，其实合规是保护你活到最后的盔甲。做跨境电商，拼到最后不是谁更狠，而是谁活得更久。

记住：赚快钱的时代过去了，现在拼的是谁更合规、更专业、更能长期主义。

选择大于努力，但合规决定你能走多远。

第四部分：前沿技术与未来展望

第十一章：AI 技术应用前沿

开篇故事

2024 年 8 月，我在雅加达的一个共享办公空间里，见到了一个让我震惊的中国卖家。

他叫老周，福建人，40 多岁，一个人，通过指纹浏览器和云手机，管理着 50 个 TikTok 账号，每天发布 200 条内容，月销售额 500 万人民币。

我问他："老周，你怎么做到的？雇了多少人？"

他笑着说："人？就我一个。其他都是 AI 在干。"

他给我看了他的"员工名单"：- 内容创作：ChatGPT + Midjourney - 视频剪辑：CapCut AI - 客服回复：AI 智能客服 - 数据分析：自动化报表系统 - 直播带货：数字人主播

"孤狼，以前我觉得 AI 会抢我的饭碗，现在我发现，不用 AI 的人才会被抢饭碗。"

这句话，我一直记到现在。

本章核心观点：AI 不是未来，AI 就是现在。谁先掌握 AI，谁就能用 1 个人干 10 个人的活，用 1/10 的成本创造 10 倍的价值。

11.1 数字人直播技术

为什么要用数字人直播？

先说个扎心的现实：

你想做 TikTok 直播带货，遇到的第一个问题是什么？

招不到主播。

招到了主播，第二个问题是什么？

留不住主播。

好不容易培养出一个能卖货的主播，第三个问题是什么？

主播要加薪，不加薪就跳槽。

我见过太多老板，花了大半年培养主播，结果主播被竞争对手挖走，直播间直接停摆。

数字人直播解决的核心问题：

传统真人直播的痛点	数字人直播的优势
主播工资高、要求多	一次投入，长期使用
每天最多播 8 小时	24 小时不间断
状态不稳定，有时发挥差	永远保持最佳状态
请假、离职、被挖走	不会离职，永远属于你
只会一种语言	能说多种语言
需要化妆、搭配、打光	永远完美形象

数字人直播的真实成本账

很多人以为数字人直播很贵。我来算笔账给你看：

真人直播每年花多少钱？

成本项目	月均支出	年度支出
主播工资（底薪+提成）	1.5-3 万元	18-36 万元
助播工资	0.5-1 万元	6-12 万元
运营工资	1-1.5 万元	12-18 万元
社保公积金（30%）	0.9-1.7 万元	11-20 万元
直播间场地租金	0.5-2 万元	6-24 万元
设备维护	0.3-0.5 万元	4-6 万元
服装、道具、化妆	0.3-0.8 万元	4-10 万元
合计	5-10 万元	60-120 万元

数字人直播每年花多少钱?

成本项目	首年支出	次年支出
数字人制作（一次性）	8-20 万元	0 元
软件授权/平台费用	3-10 万元	3-10 万元
服务器和带宽	2-4 万元	2-4 万元
内容运营（脚本+素材）	6-12 万元	6-12 万元
技术维护	2-4 万元	2-4 万元
合计	20-50 万元	13-30 万元

关键对比：- 真人直播：每年 60-120 万元，而且会越来越贵 - 数字人直播：首年 20-50 万元，次年起 13-30 万元 - 第二年开始，数字人成本只有真人的 1/3-1/4

更重要的是：- 数字人可以 24 小时直播，真人只能 8 小时 - 数字人可以同时开多个直播间，真人一次只能播一个 - 同样的成本，数字人的产出是真人的 3-5 倍

数字人直播平台怎么选?

2026 年，市面上主流的数字人直播平台：

海外平台（适合做欧美市场）

平台	月费	支持语言	特点	推荐场景
Synthesia	30-90 美元	120+种	技术成熟，效果逼真	产品介绍视频
D-ID	按使用量计费	100+种	API 丰富，可集成	批量视频生成
Hour One	25-100 美元	60+种	定制化强	品牌宣传
HeyGen	24-120 美元	40+种	视频克隆效果好	多语言内容

国内平台（适合做东南亚市场）

平台	年费	优势	推荐场景
硅基智能	5-20 万元	直播带货专精	高频直播
腾讯智影	1200-12000 元	生态完整，入门简单	中小卖家入门
相芯科技	按项目定价	实时渲染领先	高端定制
小冰	按项目定价	情感交互强	品牌 IP 打造

我的推荐：

- 预算有限（年投入<5 万）：先用腾讯智影或 HeyGen 入门，跑通流程
- 预算充足（年投入 10 万+）：直接找硅基智能或相芯做定制数字人
- 做欧美市场为主：用 Synthesia 或 HeyGen，英语效果最好
- 做东南亚市场为主：用国内平台，对接更方便

数字人直播搭建实操指南

第一步：数字人形象定制（2-4 周）

1. 确定人设定位
    - 要什么风格？专业型、亲切型、潮流型？
    - 目标用户是谁？年龄、性别、地区？
    - 品牌调性是什么？高端、平价、年轻化？
2. 录制真人素材
    - 找一个形象合适的真人录制 3-5 分钟视频
    - 包含：正面说话、不同表情、各种手势

- 环境：纯色背景，灯光充足，4K 画质
- 声音：安静环境，清晰收音，录制 5 分钟纯语音

3. 提交平台制作
   - 上传素材到数字人平台
   - 选择语言和声音风格
   - 确认形象和动作效果
   - 测试并优化

第二步：直播系统搭建（1-2 周）

硬件配置清单：

设备	最低配置	推荐配置	参考价格
服务器/电脑	i7 处理器+32G 内存+RTX3060 显卡	i9 处理器+64G 内存+RTX4080 显卡	12000-35000 元
网络带宽	上传 50Mbps	上传 100Mbps	300-1000 元/月
推流软件	OBS（免费）	vMix（专业版）	0-2500 元
监控设备	普通电脑+手机	多屏监控工作站	2000-8000 元

第三步：内容脚本准备（持续更新）

直播脚本模板：

```
【开场白】(3-5分钟)
- 欢迎语 + 今日主题
- 福利预告 + 停留引导

【产品讲解】(每个产品5-10分钟)
- 痛点引入：你是不是也有XXX问题？
- 产品展示：这款产品可以帮你解决XXX
- 卖点讲解：三大核心优势
- 价格锚定：原价XXX，今天只要XXX
- 紧迫感：限量XX件，卖完就没了
- 行动召唤：现在点击下方购物车

【互动环节】(每小时1次，5分钟)
```

- 回答评论区问题
- 抽奖/福利发放
- 引导关注+加粉丝群

【结束语】(3分钟)
- 今日产品总结
- 下次直播预告
- 感谢+引导关注

第四步：上线测试与优化

数字人直播效果检查清单：

- ☐ 口型与语音同步度 > 95%
- ☐ 表情自然度评分 > 8 分（10 分满分）
- ☐ 动作流畅度，无卡顿
- ☐ 网络稳定，推流不掉帧
- ☐ 声音清晰，无杂音
- ☐ 背景虚化/替换效果正常
- ☐ 产品展示画面切换流畅
- ☐ 评论互动响应时间 < 3 秒

数字人直播的”高阶打法”与应急预案

1. “实时渲染 + 智能插片”打法 很多人担心数字人互动有延迟。现在最高级的玩法是：- 基础状态：AI 根据预设脚本进行实时渲染直播（注意：必须是实时算力生成的画面，而不是播放录好的 MP4 视频，否则会被平台判定为”无人直播”而违规限流）。- 智能触发：当用户在评论区触发关键词（如”质量怎么样”、“怎么下单”）时，AI 瞬间切换到针对性的强互动回复模式，或切入预设的高转化话术。- 效果：这样能做到真正的”秒回”，用户完全感觉不到延迟。

2. 解决数字人”穿帮”的应急方案 - 双机位推流：准备两台电脑，一台跑 AI，一台放循环视频。AI 崩了，立马切备用机。- 人工代播预案：如果系统出现逻辑错误（如答非所问），人工要能一键接管评论区回复。 - 背景防伪：背景里放一个真实的时钟或者流动的活水，增加直播间的真实感，防止系统判定为”静止画面”。

用户接受度：数字人直播真的有人买吗？

这是很多人担心的问题。我来告诉你真实数据。

2024 年 TikTok 数字人直播用户调研（数据来源：我们团队 2024 年 6-12 月在印尼、美国、泰国、越南的实地调研，样本量：3200 人）

年龄段	完全接受	可以接受	无所谓	不太接受
18-25 岁	42%	38%	15%	5%
26-35 岁	35%	40%	18%	7%
36-45 岁	28%	37%	22%	13%

用户接受数字人的前提条件：

1. 产品本身要好（92% 用户认为这是最重要的）
2. 价格要有优势（85% 用户认为这很重要）
3. 能快速回答问题（78% 用户看重这点）
4. 知道这是数字人（65% 用户希望被告知）

用户拒绝数字人的主要原因：

1. 互动不够灵活（68% 的拒绝原因）
2. 感觉不真实（52% 的拒绝原因）
3. 担心售后问题（45% 的拒绝原因）

结论：年轻人对数字人接受度高，关键是产品和价格要到位，不要试图欺骗用户。

实战案例：泰国美妆数字人直播间

▸ 背景：2024 年 9 月，我们在泰国开设数字人直播间，主打平价美妆 ▸ 挑战：当地用户对数字人完全陌生，担心接受度问题 ▸ 策略：开播前明确告知"AI 主播 24 小时为您服务"，强调价格优势和随时购买的便利 ▸ 结果：首月 GMV 达到 15 万泰铢（约 3 万人民币），第 3 个月突破 80 万泰铢，用户复购率达到 28% ▸ 关键洞察：泰国用户对数字人很新奇，反而成了吸引流量的卖点

⚠ 数字人直播避坑指南

1. 别用盗版数字人软件：版权问题会导致账号被封
2. 别让数字人 24 小时无人值守：至少每 4 小时检查一次状态
3. 别一开始就投入太多：先用低成本方案测试市场反应
4. 别欺骗用户说是真人：一旦被识破，信任全无
5. 别忽视脚本质量：数字人只是工具，内容才是核心
6. 别用循环视频冒充直播：必须是实时渲染推流，播放录制视频会被判”无人直播”封号

11.2 AI 内容创作系统

一个人做 100 个账号的秘密

做 TikTok 出海，内容是命脉。但传统的内容创作效率太低：

- 写一个脚本：2 小时
- 拍一条视频：1 小时
- 剪辑一条视频：2 小时
- 一天最多产出 2-3 条

用 AI 之后呢？

- AI 写脚本：5 分钟
- AI 生成素材：10 分钟
- AI 剪辑：15 分钟
- 一天可以产出 30-50 条

效率提升 10 倍以上。

AI 内容创作工具全家桶

2026 年实测好用的工具清单：

文案生成类

工具	月费	核心用途	上手难度	推荐指数
ChatGPT Plus	20 美元	万能文案、脚本、策划	★☆☆	
Claude Pro	20 美元	长文案、深度内容	★☆☆	
Jasper AI	49 美元起	营销文案、广告创意	★★☆	
Copy.ai	36 美元起	社交媒体文案	★☆☆	

图片生成类

工具	月费	核心用途	上手难度	推荐指数
Midjourney	10-60 美元	创意图、艺术图	★★☆	
DALL-E 3	20 美元（含在 ChatGPT Plus）	产品图、场景图	★☆☆	
Stable Diffusion	免费（需技术）	批量生成	★★★	
美图 AI	免费/会员	电商产品图	★☆☆	

视频生成类（基础工具）

工具	月费	核心用途	上手难度	推荐指数
CapCut（剪映海外版）	免费/会员	视频剪辑、AI 功能	★☆☆	
Runway Gen-3	12-76 美元	AI 特效、视频生成、风格迁移	★★☆	
Synthesia	30-90 美元	数字人视频	★★☆	
Pika 2.0	按使用量	文生视频、特效	★★☆	

2025-2026 年新一代 AI 视频生成（革命性工具）

这一波 AI 视频生成工具的进步是革命性的——从”剪辑辅助”升级到”凭空创造”。

工具	价格	核心能力	推荐场景
OpenAI Sora	订阅制（价格随版本更新，建议查官网最新定价）	文生视频、混剪、循环、重制，支持多种时长	创意短片、产品演示
Google Veo 3	API $0.40/秒；订阅 $20-72/月	文生视频、音画同步、支持 8K、镜头控制	高品质广告、品牌内容
可灵 Kling	免费体验/¥66-266/月	文生视频、图生视频、2 分钟长视频、数字人 2.0、音画同出	国人首选，中文优化

为什么这些工具对 TikTok 运营是”核弹级”升级?

对比项	传统拍摄	AI 视频生成
单条内容耗时	8 小时（策划+拍摄+剪辑）	17 分钟（提示词+生成+微调）
单条成本	¥500-2000（人工+场地+设备）	¥7-30（算力费用）
日产能	1-2 条	30-50 条
效率提升	—	28 倍

实战案例：用可灵 AI 做产品演示视频

```
提示词模板：
"一双白色运动鞋放在木质桌面上，镜头缓缓环绕展示，
阳光从窗户照进来，光影变化，电影质感，4K画质"

生成设置：模型可灵2.6 | 时长10秒 | 1080p | 成本约¥7
效果：比实拍更完美的产品展示，可无限调整角度和光线
```

老哥提醒：可灵对国人最友好——中文提示词效果好、微信/支付宝直接付款、客服响应快。做东南亚市场的话，可灵的”国风美学”模式还能生成带中国元素的内容，老外很吃这一套。

配音生成类

工具	月费	核心用途	上手难度	推荐指数
ElevenLabs	5-99 美元	多语言配音、声音克隆	★☆☆	
Murf AI	19-79 美元	商业配音	★☆☆	
讯飞配音	按字数计费	中文配音	★☆☆	

AI 选品：寻找下一个爆款

内容和直播只是手段，选对产品才是 AI 赚钱的第一步。

操作秘籍：1. 喂数据：把 TikTok Shop 的周报、亚马逊的 BSR 榜单数据直接粘贴给 ChatGPT。2. 下指令：> “请根据以下产品趋势数据，

分析印尼市场下周可能爆发的 3 个 SKU，要求：客单价<15 美金、重量<500g、社交话题度高。请给出选品理由和对应的营销关键词。” 3. 出结果：AI 会根据增长率、好评率和搜索热度，直接给你一份” 财富地图”。

万能提示词（Prompt）公式：3 秒定生死

TikTok 前 3 秒留不住人，视频就废了。用 AI 写脚本时，一定要用这个“爆款钩子公式”：

指令公式： > “请为[产品名]写 5 个视频开头，分别对应以下 5 种钩子类型： > 1. 反直觉型：(例：别再买昂贵的精华液了！) > 2. 结果展示型：(例：用了它，我的皮肤 3 天白了一个度) > 3. 制造冲突型：(例：为什么大品牌不想让你知道这个产品？) > 4. 利益诱惑型：(例：只需 9.9 美金，就能搞定你全年的美甲) > 5. 提问互动型：(例：你是不是也总是在深夜刷到这条视频？)”

AI 内容创作实操工作流

我自己每天用的流程，分享给你：

第一步：用 AI 生成选题（5 分钟）

打开 ChatGPT，输入这个提示词：

```
我是做TikTok跨境电商的，主营类目是[你的类目]，目标市场是[你的市场]。

请帮我生成10个今天可以拍的短视频选题，要求：
1. 符合TikTok的内容调性，有话题性
2. 能自然植入产品卖点
3. 包含：选题标题、视频时长建议、核心卖点、预估完播率

输出格式用表格。
```

第二步：用 AI 写脚本（10 分钟）

选好选题后，继续让 AI 写脚本：

```
请帮我把第[X]个选题展开成一个完整的短视频脚本，要求：
1. 时长60秒左右
2. 开头3秒有钩子（hook），让用户停下来看
```

```
3. 中间有3个产品卖点
4. 结尾有明确的行动召唤（CTA）
5. 口语化，适合TikTok风格
6. 标注每个部分的时间点

输出格式：
[0-3s] 开头钩子：XXXXX
[3-15s] 第一个卖点：XXXXX
...
```

第三步：用 AI 生成素材（15 分钟）

需要产品图？ - 用 Midjourney 或 DALL-E 生成产品场景图 - 提示词模板：`[产品名] product photo, [场景描述], professional lighting, white background, 4K, commercial photography`

需要配音？ - 用 ElevenLabs 选择目标市场的语言和音色 - 上传脚本文字，一键生成

需要字幕？ - CapCut 的 AI 字幕功能，自动识别+翻译

第四步：用 AI 剪辑（20 分钟）

CapCut 的 AI 功能已经很强大了：

- AI 去背景：一键抠图
- AI 字幕：自动生成多语言字幕
- 智能匹配：自动匹配背景音乐
- 一键成片：上传素材自动剪辑

第五步：批量发布（10 分钟）

用第三方工具（如 Later、Publer）设置定时发布，一次性安排一周的内容。

实战案例：一个人管理 30 个账号的美妆卖家

▸ 背景：广州卖家小刘，做东南亚美妆市场，只有自己一个人 ▸ 挑战：想扩大规模，但招人成本太高，管不过来 ▸ 策略：全面使用 AI 工具链——ChatGPT 写文案、Midjourney 做图、CapCut 剪视频、ElevenLabs 配音 ▸ 结果：从每天 3 条内容提升到每天 30 条，覆盖 5 个国家（泰国、

越南、印尼、马来、菲律宾)，月销售额从 8 万提升到 45 万 ▸ 关键洞察：AI 把创意和策略的门槛降下来了，执行层面几乎可以全自动化

预算有限？国内平替工具清单

如果你刚起步，没有海外信用卡，建议先从这些国内工具练手：

1. 文案/选品：Kimi（理解超长文档）、文心一言（中文语境强）。
2. 图片生成：美图秀秀 AI、通义万相。
3. 视频剪辑：剪映专业版（自带数字人、AI 配音、自动字幕，TikTok 基础版首选）。
4. 翻译/本地化：DeepL（比谷歌翻译更地道）。

玩转 TikTok 推荐算法

算法就是流量密码。不懂算法，再好的内容也白搭。

TikTok 的推荐算法核心逻辑（2025-2026 年版）：

信号类型	权重	关键指标
用户互动	40%	完播率、点赞率、评论率、分享率、重播率
视频信息	30%	标题关键词、话题标签、音乐选择、特效使用
账号属性	20%	语言设置、地理位置、历史表现
内容质量	10%	清晰度、原创性、时效性

最重要的指标：完播率！

完播率决定了你的视频能进入多大的流量池：

完播率	流量池级别	预估播放量
< 20%	基础池	200-500
20-40%	初级池	500-2000
40-60%	中级池	2000-10000
60-80%	高级池	10000-100000
> 80%	爆款池	100000+

AI 优化算法的具体操作：

1. 用 AI 分析爆款视频

```
提示词模板：
请分析这个TikTok爆款视频的成功要素：[粘贴视频文案或描述]

分析维度：
1. 开头钩子是什么？
2. 内容结构是怎样的？
3. 用了什么情绪触发点？
4. 行动召唤是什么？
5. 我可以怎么复制这个模式？
```

2. 用 AI 生成优化标签

```
提示词模板：
我要发布一条关于[产品/主题]的TikTok视频，目标市场是[国家]。

请帮我生成：
1. 5个热门相关话题标签
2. 5个精准长尾标签
3. 最佳发布时间建议
4. 标题优化建议（5个版本）
```

3. 用 AI 做 A/B 测试分析

同一个产品，做 3-5 个不同版本的视频： - 不同开头钩子 - 不同背景音乐 - 不同字幕风格 - 不同发布时间

然后让 AI 分析：

```
这是我同一产品5条视频的数据：
视频A：播放1000，完播率25%，点赞50
视频B：播放3000，完播率45%，点赞200
视频C：播放800，完播率20%，点赞30
...

请分析：
1. 哪个视频效果最好？为什么？
2. 效果差的视频问题在哪？
3. 下一批视频应该怎么优化？
```

⚠ AI 内容创作避坑指南

1. 别直接用 AI 生成的内容发布：一定要人工审核，检查事实、语法、文化敏感点
2. 别用 AI 生成违禁内容：版权图片、虚假宣传、擦边内容，一条都不能有
3. 别过度依赖 AI：AI 是工具，创意和策略还是要靠人
4. 别忽视本地化：AI 翻译往往不够地道，最好找母语者审核
5. 别用同一个模板刷量：TikTok 能识别重复内容，会被限流

11.3 智能客服系统

客服是转化的最后一公里

很多人觉得有了好产品、好内容就够了。

错。大错特错。

我统计过我们自己直播间的数据：

- 进入直播间的人：10000 人
- 点击商品的人：1000 人（10%）
- 咨询客服的人：300 人（30%）
- 最终下单的人：150 人（50% 转化）

50% 的意向客户，是在客服环节转化的。

如果客服回复慢、态度差、不专业，这 50% 直接就没了。

传统客服的三大痛点：

痛点	具体表现	造成的损失
成本高	多语言客服工资高，培训周期长	每个客服年成本 6-15 万
效率低	响应慢，同时只能服务 1-3 个客户	50% 的咨询因等待太久流失
不稳定	情绪波动，水平参差，请假离职	服务质量无法保证

AI 客服的实际效果

我们 2024 年在越南测试的数据：

测试时间：2024 年 7 月-10 月 测试规模：3 个直播间，日均咨询量 500+

指标	人工客服	AI 客服	提升幅度
平均响应时间	45 秒	2 秒	提升 96%
单客服同时服务数	3 人	无限	∞
日均服务量	80 人/客服	500+人	6 倍+
客户满意度	85%	82%	-3%
转化率	48%	45%	-3%
月度成本	1.5 万元	0.3 万元	降低 80%

结论：AI 客服成本降低 80%，响应速度提升 96%，转化率只下降 3%。这笔账太划算了。

AI 客服系统选型指南

海外平台推荐：

平台	月费	特点	适合谁
Intercom	39-999 美元	功能全，集成强	中大卖家
Zendesk	19-215 美元/座席	稳定可靠，扩展性好	有客服团队的卖家
Tidio	29-289 美元	性价比高，上手简单	中小卖家
Drift	50-1000 美元	营销导向，转化率高	重视销售转化的卖家

国内平台推荐（适合出海企业）：

平台	费用	特点	适合谁
网易七鱼	3000-30000 元/月	中文支持好，本土化强	国内团队为主
智齿科技	5000-50000 元/月	AI 技术领先	客服量大的卖家
腾讯企点	按使用量	腾讯生态集成	已用腾讯产品的卖家
环信	按使用量	即时通讯+客服	需要 IM 功能的卖家

我的推荐：

- 刚起步（月咨询<1000 条）：用 Tidio，性价比最高
- 中等规模（月咨询 1000-10000 条）：用 Intercom 或网易七鱼
- 大规模（月咨询>10000 条）：用智齿科技定制方案

AI 客服搭建实操指南

第一步：梳理常见问题（1 周）

把过去 3 个月的客服聊天记录拿出来，统计：

1. 高频问题 TOP20（覆盖 80% 咨询量）
2. 转化关键问题（问了这个问题的人，50% 以上会下单）
3. 流失风险问题（问了这个问题的人，容易流失）

第二步：编写知识库（1-2 周）

标准问答模板：

问题分类	典型问题	标准回复	转化话术
产品咨询	这个产品是正品吗?	我们是官方授权店铺，保证100%正品…	现在下单还有xx优惠
物流问题	多久能到货?	您的地区通常3-7个工作日送达…	如果急需，可以选择加急配送
价格问题	能便宜点吗?	这已经是我们的最优惠价格了，而且…	现在下单送xx赠品
售后问题	不满意能退吗?	支持7天无理由退换，运费我们承担…	-

第三步：训练AI模型（1-2周）

1. 将知识库导入AI客服平台
2. 设置意图识别规则
3. 配置对话流程
4. 设置人工转接条件

人工转接触发条件：-用户明确要求”转人工”-AI无法识别用户意图（置信度<70%）-涉及投诉、退款等敏感问题-同一问题3轮对话未解决

第四步：灰度测试（1周）

· 先让AI接20%的咨询
· 人工实时监控AI回复
· 发现问题及时优化
· 逐步提升AI接入比例

第五步：全量上线+持续优化

· AI接80%咨询，人工接20%（复杂问题）
· 每周分析AI回复质量
· 每月更新知识库

· 每季度升级 AI 模型

实战案例：印尼直播间 AI 客服上线

▸ 背景：2024 年 6 月，印尼直播间日均咨询量突破 800 条，客服忙不过来 ▸ 挑战：印尼语客服难招，工资还高，而且经常请假 ▸ 策略：上线 Tidio AI 客服，支持印尼语+英语双语 ▸ 结果：响应时间从 3 分钟降到 3 秒，客服成本从月 1.8 万降到 0.4 万，转化率仅下降 2% ▸ 关键洞察：印尼用户对 AI 客服接受度很高，关键是回复要够快、够准

⚠ AI 客服避坑指南

1. 别让 AI 处理投诉和退款：这类问题必须人工介入
2. 别让 AI 承诺不能兑现的事情：如”一定能在 xx 时间到货”
3. 别让 AI 回复太机械：要设置多个版本的回复，随机展示
4. 别忽视文化差异：不同国家用户的沟通习惯不同，AI 回复风格要调整
5. 别以为上线就完事：AI 客服需要持续训练和优化

11.4 AI 自动化运营系统

一个人干一个团队的活

还记得开头那个老周吗？一个人管 50 个账号。

他是怎么做到的？

答案是：AI Agent（AI 代理）。

简单说，AI Agent 就是一个能自己思考、自己决策、自己执行的 AI 助手。

你给它一个目标：“帮我运营这个 TikTok 账号，目标是月销 10 万”

它会自己：- 分析竞品，制定内容策略 - 生成内容，安排发布时间 - 监控数据，优化投放 - 回复评论，管理粉丝 - 生成报告，提出建议

你只需要每天花 30 分钟看报告、做决策。剩下的，AI 都帮你干了。

AI 自动化能做什么？

运营环节	传统做法	AI 自动化做法	效率提升
竞品分析	人工查看、手动记录	AI 自动抓取、分析、出报告	10 倍
选题策划	团队头脑风暴	AI 分析热点+生成选题	5 倍
内容创作	编剧+拍摄+剪辑团队	AI 生成+AI 剪辑	10 倍
发布管理	手动发布、记录	自动定时发布、多平台同步	无限
数据分析	手动导出、Excel 分析	自动采集、可视化报表	20 倍
评论互动	客服团队逐条回复	AI 自动回复+关键词筛选	50 倍
广告投放	人工调整出价、素材	AI 自动优化、智能出价	5 倍

批量管号的前提：指纹浏览器

在讲自动化之前，必须先解决一个问题：怎么安全地管理多个账号？

什么是指纹浏览器（Anti-detect Browser）？

每个浏览器都有独特的”指纹”——包括设备型号、屏幕分辨率、时区、字体列表、WebGL 渲染特征等上百个参数。TikTok 等平台通过这些指纹判断”这些账号是不是同一个人在操作”。

如果你在同一台电脑、同一个浏览器里来回切换多个账号，平台会判定为”群控”或”关联账号”，轻则限流，重则批量封号。

指纹浏览器的作用：为每个账号创建一个完全独立的虚拟环境（独立的浏览器指纹+独立的 IP 地址），让平台认为这些账号来自不同的设备和地点。

常用指纹浏览器工具：

工具	月费	特点	推荐场景
AdsPower	免费版可用/付费 $9 起	国人团队，中文支持好	新手入门首选
Multilogin	€99 起	老牌工具，稳定性强	大规模矩阵运营
GoLogin	$49 起	性价比高，功能齐全	中小卖家
紫鸟浏览器	¥100 起/月	国内服务，对接方便	国内团队

⚠ 重要提醒：指纹浏览器只是”伪装”，还需要配合独立 IP（住宅代理或机房代理）才能真正实现环境隔离。一个指纹环境+一个独立 IP=一个”干净”的账号环境。

搭建 AI 自动化系统的实操步骤

第一阶段：基础自动化（1-2 周搞定）

先把最简单、最耗时的工作自动化：

1. 内容发布自动化 - 工具：Later / Publer / Metricool - 功能：定时发布、多平台同步 - 成本：$18-50/月

2. 数据报表自动化 - 工具：Google Data Studio + TikTok API - 功能：自动抓取数据、生成可视化报表 - 成本：免费

3. 评论监控自动化 - 工具：Brand24 / Mention - 功能：关键词监控、情感分析、及时预警 - 成本：$99-299/月

第二阶段：智能自动化（1-2 个月）

1. 智能投放优化 - 工具：TikTok Smart Optimization + Madgicx - 功能：自动调整出价、优化受众、素材测试 - 成本：$55-500/月

2. 智能内容生成 - 工具：ChatGPT API + Midjourney API + 自动化脚本 - 功能：批量生成内容、自动排期发布 - 成本：按使用量

3. 智能客服 - 上面已经讲过了，不重复

第三阶段：AI Agent 全自动（3-6 个月）

这个阶段需要一定的技术能力，或者找技术合作伙伴：

自建 AI Agent 系统架构：

```
┌─────────────────────────────────────┐
│              决策层                  │
│  （目标设定、策略制定、风险控制）      │
└─────────────────────────────────────┘
                  ↓
┌─────────────────────────────────────┐
│            AI Agent层                │
│  ┌──────┐ ┌──────┐ ┌──────┐ ┌──────┐ │
│  │内容  │ │投放  │ │客服  │ │数据  │ │
│  │Agent │ │Agent │ │Agent │ │Agent │ │
│  └──────┘ └──────┘ └──────┘ └──────┘ │
└─────────────────────────────────────┘
                  ↓
┌─────────────────────────────────────┐
│              执行层                  │
│  （API调用、任务执行、结果反馈）      │
└─────────────────────────────────────┘
```

如果你没有技术能力，可以用这些现成的 AI Agent 平台：

平台	功能	成本	适合谁
Zapier + GPT	多平台自动化+AI 决策	$20-100/月	有一定技术基础的人
Make (Integromat)	复杂工作流自动化	$9-99/月	想深度定制的人
n8n	开源自动化平台	免费（自部署）	有技术团队的公司

2026 年 AI 自动化新武器（重磅更新）

上面讲的是”基础装备”，现在告诉你”核武器”——2025-2026 年出现的几个革命性技术，真正实现了”让 AI 帮你干活”。

1. Claude Skills：给 AI 装上”专业技能包”

什么是 Claude Skills?

你有没有过这种经历——每次和 AI 聊天，都要重复说一大堆背景信息?

“我是做 TikTok 的，主营美妆，目标市场是东南亚，用户是 18-35 岁女性，我们的风格是……”

说了 100 遍，下次开新对话还得再说一遍。累不累?

Claude Skills 就是解决这个问题的。

简单说，Skills 是一个”技能包”文件。你把所有背景信息、工作规范、输出要求写进去，Claude 就会永久记住，每次对话都自动生效。

Skills 能解决什么问题?

痛点	传统 AI 对话	用了 Skills 之后
每次都要交代背景	✗ 重复说明品牌、产品、市场	√ 一次配置，永久生效
输出风格不稳定	✗ 有时专业，有时口语化	√ 始终保持统一调性
忘记之前的要求	✗ 聊着聊着就跑偏	√ 核心规范始终遵守
每个任务要手动教	✗ 写脚本、分析数据要分别教	√ 多个技能一次性加载

实战：为 TikTok 运营创建一个 Skill

假设你是做东南亚美妆市场的，可以创建这样一个 Skill 文件：

```
# TikTok美妆运营技能包

## 我是谁
```

```
- 品牌：[你的品牌名]
- 主营：平价美妆、护肤品
- 目标市场：印尼、泰国、越南
- 目标用户：18-35岁女性，追求性价比

## 内容风格要求
- 语言：口语化、接地气，像闺蜜聊天
- 禁止：过于书面、官方、冷冰冰
- 视频节奏：前3秒必须有钩子，总时长30-60秒
- 卖点表达：痛点→解决方案→效果展示→限时优惠

## 爆款规律（从历史数据总结）
- 开头用"你是不是也……"引发共鸣
- 展示使用前后对比效果最佳
- 价格锚定要明显（原价XXX，现在只要XXX）
- 结尾必须有明确的行动召唤

## 输出格式
- 脚本用时间轴标注：[0-3s]、[3-15s]...
- 表格用Markdown格式
- 数据分析要给结论和建议
```

怎么用这个 Skill?

把这个文件保存为 `TikTok运营.md`，然后在你的 AI 工具（如 Cursor、Claude 桌面版）中配置好路径。以后每次和 AI 对话，它都会自动加载这些背景知识。

你再也不用说”我是做 TikTok 美妆的”——AI 已经知道了。

进阶玩法：多个 Skill 组合使用

Skill 名称	功能	使用场景
TikTok 运营.md	品牌背景+内容规范	日常内容创作
数据分析.md	数据模板+分析框架	周报、月报分析
客服话术.md	FAQ+转化话术	处理客户咨询
竞品研究.md	竞品清单+分析维度	竞品监控报告

杀手级功能：自动写脚本 + 自动剪辑

Skills 不只是”记忆芯片”，它还能让 AI 自动帮你干活。

功能一：自动批量生成脚本

你只需要说一句：“帮我生成下周 7 天的短视频脚本”

AI 就会： 1. 根据你 Skill 里定义的品牌调性、爆款规律 2. 自动生成 7 个不同选题 3. 每个选题配上完整的分镜脚本（时间轴、画面、文案、BGM 建议） 4. 输出格式完全按照你的规范

以前要花运营 1 天的工作量，现在 5 分钟搞定。

```
实战示例：

你说：帮我生成3个防晒霜的短视频脚本，分别针对：
1. 油皮用户
2. 敏感肌用户
3. 户外运动人群

AI输出（自动套用你Skill里的格式）：

【脚本1：油皮防晒】
[0-3s] 钩子：油皮姐妹别再踩雷了！
[3-10s] 痛点：涂完防晒就泛油光？脸像大油田？
[10-25s] 产品展示：这款防晒是哑光质地，上脸秒变磨皮滤镜...
[25-30s] CTA：点击下方购物车，今天第二件半价！
...
```

功能二：自动生成剪辑指令

更厉害的是，Skill 可以让 AI 直接输出剪辑软件能识别的指令。

比如你用剪映/CapCut，可以在 Skill 里定义：

```
## 剪辑输出格式
当我要求生成剪辑方案时，请输出：
- 每个镜头的时长（精确到秒）
- 转场效果建议
- 字幕样式和出现时机
- BGM节奏点标注
- 特效和贴纸建议
```

然后你说：“帮我把这个脚本转成剪辑方案”

AI 就会输出：

```
【剪辑执行清单】

镜头1 (0-3s)：产品特写，慢推
- 转场：无（硬切入）
- 字幕："油皮姐妹别再踩雷了！"（加粗，居中，黄色描边）
- BGM：节奏点在第2秒，配合文字弹出

镜头2 (3-10s)：真人出镜，吐槽表情
- 转场：闪白0.3秒
- 字幕：逐字显示，跟随语音
- 特效：第5秒加"油光"贴纸

镜头3 (10-25s)：产品使用过程
- 画面：左右分屏对比（使用前/使用后）
- 字幕：卖点关键词飘入
- BGM：第15秒副歌drop，配合产品展示
...
```

你拿着这份清单，打开剪映，照着做就行。

原来需要运营+剪辑师配合 2 小时的工作，现在你一个人 20 分钟搞定。

> 老哥提醒：Skill 写得越详细，AI 输出越精准。建议把你过去剪过的爆款视频的结构、节奏、转场规律都总结进去，AI 就能”复制”你的爆款基因。

价值：相当于给 AI 装上了”专业记忆芯片”。你积累的经验、总结的规律、制定的规范，全部变成 AI 的默认能力。更重要的是，AI 能基于这些知识自动帮你批量产出内容。

---

2. Claude Code：让 AI 帮你写代码、搞自动化

什么是 Claude Code?

Claude Code 是 Anthropic 官方推出的命令行 AI 编程工具。

简单说，它可以在你的电脑终端里直接帮你写代码、改代码、调试代码。

“等等，我不会写代码啊，这个工具跟我有什么关系?”

大有关系。

以前，想搞自动化，你有两个选择：1. 自己学编程（耗时 6-12 个月） 2. 花钱雇程序员（月薪 1-3 万）

现在有了 Claude Code，你可以：

用中文告诉 AI 你想要什么，AI 帮你写代码，帮你跑起来。

Claude Code 能帮你做什么?

任务	传统做法	用 Claude Code
批量重命名 1000 个视频文件	一个个手动改，或者学 Python	一句话搞定
每天自动抓取 TikTok 数据	找程序员写爬虫	描述需求，AI 写脚本
把 Excel 数据生成图表	学 Python+Matplotlib	直接说”帮我画个折线图”
批量给图片加水印	用 Photoshop 一张张处理	AI 写脚本批量处理
监控竞品价格变化	人工每天查看记录	AI 写监控脚本，自动提醒

实战案例：用 Claude Code 搭建 TikTok 数据看板

假设你想要这个功能：- 每天早上 9 点，自动抓取你 TikTok 账号的数据 - 计算日增粉、播放量、互动率 - 生成一张趋势图 - 发送到你的企业微信群

传统做法：招一个程序员，花 2 周开发，月薪 1.5 万。

用 Claude Code：

```
# 打开终端，输入：
claude


# 然后用中文描述你的需求：
```

```
> 帮我写一个Python脚本，功能是：
> 1. 读取TikTok数据的CSV文件（我每天手动导出）
> 2. 计算最近7天的日增粉、总播放量、平均互动率
> 3. 画一个折线图，显示这7天的趋势
> 4. 把图片和数据摘要保存到output文件夹
```

Claude Code 会： - 自动生成完整的 Python 代码 - 解释每一步在做什么 - 如果有错误，帮你调试 - 告诉你怎么运行

30 分钟后，你就有了自己的数据看板脚本。

更强大的用法：让 Claude Code 直接帮你改项目代码

Claude Code 最厉害的地方是：它能读懂你整个项目的代码。

比如你有一个自动发帖的脚本，现在想加一个功能——“发帖前自动检查是否有敏感词”。

你只需要说：

```
> 请帮我在这个发帖脚本里加一个功能：
> 在发布内容之前，检查是否包含敏感词（敏感词列表在sensitive_words.txt里）
> 如果包含，就跳过这条内容，并记录日志
```

Claude Code 会：1. 读取你的项目结构 2. 理解现有代码的逻辑 3. 在正确的位置添加新功能 4. 确保不破坏原有功能

以前需要程序员干 2 小时的活，现在 5 分钟搞定。

Claude Code vs 其他 AI 编程工具

工具	特点	适合谁
Claude Code	命令行操作，可读写整个项目，理解上下文最强	想深度自动化的运营
Cursor	图形界面 IDE，对话式写代码	想边学边用的人
GitHub Copilot	代码补全为主	已经会编程的开发者
Replit Agent	全自动生成完整应用	纯小白，一行代码不想看

新手建议路径：1. 先用 Cursor 熟悉 AI 编程的感觉 2. 遇到需要批量处理、自动化的任务，用 Claude Code 3. 逐渐积累，你会发现自己能做的事情越来越多

> 老哥提醒：Claude Code 需要一定的命令行基础（知道怎么打开终端、怎么进入文件夹）。如果你是纯小白，建议先用 Cursor 入门。但只要你愿意花 2 小时学习基础命令行操作，Claude Code 能给你 10 倍回报。

---

3. MCP 协议：让 AI 真正”连接一切”

什么是 MCP（Model Context Protocol）?

MCP是Anthropic开发的开源协议，可以理解为AI的”万能插头”。

以前的 AI 只能在对话框里聊天。有了 MCP，AI 可以直接：- 读取你的 Google 表格、Notion 文档 - 连接你的数据库、ERP 系统 - 操作你的邮箱、日历 - 调用各种 API 和工具

对 TikTok 运营的意义

```
传统工作流：
你手动导出TikTok数据 → 粘贴给AI分析 → AI给建议 → 你手动执行

MCP工作流：
AI自动读取TikTok后台数据 → 自动分析 → 自动调整投放 → 自动生成报告
```

实战场景举例

场景	传统做法	MCP 做法
每日数据复盘	手动导出→粘贴→等 AI 分析	AI 自动读取→自动分析→推送报告
爆款预警	定时检查→人工判断	AI 实时监控→自动识别→即时通知
库存同步	ERP 导出→手动更新→通知客服	AI 读取 ERP→自动更新→自动调整话术
竞品监控	人工刷对手账号	AI 定时抓取→对比分析→策略建议

入门方式：先从 Claude Desktop + MCP 开始体验，不需要写代码，配置简单。

> ⚠ 数据安全警示：在授权 AI 读取公司核心数据（如 ERP 库存、财务数据、客户信息）时，务必使用企业级私有化部署或确保 API 符合数据隐私协议，防止商业机密泄露。敏感数据建议脱敏后再提供给 AI 处理。

---

4. 新一代 AI Agent 框架：真正的”数字员工”

2025-2026 年出现了几个”核弹级”的 AI Agent 框架：

Agent	特点	适用场景	上手难度
Manus	端到端任务执行、可操作浏览器、生成完整应用	复杂运营任务全自动化	★★☆
OpenManus	开源版 Manus，36k+ GitHub 星，无功能限制	自建 Agent 系统	★★★
Claude Computer Use	AI 可直接操作你的电脑、浏览器	批量账号操作、重复性任务	★★☆
OpenAI Operator	OpenAI 官方 Agent，任务规划+执行	通用自动化任务	★★☆

什么叫”真正的数字员工”?

传统 AI：你问一句，它答一句。AI Agent：你给一个目标，它自己规划步骤、执行任务、解决问题。

实战场景：让 AI Agent 帮你管理 TikTok 账号

```
你的指令：
"帮我分析这周表现最好的3条视频，找出共同特征，
然后基于这些特征，生成下周的10个选题，
并为每个选题写好脚本和拍摄建议。"

AI Agent的执行过程（全自动）：
1. 登录TikTok Creator Center
2. 导出本周视频数据
3. 按播放量/互动率排序
4. 分析Top3视频的标题、时长、钩子、标签
5. 提炼共同特征
6. 结合热点趋势生成选题
7. 逐个撰写脚本
8. 输出完整的《下周内容计划表》
```

你只需要 30 秒下指令，剩下的 2 小时工作 AI 自动完成。

> 老哥提醒：现阶段 AI Agent 还不能 100% 信任，关键决策一定要人工复核。但对于重复性、规则明确的任务（如数据整理、内容批量生成、格式化输出），放心用，效率提升 10 倍以上。

---

5. AI 自动化学习路线图：从 0 到精通

“这么多工具，我该从哪个开始？”

根据你的技术基础和需求，我给你规划三条路线：

路线 A：纯小白路线（0 代码基础）

```
第1周：熟悉AI对话
├── 学会用ChatGPT/Claude写文案、分析数据
├── 掌握提示词技巧，让AI输出更精准
└── 目标：能用AI完成80%的文案工作

第2-3周：上手可视化自动化
├── 学会用Zapier/Make做简单的工作流
├── 例如：新订单自动发通知、数据自动同步
└── 目标：搭建3-5个自动化流程

第4周起：尝试AI编程工具
```

```
├── 用Cursor或Replit，让AI帮你写简单脚本
├── 从"批量重命名文件"这种简单任务开始
└── 目标：能用AI解决一些重复性工作
```

路线 B：有一点技术基础（会用 Excel 函数、写过公式）

```
第1周：直接上手Cursor
├── 安装Cursor，熟悉界面
├── 尝试让AI帮你写数据处理脚本
└── 目标：能独立完成一个小项目

第2-3周：学习Claude Code
├── 掌握基本的命令行操作
├── 用Claude Code处理批量任务
└── 目标：能用Claude Code完成中等复杂度的任务

第4周起：探索AI Agent
├── 尝试搭建简单的自动化Agent
├── 用MCP连接你的数据源
└── 目标：实现一个完整的自动化工作流
```

路线 C：有编程基础（会 Python 或其他语言）

```
第1周：Claude Code深度使用
├── 用Claude Code重构现有项目
├── 让AI帮你优化代码、添加新功能
└── 目标：效率提升5倍以上

第2-3周：MCP协议集成
├── 学习MCP的Server开发
├── 把你的业务系统接入AI
└── 目标：实现AI与业务系统的深度集成

第4周起：自建AI Agent系统
├── 基于Claude Skills打造专属AI助手
├── 搭建完整的自动化运营系统
└── 目标：实现"一个人干一个团队的活"
```

不同工具的最佳使用场景

你想做的事	推荐工具	理由
写文案、分析数据	ChatGPT/Claude + Skills	最快上手，效果最好
批量处理文件	Claude Code	一句话搞定
跨平台数据同步	Zapier/Make + MCP	无需代码，可视化配置
定制化自动化脚本	Cursor + Claude Code	灵活度最高
复杂工作流自动化	AI Agent（Manus/OpenManus）	真正的”数字员工”

老哥建议：别贪多，先吃透一个工具。我见过太多人，每个工具都浅尝辄止，结果一个都没用好。建议：先把 Claude + Skills 用到极致，再往下走。

实战案例：50 个账号的自动化管理

▸ 背景：老周在印尼做 TikTok，从 5 个账号扩展到 50 个账号 ▸ 挑战：账号太多，根本管不过来 ▸ 策略：搭建 AI 自动化系统——AI 生成内容、自动发布、自动回复评论、自动生成报告；同时使用指纹浏览器为每个账号配置独立环境，避免账号关联 ▸ 结果：一个人管理 50 个账号，每天工作 4 小时，月销 500 万人民币 ▸ 关键洞察：AI 不是替代人，是放大人的能力。你的策略能力 × AI 的执行效率 = 超强竞争力 ▸ 技术要点：批量管账号的前提是”环境隔离”——每个账号要有独立的 IP、浏览器指纹和设备环境，否则会被平台判定为”群控”而批量封号

AI 预测分析：提前知道什么会火

预测分析是 AI 最值钱的能力之一。

- 提前 1 个月知道什么产品会火 → 抢先备货
- 提前 1 周知道哪条内容会爆 → 加大投放
- 提前识别流失风险用户 → 精准挽留

我们用 AI 预测分析做过的事：

1. 爆款产品预测

输入数据：- Google Trends 搜索量变化 - TikTok 相关话题增长率 - 竞品上新动态 - 季节性因素

输出结果： - 预测准确率：72%（提前 2 周预测） - 商业价值：提前备货，不错过任何爆款机会

2. 内容爆款预测

输入数据：- 视频前 1 小时数据（播放、完播、互动） - 同类视频历史表现 - 发布时间、标签、音乐

输出结果： - 预测准确率：68%（发布 1 小时后预测 24 小时表现） - 商业价值：对有爆款潜力的视频追加投放，放大效果

3. 用户流失预测

输入数据：- 用户近 30 天行为数据 - 购买频率变化 - 客服互动记录

输出结果： - 预测准确率：75% - 挽留成功率：32% 的高风险用户被成功挽留

⚠ AI 自动化避坑指南

1. 别追求 100% 自动化：关键决策一定要人工把关
2. 别一开始就上复杂系统：先用简单工具跑通流程
3. 别忽视数据安全：AI 工具会接触你的核心数据，选择正规平台
4. 别期望 AI 能解决所有问题：AI 是工具，策略和方向还是要靠人
5. 别忘了定期审核：AI 可能会出错，要定期检查输出质量

11.5 安全第一：AI 内容的合规与防封政策

这是本章最重要的一段话，一定要看！

TikTok 官方并不反对 AI，但它极其反感”低质量搬运”和”欺骗用户”。

如何安全地使用 AI 内容？

1. 必须勾选”AI 内容标签” 在发布视频前的”More options”（更多选项）里，一定要手动打开“AI-generated content”开关。
    · 后果：如果不勾选而被系统 AI 审核识别出来，你的账号会被直接限流，甚至判为”搬运”。
2. 拒绝”纯 AI 生成”的僵尸号 不要直接用 AI 生成一段风景+AI 生成的文字。这种内容在 2025 年已经没有流量了。
    · 建议：用 AI 生成的素材，配合你自己的解说、你拍摄的真实产品画面，这种”AI+人工”的内容权重最高。
3. 防封检查清单：
    · ☐ 视频中是否包含版权受限的 AI 生成图片？
    · ☐ 数字人的口型是否严重穿帮？
    · ☐ 是否在视频描述里明确告知用户包含 AI 元素？
    · ☐ 发布时是否勾选了 AIGC 标签？

第十二章：未来展望与发展趋势

看准方向，才能跑得更远

开篇故事

2023 年底，我在深圳见了一个老朋友老张。

他 2019 年就开始做 TikTok，当时是圈子里最早一批吃螃蟹的人。巅峰时期，他在印尼有 5 个直播间，月 GMV 做到 50 万美金，团队 40 多人。

但当我见到他的时候，他刚把最后一个直播间关掉。

“老侯，你知道我败在哪吗？”他苦笑着说，“我太相信过去的成功了。”

2022 年，他的打法还是有效的：找爆款、低价冲量、批量投放。但 2023 年开始，算法变了，用户变了，竞争对手也变了。而他还在用老方法。

“我以为只要努力就行。”他说，“没想到方向比努力更重要。”

这个故事一直在我脑海里。做 TikTok 出海这件事，不是埋头苦干就能赢，你得抬头看路。

这一章，我不讲鸡汤，只讲三件事：1. 未来 3-5 年，哪些变化正在发生？ 2. 这些变化对你意味着什么？ 3. 你现在应该做什么准备？

12.1 技术趋势：AI 正在改变一切

不是”AI 会不会影响你”，而是”你会不会用 AI”

我 2024 年实地考察了 30 多个 TikTok 出海团队。发现一个明显的分水岭：

会用 AI 的团队：- 3 个人能干 10 个人的活 - 内容产出效率提升 5-10 倍 - 数据分析从”拍脑袋”变成”看数据” - 客服响应从 24 小时缩短到 5 分钟

不会用 AI 的团队： - 还在用人海战术 - 内容质量参差不齐 - 决策全靠经验和直觉 - 客服成本居高不下

这不是未来，这是现在正在发生的事。

AI 发展的三个阶段

我把 AI 在 TikTok 出海中的应用分成三个阶段，帮你理解现在在哪，未来往哪走：

阶段	时间	特点	你该做什么
工具阶段	2024-2025	AI 辅助人工，提效为主	建立高频任务的 AI 用法
平台阶段	2025-2027	AI 成为平台核心能力	让运营决策以数据为中心
生态阶段	2027-2030	AI 重构商业模式	组织变成 AI 原生团队

现在是什么阶段？

2024-2025 年是 AI 的”工具阶段”。进入 2026 年，我们正加速迈向”平台阶段”——AI 不再只是辅助工具，而是开始深度嵌入平台的核心能力。

你更该建立的 5 种能力

与其追工具清单，不如先补齐能力短板：

1. 问题拆解能力：把”提升 GMV”拆成可执行、可自动化的具体问题。
2. 内容资产化能力：脚本、素材、模板要能沉淀成可复用的资产库。
3. 数据闭环能力：采集-分析-实验-复盘形成固定节奏。

4. 人机协作机制：明确哪些环节 AI 做、哪些必须人工审核。
5. 合规与品牌安全：文化敏感点、版权、平台规则要有底线机制。

⚠ 我们踩过的坑：刚开始用 AI 生成内容的时候，直接发布没有人工审核。结果有一条视频出现了不符合当地文化的表达，引发用户投诉。AI 是工具，不是替代品，人工审核这一关不能省。

未来 3 年，这些技术会改变游戏规则

1. 多模态 AI

现在的 AI 主要处理文字。未来 2-3 年，AI 将能同时理解文字、图片、视频、音频。

对你意味着什么：- 一句话描述就能生成完整的 TikTok 视频 - AI 自动把中文内容本地化成多语言版本 - 实时分析竞品视频并给出优化建议

你现在能做什么： - 建立内容素材库，为 AI 生成做准备 - 把内容的结构、节奏和卖点标准化

2. AI Agent（智能代理）

未来的 AI Agent 能自主决策、自主执行。

对你意味着什么： - 运营工作从”手动操作”变成”监督 AI” - 人的价值从”执行”转向”策略”和”创意” - 团队规模可以更小，但要求更高

你现在能做什么： - 先把流程 SOP 化，再谈自动化 - 明确关键决策节点，建立人工复核机制

3. 沉浸式购物（AR/VR）

虽然元宇宙的泡沫破了，但 AR/VR 技术在电商中的应用是真实的趋势。

应用场景	成熟度	时间预测
AR 试妆	已成熟	现在就能用
AR 眼镜试戴	已成熟	现在就能用
3D 产品展示	快速普及中	2026 年成为标配
VR 购物中心	发展中	2027-2028 年

你现在能做什么：- 如果做美妆、眼镜品类，优先接入 AR 试用功能 - 关注 TikTok 的 AR 滤镜和特效更新 - 准备高质量的 3D 产品素材

小技巧：TikTok 的 AR 特效不仅能提升用户体验，还能增加内容的互动率和传播率。很多爆款视频都用了创意 AR 特效。

12.2 市场格局：机会在新兴市场

别只盯着美国，真正的机会在东南亚和拉美

很多人一说出海就想着美国。没错，美国市场大、客单价高、利润可观。但问题是：

美国市场的现实：- 竞争极其激烈，头部卖家已经形成壁垒 - 获客成本持续上涨，2024-2025 年平均 CPA 累计涨了 50% 以上 - 政策不确定性高，TikTok 随时可能面临限制 - 对内容质量和本土化要求极高

东南亚市场的现实：- 市场规模 6.7 亿人口，比欧盟还大 - 电商渗透率快速增长，2024 年达到 80% 以上 - 竞争相对温和，还有大量空白市场 - 文化接受度高，对中国产品友好

我不是说不做美国，而是说：你的策略应该根据自己的资源和能力来定。

如果你是…	建议优先市场	理由
新手，预算有限	印尼、越南	门槛低、成本低、试错空间大
有一定经验	泰国、马来西亚	市场成熟、利润稳定
高手，追求利润	美国、英国	客单价高、品牌溢价空间大
长线布局	巴西、墨西哥	增长潜力大、竞争还不激烈

各市场 2026 年机会点

东南亚：依然是首选

国家	2025 年　GMV 规模	2026 年增速预测	重点品类
印尼	200 亿美元+	30%+	美妆、穆斯林服饰、3C 配件
越南	45 亿美元+	35%+	家居、时尚、母婴
泰国	65 亿美元+	25%+	美妆、健康、宠物
马来西亚	35 亿美元+	25%+	电子产品、美妆、食品
菲律宾	30 亿美元+	40%+	时尚、美妆、家居

实战案例：印尼市场的”下沉”机会

▸ 背景：2024 年，一个做家居收纳的客户 ▸ 洞察：大家都在打雅加达，但印尼有 1.7 万个岛屿 ▸ 策略：专门做二三线城市市场，内容用当地方言 ▸ 结果：获客成本比一线城市低 60%，复购率反而高 20% ▸ 关键洞察：一线城市卷，二三线城市有蓝海

拉美：下一个增长极

我 2024 年去了两趟拉美，考察了巴西和墨西哥。说实话，我被震惊了。

巴西：- 2.1 亿人口，全球第五大互联网市场 - 社交媒体使用时间全球第二 - 对短视频的接受度极高 - 中产阶级消费能力不弱

墨西哥：- 1.3 亿人口，紧邻美国 - 跨境物流便利，时效可以做到 3-5 天 - 年轻化程度高，60% 人口在 35 岁以下 - 对外来品牌接受度高

但拉美市场的坑也不少：

挑战	具体表现	应对策略
语言	西班牙语/葡萄牙语，表达习惯与中文差异大	必须用母语者做内容
支付	信用卡普及率低，分期付款是刚需	接入 Mercado Pago 等本地支付
物流	基础设施一般，时效和丢包是问题	选择可靠的本地仓或物流商
文化	热情但松散，效率观念不同	本地化团队管理要有耐心

⚠ 我们踩过的坑：第一次进巴西市场，用西班牙语做内容（以为差不多）。结果巴西人说葡萄牙语，用户评论直接骂”你们是不是看不起我们？“损失了一个月的投入。语言不能将就，哪怕只差一点，用户也能感觉到。

中东：土豪市场

阿联酋和沙特是两个特殊的市场。人少但有钱。

特点	机会	挑战
人均 GDP 高	客单价可以做到 100-300 美元	市场规模有限
国际化程度高	英语内容接受度高	文化禁忌多，要特别注意
年轻化	70% 人口在 30 岁以下	审美和欧美不同
政策开放	对电商支持力度大	本地化运营有门槛

适合做中东的品类： 轻奢、美妆、电子产品、时尚配饰

市场选择的决策框架

很多人问我：“老侯，我应该做哪个市场？”

没有标准答案，但我给你一个决策框架：

Step 1：评估你的资源

资源类型	低	中	高
启动资金	<10 万人民币	10-50 万	50 万+
团队能力	1-2 人，新手	3-5 人，有经验	10 人+，专业团队
供应链	1688 采购	工厂合作	自有工厂
时间投入	兼职	全职 1 人	全职团队

Step 2：匹配市场

你的资源水平	推荐市场	推荐品类	预期月 GMV（稳定期）
低	印尼	低客单配饰、小物件	1-3 万美元
中	越南、泰国	美妆、家居	3-10 万美元
高	美国、巴西	有品牌溢价的品类	10-50 万美元

Step 3：验证再放大

无论选什么市场，先小规模测试：1. 投入 2-3 周时间做市场调研 2. 用最小成本跑通一个完整链路 3. 验证数据（点击率、转化率、客单价、复购率） 4. 数据 OK 再加大投入

小技巧：不要同时做多个市场。先把一个市场做透，再复制到其他市场。我见过太多人，哪个市场都做，哪个市场都不行。

12.3 商业模式：从卖货到做品牌

单纯卖货的时代正在结束

2020-2022 年，TikTok 出海是"流量红利期"。只要你能拿到便宜的流量，随便卖什么都能赚钱。

2023 年开始，进入”内容红利期”。内容做得好的人赚钱，内容差的人亏钱。

从 2025 年起，行业已全面进入”品牌红利期”。有品牌的人吃肉，没品牌的人喝汤。

为什么？

阶段	竞争核心	赢家特征
流量红利期	谁先抢到流量	执行力强、速度快
内容红利期	谁的内容更好	创意能力强、本土化深
品牌红利期	谁有用户认知	有品牌资产、有用户忠诚度

实战案例：从白牌到品牌的蜕变

▸ 背景：一个做发饰的客户，2022 年开始做 TikTok ▸ 问题：产品同质化严重，价格战越打越厉害 ▸ 策略：打造”发型教程”IP，从卖产品变成教用户做发型 ▸ 动作： - 固定主播形象，建立人设 - 每周 3 条教程类内容 - 建立用户社群，持续互动 ▸ 结果： - 2023 年：用户主动搜索品牌词占比从 0 提升到 15% - 2024 年：客单价提升 50%，复购率达到 35% - 同样的投放费用，ROI 从 1:2 提升到 1:4 ▸ 关键洞察：品牌不是一个logo，是用户对你的信任

三个值得关注的商业模式趋势

1. 订阅模式

不是一次性把东西卖给用户，而是建立持续的关系。

适合品类	订阅形式	案例参考
美妆护肤	每月寄送定制盒子	Ipsy、Birchbox
宠物用品	定期配送粮食和玩具	BarkBox
保健品	按疗程定期配送	Ritual
日用消耗品	自动补货	Dollar Shave Club

订阅模式的核心指标： - LTV（用户生命周期价值）：用户平均订阅几个月 × 月订阅费 - CAC（获客成本）：获取一个订阅用户的成本 - 健康比例：LTV:CAC > 3:1

你现在能做什么： - 分析你的产品是否有复购属性 - 计算用户的自然复购周期 - 测试"订阅有优惠"的转化率

2. 社群电商

把用户组织起来，让用户影响用户。

层级	角色	激励方式
核心用户	品牌大使	专属折扣、免费产品、分销佣金
活跃用户	内容贡献者	内容奖励、流量扶持
普通用户	口碑传播者	分享返利、积分体系

社群电商的关键动作： 1. 建立官方社群（WhatsApp/Telegram/Discord）2. 培养核心用户，让他们成为"野生代言人" 3. 设计分享机制，让用户有动力推荐 4. 定期活动，保持社群活跃度

> ⚠ 我们踩过的坑：一开始建社群，每天发优惠券和促销信息。结果用户越来越不活跃，觉得"这就是个广告群"。后来改成分享使用心得、回答用户问题，活跃度才上来。社群是用来建立关系的，不是用来推销的。

3. 可持续发展

这不是虚的，是真实的商业趋势。

欧美消费者的变化： - 70% 的 Z 世代表示愿意为环保产品支付溢价 - "绿色消费"搜索量年增长 40%+ - 平台开始对可持续产品给予流量倾斜

你能做什么： | 动作 | 难度 | 效果 | | :— | :— | :— | | 使用可回收包装 | ★☆☆ | 提升品牌形象 | | 产品标注环保信息 | ★☆☆ | 增加转化率 | | 推出环保产品线 | ★★☆ | 开拓新客群 | | 碳足迹认证 | ★★★ | 高端市场通行证 |

12.4 你现在该做什么：行动清单

未来很美好，但需要现在准备

很多人看完趋势分析会说：“懂了，等 AI 成熟了再说。”

错。

趋势的红利，永远属于提前准备的人。

我给你一份具体的行动清单，按时间线拆解：

立刻做（本周内）

事项	具体动作	预期产出
梳理 AI 使用场景	先把高频任务标准化，明确哪些环节可 AI 辅助	建立 AI 效率优势
建立数据习惯	每天花 30 分钟看后台数据	培养数据敏感度
关注行业动态	加入 2-3 个 TikTok 出海社群	获取一手信息

本月做

事项	具体动作	预期产出
AI 工作流	把内容生产流程跑通一遍 AI 辅助	效率提升方案
市场评估	用本章的框架评估 2-3 个潜在市场	市场选择决策
用户社群	建立第一个 100 人的用户社群	私域流量基础

本季度做

事项	具体动作	预期产出
品牌化起步	确定品牌定位，设计品牌视觉	品牌基础资产
团队升级	至少 1 人专门负责数据分析	决策效率提升
新市场测试	小规模进入 1 个新市场	验证扩张模型

今年做

事项	具体动作	预期产出
AI 原生团队	建立 AI 驱动的运营体系	效率护城河
品牌资产积累	品牌词搜索占比达到 20%+	品牌溢价能力
多市场布局	稳定运营 3 个市场	风险分散

避坑清单

这些是我们踩过的坑，你不要再踩：

错误	表现	正确做法
等待观望	“等政策明朗再说”	边干边调整，不干永远没机会
贪多求全	同时做 5 个市场	先做透 1 个，再复制扩张
只看流量	ROI 高就行	同时关注品牌资产积累
忽视合规	“先干起来再说”	合规是底线，不能碰的红线
依赖单一	只会一种打法	多元化能力和渠道

本章小结

核心要点

1. AI 不是未来，是现在 —— 会用 AI 的团队已经在碾压不会用的团队。立刻开始学习和应用 AI 工具。

2. 市场选择比努力更重要 —— 不要只盯着美国。根据自己的资源，选择最适合的市场，先做透再扩张。
3. 从卖货到做品牌 —— 单纯的流量生意越来越难做。开始积累品牌资产，建立用户关系。
4. 现在准备，未来收获 —— 趋势的红利属于提前布局的人。本周就开始行动。

一句话总结

看清方向，现在行动。未来 5 年的赢家，都在今天开始准备。

本章关键术语

术语	全称	大白话解释
LTV	Lifetime Value	一个用户一辈子在你这花多少钱
CAC	Customer Acquisition Cost	拉来一个新用户花了多少钱
AI Agent	AI 智能代理	能自己干活的 AI，不用你一直盯着
订阅模式	Subscription Model	用户每月付费，你持续提供产品/服务
社群电商	Social Commerce	靠社群和口碑卖货的模式

写到这里，这本书就要收尾了。

回顾整本书，我们从全球机遇讲起，一路走过商业模式、选品策略、内容创作、直播带货、付费推广、客服售后、数据分析、团队管理、法律合规、AI 应用，直到现在的未来展望。

12 章内容，超过 10 万字，浓缩了我们团队 3 年的实战经验。

但你要记住一件事：

看完一本书，和真正去干，是两码事。

书里的每一个方法、每一个案例、每一个避坑指南，都需要你在实战中去验证、去优化、去内化成自己的能力。

不出海，就出局。

这不是一句吓人的话，而是一个正在发生的事实。中国制造的竞争力、TikTok 的流量红利、全球化的消费升级——这些机会不会永远等你。

现在就开始。

哪怕只是注册一个账号，发布一条视频，接触一个供应商。

动起来，一切都会不一样。

最后，感谢你读完这本书。如果这本书对你有帮助，欢迎把你的实战经验分享给我们。

我们战场上见。

附录 A：15 国 TikTok 实操档案卡

本附录收录 15 个 TikTok 重点市场的实操档案卡，按大洲组织：美洲 4 国、亚太 6 国、欧洲 5 国。每张档案卡覆盖六个模块—— 市场基础数据、平台生态、本地选品、物流支付、合规政策、财富策略。建议先按你的资源禀赋筛 1-2 个市场重点研读，其他作为参考。

美洲市场

美国站实操档案卡

一句话定位：全球最大单一消费市场，流量红利收窄但利润天花板最高，适合有供应链优势和本土化内容能力的成熟卖家重仓。

核心发展史：从试水到内卷

时间	事件	行业影响
2022.11	TikTok Shop 美国站 Beta 测试	达人带货模式先行，仅限邀请制
2023.09	TikTok Shop 美国站正式开放	跨境卖家涌入，开启”捡钱”红利期
2024.03	全托管（Fulfilled by TikTok）全面上线	门槛骤降，中小卖家批量入场
2024.04	美国国会通过《剥离法案》	要求字节跳动 270 天内剥离 TikTok，否则封禁
2024.08	商城（Mall/货架场）与搜索电商打通	从”兴趣电商”进化为”搜索+推荐”双驱动
2025.01	最高法院维持封禁法案，TikTok 短暂下架	市场恐慌，但总统签署行政令暂缓执行
2025.01	平台强化 INFORM Act 合规审核	虚假本土店大规模清退，代开店封号潮
2025.06	AI 数字人直播分发权重开放	内容生产进入 AI 辅助时代
2025.09	总统再次延长执行宽限期	市场进入”政策特赦期”，运营暂时稳定
2026.01	De Minimis 关税豁免政策实质性收紧	针对中国商品的小包免税红利终结，海外仓成标配

⚠ 重大风险警告：截至 2026 年 1 月，TikTok 美国站的运营建立在总统行政令延期执行的脆弱平衡上。《剥离法案》并未撤销，若政治

风向转变或行政令到期不再续期，平台面临随时关闭风险。卖家需时刻关注法律动向，做好多平台布局的风险对冲。

第一模块：市场基础数据与入场门槛（定坐标）

宏观环境（2026 预测）

指标	数据
总人口	3.42 亿
互联网普及率	93%
移动端日活占比	82%
TikTok 月活用户	1.9 亿+
电商渗透率	26%

地理与时空坐标

- 核心城市：洛杉矶（Los Angeles）、纽约（New York）、芝加哥（Chicago）、休斯顿（Houston）、迈阿密（Miami）
- 时差：横跨 4 个时区
  - 东部时间（EST）：比北京慢 13 小时（夏令时慢 12 小时）
  - 太平洋时间（PST）：比北京慢 16 小时（夏令时慢 15 小时）
- 气候与选品节奏：
  - 东北部/中西部：冬季严寒（11 月-3 月），保暖品类持续 5 个月
  - 南部（阳光地带）：全年户外运动、防晒、泳装需求旺盛
  - 反季机会：6-8 月可预售冬季款，12-2 月可预售夏季款

时光机坐标：相当于 2024-2025 年的中国抖音+亚马逊合体

关键特征：- 双驱动时代：从”刷到好内容才买”进化为”搜索+推荐”并重，商城（Mall）流量占比稳定在 30%+ - 直播带货心智已建立，但用户人均观看时长（4-7 分钟）仍低于中国（12 分钟） - 头部主播格局初成，中腰部达人与 AI 数字人直播仍有机会 - 平台补贴收窄，进入精细化运营与内容内卷阶段 - 政策变量：INFORM Act 合规审查趋严，De Minimis 关税豁免已实质性收紧 - ⚠ 政治风险：《剥离法案》悬而未决，行政令延期是当前运营的法律基础

用户画像

- 核心人群：18-45 岁（主力消费群上移），女性用户占比 56%
- 消费特征：冲动消费与理性比价并存，极重视评价和退换货体验
- 决策周期：客单价 $30 以下秒下单，$50+ 需要 2-3 次内容触达
- 文化特点：重视社会责任感（ESG）与品牌真实性，对 AI 生成内容接受度高但对欺诈零容忍

购买力水平

指标	数值
人均月收入	$4,500-5,500
TikTok Shop 平均客单价（AOV）	$28-45
爆单甜点价位	$15-35
高客单天花板	$80-150（需强内容背书）
免运费心理价	$35（关键分水岭）

准入条件

模式选择矩阵

模式	门槛	净利润率	适合谁
全托管	最低，仅需 1688 货源	12-18%	新手试水、供应链厂家
半托管	中等，需海外仓备货	18-28%	有资金、想控货的卖家
自营跨境	较高，需美国主体或授权	22-35%	成熟卖家、品牌出海
本土店	最高，需 SSN/EIN + 美国地址	25-45%	长期深耕、DTC 品牌

⚠ 净利润率说明：以上利润率已扣除平台佣金、物流、广告（ACOS 30%）、退货损耗，实际利润受内容能力和自然流量占比影响波动极大。

本土店注册真相

- 法人要求：美国公民/绿卡持有者，或注册美国有限公司（LLC），成本 $500-2,000/年
- INFORM Act 合规：2025 年起平台强制执行身份核验，每季度可能发起视频核验或银行流水抽检
- 真实封号率：IP 异常导致的封号率约 8-12%，使用纯净住宅 IP（Static Residential IP）可降至 3% 以下
- 隐性成本：合规记账 $200-300/月、销售税代缴 $50-100/州/月、虚拟地址服务 $30-50/月
- ⚠ 风险警告：代开店/“一拖多”注册的店铺在 2026 年封号率 >80%，务必实名自持

第二模块：TikTok 平台生态与购物心智（搞定人）

心智成熟度： ☆

用户状态：“知道 TikTok 能买东西，会主动搜产品了” - 75% 用户有过 TikTok 购物经历 - 25% 用户会主动打开 Shop Tab 或搜索商品（较 2024 年翻倍） - 核心转化场景仍是”刷到好内容→被种草→下单”，但商城搜索占比快速上升

内容爆款公式

Hook 钩子（前 3 秒生死线）

类型	模版	适用品类
反常识	“ I was today years old when I found this…”	小工具、厨房神器
痛点直击	“ POV: You finally found a [产品] that actually works”	美妆、个护
社交货币	“ The TikTok made me buy it, and wow…”	潮流单品、网红款
价格锚定	“ This $20 [产品] replaced my $200 [大牌]”	平替、性价比款
Before/After	无需文字，3 秒内展示效果对比	清洁、美容仪器
AI 真人出镜	用 AI 换脸/换音适配美式口音与本土面孔	全品类（消除跨境感）

BGM 调性

- 热卖品类标配：轻快电子 + 人声哼唱（参考：Chill beats, Lo-fi 风格）
- 美妆个护：ASMR 质感配乐，强调产品音效

· 家居厨房：治愈系纯音乐，营造生活感
· 2026 趋势：AI 合成电音、极简解压音成为新宠
· ⚠ 版权警告：2026 年起 TikTok 对非商用音乐版权打击极严，务必使用 Commercial Music Library (CML) 或获得明确授权的 AI 生成音乐，否则面临限流甚至视频下架

直播现状

接受度：中等偏上

· 美国用户不吃东南亚式喊麦，反感”家人们”话术
· 吃什么：专业测评风、朋友聊天风、沉浸式展示风
· AI 数字人直播：2026 年分发权重开放，适合 24 小时货架式直播
· 单场直播人均观看时长：4-7 分钟（低于中国的 12 分钟）

直播风格偏好

风格	接受度	适用场景
专业测评型		电子、美妆、工具
朋友聊天型		时尚、生活方式
沉浸式展示型		家居、厨房、ASMR
AI 数字人型		24 小时货架直播
喊麦促销型		极不推荐

黄金时段（北京时间）

时段	北京时间	美国时间	流量特征
早高峰	21:00-24:00	东部 8-11AM	通勤碎片流量，适合引流款
午间	01:00-03:00	东部 12-2PM	稳定流量，适合客单价 $30+ 产品
晚高峰	06:00-10:00	东部 5-9PM	黄金时段，大场必争
深夜	10:00-13:00	东部 9PM-12AM	精准人群，高转化但流量小

流量成本指标（2026 预测）

指标	区间	趋势
CPM（千次展示成本）	$10-18	同比 +25%，持续上涨
CPC（单次点击成本）	$1.0-2.0	竞争激烈品类可达 $3+
达人佣金率	15-25%	头部达人要价 30%+
自然流量占比	30-45%	逐年下降，付费占比提升

第三模块：本地选品逻辑与热门类目（选对命）

销量 Top 3 垂直品类

美妆个护（Beauty & Personal Care）

- 爆款逻辑：成分党崛起，“Clean Beauty（纯净美妆）”概念持续火热
- 价格带：$12-28
- 代表爆品：磁吸睫毛、冰敷眼膜、护发精油、美白牙贴
- 内容策略：GRWM（Get Ready With Me）+ 成分科普 + AI 试妆

家居厨房（Home & Kitchen）

- 爆款逻辑：懒人经济 + 视觉冲击，“解决一个具体问题”
- 价格带：$15-40
- 代表爆品：多功能切菜器、硅胶收纳、LED 感应灯、迷你封口机
- 内容策略：Before/After 对比 + 解压满足感

时尚配饰（Fashion Accessories）

- 爆款逻辑：低客单冲动消费，强社交属性
- 价格带：$8-25
- 代表爆品：发夹套装、极简首饰、手机链、墨镜
- 内容策略：穿搭教程 + “TikTok made me buy it”

降维打击清单（国内过剩→美国神器）

商品	国内成本	美国售价	预估净利	爆款潜力
RGB 拾音氛围灯	￥25	$18-28	25-35%	
磁吸无线充电宝	￥40	$25-35	20-30%	
迷你封口机	￥8	$12-15	30-40%	
懒人手机支架	￥5	$8-12	25-35%	
便携榨汁杯	￥30	$22-32	18-25%	
AI 实时翻译耳机	￥80	$45-65	20-28%	

⚠ 净利润说明：以上净利已扣除平台佣金、物流、达人佣金（15%）、退货损耗（8%）及广告成本（ACOS 25%）。实际利润因投放效率和自然流量占比差异较大。

文化与审美图谱

选品禁区

禁忌类型	具体内容	后果
政治敏感	涉及国旗、政党、枪支元素	下架 + 限流
种族雷区	肤色相关描述（如"美白"需改为"brightening"）	舆论危机
尺寸歧视	服装未覆盖 Plus Size（XXL-4XL）	差评如潮
环保争议	过度包装、一次性塑料	舆论攻击
版权侵权	使用大牌 Logo、明星肖像、仿品	店铺封禁 + 法律风险

颜色与风格偏好

- 主流审美：极简、中性色系（黑白灰、莫兰迪）
- Z 世代偏好：Y2K 复古、多巴胺配色、赛博朋克
- 节日营销：万圣节橙黑、圣诞红绿金、情人节粉红

价格敏感度

- 冲动消费阈值：$30 以下无脑下单
- 考虑区间：$30-60 需要强内容说服
- 高客单门槛：$60+ 必须有品牌背书或 KOL 强推
- 免运费心理价：$35 是关键分水岭（建议设置满 $35 免邮）

第四模块：物流履约与支付体系（控周转）

物流效率模型

模式对比

模式	时效	成本	适用场景
国内小包直发	8-15 天	$4-8/单	测品、长尾款（⚠ 2026 年风险上升）
海外仓自发（3PL）	3-5 天	$6-12/单	稳定爆款、高客单
FBT 入仓（Fulfilled by TikTok）	2-4 天	平台抽佣内含	全托管/半托管标配，享流量加权

真实时效与回款

模式	签收时效	回款周期
小包直发	10-18 天	T+15 至 T+30（按店铺等级）
FBT 发货	3-5 天	T+7 至 T+14

- ⚠ 旺季警告：Q4 黑五期间，小包时效可能拉长至 25 天+
- ⚠ 关税现状：De Minimis（$800 以下小包免税）政策 2026 年已针对中国商品实质性收紧，小包直发综合成本上涨 25-35%，海外仓已成为主流履约方式

支付血泪史

支付构成

支付方式	占比	特征
信用卡/借记卡	75%	主流，拒付率低
Apple Pay/Google Pay	10%	年轻用户，转化率高
PayPal	10%	高客单用户偏好
Klarna/Affirm（分期）	5%	高客单必备（$50+ 明显提升转化）

防拒付（Chargeback）SOP

- 主动推送物流：发货后 24 小时内发送物流追踪链接
- 售前响应：48 小时内必须回复客户咨询（平台考核红线）
- 退换货体验：美国用户对退货体验要求极高，建议提供免费退货标签

签收指标

- 妥投率红线：95% 以下会触发平台警告
- 退货率实况：美妆 8-12%，服装 20-30%，电子 5-8%
- 退货处理：FBT 订单平台承担，自发货需自建美国退货地址或接受弃件损耗

第五模块：合规经营与政策红线（护本金）

税务合规

销售税（Sales Tax）

- 征收逻辑：根据买家所在州税率（0-10.25% 不等）
- 卖家义务：TikTok 代扣代缴（MPF 协议），卖家无需自行申报
- ⚠ 本土店注意：如在某州有经济关联（Nexus），需在该州登记税号

所得税（Income Tax）

- 本土店：需年度申报联邦所得税，税率 21%（C-Corp）或穿透至个人（LLC）
- 外国人持有的 LLC：涉及”有效连接美国贸易或业务”（ECI），建议预留 20% 利润作为税务储备
- ⚠ 建议：必须聘请专业美国会计师（CPA）处理

关税与免税额

- De Minimis：$800 以下包裹免关税（传统政策）
- ⚠ 2026 现状：针对中国发货的小包，De Minimis 免税红利已实质性终结。2024-2025 年间美国两党持续收紧政策，2026 年起中国直发小包的综合税负成本上涨约 25-35%
- 应对策略：批量海运至美国海外仓，按正式进口报关清关，是当前主流且合规的做法。小包直发模式仅适用于测品阶段，不建议作为主力履约方式

认证深水区

品类	必需认证	成本	周期
电子产品	FCC	$2,000-5,000	2-4 周
蓝牙/无线产品	FCC ID	$3,000-6,000	3-5 周
儿童用品（12 岁以下）	CPSIA/CPSC	$3,000-8,000	4-8 周
化妆品	FDA 登记（非强制但强烈建议）	$500-1,500	1-2 周
食品	FDA 设施注册	$2,000+	4-6 周
激光类产品	FDA 激光产品报告	$1,500-3,000	2-4 周

内容红线

必死操作

- 虚假宣传：任何”治愈（Cure）““医疗效果”表述
- 版权侵犯：使用大牌 Logo、明星肖像
- IP 擦边：仿品、Dupe 描述不当

· 歧视内容：涉及种族、性别、宗教的负面表述

敏感词规避

禁用词	替代方案
Best / No.1	Top-rated, Highly reviewed
Whitening（美白）	Brightening, Radiant
Cure / Heal	Support, Help with
Fake / Dupe	Affordable Alternative, Inspired by（慎用）
Anti-aging（抗衰老）	Age-defying, Youthful

第六模块：财富策略与避坑（定生死）

💲 推荐财富打法

路径一：全托管快速起量（适合新手）

- 核心策略：1688 选品→批量上架→数据筛选→追加爆款
- 预期回报：月销 $5,000-20,000，净利润率 12-18%
- 启动资金：$2,000-5,000
- 成功关键：选品眼光 + 高频测款

路径二：AI 达人矩阵（适合有内容能力者）

- 核心策略：利用 AI 批量生成达人视频 + 签约 10-50 个中小达人
- 预期回报：月销 $30,000-100,000，净利润率 20-30%
- 启动资金：$10,000-30,000
- 成功关键：AI 工具熟练度 + 达人商务能力

路径三：自有品牌 DTC（适合长期玩家）

- 核心策略：垂直品类深耕，自建内容团队 + 达人矩阵 + 独立站互导
- 预期回报：月销 $100,000+，净利润率 25-40%
- 启动资金：$50,000-100,000
- 成功关键：品牌定位 + 供应链深度 + 本土化团队

避坑

序号	致命错误	后果	正确做法
1	使用机房 IP / 代理 IP 登录	账号秒封	投资纯净住宅 IP（Static Residential IP），一号一 IP
2	购买”一拖多”代开本土店	INFORM Act 审核不过，永久封禁	实名自持 LLC，确保可配合视频核验
3	产品图用中文/拼音水印	限流 + 差评	纯英文素材，本土化视觉
4	客服回复超 48 小时	店铺降权	设置自动回复 + 外包客服 / AI 客服
5	发货时效不达标	订单取消 + 罚款	备足库存，预留缓冲期
6	忽视差评不处理	转化率暴跌	48 小时内联系买家解决
7	盲目跟卖侵权产品	店铺封禁 + 法律风险	上架前做 USPTO 商标检索
8	依赖小包直发不备海外仓	关税政策变动后利润归零	稳定款务必备货美国仓

美国电商日历（必记）

节日	时间	营销重点
情人节	2月14日	礼品、首饰、美妆
复活节	4月（日期变动）	家居装饰、糖果、儿童用品
母亲节	5月第二个周日	美妆、首饰、家居
父亲节	6月第三个周日	工具、电子、户外
返校季	7-8月	文具、电子、服装
万圣节	10月31日	装饰、服装、糖果
黑五/网一	11月第四周	全品类大促，全年最重要
圣诞节	12月25日	礼品、装饰、全品类

2026 美国站核心策略总结

入场时机：仍有红利，但窗口收窄

竞争烈度：极高

利润潜力：最高

运营难度：高（供应链+内容+合规全维度竞争）

推荐指数：（有经验者首选，新手建议从全托管试水）

一句话忠告：2026 年的美国站已无”躺赚”机会——这是供应链深度、本土化内容能力、AI 工具熟练度与合规意识的全维度竞争。只有在这四项都达标的前提下，才能吃到最肥的肉。

最后更新：2026 年 1 月 | 数据来源：TikTok 官方、第三方监测平台、行业调研

⚠ 特别提示：美国站的运营目前建立在总统行政令延期执行的基础上，《剥离法案》并未撤销。建议卖家做好多平台布局（如亚马逊、独立站），避免将所有资源押注在单一平台。

加拿大站实操档案卡

一句话定位：北美第二战场，与美国高度相似但竞争更低，适合想要”先练兵后攻美”或”避开美国红海”的策略型卖家。

、作者预判（重要）：截至 2026 年初，TikTok Shop 加拿大站尚未正式开放本土小店，仅可通过美区溢出、半闭环跳转或邀请制内测进入。即便如此，我依然把加拿大列为本书重点收录的市场——因为它极有可能是下一个全面开放的高利润战场。建议有资源的卖家提前布局账号、本地公司、北美一体化物流，等政策一开就抢占第一波红利。

核心发展史：蓄势待发的”北美副中心”

时间	事件	行业影响
2018 年	TikTok 正式进入加拿大市场	随北美扩张同步进入
2023 年	TikTok 半闭环（跳转独立站）在加流行	培养用户点击购物习惯
2024 年	加拿大用户可通过美区商家购买部分商品	市场需求验证
2025.Q3	北美一体化物流（North America Fulfillment）测试	允许美区商品直发加拿大
2025.Q4	TikTok Shop 加拿大站开启邀请制内测	部分跨境卖家获邀入驻
2026 年（预测）	TikTok Shop 加拿大站预计全面开放	真正实现本土化闭环

⚠ 现状提示：截至 2026 年初，加拿大站主要通过美区溢出或半闭环模式运营。独立入驻需密切关注官方邀请制政策，或通过注册美国公司从美区发货覆盖加拿大市场。

第一模块：市场基础数据与入场门槛（定坐标）

宏观环境（2026 预测）

指标	数据
总人口	4,100 万
互联网普及率	95%
移动端日活占比	80%
TikTok 月活用户	1,500 万+
电商渗透率	22%（北美次于美国）
人均 GDP	$52,000（高消费力）

地理与时空坐标

核心经济与消费城市

城市	经济地位	消费特征	语言
多伦多(Toronto)	经济首都，GDP 占全国 20%	国际化大都市，消费最活跃	英语
温哥华(Vancouver)	西海岸门户	华人众多，亚洲商品接受度高	英语
蒙特利尔(Montréal)	魁北克省中心	法语区，需双语运营	法语
卡尔加里(Calgary)	阿尔伯塔省中心	石油经济，消费力强	英语
渥太华(Ottawa)	首都	政府雇员集中，稳定消费	英语/法语

与北京时间时差

城市	冬令时时差	夏令时时差
多伦多/蒙特利尔（东部）	−13 小时	−12 小时
温哥华（太平洋）	−16 小时	−15 小时
卡尔加里（山区）	−15 小时	−14 小时

实操换算：多伦多晚间 8 点 = 北京次日上午 9 点（冬令时）⚠ 注意：加拿大横跨 6 个时区，运营需按东部时间为主

气候与季节（指导季节性选品）

季节	时间	气候特征	选品方向
春季	4 月-5 月	融雪回暖，5-15°C	轻薄外套、园艺用品
夏季	6 月-8 月	温暖短暂，20-30°C	户外用品、露营装备、防晒
秋季	9 月-11 月	转凉迅速	保暖配件、返校用品
冬季	12 月-3 月	极寒，-10 至-30°C	保暖神器、暖宫贴、电热用品

加拿大特色：- 冬季超长：保暖品类销售周期长达 5 个月 - 户外文化：露营、徒步、滑雪用品需求大 - 反季机会：夏季极短，7-8 月是户外用品爆发期

◷ 时光机坐标：相当于 2023-2024 年的中国抖音

关键特征：- TikTok 电商刚起步，用户心智正在建立 - 与美国用户习惯高度相似，内容可复用 - 平台竞争远低于美国，流量红利明显 - Amazon.ca 主导电商市场，TikTok 是新机会 - 核心判断：2026 年是加拿大站”早期红利期”，适合作为美国站的”练兵场”或”蓝海替代”

用户画像

- 核心人群：18-40 岁（占比 65%），女性主导（54%）
- 消费特征：理性消费、重视品质、环保意识强、价格敏感度中等
- 决策周期：与美国相似，但更谨慎一些

· 文化特点：多元文化、包容度高、对"中国制造"接受度好、法语区需特别关注

购买力水平

指标	数值
人均月收入	CAD 4,500-6,500（约 $3,300-4,800）
TikTok Shop 平均客单价（AOV）	CAD 30-55（约 $22-40）
爆单甜点价位	CAD 20-45（约 $15-33）
高客单接受度	CAD 80+（$60+）需强内容背书
免运费心理价	CAD 50 是常见分水岭

准入条件

模式选择矩阵

模式	门槛	利润率	适合谁
全托管（强推）	最低，可从美国仓发货	20-32%	新手试水
跨境自营	中等，需处理 GST/HST	28-42%	有北美资源者
本土店	最高，需加拿大公司	32-48%	品牌出海、长期深耕

本土店注册真相

· 法人要求：加拿大联邦或省级公司（Corporation）

· 注册成本：CAD 500-2,000/年（公司注册+地址服务）

· 税务要求：需注册 GST/HST 税号

· ⚠ 与美国协同：加拿大公司可能有助于美加双市场布局

· 建议：新手先用全托管，可从美国仓发货加拿大

第二模块：TikTok 平台生态与购物心智（搞定人）

心智成熟度：

用户状态："TikTok 很有趣，开始知道能买东西了" - 40% 用户有 TikTok 购物经历（低于美国） - 电商心智仍以 Amazon.ca 为主 - 用户对 TikTok 电商开放度高，但习惯尚在培养 - 机会点：竞争极低，可用美国内容稍作调整复用

内容爆款公式

Hook 钩子（前 3 秒生死线）

类型	表达方式	适用品类
惊叹发现	"Okay wait, this is actually so good!"	新奇小工具
省钱种草	"Found this for only $[价格] CAD!"	全品类
加拿大特色	"Finally something that ships to Canada!"	全品类（痛点营销）
冬季必备	"How I survive Canadian winters…"	保暖用品
TikTok Made Me	"TikTok made me buy it, and honestly…"	网红款

⚠ 加拿大特殊痛点： - 很多美国爆款不发加拿大，"Ships to Canada" 是卖点 - 用户习惯被美国排除在外，有被关注的渴望

BGM 调性

- 必火类型：北美流行、抖音神曲、Lo-fi
- 情绪价值：与美国高度相似
- ⚠ 法语区：魁北克省需考虑法语内容

· 可复用：美国站内容稍作调整可直接用

直播现状

接受度：中等

· 加拿大用户对直播购物接受度与美国相当或略低
· 更偏好短视频种草
· 优势：直播竞争极低，先行者优势明显

直播风格偏好

风格	接受度	适用场景
专业测评型		电子、美妆
朋友聊天型		时尚、生活方式
沉浸式展示型		家居、ASMR
喊麦促销型		不推荐

黄金时段（北京时间）

加拿大时段（东部）	北京时间	流量特征
午休（12:00-14:00）	01:00-03:00（冬）/ 00:00-02:00（夏）	午休碎片流量
下班后（17:00-19:00）	06:00-08:00（冬）/ 05:00-07:00（夏）	通勤流量
晚高峰（19:00-22:00）	08:00-11:00（冬）	黄金档

⚠ 时差应对：与美国策略相同，可与美国站联动运营

流量成本指标（2026 预测）

指标	区间	对比美国
CPM（千次展示成本）	CAD 8-15（$6-11）	美国的 60-70%
CPC（单次点击成本）	CAD 0.8-1.8（$0.6-1.3）	美国的 70%
达人佣金率	12-20%	低于美国
自然流量占比	50-65%	红利期特征

核心洞察：加拿大流量成本是美国的60-70%，竞争更低，但市场规模也较小（美国的1/8）。适合作为北美入场的"练兵场"。

第三模块：本地选品逻辑与热门类目（选对命）

销量 Top 3 垂直品类

| 家居生活（Home & Living）
- 爆款逻辑：冬季漫长室内时间久，家居改造需求大
- 价格带：CAD 15-50（$11-37）
- 代表爆品：收纳用品、LED 灯饰、厨房工具、加湿器、暖手宝
- ⚠ 关键：冬季保暖品类是刚需

| 美妆个护（Beauty & Personal Care）
- 爆款逻辑：与美国趋势同步，Clean Beauty 流行
- 价格带：CAD 12-35（$9-26）
- 代表爆品：护肤精华、面膜、唇釉、护发产品、冬季护肤
- ⚠ 关键：干燥寒冷气候，保湿类产品需求大

| 户外运动（Outdoor & Sports）
- 爆款逻辑：加拿大户外文化发达，露营滑雪国民运动
- 价格带：CAD 20-60（$15-44）
- 代表爆品：露营装备、徒步配件、滑雪周边、户外服饰
- 季节性：夏季露营、冬季滑雪，需提前布局

降维打击清单（中国供应链优势→加拿大"品质好物"）

商品	国内成本	加拿大售价	预估净利	爆款潜力
电热暖手宝	¥25	CAD 28-38	28-38%	（冬季神器）
便携加湿器	¥18	CAD 25-35	30-40%	（干燥气候刚需）
LED 化妆镜	¥15	CAD 28-40	28-38%	
磁吸无线充电宝	¥40	CAD 35-50	22-32%	
露营折叠椅	¥35	CAD 45-65	25-35%	（夏季爆款）
迷你封口机	¥8	CAD 15-22	35-45%	

⚠ 净利润说明：以上净利已扣除平台佣金（5-8%）、物流、达人佣金（15%）、GST/HST（5-15%）、退货损耗（8%）。从美国仓发货可优化物流成本。

文化与审美图谱

选品禁区

禁忌类型	具体内容	后果
法语合规	魁北克省商品需法语标签	法律风险
环保争议	过度包装、不环保材料	差评+舆论风险
版权侵权	NHL/MLB 等职业体育 Logo	法律风险
尺寸混乱	未提供加拿大/公制尺寸	用户困惑

颜色与风格偏好

- 主流审美：与美国相似，极简、中性色
- 多元文化：温哥华对亚洲审美接受度高
- 户外风格：实用、耐用、功能性强
- 法语区：蒙特利尔有更欧式的审美偏好

价格敏感度

- 冲动消费阈值：CAD 30（约 $22）以下较易
- 主流价格带：CAD 20-60（$15-44）
- 高客单挑战：CAD 80+（$60+）需强背书
- 心理技巧：标价 CAD 19.99、29.99 比整数转化高
- 免运费心理价：CAD 50 是常见分水岭

第四模块：物流履约与支付体系（控周转）

物流效率模型

加拿大物流特点

- 地广人稀：物流成本高于美国，偏远地区配送挑战大
- 美加协同：从美国仓发加拿大比从中国直发更快
- 用户期望：习惯 5-10 天收货（比美国宽容）

模式对比

模式	时效	成本	适用场景
全托管（美国仓转发）	5-10 天	平台承担	推荐首选
全托管（深圳仓）	10-18 天	平台承担	测品阶段
跨境直发	12-20 天	$8-15/单	长尾测品
加拿大仓	2-5 天	CAD 5-10/单	稳定爆款

主流物流商

- Canada Post：加拿大国家邮政，覆盖最全
- Purolator：时效好，商业配送首选
- FedEx Canada：跨境首选
- UPS Canada：大件优势

支付构成

支付方式	占比	特征
信用卡/借记卡	70%	Visa/Mastercard 为主，Interac 借记卡普及
PayPal	15%	高信任度
Apple Pay/Google Pay	10%	年轻用户
Afterpay/Klarna	5%	高客单分期

加拿大支付特点

- 无 COD 文化：货到付款在加拿大几乎不存在
- Interac 重要：加拿大本土借记卡网络，普及率高
- 分期需求：高客单商品可考虑接入分期支付

签收指标

- 基准水平：95%+（签收率高）
- 优秀水平：97%+
- 退货率：服装 18-30%（加拿大退货政策宽松），电子 5-8%
- ⚠ 偏远地区：育空、西北地区等配送时效长，需预设期望

第五模块：合规经营与政策红线（护本金）

税务合规

核心税种

税种	税率	说明
GST（联邦商品服务税）	5%	全国统一
PST（省销售税）	0-10%	按省份不同
HST（统一销售税）	13-15%	部分省份合并 GST+PST

各省税率速查

省份	税率	说明
安大略（Ontario）	13% HST	人口最多
魁北克（Quebec）	5% GST + 9.975% QST	法语区
BC 省	5% GST + 7% PST	温哥华所在
阿尔伯塔（Alberta）	5% GST	无省税，税率最低

税务合规要求

- 门槛：年销售超过 CAD 30,000 需注册 GST/HST
- 全托管：平台代扣代缴，卖家无需处理
- ⚠ 建议：跨境卖家优先选择全托管，避免税务复杂性

认证深水区

品类	必需认证	成本	周期
电子产品	CSA/cUL 认证	$2,000-6,000	4-10 周
无线产品	ISED 认证	$3,000-8,000	6-12 周
化妆品	Health Canada 登记	$1,500-4,000	8-16 周
儿童用品	CCPSA 合规	$2,000-5,000	4-8 周
普通商品	无强制要求	-	-

新手建议：避开需认证品类，专注家居、配饰等无门槛品类。

内容红线

加拿大审核特点

- 双语要求：魁北克省需法语优先或双语
- 环保声明：不能虚假宣传环保
- 多元文化：内容需尊重多元背景

必须本土化的元素

元素	错误做法	正确做法
语言	纯美式英语	加拿大拼写（colour, centre）
法语	忽视魁北克	至少产品名有法语版本
货币	显示美元	显示加元（CAD/$）
尺寸	仅标英制	公制为主（cm, kg）
电压	非北美标准	120V/60Hz，北美插头

第六模块：财富策略与避坑（定生死）

💲 推荐财富打法

路径一：全托管+美加联动（强烈推荐）

- 核心策略：美国站选品同步上架加拿大，从美国仓发货
- 预期回报：月销 CAD 10,000-50,000（$7,500-37,000），利润率 25-35%
- 启动资金：$3,000-8,000（可与美国站共用）
- 成功关键：美国爆款直接复制，降低试错成本

路径二：冬季品类专攻

- 核心策略：聚焦加拿大超长冬季，主打保暖/取暖品类
- 预期回报：月销 $8,000-35,000，利润率 28-40%
- 启动资金：$5,000-15,000
- 优势：冬季长达 5 个月，季节性需求稳定

路径三：户外用品深耕

- 核心策略：主打露营、徒步、滑雪等户外品类
- 预期回报：月销 $12,000-50,000，利润率 30-42%
- 启动资金：$8,000-25,000
- 优势：加拿大户外文化深厚，复购率高

避坑 Checklist

序号	致命错误	后果	正确做法
1	忽视魁北克法语要求	法律风险+流失市场	至少产品名提供法语版本
2	用美元标价	用户困惑	统一使用加元（CAD）
3	从中国直发而非美国仓	时效太长	优先从美国仓发加拿大
4	忽视 GST/HST 合规	税务风险	使用全托管平台代扣
5	电器非北美制式	无法使用	120V/60Hz，北美插头
6	冬季选品不足	错失最大商机	保暖品类提前 3 个月布局
7	偏远地区配送承诺过高	差评	明确标注偏远地区配送时效

加拿大电商日历（必记）

节日	时间	营销重点
情人节	2 月 14 日	礼品、首饰、美妆
维多利亚日	5 月第三个周一	夏季用品、户外装备（夏季开始）
加拿大国庆日	7 月 1 日	户外用品、派对用品
劳动节	9 月第一个周一	返校季收尾
感恩节	10 月第二个周一	家居、厨房（比美国早）
黑五/网一	11 月第四周	全年最大促销
圣诞节	12 月 25 日	礼品、全品类
Boxing Day	12 月 26 日	年终清仓

⚠ 重要差异：加拿大感恩节在 10 月（比美国早 6 周），需单独规划营销！

2026 加拿大站核心策略总结

入场时机： 早期红利期（蓝海市场）
竞争烈度： 极低（美国的1/5）
利润潜力： $ $ $ 中高（客单高但规模小）
运营难度： 中等（美加联动可降低成本）
推荐指数： （北美新手首选/美国站补充）

一句话忠告：加拿大是”美国市场的低配版+练兵场”——竞争低、流量便宜、用户友好，但市场规模只有美国的 1/8。最佳策略是美加联动：先在加拿大验证选品，再进攻美国；或者把加拿大作为美国站的补充收入来源。记住：法语合规是隐藏门槛，冬季保暖是确定性机会。

最后更新：2026 年 1 月 | 数据来源：TikTok 官方、加拿大统计局 (Statistics Canada)、行业调研

巴西站实操档案卡

一句话定位：拉美最大蓝海市场，流量成本极低但履约是生死线，适合敢于”重物流”的冒险者淘金。

第一模块：市场基础数据与入场门槛（定坐标）

宏观环境（2026 预测）

指标	数据
总人口	2.16 亿
互联网普及率	84%
移动端日活占比	91%（全球最高之一）
TikTok 月活用户（MAU）	9,500 万+
电商渗透率	14%（快速增长中）

发展历程与大事记

TikTok 巴西时间线

时间	事件
2018 年	TikTok 正式进入巴西市场，快速抢占 Musical.ly 用户群
2020 年	疫情期间用户暴涨，MAU 突破 4,500 万
2022 年	巴西成为 TikTok 全球第三大市场
2024 年 8 月	巴西实施新税法: $50 以下商品征收20%进口税, 取消免税额
2025 年 5 月	TikTok Shop 巴西站正式上线（邀请制），以本土店为主
2025 年 9 月	跨境自营店开放入驻, 但受税务新政影响, 全托管模式推迟
2026 年（预测）	Shop GMV 预计突破 $15 亿，成为拉美第一大 TikTok 电商市场

⚠ 重要政策变化：2024 年 8 月生效的联邦法律（Lei 14.902/2024）取消了 $50 以下包裹的免税政策，所有跨境包裹均需缴纳 20% 进口税 +17%ICMS。这直接导致 TikTok Shop 巴西站采用”本土店优先”策略，全托管跨境模式受限。

地理与时空坐标

核心经济与消费城市

城市	经济地位	消费特征
圣保罗（São Paulo）	经济首都，GDP 占全国 32%	消费力最强，时尚敏感度高
里约热内卢（Rio de Janeiro）	文化之都	娱乐消费旺盛，网红文化发达
贝洛奥里藏特（Belo Horizonte）	东南部重镇	中产阶级集中，家居需求强
萨尔瓦多(Salvador)	东北部门户	价格敏感度极高，热带风格偏好
巴西利亚(Brasília)	政治首都	公务员群体，消费稳定

与北京时间时差

城市	标准时差	夏令时时差（10 月-2 月）
圣保罗/里约/贝洛	北京时间 −11 小时	北京时间 −11 小时（2019 年后取消夏令时）
萨尔瓦多	北京时间 −11 小时	无夏令时
马瑙斯（亚马逊）	北京时间 −12 小时	无夏令时

实操换算：巴西晚间 8 点 = 北京次日早 7 点；巴西午间 12 点 = 北京晚间 11 点

气候与季节（指导季节性选品）

季节	时间	气候特征	选品方向
夏季	12 月-2 月	炎热潮湿，30-40°C	防晒、凉感用品、泳装配饰、便携风扇
秋季	3 月-5 月	温和，20-28°C	轻薄外套、护肤品、开学季文具
冬季	6 月-8 月	温凉，15-25°C（南部更冷）	保暖内衣、暖宫贴、热水袋（南部）
春季	9 月-11 月	回暖，22-32°C	母亲节礼品、美妆、夏装预热

反季套利机会：- 中国冬季（11-2 月）清仓的保暖产品 → 发往巴西南部（6-8 月冬季）- 中国夏季（6-8 月）清仓的清凉产品 → 发往巴西（12-2 月夏季）

时光机坐标：相当于 2020-2021 年的中国抖音

关键特征：- TikTok Shop 巴西站 2025 年 5 月才上线，2026 年仅运营约一年 - 用户处于”教育期”，直播带货几乎空白，短视频种草为主 - 平台疯狂补贴拉新，流量红利巨大 - 受税务新政影响，本土店模式成为主流 - 基础设施不完善，履约痛点突出 - 核心判断：2026 年是巴西站的”本土化窗口期”——纯跨境时代已过，本土备货者得天下

用户画像

- 核心人群：16-30 岁（占比 71%），女性主导（58%）
- 消费特征：极度价格敏感，热爱折扣和赠品，社交裂变能力强
- 决策周期：冲动消费为主，但对物流时效容忍度高（习惯等待）
- 文化特点：热情外向，喜欢互动，对”人情味”内容买单

购买力水平

指标	数值
人均月收入	R$2,800-3,500（约 $550-700）
TikTok Shop 平均客单价（AOV）	R$45-80（约 $9-16）
爆单甜点价位	R$30-80（约 $6-16）
红线价格	R$250（约 $50）以上签收率暴跌

准入条件

模式选择矩阵

模式	门槛	利润率	适合谁
本土店（主推）	最高，需巴西 CNPJ	40-60%	有本土合伙人/代理，长期深耕者
跨境自营	中等，需处理清关+20% 税	25-38%	有拉美物流资源者
全托管（受限）	受税务新政影响，暂未全面开放	待定	需等待平台政策更新

⚠ 2026 年巴西站核心变化：由于 2024 年税务新政，纯跨境全托管模式在巴西受限。建议新手优先考虑 ACKU 模式（与本土店合作供货）或直接设立本土店。

本土店注册真相

- 法人要求：巴西本地人 CPF（个人税号，Cadastro de Pessoas Físicas）或 CNPJ（公司税号，Cadastro Nacional da Pessoa Jurídica）
- 代办成本：找本土代理注册，$1,500-3,000/年
- 风险警告：巴西对外国主体控制本土店审查趋严，2026 年政策不确定性高
- 建议：新手先跑全托管，验证模式后再考虑本土化

第二模块：TikTok 平台生态与购物心智（搞定人）

心智成熟度：初级阶段

用户状态："TikTok 是娱乐 App，能买东西？试试看" - 仅 30% 用户知道 TikTok Shop 存在 - 电商心智仍被美客多（MercadoLibre）、Shopee 主导 - 但 TikTok 用户粘性极高（日均使用 95 分钟，全球第一） - 机会点：谁先教育用户，谁就占领心智

内容爆款公式

钩子（Hook）——前 3 秒生死线

类型	葡语模版	适用品类
惊叹式	"Gente, olha isso!"（天哪，看这个！）	新奇小工具
省钱杀手	"Achei por menos de R$50!"（不到 50 雷亚尔！）	全品类
痛点共鸣	"Cansada de [问题]? Achei a solução!"	美妆、家居
巴西式幽默	配合夸张表情包、魔性 BGM	年轻向产品
开箱惊喜	" Chegou minha encomenda da China!"	全品类

背景音乐（BGM）调性

- 必火类型：巴西放克（Funk Brasileiro）、雷鬼动（Reggaeton）、本土流行
- 情绪价值：热情、欢快、有节奏感
- 避雷提示：欧美冷淡风 BGM 在巴西水土不服
- 神曲效应：蹭热门音乐可带来 10 倍流量差异

直播现状

接受度：萌芽期

· 用户对直播购物极度陌生，但好奇心强
· 目前以娱乐直播为主，带货直播占比<5%
· 先发优势：现在入场直播，竞争几乎为零

黄金时段（北京时间）

巴西时段	北京时间	流量特征
午间（12:00-14:00）	23:00-01:00	午休流量，适合短平快
晚高峰（19:00-23:00）	06:00-10:00	巴西晚间黄金档，必争时段
深夜（23:00-02:00）	10:00-13:00	年轻人熬夜时段，互动强

直播风格建议

· 狂欢式：巴西人喜欢热闹，可以”喊麦”但要用葡语
· 互动游戏：抽奖、猜价格、限时秒杀效果极佳
· 人设重要：主播要有”真人感”，冷冰冰念稿会扑

流量成本指标（2026 预测）

指标	区间	对比美国
千次展示成本（CPM）	$1.5-4	美国的 1/4
单次点击成本（CPC）	$0.08-0.25	美国的 1/6
达人佣金率	10-18%	低于美国
自然流量占比	65-80%	红利期特征

核心洞察：巴西的流量成本是美国的 1/4-1/6，这是 2026 年最大的套利空间。

第三模块：本地选品逻辑与热门类目（选对命）

销量 Top 3 垂直品类

第一名：美妆个护（Beleza）
- 爆款逻辑：巴西女性妆容浓烈，对美妆需求极高
- 价格带：R$20-60（$4-12）
- 代表爆品：唇釉套装、假睫毛、美甲贴纸、卷发棒
- 注意事项：需适配深肤色，色号要全

第二名：手机配件（Acessórios de Celular）
- 爆款逻辑：人手一机，配件消耗品属性强
- 价格带：R$15-50（$3-10）
- 代表爆品：手机壳、数据线、手机支架、无线耳机
- 内容策略：功能演示+耐用性测试

第三名：家居小物（Casa e Decoração）
- 爆款逻辑：巴西人重视家庭生活，喜欢装饰
- 价格带：R$25-80（$5-16）
- 代表爆品：LED 灯串、收纳盒、厨房小工具、创意摆件
- 文化点：宗教元素（十字架、圣母像）在巴西不是禁忌，反而受欢迎

“降维打击”清单（国内过剩产能→巴西”神器”）

国内成本	巴西售价	利润空间	爆款潜力
LED 感应小夜灯（¥8）	R$35-50	500%+	极高
磁吸数据线（¥5）	R$25-35	600%+	极高
迷你直发夹（¥20）	R$55-75	350%+	高
多功能切菜器（¥15）	R$45-65	400%+	高
卡通毛绒手机壳（¥6）	R$30-40	600%+	高
RGB 拾音氛围灯（¥25）	R$70-100	400%+	极高

文化与审美图谱

选品禁区

- 足球队色：除非做球迷周边，否则避开绿黄（巴西队）、蓝白（阿根廷队）
- 政治符号：避免任何政党颜色或标语
- 尺码问题：巴西人体型偏大，服装必须覆盖 GG-XGG（相当于 XL-3XL）
- 无宗教禁忌：巴西宗教宽容，基督教元素、性感风格都可接受

颜色与风格偏好

- 高饱和度：亮黄、玫红、翠绿、橙色大受欢迎
- 热带风情：植物印花、动物纹路、热带元素
- 闪亮元素：亮片、水钻、金属色（巴西人爱闪）
- 避雷提示：日系极简、北欧冷淡风在巴西卖不动

价格敏感度

- 冲动消费阈值：R$50（约 $10）以下秒下单
- 犹豫区间：R$50-150 需要促销刺激
- 生死红线：R$250 以上签收率低于 60%
- 心理技巧：标价 R$49.90 比 R$50 转化高 30%

第四模块：物流履约与支付体系（控周转）

物流效率模型

模式对比（2026 年最新）

模式	时效	成本	签收率	状态
巴西本土仓	3-8 天	$6-12/单	85-90%	主推（规避进口税）
跨境小包	20-40 天	$5-12/单 +20% 税	60-70%	⚠ 需计入税费
全托管（受限）	待定	待定	待定	⚠ 受税务新政影响

⚠ 2026 年物流核心变化：由于 2024 年税务新政（所有跨境包裹征收 20% 进口税），纯跨境模式成本上升。建议优先考虑巴西本土仓备货，从境内发货可免进口税，且时效更快、签收率更高。

真实时效与回款周期

- 巴西本土仓：
  - 核心城市（圣保罗/里约）：2-5 天
  - 偏远地区（北部/东北部）：7-15 天
- 跨境小包：下单→签收 25-45 天，回款 T+30，需额外计入 20% 进口税
- 风险提示：巴西邮政（Correios）频繁罢工，且萨尔瓦多、亚马逊等地区时效极不稳定。建议优先使用本土仓发货。

治安与防盗（最后 100 米风险）

- Favela 困境：在贫民窟（Favela）及高犯罪率区域，快递员通常拒绝送货上门，需用户自提。这会导致大量“未妥投”误判。
- 高危邮编库（CEP Blacklist）：
  - 建议：在 ERP 或发货系统中设置“高风险邮编黑名单”。
  - 操作：对里约和圣保罗特定高危区的订单，直接不发货或强制要求自提点取货，避免货物被抢或无法投递。

支付血泪史

支付构成

支付方式	占比	特征
即时支付（Pix）	45%	巴西国民支付工具，转化率最高
信用卡（分期）	30%	巴西人爱分期，12 期免息是标配
银行票据（Boleto）	15%	支付后需去银行/便利店付款
货到付款（COD）	10%	签收率最低，慎用

防拒收方案

动作	时机	转化提升
WhatsApp 确认订单	发货前 24 小时	+15%
短信物流更新	到达巴西清关时	+10%
派送前电话提醒	派送当天上午	+20%
包裹附赠品	开箱时	复购率+30%

签收指标（妥投率生死红线）

- 全托管基准：75%（低于此会被警告）
- 跨境自营红线：65%（低于此亏损）
- 优秀水平：85%+
- 致命因素：超 R$250 的包裹签收率暴跌至 50% 以下

第五模块：合规经营与政策红线（护本金）

税务合规

核心税种

税种	税率	说明
流通税（ICMS）	17-25%	各州不同
工业产品税（IPI）	0-30%	按品类
社会贡献税（PIS/COFINS）	9.25%	联邦税
进口关税	60%	$50 以上包裹

巴西税务新政（Remessa Conforme 计划）

- 2024 年 8 月新规：所有跨境包裹（无论金额）均需缴纳 20% 进口税
- $50 以下：20% 进口税 + 17%ICMS = 综合税率约 37%
- $50 以上：60% 关税 + 17%ICMS = 综合税率约 77%，到手成本翻倍
- 实操建议：
    - 控制单包申报价值<$50（避免 60% 关税档）
    - 将 20% 进口税计入定价，不要让买家补税
    - 高客单产品走本土仓备货，规避高额关税
    - 考虑本土店模式，从巴西境内发货可免进口税

认证深水区

品类	必需认证	风险等级
电子产品	ANATEL 认证（巴西电信局）	极高风险（手机整机慎做）
玩具	INMETRO 认证（计量标准局）	高风险
化妆品	ANVISA 登记（卫生监督局）	中风险
食品	ANVISA+卫生许可	高风险（不建议碰）
普通商品	无强制要求	低风险

新手建议： 1. 绝对避开手机整机：除了 ANATEL 认证难，海关对手机的被盗/非法进口查验率极高，且极易被调包。 2. 专注家居、手机配件（壳/膜/线）、饰品等低门槛类目。

内容红线

巴西审核特点

- 相对宽松：性感、暴露内容容忍度高于美国
- 敏感点：种族歧视（巴西是多种族国家）、政治立场
- 语言要求：产品页必须有葡萄牙语描述

必须本土化的元素

元素	错误做法	正确做法
语言	英语/机翻葡语	地道巴西葡语（非葡萄牙葡语）
尺寸	只标中国/美国码	标注巴西码（P/M/G/GG/XG）
货币	显示美元	只显示雷亚尔（R$）
模特	全用亚洲面孔	混合使用多种肤色

第六模块：财富策略与避坑（定生死）

推荐财富打法

路径一：ACKU 模式+本土店合作（推荐新手）

- 核心策略：作为供应商与巴西本土店合作，提供货源+内容素材
- 预期回报：月销 $3,000-15,000，利润率 20-30%
- 启动资金：$2,000-5,000
- 成功关键：找到可靠的本土合作伙伴，利润分成清晰

路径二：本土达人分销

- 核心策略：签约巴西本土达人，葡语内容种草
- 预期回报：月销 $10,000-50,000，利润率 30-40%
- 启动资金：$5,000-15,000
- 难点：需要葡语沟通能力或本土团队

路径三：巴西本土仓备货（高推荐）

- 核心策略：精选 SKU 入巴西本土仓，规避进口税，主打时效和体验
- 预期回报：月销 $20,000-80,000，利润率 35-50%
- 启动资金：$20,000-50,000

· 优势：本土发货免进口税，签收率高，用户体验好
· 风险点：库存积压、需要本土合伙人处理清关

⚠ 2026 年巴西策略核心：由于税务新政，纯跨境全托管模式受限。建议采用”本土备货”或”ACKU 合作”模式，将货物先运至巴西境内再销售，可规避 20% 进口税。

避坑

序号	致命错误	后果	正确做法
1	单品定价超 R$250	签收率暴跌至 50%	控制客单价 R$30-150
2	产品描述用机翻葡语	差评+不信任	找巴西人校对或用 GPT-4 优化
3	忽视 Pix 支付	损失 45% 潜在订单	优先接入 Pix
4	不做派送前提醒	签收率低于 70%	WhatsApp+短信双重提醒
5	发需要认证的电子品	海关扣货	新手只做免认证品类
6	申报货值>$50	60% 关税档导致拒收	控制申报<$50（仍需缴 20% 税）
7	忽视 2024 年税务新政	定价不含税导致亏损	将 20% 进口税计入售价

2026 巴西站核心策略总结

维度	评估
入场时机	本土化窗口期（2025 年才上线，纯跨境受限）
竞争烈度	低（蓝海市场）
利润潜力	中高（需扣除 20% 进口税）
运营难度	中高（履约+税务合规是关键）
推荐指数	有本土资源者首选，纯跨境新手需谨慎

一句话忠告：巴西是 2026 年 TikTok 电商的”时光机”——流量成本是美国的 1/5，竞争烈度是美国的 1/10，但别忘了：2024 年税务新政彻底改变了游戏规则，本土备货或 ACKU 合作才是正道，纯跨境全托管时代已过。控制客单价在 $50 以下、做好签收率管理、将 20% 进口税计入定价，才是活下去的根本。

最后更新：2026 年 1 月 | 数据来源：TikTok 官方、巴西电商协会（ABComm）、Lei 14.902/2024、行业调研

墨西哥站实操档案卡

一句话定位：拉美第二大经济体，美国后花园，北美自贸区红利下的”跨境中转站”，适合借力全托管快速起量的务实型卖家。

核心发展史：美国溢出效应

时间	事件	行业影响
2018 年	TikTok 正式进入墨西哥市场	年轻用户快速涌入
2020-2021 年	疫情催化，MAU 突破 5,000 万	墨西哥成为拉美第二大 TikTok 市场
2023.06	TikTok Shop 全托管模式开放墨西哥	跨境电商正式破冰
2024.03	跨境自营店开放入驻	更多玩法选择
2024.09	本土店（Local Shop）向持有 RFC 的企业开放	本土化竞争开始
2025.06	平台推出”墨西哥优先计划”，与物流商深度合作	履约时效大幅改善
2026 年（预测）	Shop GMV 预计突破 $15 亿	拉美第二大 TikTok 电商市场

第一模块：市场基础数据与入场门槛（定坐标）

宏观环境（2026 预测）

指标	数据
总人口	1.32 亿（拉美第二）
互联网普及率	82%
移动端日活占比	89%
TikTok 月活用户	7,500 万+
电商渗透率	16%（快速增长中）
美元化程度	高（美墨贸易密切）

地理与时空坐标

核心经济与消费城市

城市	经济地位	消费特征
墨西哥城（Ciudad de México）	首都，GDP 占全国 22%	消费力最强，时尚敏感度高
蒙特雷（Monterrey）	工业首都，北部经济中心	美式消费习惯，购买力强
瓜达拉哈拉（Guadalajara）	科技之城，“墨西哥硅谷”	年轻消费群体，科技产品需求大
蒂华纳（Tijuana）	美墨边境城市	跨境消费频繁，美元流通
坎昆（Cancún）	旅游胜地	季节性消费波动大

与北京时间时差

区域	时差政策	与北京时差
墨西哥城/瓜达拉哈拉	全年标准时（无夏令时）	固定 −14 小时
蒙特雷	全年标准时（无夏令时）	固定 −14 小时
蒂华纳（美墨边境）	跟随美国夏令时	冬季 −15 小时 / 夏季 −14 小时

⚠ 重要提醒：墨西哥于 2022 年 10 月立法废除夏令时（仅保留美墨边境城市）。从 2023 年起，墨西哥城、瓜达拉拉哈拉、蒙特雷等主要城市全年固定比北京慢 14 小时，不再调整时钟。

实操换算：墨西哥城晚间 8 点 = 北京次日早 10 点（全年固定）

气候与季节（指导季节性选品）

季节	时间	气候特征	选品方向
雨季	5 月-10 月	午后雷阵雨，25-30°C	雨具、防水配件、除湿产品
旱季	11 月-4 月	干燥温和，18-28°C	保湿护肤、防晒用品
北部沙漠	全年	昼夜温差大	保暖+防晒两用产品
沿海地区	全年	热带气候，常年炎热	清凉用品、泳装配饰

节日套利机会：- 11 月 1-2 日亡灵节（Día de Muertos）→ 骷髅元素装饰品、彩妆 - 12 月圣诞+新年 → 全品类大促 - 2 月 14 日情人节 → 礼品、配饰

时光机坐标：相当于 2020-2021 年的中国抖音

关键特征：- TikTok 电商刚起步，用户处于”好奇尝鲜期” - 直播带货几乎空白，短视频种草为主 - 平台大力补贴，流量成本极低 - 物流基础设施较巴西更完善（靠近美国）- 核心判断：2026 年是墨西哥站的”捡钱窗口期”

用户画像

- 核心人群：16-35 岁（占比 68%），女性主导（55%）
- 消费特征：价格敏感但愿意为品质买单，受美国消费文化影响大
- 决策周期：冲动消费为主，但对品牌认知度在提升
- 文化特点：热情外向，家庭观念强，宗教（天主教）影响深

购买力水平

指标	数值
人均月收入	MXN $12,000-18,000（约 $650-1,000）
TikTok Shop 平均客单价（AOV）	MXN $350-600（约 $20-35）
爆单甜点价位	MXN $150-450（约 $8-25）
签收率红线	MXN $1,000（约 $55）以上签收率下降明显

准入条件

模式选择矩阵

模式	门槛	利润率	适合谁
全托管（主推）	最低，深圳/美国仓发货	22-35%	新手首选，流量红利期
跨境自营	中等，需处理清关	32-45%	有美墨物流资源者
本土店	最高，需墨西哥 RFC 税号	40-55%	有本土合伙人

本土店注册真相

- 法人要求：墨西哥本地人 CURP（个人身份号）或企业 RFC（联邦纳税人登记号，Registro Federal de Contribuyentes）
- 代办成本：$1,200-2,500/年（含代理风险）
- 政策优势：作为北美自贸区成员，墨西哥本土店可享受 USMCA 贸易优惠
- 建议：新手先跑全托管，有量后再考虑本土化

第二模块：TikTok 平台生态与购物心智（搞定人）

心智成熟度：

用户状态："TikTok 很好玩，还能买东西？试试看" - 40% 用户知道 TikTok Shop 存在 - 电商心智仍被美客多（MercadoLibre)、亚马逊墨西哥主导 - TikTok 用户粘性高（日均使用 85 分钟） - 机会点：美国消费文化外溢，用户学习能力强

内容爆款公式

Hook 钩子（前 3 秒生死线）

类型	西班牙语模版	适用品类
惊叹式	"¡No vas a creer esto!" (你不会相信这个！)	新奇小工具
省钱杀手	"¡Menos de $200 pesos!" (不到 200 比索！)	全品类
TikTok 神器	" El TikTok me hizo comprarlo" (TikTok 让我买的)	网红爆款
对比反差	"Antes vs Después" (前 vs 后)	美妆、家居
闺蜜推荐	"¡Amiga, necesitas esto!" (闺蜜，你需要这个！)	女性用品

BGM 调性

- 必火类型：雷鬼动（Reggaeton)、拉丁流行、Cumbia、墨西哥 Corridos
- 情绪价值：热情、节奏感强、可跳舞
- 避雷提示：纯英语 BGM 接受度低于美国，优先西语音乐
- 神曲效应：蹭 Bad Bunny、Peso Pluma 等热门音乐可爆流量

直播现状

接受度：萌芽期

- 用户对直播购物好奇但陌生

- 目前以娱乐直播为主，带货直播占比<8%
- 受美国 TikTok 直播影响，接受度在快速提升
- 先发优势：现在入场直播，竞争极低

直播风格偏好

风格	接受度	适用场景
热情互动型		全品类
朋友聊天型		美妆、时尚
专业测评型		电子、工具
狂欢促销型		大促期间

黄金时段（北京时间）

墨西哥时段	北京时间	流量特征
午间（13:00-15:00）	03:00-05:00	午休碎片流量
晚高峰（19:00-23:00）	09:00-13:00	黄金档，必争时段
深夜（23:00-01:00）	13:00-15:00	年轻人活跃

流量成本指标（2026 预测）

指标	区间	对比美国
CPM（千次展示成本）	$2-5	美国的 1/4
CPC（单次点击成本）	$0.10-0.30	美国的 1/5
达人佣金率	12-20%	略低于美国
自然流量占比	60-75%	红利期特征

核心洞察：墨西哥流量成本是美国的 1/4-1/5，且与美国时区接近，可”美墨联动”运营。

第三模块：本地选品逻辑与热门类目（选对命）

销量 Top 3 垂直品类

美妆个护（Belleza）

- 爆款逻辑：墨西哥女性妆容精致，深肤色友好产品需求大
- 价格带：MXN $100-350（$5-20）
- 代表爆品：唇釉套装、眉笔、美甲贴纸、卷发器、美白面膜
- ⚠ 注意：需适配中深肤色，避免过浅色号

手机配件（Accesorios de Celular）

- 爆款逻辑：智能手机普及率高，配件消耗快
- 价格带：MXN $80-300（$4-17）
- 代表爆品：手机壳、数据线、蓝牙耳机、手机支架、充电宝
- 内容策略：功能演示+耐用性测试

家居厨房（Hogar y Cocina）

- 爆款逻辑：家庭观念强，厨房是家庭中心
- 价格带：MXN $120-400（$7-22）
- 代表爆品：多功能切菜器、收纳盒、LED 灯、清洁工具、装饰品
- 文化点：宗教元素（十字架、圣母像）非常受欢迎

降维打击清单（国内过剩产能→墨西哥"神器"）

商品	国内成本	墨西哥售价	预估净利	爆款潜力
LED 感应夜灯	¥8	MXN $180-250	35-45%	
磁吸无线充电器	¥25	MXN $300-400	30-40%	
迷你直发夹	¥20	MXN $280-350	35-42%	
多功能切菜器	¥15	MXN $220-300	40-48%	
RGB 拾音氛围灯	¥25	MXN $350-450	38-45%	
便携榨汁杯	¥30	MXN $320-420	32-40%	

⚠ 净利润说明：以上净利已扣除平台佣金（8%）、物流、达人佣金（15%）、退货损耗（5%）及增值税。

文化与审美图谱

选品禁区

禁忌类型	具体内容	后果
政治符号	涉及任何政党颜色或标语	舆论风险
死亡负面	骷髅=亡灵节 OK，但需正面诠释	文化冒犯
宗教亵渎	不敬使用十字架、圣母像	严重反感
尺码偏差	服装未覆盖 L-XXL	退货率高

颜色与风格偏好

· 高饱和度：墨西哥粉、亮橙、翠绿、太阳黄大受欢迎
· 传统元素：阿兹特克图腾、死亡之花（万寿菊）、仙人掌
· 宗教元素：圣母瓜达卢佩（Virgen de Guadalupe）、十字架
· 避雷提示：日系极简、北欧冷淡风接受度一般

价格敏感度

- 冲动消费阈值：MXN $300（约 $17）以下易冲动下单
- 主流价格带：MXN $150-500（$8-28）
- 高客单挑战：MXN $800+（$45+）需要分期或强背书
- 心理技巧：标价 MXN $199 比 $200 转化高 25%

第四模块：物流履约与支付体系（控周转）

物流效率模型

墨西哥物流优势

- 地理位置：紧邻美国，可借力美国物流网络
- 美墨走廊：从美国仓发货至墨西哥仅需 3-7 天
- 建议策略：优先使用美国仓或 TikTok 官方履约

模式对比

模式	时效	成本	签收率	适用场景
全托管（深圳仓）	12-20 天	平台承担	75-82%	新手首选
全托管（美国仓）	5-10 天	平台承担	82-88%	稳定爆款
FBT 墨西哥仓	2-5 天	$6-10/单	88-93%	爆款加速
跨境小包	15-30 天	$4-8/单	65-75%	低价测品

主流物流商

- Estafeta：墨西哥本土龙头，网点最全
- DHL Express Mexico：时效快，价格高
- FedEx Mexico：可靠性高，美墨联动强
- 99 Minutos：最后一公里专家，墨西哥城内当日达

支付构成

支付方式	占比	特征
信用卡/借记卡	45%	主流支付，Visa/Mastercard
OXXO 便利店现金支付	25%	墨西哥特色，覆盖无银行账户人群
数字钱包	15%	Mercado Pago、PayPal
SPEI 银行转账	10%	大额订单
COD（货到付款）	5%	占比低，签收率尚可

OXXO 支付解读

- 什么是 OXXO：墨西哥最大连锁便利店，2 万+门店
- 用户场景：下单后去 OXXO 门店扫码付现金
- 优势：覆盖无银行卡用户（墨西哥 35% 成年人无银行账户）
- 挑战：用户需 48 小时内完成支付，否则订单取消

签收指标

- 全托管基准：78%（低于此会被警告）
- 美国仓发货：85%+
- 优秀水平：88%+
- ⚠ 关键洞察：墨西哥签收率优于巴西，但仍需做好物流追踪

第五模块：合规经营与政策红线（护本金）

税务合规

核心税种

税种	税率	说明
IVA（增值税）	16%	所有商品
IGI（进口关税）	0-35%	按品类（USMCA 成员国优惠）
ISR（所得税）	30%	企业利润

De Minimis（免税额度）

- 门槛：$50 以下包裹免关税
- 实操建议：控制单包申报价值<$50，避免高关税
- USMCA 红利：美国仓发货可享受更优惠的关税待遇

认证深水区

品类	必需认证	成本	周期
电子产品	NOM 认证（墨西哥官方标准）	$1,500-3,500	4-8 周
玩具	NOM-015-SCFI	$1,000-2,500	3-6 周
化妆品	COFEPRIS 登记	$800-2,000	4-10 周
食品	COFEPRIS+卫生许可	$2,000-4,000	8-16 周
普通商品	无强制要求	-	-

新手建议：专注家居、配件、饰品等无认证品类，避开电子整机和食品。

内容红线

墨西哥审核特点

- 相对宽松：性感内容容忍度较高
- 敏感点：政治立场、对原住民的不尊重
- 语言要求：产品页必须有西班牙语描述（墨西哥口语优于西班牙本土）

必须本土化的元素

元素	错误做法	正确做法
语言	英语/西班牙本土口语	墨西哥西班牙语（差异明显）
尺寸	只标中国/美国码	标注墨西哥尺码或美国码
货币	显示美元	显示比索（MXN $）
模特	全用亚洲或白人面孔	混合使用棕色/深肤色模特

第六模块：财富策略与避坑（定生死）

💲 推荐财富打法

路径一：全托管+美墨联动（强烈推荐新手）

- 核心策略：美国站爆款同步上架墨西哥站，共享内容素材
- 预期回报：月销 $5,000-25,000，利润率 28-38%
- 启动资金：$2,000-5,000
- 成功关键：利用美国站验证过的爆款，西语化素材

路径二：达人矩阵+美妆个护

- 核心策略：签约墨西哥本土达人，西语内容种草
- 预期回报：月销 $10,000-40,000，利润率 30-42%
- 启动资金：$5,000-15,000
- 难点：需要西语沟通能力或本土团队

路径三：美国仓备货+快时效

- 核心策略：精选 SKU 入美国仓，利用美墨走廊快速履约
- 预期回报：月销 $15,000-60,000，利润率 35-48%
- 启动资金：$15,000-40,000
- 优势：时效快，签收率高，用户体验好

避坑 Checklist

序号	致命错误	后果	正确做法
1	产品描述用西班牙本土语	用户觉得”不地道”	使用墨西哥口语（如”chido”“padre”）
2	忽视 OXXO 支付	损失 25% 潜在订单	确保接入 OXXO 支付选项
3	美妆色号不适配深肤色	大量退货	产品线覆盖中深肤色
4	申报货值>$50	高关税导致拒收	合理申报，拆单控制
5	忽视宗教节日营销	错过销量高峰	重点布局亡灵节、圣诞节
6	用亚洲模特做素材	本土化差，转化低	使用拉美面孔模特

墨西哥电商日历（必记）

节日	时间	营销重点
情人节	2 月 14 日	礼品、首饰、美妆
母亲节	5 月 10 日（固定日期）	美妆、家居、首饰（墨西哥最大购物节之一）
父亲节	6 月第三个周日	电子、工具、配件
独立日	9 月 16 日	绿白红三色产品、派对用品
亡灵节	11 月 1-2 日	骷髅装饰、彩妆、蜡烛
Buen Fin	11 月第三周	墨西哥”黑五”，全品类大促
圣诞节	12 月 25 日	礼品、装饰、全品类

2026 墨西哥站核心策略总结

入场时机：| 黄金窗口期

竞争烈度：低（蓝海市场）

利润潜力：$ $ $ $ 高

运营难度：中等（物流优于巴西）

推荐指数：（美国站卖家延伸首选）

一句话忠告：墨西哥是”美国的后花园”——流量成本低、物流时效好、与美国站可联动运营。如果你已经在做美国站，墨西哥应该是你的第二站首选。记住：用墨西哥口语、适配深肤色、抓住母亲节和 Buen Fin，就能吃到最甜的红利。

最后更新：2026 年 1 月 | 数据来源：TikTok 官方、墨西哥电商协会（AMVO）、行业调研

亚太市场

日本站实操档案卡

一句话定位：亚洲最成熟的高消费市场，品质至上、细节决定生死，适合有供应链优势且愿意”死磕品控”的品牌型卖家。

核心发展史：从谨慎试水到加速布局

时间	事件	行业影响
2017 年	TikTok 正式进入日本市场	年轻用户快速接受
2018 年	日本成为 TikTok 海外第一个破圈市场	流行文化与 TikTok 深度融合
2021 年	TikTok 在日本 MAU 突破 1,700 万	用户群体开始向中年扩展
2024 年	TikTok Shop 日本站内测筹备	仅限内部测试，极度谨慎
2025.06	TikTok Shop 日本站正式上线	日本成为 TikTok Shop 第 17 个市场
2025.09	全托管（Fulfilled by TikTok）上线	门槛降低，中小卖家入场
2026 年（预测）	Shop GMV 预计突破 $5 亿	亚洲高端市场地位确立

⚠ 日本站特殊性：日本是 TikTok Shop 全球扩张中最后开放的主要发达市场之一。由于日本消费者对品质和售后的极高要求，平台采取了极为谨慎的策略，直到 2025 年 6 月才正式上线。这意味着 2026 年日本站仍处于早期红利期，但门槛也相应更高。

第一模块：市场基础数据与入场门槛（定坐标）

宏观环境（2026 预测）

指标	数据
总人口	1.24 亿（人口老龄化严重）
互联网普及率	93%
移动端日活占比	78%
TikTok 月活用户	2,800 万+
电商渗透率	15%（增长缓慢但客单高）
人均 GDP	$34,000（高消费力）

地理与时空坐标

核心经济与消费城市

城市	经济地位	消费特征
东京（Tokyo）	首都圈，GDP 占全国 35%	潮流风向标，年轻消费活跃
大阪（Osaka）	关西经济中心	性价比意识强，讨价还价文化
名古屋（Nagoya）	中部工业重镇	务实消费，品质优先
福冈（Fukuoka）	九州门户	年轻人口比例高，潮流敏感
札幌（Sapporo）	北海道中心	季节性消费明显，冬季用品需求大

与北京时间时差

城市	时差
全日本统一	北京时间 +1 小时

实操换算：日本晚间 8 点 = 北京晚间 7 点（几乎无时差，运营友好）

气候与季节（指导季节性选品）

季节	时间	气候特征	选品方向
春季	3 月-5 月	温和，樱花季	赏樱周边、轻薄外套、防花粉用品
梅雨	6 月-7 月	潮湿闷热	除湿产品、雨具、防霉用品
夏季	7 月-9 月	炎热潮湿，30-38°C	降温神器、防晒、夏祭浴衣配饰
秋季	10 月-11 月	凉爽舒适	护肤品、轻薄保暖
冬季	12 月-2 月	寒冷干燥，北部有雪	保暖用品、加湿器、暖宫贴

季节性机会： - 2 月情人节 → 巧克力相关周边、礼品 - 3-4 月樱花季 → 樱花元素产品 - 7 月夏祭 → 浴衣、扇子、祭典周边 - 12 月圣诞+年末 → 礼品、家居装饰

时光机坐标：相当于 2020-2021 年的中国抖音

关键特征： - TikTok Shop 日本站 2025 年 6 月才上线，2026 年仅运营半年多 - 用户已有成熟的网购心智，但 TikTok 购物心智几乎空白 - 乐天（Rakuten）、亚马逊日本强势主导电商市场 - 日本用户对品质、细节、售后要求极高 - 直播带货接受度低于中国，短视频种草是主流 - 核心判断：2026 年是日本站”早期入场期”，竞争极低但门槛极高，拼价格没戏，拼品质有机会

用户画像

- 核心人群：18-39 岁（占比 58%），女性主导（55%）
- 消费特征：品质优先、细节敏感、对”中国制造”有偏见但可被好产品改变
- 决策周期：谨慎型消费，需要多次触达和口碑背书
- 文化特点：礼仪严谨、追求完美、极度重视用户体验

购买力水平

指标	数值
人均月收入	¥350,000-450,000（约 $2,300-3,000）
TikTok Shop 平均客单价（AOV）	¥3,000-6,000（约 $20-40）
爆单甜点价位	¥1,500-4,500（约 $10-30）
高客单接受度	¥10,000+（$65+）品质过硬可接受

准入条件

模式选择矩阵

模式	门槛	利润率	适合谁
全托管	最低，仅需 1688 优质货源	15-25%	新手试水
跨境自营	中等，需日本主体或授权	25-38%	有日本资源者
本土店	最高，需日本法人	35-50%	品牌出海、长期深耕

本土店注册真相

- 法人要求：日本株式会社（Kabushiki Kaisha）或合同会社（Godo Kaisha）
- 注册成本：¥200,000-500,000（$1,300-3,300）+ 年维护费¥100,000+
- 税务要求：需日本税理士（会计师）处理消费税申报
- 地址要求：需日本实体地址（可用虚拟办公室）
- ⚠ 风险警告：日本对虚假申报零容忍，代注册后被查风险极高

第二模块：TikTok 平台生态与购物心智（搞定人）

心智成熟度：

用户状态："TikTok 是娱乐 App，能买到好东西？让我看看" - 35% 用户知道 TikTok Shop 存在 - 电商心智被乐天、亚马逊日本强势占领 - TikTok 用户粘性中等（日均使用 55 分钟） - 关键洞察：日本用户"难取悦但一旦信任就高复购"

内容爆款公式

Hook 钩子（前 3 秒生死线）

类型	日语模版	适用品类
惊叹发现	"これ見つけた！すごい！"(找到这个了！太厉害了！)	新奇小工具
ASMR 展示	无需文字，满足感音效+画面	美妆、文具、解压玩具
解决痛点	"〇〇に困ってる人、これ使って！"(为 XX 烦恼的人，用这个！)	生活用品
极简美学	干净画面+极简文字	家居、收纳
对比测评	"100 均 vs 〇〇円、どっちがいい？"（百元店 vs XX 元，哪个好？）	全品类

BGM 调性

· 必火类型：J-Pop、治愈系纯音乐、ASMR 音效、动漫 OST
· 情绪价值：治愈、舒适、可爱（Kawaii）
· 避雷提示：过于吵闹的音乐在日本接受度低
· 神曲效应：YOASOBI、Ado 等热门音乐可提升完播率

直播现状

接受度：较低

- 日本用户对直播购物接受度不高
- 更偏好短视频种草→商品页下单的路径
- 直播风格需安静专业，喊麦式完全无效
- 先发优势：直播竞争低，但需调整风格

直播风格偏好

风格	接受度	适用场景
ASMR 沉浸式		美妆、文具、解压
专业测评型		电子、美容仪器
安静展示型		家居、服装
互动问答型		需日语流利
喊麦促销型		极不推荐

黄金时段（北京时间）

日本时段	北京时间	流量特征
午休（12:00-13:00）	11:00-12:00	OL 午休时段
下班通勤（18:00-20:00）	17:00-19:00	电车刷手机高峰
晚高峰（21:00-24:00）	20:00-23:00	黄金档，必争时段

流量成本指标（2026 预测）

指标	区间	对比美国
CPM（千次展示成本）	$8-15	美国的 80%
CPC（单次点击成本）	$0.8-1.8	与美国相当
达人佣金率	15-25%	与美国相当
自然流量占比	40-55%	需要付费推动

核心洞察：日本流量成本接近美国，但客单价更高、退货率更低，综合 ROI 可观。

第三模块：本地选品逻辑与热门类目（选对命）

销量 Top 3 垂直品类

美容护肤（美容・スキンケア）

- 爆款逻辑：日本女性护肤精细，对成分敏感
- 价格带：¥1,500-5,000（$10-33）
- 代表爆品：美容仪器、面膜、精华液、美甲用品
- ⚠ 关键：成分说明必须准确，需有日语说明书

生活杂货（生活雑貨）

- 爆款逻辑：日本人追求生活品质，收纳文化发达
- 价格带：¥800-3,000（$5-20）
- 代表爆品：收纳盒、厨房小工具、清洁神器、便携用品
- 内容策略：极简美学+功能展示

时尚配饰（ファッション小物）

- 爆款逻辑：追求精致细节，配饰完成穿搭
- 价格带：¥1,000-4,000（$7-27）
- 代表爆品：发饰、耳饰、手机链、小包
- ⚠ 关键：做工必须精致，不能有线头毛边

降维打击清单（中国供应链优势→日本”品质神器”）

商品	国内成本	日本售价	预估净利	爆款潜力
磁吸化妆镜（带灯）	￥25	¥3,500-4,500	30-40%	
极简收纳盒套装	￥15	¥2,000-2,800	35-42%	
便携蒸汽眼罩	￥3	¥800-1,200	40-50%	
迷你手持熨斗	￥35	¥4,000-5,500	28-38%	
解压玩具套装	￥8	¥1,500-2,200	35-45%	
USB 加湿器（极简款）	￥20	¥2,800-3,800	32-40%	

⚠ 净利润说明：以上净利已扣除平台佣金（8%）、物流、达人佣金（18%）、消费税（10%）。日本退货率极低（3-5%），利润相对稳定。

文化与审美图谱

选品禁区

禁忌类型	具体内容	后果
品质瑕疵	任何做工粗糙、线头、划痕	差评+退货+店铺降权
机翻说明书	日语语法错误、奇怪用词	严重不信任感
尺寸偏差	与描述不符超过 1cm	必定退货
气味问题	塑料味、化学味	一星差评
包装粗糙	无内衬、缓冲保护不足	品牌形象受损

颜色与风格偏好

- 极简美学：白色、米色、浅灰、原木色大受欢迎
- 可爱风格：粉色、浅紫、马卡龙色（Kawaii 文化）
- 季节限定：樱花粉（春）、深蓝（夏）、枫红（秋）、白银（冬）
- 避雷提示：过于鲜艳的高饱和度在日本卖不动

价格敏感度

- 冲动消费阈值：¥2,000（约 $13）以下较易

- 主流价格带：¥1,500-5,000（$10-33）
- 高客单接受度：¥8,000+（$53+）品质必须过硬
- 心理技巧：标价¥1,980 比¥2,000 转化高（日本惯用）
- 免运费心理价：¥3,980 是常见分水岭

第四模块：物流履约与支付体系（控周转）

物流效率模型

日本物流特点

- 基础设施完善：全国物流网络高效，偏远地区也能覆盖
- 用户期望高：习惯次日达，对时效要求极高
- 配送精准：可指定配送时间段（上午/下午/晚间）

模式对比

模式	时效	成本	签收率	适用场景
全托管（深圳仓）	5-10 天	平台承担	92-96%	新手首选
FBT 日本仓	1-3 天	¥400-800/单	97-99%	爆款标配
跨境 EMS	4-7 天	¥80-150/单	90-95%	测品阶段

主流物流商

- 佐川急便（Sagawa）：TikTok 官方合作，性价比高
- ヤマト運輸（Yamato/黑猫）：时效最快，服务最好，价格最高
- 日本郵便（Japan Post）：覆盖全国，价格适中
- 西濃運輸（Seino）：B2B 为主，大件优势

支付构成

支付方式	占比	特征
信用卡	55%	主流支付，Visa/Mastercard/JCB
PayPay	20%	日本国民电子钱包
便利店支付	12%	7-11、全家、罗森
货到付款（代金引换）	8%	签收率高但手续费高
银行转账	5%	大额订单

日本支付特点

· 信用卡友好：分期付款（リボ払い）普及
· PayPay 重要：年轻用户首选，接入后转化提升 15-20%
· COD 可用：日本 COD 签收率高达 95%+，但手续费¥300-500

签收指标

· 基准水平：95%+（日本签收率全球最高）
· 优秀水平：98%+
· ⚠ 关键洞察：签收不是问题，退货/差评才是生死线

第五模块：合规经营与政策红线（护本金）

税务合规

核心税种

税种	税率	说明
消费税（消費税）	10%	所有商品（部分食品 8%）
关税	0-15%	按品类（多数商品关税较低）
法人税	23.2%	本土店企业所得税

免税额度（De Minimis）

· 门槛：¥10,000（约 $66）以下免关税
· 实操建议：日本免税额较高，多数商品可规避关税

· 消费税：无论金额，电商销售均需缴纳 10% 消费税（平台代扣）

认证深水区

品类	必需认证	成本	周期
电子产品	PSE 认证（電気用品安全法）	¥300,000-800,000	4-8 周
无线产品	技適マーク（TELEC 认证）	¥500,000-1,200,000	6-12 周
化妆品	厚生労働省届出	¥200,000-500,000	8-16 周
食品	食品衛生法届出	¥150,000-400,000	4-8 周
儿童玩具	ST 标志（玩具安全基準）	¥100,000-300,000	3-6 周

新手建议：1. 避开电子整机：PSE 认证门槛高，合规成本大 2. 避开无线产品：技適認証极其严格 3. 专注生活杂货、配饰、收纳等无认证品类

内容红线

日本审核特点

· 极度严格：虚假宣传、夸大功效零容忍
· 敏感点：性暗示、暴力、歧视表述
· 语言要求：产品页必须有完美日语描述

必须本土化的元素

元素	错误做法	正确做法
语言	机翻日语、语法错误	母语级日语（建议找日本人校对）
说明书	中文说明书	日语说明书（必须）
尺寸	厘米不标、模糊描述	精确到 mm 的尺寸图
材质	不标材质成分	详细材质说明（日本消费者必看）
售后	无日语客服	日语售后响应（可用 AI 客服）

第六模块：财富策略与避坑（定生死）

💲 推荐财富打法

路径一：全托管+极简生活杂货（推荐新手）

- 核心策略：精选高品质生活杂货，极简风格内容
- 预期回报：月销¥500,000-2,000,000（$3,300-13,000），利润率20-30%
- 启动资金：$3,000-8,000
- 成功关键：品控第一、日语完美、包装精致

路径二：达人矩阵+美容护肤

- 核心策略：签约日本本土达人，美容测评种草
- 预期回报：月销 $10,000-40,000，利润率 25-35%
- 启动资金：$8,000-20,000
- 难点：需要日语能力、合规认证产品

路径三：品牌孵化+日本仓

- 核心策略：自有品牌入日本仓，主打品质与体验
- 预期回报：月销 $20,000-80,000，利润率 30-45%
- 启动资金：$30,000-80,000
- 优势：复购率高，品牌溢价空间大

避坑 Checklist

序号	致命错误	后果	正确做法
1	说明书用中文或机翻日语	店铺封禁+一星差评潮	必须使用专业日语说明书
2	产品有任何品质瑕疵	差评+退货+店铺降权	发货前全检，品控至上
3	尺寸与描述不符	必定退货	实物精确测量，误差<2mm
4	包装粗糙无防护	运输损坏+差评	双层包装+缓冲材料
5	客服响应慢/无日语	店铺评分暴跌	24 小时日语客服（可用 AI）
6	电子产品无 PSE 认证	海关扣货+法律风险	新手不碰电子整机

日本电商日历（必记）

节日/活动	时间	营销重点
正月	1 月 1-3 日	福袋（福袋）、新年礼品
情人节	2 月 14 日	女性送男性巧克力周边
白色情人节	3 月 14 日	男性回礼、饰品
樱花季	3-4 月	樱花元素产品
黄金周	4 月末-5 月初	旅行用品、户外
母亲节	5 月第二个周日	美容、家居
夏祭	7-8 月	浴衣配饰、夏季用品
圣诞节	12 月 25 日	礼品、情侣用品
年末商戦	12 月	全品类大促

2026 日本站核心策略总结

入场时机：黄金窗口期（2025年6月才上线，2026年仅运营半年）
竞争烈度：极低（平台刚起步，先发优势明显）
利润潜力：$ $ $ $ 高（客单高、退货低）
运营难度：极高（品质+语言双重挑战）
推荐指数：（有品控能力者优先，门槛高但回报丰厚）

一句话忠告：日本是”品质决定一切”的市场——流量可以买，内容可以学，但品控和日语是无法绕过的生死线。记住：在日本，一个线头、一句机翻、一次延迟回复，都可能毁掉一家店。如果你能做到”死磕细节”，日本的高客单和高复购将是你最丰厚的回报。

最后更新：2026 年 1 月 | 数据来源：TikTok 官方、日本电商协会、行业调研

新加坡站实操档案卡

一句话定位：东南亚购买力天花板，英语内容门槛，高客单高毛利但市场体量小，适合品牌溢价玩家和高端品类出海测试场。

核心发展史：小而精的高净值战场

时间	事件	行业影响
2017.08	TikTok 正式进入新加坡	短视频娱乐用户快速增长
2021.02	TikTok Shop 新加坡站内测	早期达人带货模式试水
2022.01	TikTok Shop 正式开放跨境入驻	中国卖家开始布局
2023.04	本土店权限开放	本地品牌入场，竞争加剧
2024.02	全托管（Fulfilled by TikTok）上线	物流体验标准化
2024.08	商城（Mall）功能强化	搜索购物心智提升
2025.03	AI 内容生成工具适配英语环境	内容生产效率提升
2026.01	平台聚焦高客单、品牌化	低价内卷赛道萎缩，品质导向明确

第一模块：市场基础数据与入场门槛（定坐标）

宏观环境（2026 预测）

指标	数据
总人口	600 万
互联网普及率	98%
移动端日活占比	92%
TikTok 月活用户	380 万+
电商渗透率	52%

地理与时空坐标

- 核心区域：全岛城市化，无需区分城市（中央区 Central、东部 East、西部 West、北部 North）
- 时差：与北京无时差（新加坡标准时间 SGT = UTC+8）
- 气候与选品节奏：
  - 全年热带：年均温度 25-32°C，无季节更替
  - 雨季：11 月-1 月雨水较多
  - 选品特征：空调环境下的室内生活用品、便携出行装备、防晒护肤全年刚需

⌚ 时光机坐标：相当于 2024 年的中国抖音

关键特征： - 成熟电商心智：用户习惯比价、重视评价，理性消费为主 - 直播带货接受度中等，更偏好短视频种草后商城下单 - 英语内容为主：纯中文内容仅覆盖约 30% 用户 - 平台流量成本较高，但转化率和客单价同步高 - 品牌意识强：用户愿为品质和品牌溢价付费

用户画像

- 核心人群：25-45 岁，女性用户占比 52%
- 民族构成：华族 74%、马来族 13%、印度族 9%、其他 4%
- 消费特征：高度理性，重视性价比但不排斥高价优质品
- 决策周期：SGD 30（约￥160）以下快速决策，SGD 50+ 需多次触达
- 文化特点：多元文化融合，英语为主要沟通语言，华人虽多但日常偏好英语

购买力水平

指标	数值
人均月收入	SGD 5,500-7,500（约 $4,000-5,500）
TikTok Shop 平均客单价（AOV）	SGD 35-65（约 $26-48）
爆单甜点价位	SGD 20-50（约 $15-37）
高客单天花板	SGD 150-300（需强品牌背书）
免运费心理价	SGD 40（关键分水岭）

准入条件

模式选择矩阵

模式	门槛	净利润率	适合谁
全托管	最低，1688 直供	8-12%	测试市场、清库存
跨境店（自营）	中等，需中国企业资质	15-25%	有供应链优势的卖家
本土店	较高，需新加坡公司 + 本地银行账户	25-40%	品牌出海、高端品类

⚠ 净利润率说明：以上利润率已扣除平台佣金（5-6%）、物流、广告（ACOS 25-30%）、退货损耗，实际利润受自然流量占比和品牌溢价能力影响。

本土店注册真相

- 公司要求：注册新加坡 Pte Ltd 公司，成本 SGD 1,500-3,000（约￥8,000-16,000）
- 银行账户：需新加坡本地银行账户（如 DBS、OCBC、UOB）
- 法人要求：需至少 1 名新加坡籍或永久居民董事（可通过代理服务）
- 真实封号率：约 3-5%，监管严格但合规操作风险低
- 隐性成本：公司秘书费 SGD 300-600/年、年审 SGD 200-400/年、代持董事 SGD 2,000-5,000/年

第二模块：TikTok 平台生态与购物心智（搞定人）

心智成熟度：

用户状态："把 TikTok 当成发现好物的渠道之一" - 72% 用户有过 TikTok 购物经历 - 用户购物习惯成熟，会主动比价和查看评价 - 商城搜索占比约 35%，高于东南亚其他市场 - 核心转化场景：短视频种草→商城比价→下单

内容爆款公式

Hook 钩子（前 3 秒生死线）

类型	模版	适用品类
实用测评	“I tested this for 30 days, here’s what happened…”	美妆、电子、家居
价格锚定	“This SGD XX product replaced my SGD XXX [大牌]”	平替、性价比款
本地共鸣	“Things every Singaporean needs in their home…”	家居、生活方式
痛点直击	“Finally found something that works in SG’s humidity…”	美妆、个护
开箱评测	专业开箱 + 使用体验分享	电子、美妆
Before/After	效果对比，3 秒内完成	美妆、清洁、收纳

语言策略

- 主力语言：英语（Singlish 接受度高，更显亲和）
- 华语辅助：可覆盖部分中老年华人用户，但年轻人偏好英语
- 通用策略：英语配中文字幕可最大化覆盖
- ⚠ 切忌：纯中文内容丢失 50-60% 用户触达

BGM 调性

- 热卖品类标配：欧美流行音乐、轻快电子
- 美妆个护：ASMR 质感、柔和 R&B

- 家居厨房：治愈系纯音乐、vlog 风格
- ⚠ 版权提醒：优先使用 TikTok 官方音乐库

直播现状

接受度：中等

- 新加坡用户更偏好短视频，直播观看时长偏短
- 专业测评型直播接受度最高，促销喊麦型反感度高
- 英语直播为主，华语直播可覆盖特定人群
- 单场直播人均观看时长：3-5 分钟

直播风格偏好

风格	接受度	适用场景
专业测评型		电子、美妆、护肤
轻松聊天型		时尚、生活方式
沉浸式展示型		家居、厨房
促销福利型		效果有限
喊麦狂欢型		极不推荐

黄金时段（北京时间 = 新加坡时间）

时段	时间	流量特征
午间	12:00-14:00	午休碎片流量
傍晚	18:00-20:00	下班通勤流量
晚高峰	20:00-22:30	黄金时段，必争
深夜	22:30-00:00	精准人群，转化率高

流量成本指标（2026 预测）

指标	区间	趋势
CPM（千次展示成本）	SGD 12-22（$9-16）	同比+20%，持续上涨
CPC（单次点击成本）	SGD 0.8-1.8（$0.6-1.3）	相对稳定
达人佣金率	15-25%	头部达人要价高
自然流量占比	30-40%	付费占比较高

第三模块：本地选品逻辑与热门类目（选对命）

销量 Top 3 垂直品类

美妆护肤（Beauty & Skincare）

- 爆款逻辑：高湿热气候护肤需求强，韩妆、日妆受欢迎
- 价格带：SGD 25-70
- 代表爆品：控油底妆、防水防汗防晒、抗氧化精华、清洁面膜
- 内容策略：成分科普 + 真人测评 + 湿热气候适配强调

3C 电子配件（Electronics & Accessories）

- 爆款逻辑：高收入人群对数码产品需求旺盛
- 价格带：SGD 30-120
- 代表爆品：无线耳机、磁吸充电配件、智能家居设备、便携电子
- 内容策略：专业开箱测评 + 对比大牌 + 性价比强调

健康生活（Health & Wellness）

- 爆款逻辑：健康意识强，愿为健康付费
- 价格带：SGD 35-100
- 代表爆品：按摩仪、筋膜枪、运动装备、健康监测设备
- 内容策略：使用场景展示 + 健康理念传达

降维打击清单（国内过剩→新加坡神器）

商品	国内成本	新加坡售价	预估净利	爆款潜力
迷你筋膜枪	￥60	SGD 45-65	25-35%	
磁吸无线充电宝	￥40	SGD 35-50	22-30%	
智能体脂秤	￥50	SGD 40-55	20-28%	
便携颈部按摩仪	￥45	SGD 38-55	22-30%	
迷你打印机	￥70	SGD 55-80	18-25%	
AI 翻译耳机	￥80	SGD 65-95	20-28%	

⚠ 净利润说明：以上净利已扣除平台佣金、物流、达人佣金（18%）、退货损耗（6%）及广告成本（ACOS 28%）。

文化与审美图谱

选品禁区

禁忌类型	具体内容	后果
低质量感	明显廉价、做工粗糙的产品	差评如潮，退货率飙升
虚假宣传	夸大效果、虚假认证	平台处罚 + 法律风险
宗教敏感	涉及宗教符号的不当使用	舆论危机
版权侵权	仿品、大牌 Logo	店铺封禁 + 法律风险

颜色与风格偏好

- 主流审美：简约现代、北欧风、日式极简
- 接受度广：多元文化背景下审美包容度高
- 品质感优先：包装和产品质感直接影响购买决策

价格敏感度

- 冲动消费阈值：SGD 30 以下快速决策
- 考虑区间：SGD 30-80 需要强内容说服
- 高客单门槛：SGD 80+ 必须有品牌背书或专业测评
- 免运费心理价：SGD 40 是关键分水岭

第四模块：物流履约与支付体系（控周转）

物流效率模型

模式对比

模式	时效	成本	适用场景
国内小包直发	5-10 天	SGD 5-10/单	测品、长尾款
海外仓自发	1-3 天	SGD 3-6/单	稳定爆款
FBT 入仓（官方仓）	1-2 天	平台抽佣内含	全托管/本土店标配

真实时效与回款

模式	签收时效	回款周期
小包直发	6-12 天	T+14 至 T+21
FBT 发货	1-3 天	T+7 至 T+14

- 物流优势：新加坡国土小、物流基础设施完善，配送效率极高

支付血泪史

支付构成

支付方式	占比	特征
信用卡/借记卡	55%	主流，高客单首选
电子钱包（GrabPay, PayNow）	25%	年轻用户偏好
PayLater（分期付款）	15%	高客单转化神器
网上银行	5%	传统用户

防拒付 SOP

- 主动推送物流：发货后即刻发送物流信息
- 售后响应：24 小时内回复，新加坡用户期望高效服务
- 退换货体验：退换货便捷性直接影响复购

签收指标

- 妥投率红线：96% 以下会触发平台警告
- 退货率实况：服装 15-22%，美妆 6-10%，电子 4-7%
- 退货处理：FBT 订单平台承担，物流高效退货成本低

第五模块：合规经营与政策红线（护本金）

税务合规

商品及服务税（GST）

- 税率：9%（2024 年起）
- 卖家义务：TikTok 代扣代缴，卖家无需自行申报
- 本土店注意：年营收超 SGD 100 万需注册 GST

关税与免税额

- De Minimis：SGD 400 以下包裹免关税
- 超额处理：超过 SGD 400 按品类征收关税 + GST
- ⚠ 策略：控制单包货值在 SGD 350 以内更安全

认证深水区

品类	必需认证	成本	周期
电子产品	IMDA 认证（部分品类）	SGD 1,000-3,000	2-4 周
化妆品	HSA 通报（无需预批准）	SGD 500-1,500	1-2 周
食品	SFA 许可	SGD 2,000-5,000	4-8 周
儿童用品	符合 SS 标准	SGD 1,000-3,000	2-4 周

内容红线

必死操作

- 虚假宣传：任何夸大效果、虚假认证
- 种族歧视：涉及种族的负面表述（新加坡对此极敏感）
- 版权侵犯：使用大牌 Logo、明星肖像
- 政治敏感：涉及政治人物、政府政策的负面内容

敏感词规避

禁用词	替代方案
Best / No.1	Top-rated, Highly reviewed
Cure / Heal	Support, Help with
Whitening（美白）	Brightening, Radiant
Slimming（减肥）	Body care, Shaping
Guaranteed（保证）	Designed to, Helps with

第六模块：财富策略与避坑（定生死）

💰 推荐财富打法

路径一：跨境全托管测市场（适合试水者）

- 核心策略：高客单品类选品→少量 SKU 测试→验证后加仓
- 预期回报：月销 SGD 8,000-25,000，净利润率 8-12%
- 启动资金：￥10,000-30,000
- 成功关键：选品定位准确 + 高客单高毛利

路径二：英语内容矩阵（适合有英语内容能力者）

- 核心策略：专业测评内容 + 中小达人合作 + 商城优化
- 预期回报：月销 SGD 30,000-80,000，净利润率 20-30%
- 启动资金：￥30,000-80,000
- 成功关键：英语内容产出能力 + 专业人设打造

路径三：品牌出海测试场（适合品牌玩家）

- 核心策略：新加坡作为东南亚品牌形象高地→辐射马来西亚、印尼

- 预期回报：月销 SGD 80,000+，净利润率 25-40%
- 启动资金：¥100,000-200,000
- 成功关键：品牌定位清晰 + 高端内容制作 + 区域协同

避坑

序号	致命错误	后果	正确做法
1	用低价内卷策略	利润归零，不适合新加坡市场	高客单高品质路线
2	纯中文内容和客服	丢失 50-60% 用户	英语为主，中文为辅
3	产品包装廉价感	差评如潮，损害品牌形象	提升包装质感
4	发货时效不达标	订单取消 + 差评	FBT 优先，保证时效
5	客服回复超 24 小时	店铺降权	设置自动回复 + 人工跟进
6	忽视产品认证	清关被扣 + 平台处罚	确保认证齐全
7	虚假宣传效果	法律风险极高	合规描述，真实展示

新加坡电商日历（必记）

节日	时间	营销重点
农历新年	1-2 月	礼品、红色系、家居装饰
情人节	2 月 14 日	礼品、美妆、首饰
开斋节（Hari Raya）	4-5 月（伊斯兰历）	马来族用户，时尚、家居
母亲节	5 月第二个周日	美妆、健康、礼品
国庆节	8 月 9 日	爱国主题、红白配色
屠妖节（Deepavali）	10-11 月	印度裔用户，首饰、服装
双 11/双 12	11-12 月	全品类大促
圣诞节	12 月 25 日	礼品、装饰、全品类

2026 新加坡站核心策略总结

入场时机： 适合品牌出海和高端品类

竞争烈度： 较高（但低价赛道内卷少）

利润潜力： 高（高客单高毛利）

运营难度： 较高（英语内容门槛）

推荐指数： （适合有品牌意识和英语能力的卖家）

一句话忠告：新加坡不是走量市场，而是品质与品牌的试金石——用低价内卷思维进入必死，用高客单高品质思维进入可吃最肥的肉。把新加坡当作东南亚品牌高地，成功后可快速辐射马来西亚和印尼。

最后更新：2026 年 1 月 | 数据来源：TikTok 官方、第三方监测平台、行业调研

印尼站实操档案卡

一句话定位：东南亚第一大市场，直播带货最成熟，穆斯林文化下的”隐形金矿”，适合愿意深耕本土化的中长期玩家。

核心发展史：从爆发到合规

时间	事件	行业影响
2021.04	TikTok Shop 印尼站上线	全球首站，开启东南亚社交电商元年
2022-2023	爆发式增长	印尼成为 TikTok Shop 全球最大的单一市场
2023.09	Permendag 31/2023 颁布	印尼禁止社交媒体直接交易，旨在保护本土中小企业
2023.10	TikTok Shop 暂时关停	跨境卖家遭遇巨大震荡，生态进入停滞期
2023.12	与 Tokopedia 达成战略合作	TikTok 投资 15 亿美元，控股本土电商巨头 Tokopedia
2024.Q1	** “Shop	Tokopedia” ** 正式上线
2024.10	Halal 认证第一阶段强制执行	食品饮料类目必须持有清真认证，开启全品类合规时代
2025-2026	精细化与本土化时代	纯跨境链路基本消失，本土备货、MCN 矩阵成为标配

第一模块：市场基础数据与入场门槛（定坐标）

宏观环境（2026 预测）

指标	数据
总人口	2.8 亿（全球第四）
互联网普及率	79%
移动端日活占比	96%（几乎全移动端）
TikTok 月活用户	1.25 亿+
电商平台主体	**Shop
电商渗透率	18%
穆斯林人口占比	87%

时光机坐标：相当于 2021 年的中国抖音

关键特征：- 直播带货心智已建立，Shop | Tokopedia 成为主流购物渠道 - 短视频+直播双轮驱动，生态成熟度东南亚第一 - 经历 2023 年”关停风波”后，通过合并 Tokopedia 实现 100% 合规 - 政策天花板：严格保护本土（禁止直发 $100 以下进口商品） - 核心判断：2026 年印尼站进入”本土化精细运营期”

用户画像

- 核心人群：18-35 岁（占比 68%），女性用户占优（56%）
- 消费特征：价格敏感但不极端，重视性价比和社交认同
- 决策周期：信任达人推荐，直播间转化率高于短视频
- 文化特点：家庭观念强，宗教生活规律，节日消费爆发

购买力水平

指标	数值
人均月收入	Rp 4,500,000-6,000,000（约 $280-380）
**Shop	Tokopedia** 平均客单价
爆单甜点价位	Rp 50,000-120,000（约 $3-8）
进口禁令线	$100 (Rp 1,550,000) 以下严禁跨境直发

准入条件

模式选择矩阵（2026 最新）

模式	门槛	利润率	适合谁
跨境店（极难）	仅限 $100 以上高客单	20%	品牌卖家
ACKU/本土化备货	中等，需备货印尼仓	25-35%	转型跨境卖家
本土公司 (PMA)	高，正规外资实体	35-50%	长期深耕者
MCN/达人带货	需强达人商务能力	佣金 15-25%	无货源/机构玩家

本土店注册真相

- 法人要求：印尼公民 KTP（身份证）或 PT 公司（外资需 PMA 架构）
- 代办成本：$2,000-5,000/年（含代持风险）
- 政策变化：2023 年禁止纯跨境后，本土店成为主流
- ⚠ 风险警告：代持店铺有法律风险，建议正规设立 PMA 公司

ACKU 模式解读（跨境卖家核心路径）

- 全称：TikTok Shop 的跨境卖家与本土店合作机制（Account Keeper Unit）
- 运作：跨境卖家提供货源→备货至印尼本土仓→本土店铺销售→利润分成
- 优势：规避本土注册门槛，快速入场，合规销售 $100 以下商品
- 利润分成：通常跨境方拿 60-70%，本土店拿 30-40%
- ⚠ 注意：
  - 必须签署正规合作协议，明确货权归属
  - 需找到可靠的本土合作伙伴（建议通过 TikTok 官方渠道对接）
  - 货物需先运至印尼境内，不能跨境直发

第二模块：TikTok 平台生态与购物心智（搞定人）

心智成熟度：

用户状态："想买东西，先去 TikTok 逛逛" - 85% 用户有 TikTok 购物经历 - 40% 用户会主动打开 Shop Tab 找商品 - 直播带货接受度全球领先 - 印尼是 TikTok 电商的"模范市场"

内容爆款公式

Hook 钩子（前 3 秒生死线）

类型	印尼语模版	适用品类
惊叹开箱	"Cuma [价格] dapat ini?!"（只要 XX 就能得到这个?！）	全品类
闺蜜安利	"Aku kasih tau ya, ini bagus banget!"（告诉你，这个超好用！）	美妆、时尚
效果对比	"Before-After pakai [产品]"	护肤、家居
限时紧迫	"Promo cuma hari ini!"（今天限定！）	大促期间
家庭场景	展示家人使用，温馨氛围	家居、母婴

BGM 调性

- 必火类型：Dangdut（印尼民族音乐）、印尼流行、K-pop 翻唱
- 宗教节日：斋月期间用 Sholawat（伊斯兰颂歌）背景音乐
- 情绪价值：温馨、积极、家庭向
- ⚠ 避雷：过于性感或西方派对风的 BGM

直播现状

接受度：极高

- 印尼是 TikTok 直播带货最成熟的市场，2026 年达人矩阵分销贡献了 60% 以上的 GMV
- MCN/TSP 依赖度高：卖家通常需要与本地 MCN 合作进行达人建联或代播
- 用户习惯在直播间下单，转化率可达 8-15%
- 本土主播生态完善，华人主播由于身份信任感需配合本地助播

直播风格偏好

风格	接受度	适用场景
热情互动型		全品类
专业测评型		电子、美妆
家庭温馨型		母婴、家居
喊麦促销型		低客单快消品

黄金时段（北京时间）

时段	北京时间	流量特征
午休	12:00-14:00	白领碎片时间
晚高峰	18:00-22:00	黄金档，必争
深夜	22:00-24:00	年轻人活跃
宗教时段	避开每日 5 次祷告时间	特别是周五中午

⚠ 斋月特殊时段

- 斋月期间（每年日期变化）用户行为大变
- Sahur 时段（凌晨 3-5 点）：吃封斋饭时刷手机，流量暴涨
- Iftar 后（18:30 后）：开斋后购物欲望强烈
- 斋月是印尼电商的”双 11”，GMV 可达平时 3-5 倍

流量成本指标（2026 预测）

指标	区间	趋势
CPM（千次展示）	$1-3	略有上涨但仍低
CPC（单次点击）	$0.03-0.10	全球最低之一
达人佣金率	10-20%	头部达人要价 25%+
自然流量占比	50-65%	逐渐需要付费加持

第三模块：本地选品逻辑与热门类目（选对命）

销量 Top 3 垂直品类

| 穆斯林时尚（Muslim Fashion）

- 爆款逻辑：87% 人口是穆斯林，头巾和长袍是刚需
- 价格带：Rp 50,000-150,000（$3-10）
- 代表爆品：Hijab（头巾）、Gamis（长袍）、Mukena（祈祷服）
- ⚠ 关键：必须符合伊斯兰着装规范，覆盖性强

| 美妆护肤（Kecantikan）

- 爆款逻辑：印尼女性爱美，护肤步骤精细
- 价格带：Rp 30,000-100,000（$2-7）
- 代表爆品：美白精华、防晒霜、唇釉、眉笔
- ⚠ 关键：需有 BPOM 认证（印尼药监局）

| 家居生活（Rumah Tangga）

- 爆款逻辑：家庭观念强，愿意投资家居用品
- 价格带：Rp 40,000-120,000（$2.5-8）
- 代表爆品：收纳盒、厨房工具、清洁神器、装饰品
- 内容策略：家庭场景展示，强调实用性

降维打击清单（本土化备货建议）

商品	国内成本	印尼售价	预估净利	爆款潜力
磁吸充电线	¥3	Rp 45,000	30%	
LED 化妆镜	¥15	Rp 85,000	35%	
便携小风扇	¥8	Rp 55,000	32%	
分装瓶套装	¥5	Rp 35,000	25%	
多功能切菜器	¥12	Rp 75,000	38%	

⚠ 利润注水警告：以上净利已扣除 11% 增值税、本地仓储费、15% 达人佣金及 5% 损耗。$100 以下进口商品严禁跨境直发，必须本地备货。

文化与审美图谱

选品禁区　　　　（极度重要）

禁忌类型	具体内容	后果
猪相关	猪造型、猪皮材质、猪元素图案	店铺封禁
狗相关	狗玩偶、狗图案（被视为不洁）	差评+下架
裸露服装	低胸、短裙、吊带（女装）	审核不过
酒精产品	含酒精的任何产品	违法
宗教亵渎	古兰经图案用于装饰、不敬用途	严重后果

颜色与风格偏好

- 安全色：黑、白、奶茶色、莫兰迪色系
- 受欢迎：金色（高级感）、绿色（伊斯兰文化）、大地色
- ⚠ 节日色：斋月期间绿色、金色销量翻倍
- 服装风格：保守但不失时尚，Modest Fashion 是趋势

价格敏感度

- 冲动消费阈值：Rp 80,000（约 $5）以下
- 主流价格带：Rp 50,000-150,000（$3-10）
- 高客单挑战：Rp 200,000+（$13+）需要分期或强背书
- 心理技巧：“.999”结尾定价（如 Rp 79,999）

第四模块：物流履约与支付体系（控周转）

物流效率模型

印尼物流特殊性

- 地理挑战：17,000+岛屿，物流覆盖不均
- 核心市场：爪哇岛（人口 60%）物流成熟，外岛时效差
- 建议策略：优先覆盖爪哇岛，外岛订单谨慎接

模式对比

模式	时效	成本	状态
TikTok 官方物流	2-5 天（爪哇）	平台补贴	主推
本土仓自发	1-3 天（爪哇）	Rp 8,000-15,000	可用
跨境直发	-	-	已熔断（$100 以下禁止）

⚠ 跨境直发已死：根据 2023 年第 31 号贸易部长条例（Permendag 31/2023），$100 以下商品严禁跨境直发。由于 TikTok Shop 印尼站客单价通常在 $3-10，跨境小包模式已完全不可用。所有卖家必须走本土备货路线。

主流物流商

- J&T Express：TikTok 官方合作，覆盖最广
- SiCepat：速度快，服务好
- Anteraja：价格便宜，时效一般
- JNE：老牌物流，网点多

支付构成

支付方式	占比	特征
QRIS (统一响应码)	60%	2026 年主流，覆盖所有钱包，成交最快
电子钱包	20%	OVO、GoPay、Dana、ShopeePay
COD（货到付款）	15%	占比持续下降，签收率是关键
银行转账/信用卡	5%	极少数高端或大额订单

COD 签收率管理

动作	提升效果
WhatsApp 订单确认	+15%
发货短信通知	+10%
派送前电话	+20%
包裹内附感谢卡+小赠品	复购率+25%

签收指标

- COD 签收率基准：75-80%
- 电子支付签收率：95%+
- ⚠ 建议：逐步引导用户使用电子钱包，减少 COD 占比

第五模块：合规经营与政策红线（护本金）

税务合规

核心税种

税种	税率	说明
PPN（增值税）	11%	所有商品
PPh（所得税）	0.5-25%	按营业额/利润
进口关税	0-30%	按品类
Bea Masuk	7.5%	跨境电商特殊税

免税额度

- De Minimis：$3 以下免关税（全球最低之一）
- 实际影响：几乎所有商品都需要缴税
- 应对策略：将税费计入定价，不要让买家补税

认证深水区

品类	必需认证	成本	周期
化妆品	BPOM + Halal	$1,000-3,000	4-8 个月
食品	BPOM + Halal	$1,500-4,000	8-15 个月
电子产品	SNI	$1,500-4,000	3-6 个月
玩具	SNI	$1,000-2,000	2-4 个月
穆斯林服装	Modest 规范	-	-

⚠ Halal & BPOM 认证必读

- Halal 强制化：2026 年起，食品及美妆产品若无 Halal 认证将无法在 Shop | Tokopedia 正常销售。
- BPOM 严监管：无 BPOM 的化妆品在印尼属于刑事违法，平台会定期发起扫荡。
- 建议：寻找具备 BPOM/Halal 资质的工厂代工（OEM），或通过正规代理商进行备案，切勿裸奔。

内容红线

印尼审核特点

- 宗教敏感度极高：任何可能冒犯伊斯兰教的内容都会被下架

· 着装要求：女性出镜需保守着装，避免暴露
· 语言要求：印尼语（Bahasa Indonesia）内容优先

必须注意

元素	错误做法	正确做法
女模特	短裙、露肩、低胸	长袖、长裤或长裙、头巾
产品展示	有猪/狗元素	完全避免
食品描述	不提 Halal	标注 Halal 认证
节日营销	圣诞节为主	开斋节、宰牲节为主

第六模块：财富策略与避坑 Checklist（定生死）

💰 推荐财富打法

路径一：本土店+穆斯林时尚（高推荐）

· 核心策略：专注 Hijab、Gamis 等穆斯林服饰，本土化运营
· 预期回报：月销 Rp 100-500 juta（$6,000-30,000），利润率 35-45%
· 启动资金：$10,000-20,000
· 成功关键：找到可靠的本土合伙人，深耕垂直品类

路径二：达人矩阵+美妆护肤

· 核心策略：签约印尼本土达人，分销有 BPOM 认证的美妆产品
· 预期回报：月销 $5,000-25,000，利润率 25-35%
· 启动资金：$5,000-10,000
· 难点：需要有 BPOM 认证的产品线

路径三：ACKU 模式+家居百货

· 核心策略：作为跨境供应商，与本土店合作，主打家居生活用品
· 预期回报：月销 $3,000-15,000，利润率 20-30%
· 启动资金：$3,000-8,000
· 优势：门槛较低，快速入场

避坑 Checklist

序号	致命错误	后果	正确做法
1	产品有猪/狗元素	店铺封禁，宗教舆论危机	上架前严格审核所有宗教禁忌
2	化妆品无 BPOM/Halal 认证	产品强制下架，法律诉讼	走合规备案或寻找本土合规代工厂
3	低于 $100 商品走跨境直发	海关拦截，店铺永久封禁	必须走本土备货模式（官方仓/三方仓）
4	单打独斗，不找 MCN	自然流枯竭，无法建联达人	深度绑定本地 MCN 或自建本土内容团队
5	用代持店铺不签合同	店铺被收回，钱货两空	正规法律协议或设立 PMA 外资公司
6	忽视外岛物流与 COD	签收率低至 50%	聚焦爪哇岛，引导使用 QRIS/钱包支付

印尼电商日历（必记）

节日	时间（大约）	营销重点
斋月	3-4 月（伊斯兰历）	穆斯林服饰、食品、家居
开斋节	斋月结束	全品类大促，堪比双 11
宰牲节	开斋节后 70 天	宗教用品、服饰
独立日	8 月 17 日	红白色产品、爱国主题
双 11/双 12	11-12 月	全品类

2026 印尼站核心策略总结

入场时机： 仍有机会，但需本土化
竞争烈度： 中等（本土卖家崛起）
利润潜力： $ $ $ $ 较高
运营难度： 较高（文化适应是关键）
推荐指数： （愿意深耕者首选）

一句话忠告：印尼是东南亚最大的金矿，但这座金矿有”宗教密码”——只有真正理解并尊重穆斯林文化的卖家，才能挖到金子。记住：在印尼，Halal 不是选择题，是必答题。

最后更新：2026 年 1 月 | 数据来源：TikTok 官方、印尼电商协会、行业调研

泰国站实操档案卡

一句话定位：东南亚电商”优等生”，TikTok Shop 最成熟的市场之一，适合想要稳健起步、享受东南亚红利的中小卖家。

核心发展史：东南亚标杆市场

时间	事件	行业影响
2017 年	TikTok 正式进入泰国市场	年轻用户快速增长
2021.02	TikTok Shop 泰国站内测	东南亚首批试点国家
2022.06	TikTok Shop 泰国站正式开放	跨境卖家批量涌入
2023 年	泰国成为 TikTok Shop 东南亚 GMV 第二	仅次于印尼
2024.03	全托管（Fulfilled by TikTok）全面开放	门槛降低，中小卖家井喷
2024.09	本土店审核趋严	规范化运营加速
2025.06	平台推出”泰国优品”扶持计划	跨境卖家流量加权
2026 年（预测）	Shop GMV 预计突破 $40 亿	东南亚第二大市场地位稳固

第一模块：市场基础数据与入场门槛（定坐标）

宏观环境（2026 预测）

指标	数据
总人口	7,200 万
互联网普及率	88%
移动端日活占比	92%（移动优先市场）
TikTok 月活用户	4,500 万+（渗透率超 60%）
电商渗透率	16%（东南亚领先）
中位年龄	40 岁（略高但消费力强）

地理与时空坐标

核心经济与消费城市

城市	经济地位	消费特征
曼谷（Bangkok/**กรุงเทพฯ**）	首都，GDP 占全国 44%	潮流风向标，高消费群体集中
清迈（Chiang Mai/**เชียงใหม่**）	北部文化中心	文艺青年聚集，生活方式消费
普吉（Phuket/**ภูเก็ต**）	旅游胜地	旅游周边、防晒用品需求大
芭提雅（Pattaya/**พัทยา**）	东部旅游城市	夜生活经济，娱乐消费
合艾（Hat Yai/**หาดใหญ่**）	南部商贸中心	边境贸易，价格敏感

与北京时间时差

城市	时差
全泰国统一	北京时间 -1 小时

实操换算：泰国晚间 8 点 = 北京晚间 9 点（几乎无时差，运营极其友好）

气候与季节（指导季节性选品）

季节	时间	气候特征	选品方向
凉季	11 月-2 月	舒适宜人，20-30°C	轻薄外套、旅游用品
热季	3 月-5 月	极度炎热，35-40°C	降温神器、防晒、小风扇
雨季	6 月-10 月	闷热多雨	雨具、防水配件、除湿产品

季节性机会：- 4 月泼水节（Songkran）→ 防水手机袋、防晒、水枪配件 - 11 月水灯节（Loy Krathong）→ LED 装饰、节日服饰 - 全年热带气候 → 清凉用品持续热销

◷ 时光机坐标：相当于 2021-2022 年的中国抖音

关键特征：- TikTok 电商进入成熟增长期，用户购物心智已建立 - 直播带货接受度高，转化路径清晰 - 平台仍有流量红利，但竞争开始加剧 - Shopee、Lazada 主导货架电商，TikTok 专攻兴趣电商 - 核心判断：2026 年是泰国站”稳健收割期”，适合精细化运营玩家

用户画像

- 核心人群：18-40 岁（占比 68%），女性主导（60%）
- 消费特征：追求品质感、颜值控、佛系但不吝消费、重视用户体验
- 决策周期：价格合适秒下单，泰国人消费观念开放
- 文化特点：佛教文化影响深、尊重皇室、重视”面子”消费

购买力水平

指标	数值
人均月收入	THB 18,000-35,000（约 $500-1,000）
TikTok Shop 平均客单价（AOV）	THB 350-700（约 $10-20）
爆单甜点价位	THB 199-499（约 $6-15）
心理红线	THB 1,000（约 $28）以上需强内容背书

准入条件

模式选择矩阵

模式	门槛	利润率	适合谁
全托管（强推）	最低，深圳仓/泰国仓发货	28-42%	新手首选
跨境自营	中等，需处理清关	35-50%	有东南亚物流资源者
本土店	较高，需泰国营业执照	42-58%	有本土合伙人
达人分销	需达人资源	佣金 12-22%	MCN/达人矩阵

本土店注册真相

- 法人要求：泰国公民身份证（**บัตรประชาชน**）或公司登记证（**หนังสือรับรองบริษัท**）
- 外资限制：外国人持股不能超过 49%（需泰国人持股 51%）
- 代办成本：$1,000-2,500/年（含代持风险）
- ⚠ 风险警告：泰国对外资电商监管趋严，代持模式有法律风险
- 建议：跨境卖家先用全托管验证模型，再考虑本土化

第二模块：TikTok 平台生态与购物心智（搞定人）

心智成熟度：

用户状态："TikTok 购物已成习惯，刷到喜欢就下单" - 70% 用户有 TikTok 购物经历 - TikTok Shop 是泰国用户最常用的社交电商平台 - 直播带货接受度极高，转化率可达 8-15% - 机会点：成熟心智意味着竞争加剧，需要精细化运营

内容爆款公式

Hook 钩子（前 3 秒生死线）

类型	泰语模版	适用品类
惊叹发现	**“อันนี้ดีมาก!”**（这个太棒了！）	新奇小工具
省钱种草	**“แค่ [价格] บาท!”**（只要 XX 泰铢！）	全品类
颜值诱惑	**“น่ารักมากเลย!”**（太可爱了！）	美妆、配饰
效果对比	**“ก่อน vs หลัง”**（前 vs 后）	护肤、家居
网红同款	**“ใช้ตามดาราเลย!”**（明星同款！）	时尚、美妆

BGM 调性

- 必火类型：泰国流行（T-Pop）、韩流歌曲、中国抖音神曲翻版
- 情绪价值：欢快、可爱、甜美、治愈系
- 泰国特色：泰剧 OST、泰国本土网红音乐
- ⚠ 重要：泰国用户对韩流接受度极高，韩系 BGM 百搭

直播现状

接受度：极高

- 泰国是东南亚直播带货最成熟的市场之一
- 用户习惯在直播间互动下单，转化率 8-15%
- 风格包容：热情互动型和安静展示型都有市场
- 本土达人生态发达，跨境卖家可借力达人矩阵

直播风格偏好

风格	接受度	适用场景
热情互动型		美妆、时尚
闺蜜聊天型		女性用品
专业测评型		电子、护肤
治愈展示型		家居、ASMR
喊麦促销型		低客单快消品（可用但不宜过火）

黄金时段（北京时间）

泰国时段	北京时间	流量特征
午休（12:00-14:00）	13:00-15:00	午休碎片流量
下班后（18:00-20:00）	19:00-21:00	通勤+回家流量
晚高峰（20:00-23:00）	21:00-24:00	黄金档，大场必争
深夜（23:00-01:00）	24:00-02:00	夜猫子精准流量

流量成本指标（2026 预测）

指标	区间	对比美国
CPM（千次展示成本）	$1.5-4.0	美国的 1/5
CPC（单次点击成本）	$0.05-0.15	美国的 1/12
达人佣金率	12-22%	低于美国
自然流量占比	45-60%	仍有红利

核心洞察：泰国流量成本是美国的 1/5-1/12，且用户心智成熟、支付习惯好，是东南亚性价比最高的市场之一。

第三模块：本地选品逻辑与热门类目（选对命）

销量 Top 3 垂直品类

| 美妆个护（**เครื่องสำอาง**）

· 爆款逻辑：泰国女性爱美，韩系妆容流行，防晒需求刚需
· 价格带：THB 150-500（$4-14）
· 代表爆品：唇釉、防晒霜、面膜、眉笔、护发精油
· ⚠ 关键：韩系包装风格大受欢迎

| 时尚服饰（**แฟชั่น**）

· 爆款逻辑：热带气候需求+颜值经济驱动
· 价格带：THB 200-600（$6-17）

· 代表爆品：连衣裙、防晒衣、家居服、泳装、配饰
· ⚠ 关键：热带气候，轻薄透气是刚需

家居生活（**ของใช้ในบ้าน**）
· 爆款逻辑：小户型收纳需求+生活品质提升
· 价格带：THB 100-400（$3-12）
· 代表爆品：收纳盒、厨房工具、清洁神器、LED 灯、小风扇
· 内容策略：功能展示+颜值出圈

降维打击清单（中国过剩产能→泰国”神器”）

商品	国内成本	泰国售价	预估净利	爆款潜力
挂脖小风扇	¥12	THB 299-399	42-52%	
磁吸手机支架	¥5	THB 150-220	45-55%	
LED 化妆镜	¥15	THB 350-480	38-48%	
便携封口机	¥6	THB 120-180	48-58%	
多功能切菜器	¥12	THB 280-380	40-50%	
桌面加湿器	¥18	THB 380-520	35-45%	

⚠ 净利润说明：以上净利已扣除平台佣金（5-8%）、物流、达人佣金（15%）、退货损耗（5%）及 7% VAT（2024 年起）+ 关税（2026 年起）。泰国物流成本适中，签收率高于越南。

文化与审美图谱

选品禁区

禁忌类型	具体内容	后果
皇室不敬	涉及泰国皇室的任何负面内容	法律问题（极严重）
佛教亵渎	佛像作为装饰品、脚踩佛像元素	文化冒犯+法律风险
政治敏感	涉及泰国政治派系内容	舆论危机
头部禁忌	不能触碰头部（文化禁忌）	广告需注意

颜色与风格偏好
· 受欢迎色：粉色、白色、柔和马卡龙色、金色（皇室色）

- 韩系风格：小清新、极简、可爱风大受欢迎
- 泰国审美：颜值即正义，包装精致很重要
- 避雷提示：过于土气或过于暗沉的颜色不受欢迎

价格敏感度

- 冲动消费阈值：THB 299（约 $9）以下秒下单
- 主流价格带：THB 150-600（$4-17）
- 高客单挑战：THB 1,000+（$28+）需要直播强推或达人背书
- 心理技巧：标价 THB 199、299、399 比整数转化高 20%
- 免运费心理价：THB 300 是常见分水岭

第四模块：物流履约与支付体系（控周转）

物流效率模型

泰国物流特点

- 基础设施：东南亚领先，曼谷周边物流网络发达
- 地缘优势：中泰陆运通道成熟，成本可控
- 时效期望：用户习惯 3-7 天收货

模式对比

模式	时效	成本	签收率	适用场景
全托管（深圳仓）	5-10 天	平台承担	82-90%	新手首选
全托管（泰国仓）	1-3 天	平台承担	90-95%	爆款标配
跨境直发	5-8 天	$2.5-5/单	80-88%	测品阶段
FBT 泰国仓	1-2 天	$1.5-3.5/单	92-97%	稳定爆款

主流物流商

- Flash Express：TikTok 官方合作，时效快，服务好
- Kerry Express：老牌物流，网点最全

- J&T Express Thailand：性价比高，覆盖广
- Thailand Post：国企背景，偏远地区覆盖

支付构成

支付方式	占比	特征
电子钱包	35%	TrueMoney、PromptPay、ShopeePay
银行转账	20%	PromptPay 扫码支付普及
COD（货到付款）	35%	下沉市场占比更高，签收率 85-92%
信用卡	10%	渗透率中等

泰国支付特点

- PromptPay 普及：泰国国民级扫码支付，转化率高
- TrueMoney 重要：年轻用户首选电子钱包
- COD 比例较低：相比越南，泰国电子支付更发达
- ⚠ 优势：泰国 COD 签收率高达 85-92%，优于大多数东南亚国家

签收指标

- COD 签收率基准：85-92%（东南亚优秀水平）
- 电子支付签收率：95%+
- 优秀水平：综合签收率 90%+
- ⚠ 建议：引导用户使用 PromptPay/TrueMoney，降低 COD 占比

第五模块：合规经营与政策红线（护本金）

税务合规

核心税种

税种	税率	说明
VAT（增值税）	7%	所有商品（泰国 VAT 低于东南亚平均）
进口关税	0-30%	按品类（中国商品多数关税较低）
企业所得税	20%	本土店利润

免税额度（De Minimis）——⚠ 已全面取消

- 历史政策：THB 1,500（约 $42）以下曾享受免关税免 VAT
- ⚠ 2024.07 起：泰国已对所有跨境包裹（含 1 泰铢以上商品）全额征收 7% VAT
- ⚠ 2026.01 起：泰国彻底取消 THB 1,500 免税额度，关税 + VAT 全量征收，跨境小包零免税时代正式到来
- 实操影响：小包直发成本上升约 10-15%，需重新计算定价模型
- 中泰自贸协定：东盟框架下多数商品关税仍为 0-5%，但 VAT 无法减免

认证深水区

品类	必需认证	成本	周期
电子产品	TISI 认证（泰国工业标准）	$800-2,500	4-8 周
化妆品	FDA 泰国登记	$1,500-4,000	8-16 周
食品	FDA 食品登记	$2,000-5,000	8-20 周
玩具	安全标准认证	$600-1,500	3-6 周
普通商品	无强制要求	-	-

新手建议：专注家居、配饰、服装等无认证品类，电子产品需 TISI 认证成本较高。

内容红线

泰国审核特点

- 皇室保护法极严：任何涉及皇室的不敬内容将面临法律制裁
- 佛教元素敏感：佛像不能作为商品装饰或踩踏

- 语言要求：产品页建议有泰语描述

必须本土化的元素

元素	错误做法	正确做法
语言	纯中文/英文	泰语描述（至少标题和卖点）
尺寸	标中国码	标注 cm 或泰国常用尺码
货币	显示人民币	只显示泰铢（THB/฿）
模特	全用中国模特	混合使用东南亚面孔

第六模块：财富策略与避坑（定生死）

💰 推荐财富打法

路径一：全托管+美妆家居（强烈推荐新手）

- 核心策略：1688 精选货源→全托管上架→达人矩阵分销
- 预期回报：月销 THB 300,000-1,500,000（$8,500-42,000），利润率 30-42%
- 启动资金：$2,000-6,000
- 成功关键：韩系包装风格、达人建联、颜值出圈

路径二：直播带货+时尚配饰

- 核心策略：自建直播团队或与本土 MCN 合作，主打服装配饰
- 预期回报：月销 $12,000-50,000，利润率 32-48%
- 启动资金：$6,000-18,000
- 难点：需要泰语主播或培训

路径三：泰国仓+供应链深耕

- 核心策略：精选 SKU 入泰国仓，极致时效体验
- 预期回报：月销 $25,000-100,000，利润率 38-52%
- 启动资金：$18,000-50,000
- 优势：时效最快，体验最好，复购率高

避坑 Checklist

序号	致命错误	后果	正确做法
1	涉及皇室/佛教不敬内容	法律风险+店铺永封	严格规避皇室和佛教元素
2	产品描述无泰语	转化率低	至少标题和核心卖点用泰语
3	包装粗糙不精致	差评+退货	泰国人颜值控，包装要精致
4	服装尺码偏大	退货率高	泰国人体型偏瘦，注意尺码
5	忽视 TrueMoney/PromptPay	损失优质订单	接入主流电子钱包
6	客服回复慢	店铺评分下降	24 小时内响应（可用 AI 客服）

泰国电商日历（必记）

节日	时间	营销重点
元旦	1 月 1 日	新年礼品、家居装饰
情人节	2 月 14 日	礼品、首饰、美妆
泼水节（Songkran）	4 月 13-15 日	全年最大节日，防水用品、防晒、玩水周边
母亲节/皇后诞辰	8 月 12 日	礼品、美容、家居
父亲节/国王诞辰	12 月 5 日	礼品、男士用品
水灯节（Loy Krathong）	11 月满月	节日装饰、传统服饰
双 11	11 月 11 日	全品类大促
双 12	12 月 12 日	年末大促

2026 泰国站核心策略总结

入场时机：｜｜ 成熟增长期（稳健收割）

竞争烈度：／／／ 中等（正在加剧）

利润潜力：＄＄＄＄ 高（心智成熟、支付好）

运营难度：／／／ 中等（门槛适中）

推荐指数：（东南亚首选市场）

一句话忠告：泰国是东南亚TikTok电商的"优等生"——用户心智成熟、支付习惯好、签收率高、流量成本低。但记住：颜值即正义，包装精致是门槛，皇室和佛教是绝对红线。同时注意：2024年起的7%VAT和2026年起的全量关税已终结小包免税时代，需重新计算利润模型。如果你想稳健起步东南亚，泰国仍是最佳选择。

最后更新：2026年1月 | 数据来源：TikTok官方、泰国电子商务协会(Thai E-Commerce Association)、行业调研

越南站实操档案卡

一句话定位：东南亚增速最快的新兴市场，年轻人口红利+中国供应链地缘优势，适合愿意"快打快收"的敏捷型卖家。

核心发展史：后来居上的黑马

时间	事件	行业影响
2019 年	TikTok 正式进入越南市场	年轻用户爆发式增长
2021 年	越南成为 TikTok 东南亚第二大市场	仅次于印尼
2022.04	TikTok Shop 越南站正式上线	东南亚第二批开放
2023 年	越南 TikTok Shop GMV 增速超 200%	成为增长最快的市场之一
2024.06	全托管（Fulfilled by TikTok）全面开放	跨境门槛大幅降低
2024.10	本土店审核趋严	规范化运营开始
2025.06	平台推出”越南优选”计划	扶持优质跨境卖家
2026 年（预测）	Shop GMV 预计突破 $25 亿	东南亚增速第一

第一模块：市场基础数据与入场门槛（定坐标）

宏观环境（2026 预测）

指标	数据
总人口	1.02 亿（全球第 15）
互联网普及率	79%
移动端日活占比	95%（几乎全移动端）
TikTok 月活用户	6,500 万+
电商渗透率	12%（快速增长中）
中位年龄	32 岁（年轻人口红利）

地理与时空坐标

核心经济与消费城市

城市	经济地位	消费特征
胡志明市（TP. Hồ Chí Minh）	经济首都，GDP 占全国 23%	消费力最强，时尚前沿
河内（Hà Nội）	政治首都，北部中心	消费稳健，传统与现代并存
岘港（Đà Nẵng）	中部经济中心	旅游城市，年轻消费群体
海防（Hải Phòng）	北部港口城市	工业人口集中，实用消费
芹苴（Cần Thơ）	湄公河三角洲中心	农业富裕区，消费潜力大

与北京时间时差

城市	时差
全越南统一	北京时间 -1 小时

实操换算：越南晚间 8 点 = 北京晚间 9 点（几乎无时差，运营极其友好）

气候与季节（指导季节性选品）

区域	季节	时间	气候特征	选品方向
北部（河内）	冬季	11月 -2月	湿冷，15-20°C	保暖内衣、暖宫贴、取暖器
北部	夏季	5月-9月	炎热潮湿，35°C+	降温用品、防晒
南部（胡志明）	全年	热带气候	常年炎热，28-35°C	清凉用品、防汗产品
南部	雨季	5月 -11月	午后暴雨	雨具、防水配件

中国供应链优势： - 地缘接近，深圳→胡志明物流仅需3-5天 - 文化相近，审美偏好有共通性 - 边境贸易发达，凭祥、河口等口岸可走陆运

时光机坐标：相当于2020-2021年的中国抖音

关键特征： - TikTok电商高速增长期，用户心智正在建立 - 直播带货接受度高，受中国抖音模式影响大 - 平台补贴力度大，流量红利明显 - Shopee、Lazada仍是主流电商，但TikTok快速追赶 - 核心判断：2026年是越南站”爆发期”，抢占心智的关键窗口

用户画像

- 核心人群：18-34岁（占比72%），女性主导（58%）
- 消费特征：价格敏感、追求性价比、爱凑热闹、易被KOL影响
- 决策周期：冲动消费占主导，直播间转化率高
- 文化特点：家庭观念强、尊重长辈、节日消费集中

购买力水平

指标	数值
人均月收入	VND 8,000,000-15,000,000（约 $320-600）
TikTok Shop 平均客单价（AOV）	VND 150,000-350,000（约 $6-14）
爆单甜点价位	VND 100,000-250,000（约 $4-10）
心理红线	VND 500,000（约 $20）以上需分期或强背书

准入条件

模式选择矩阵

模式	门槛	利润率	适合谁
全托管（强推）	最低，深圳仓/越南仓发货	25-40%	新手首选，流量红利期
跨境自营	中等，需处理清关	35-50%	有东南亚物流资源者
本土店	较高，需越南营业执照	40-55%	有本土合伙人
达人分销	需达人资源	佣金 15-25%	MCN/达人带货

本土店注册真相

- 法人要求：越南公民 CCCD（身份证）或企业营业执照（Giấy phép kinh doanh）
- 代办成本：$800-2,000/年（含代持风险）
- 外资限制：外资不能直接经营零售，需通过本土代理或设立合资公司
- ⚠ 风险警告：越南对外资电商监管趋严，代持店铺有政策风险
- 建议：新手先跑全托管，有量后找可靠本土伙伴合作

第二模块：TikTok 平台生态与购物心智（搞定人）

心智成熟度：

用户状态："TikTok 买东西很方便，直播间抢购很刺激" - 60% 用户有 TikTok 购物经历 - 直播带货接受度高，受中国抖音影响大 - 年轻用户对 TikTok 购物心智已建立 - 机会点：直播玩法可直接复制中国模式

内容爆款公式

Hook 钩子（前 3 秒生死线）

类型	越南语模版	适用品类
惊叹发现	"Trời ơi, cái này hay quá!"（天哪，这个太棒了！）	新奇小工具
省钱杀手	"Chỉ [价格] đồng thôi!"（只要 XX 盾！）	全品类
闺蜜种草	"Chị em ơi, phải mua cái này!"（姐妹们，必须买这个！）	美妆、时尚
效果对比	"Trước vs Sau"（前 vs 后）	护肤、家居
限时紧迫	"Flash sale hôm nay thôi!"（今天限时！）	大促期间

BGM 调性

- 必火类型：越南流行（V-Pop）、韩流翻唱、抖音神曲越南版
- 情绪价值：活泼、可爱、节奏感强
- ⚠ 重要：中国抖音热门 BGM 在越南同样流行，可直接复用
- 避雷提示：过于沉闷或西方电子乐接受度低

直播现状

接受度：极高

- 越南是东南亚直播带货接受度最高的市场之一（仅次于印尼）
- 用户习惯在直播间下单，转化率可达 10-18%
- 中国模式可复制：喊麦式促销在越南同样有效
- 本土主播生态尚在发展，跨境卖家有机会

直播风格偏好

风格	接受度	适用场景
热情互动型		全品类
喊麦促销型		低客单快消品
闺蜜聊天型		美妆、女装
专业测评型		电子、美容仪器

黄金时段（北京时间）

越南时段	北京时间	流量特征
午休（12:00-14:00）	13:00-15:00	午休碎片流量
下班后（18:00-20:00）	19:00-21:00	通勤+回家流量
晚高峰（20:00-23:00）	21:00-24:00	黄金档，必争时段

流量成本指标（2026 预测）

指标	区间	对比美国
CPM（千次展示成本）	$0.8-2.5	美国的 1/6
CPC（单次点击成本）	$0.03-0.08	美国的 1/15
达人佣金率	10-20%	低于美国
自然流量占比	55-70%	红利期特征

核心洞察：越南流量成本是美国的 1/6-1/15，是 2026 年性价比最高的流量洼地之一。

第三模块：本地选品逻辑与热门类目（选对命）

销量 Top 3 垂直品类

| 美妆个护（Mỹ phẩm）

- 爆款逻辑：越南女性爱美，韩式妆容流行
- 价格带：VND 80,000-250,000（$3-10）
- 代表爆品：唇釉、眉笔、面膜、防晒霜、美甲贴
- ⚠ 关键：韩系风格受欢迎，包装要精致

| 时尚服饰（Thời trang）

- 爆款逻辑：年轻人追求时尚，快时尚需求大
- 价格带：VND 100,000-350,000（$4-14）
- 代表爆品：T 恤、连衣裙、防晒衣、家居服、配饰
- ⚠ 关键：尺码偏小（越南人体型较瘦）

| 家居生活（Đồ gia dụng）

- 爆款逻辑：新婚家庭多，家居需求旺盛
- 价格带：VND 50,000-200,000（$2-8）
- 代表爆品：收纳盒、厨房工具、清洁用品、LED 灯
- 内容策略：实用功能展示+价格优势

降维打击清单（中国过剩产能→越南"神器"）

商品	国内成本	越南售价	预估净利	爆款潜力
磁吸数据线	¥3	VND 75,000	40-50%	
便携小风扇	¥8	VND 120,000	45-55%	
LED 化妆镜	¥15	VND 180,000	38-48%	
多功能切菜器	¥12	VND 150,000	42-52%	
迷你封口机	¥6	VND 85,000	45-55%	
RGB 拾音氛围灯	¥25	VND 280,000	35-45%	

⚠ 净利润说明：以上净利已扣除平台佣金（5-8%）、物流、达人佣金（12%）、退货损耗（8%）及 2025 年 2 月起实施的 10% 进口 VAT。越南地缘优势使物流成本显著低于其他东南亚国家。

文化与审美图谱

选品禁区

禁忌类型	具体内容	后果
政治敏感	涉及中越历史、领土问题	严重舆论危机
国旗元素	越南国旗不能用于商品装饰	法律问题
宗教不敬	不敬使用佛教元素	文化冒犯
品质低劣	越南人对”中国货”有品质偏见	必须打破刻板印象

颜色与风格偏好

- 受欢迎色：粉色、白色、浅蓝、马卡龙色系
- 韩系风格：简约、可爱、小清新大受欢迎
- 传统元素：奥黛（Áo dài）风格、莲花元素在节日受欢迎
- 避雷提示：过于土气或过于前卫的设计接受度低

价格敏感度

- 冲动消费阈值：VND 150,000（约 $6）以下秒下单
- 主流价格带：VND 80,000-300,000（$3-12）
- 高客单挑战：VND 500,000+（$20+）需要分期或直播强推
- 心理技巧：标价 VND 99,000 比 100,000 转化高 25%

第四模块：物流履约与支付体系（控周转）

物流效率模型

越南物流优势

- 地缘接近：中越边境，陆运可达
- 时效快：深圳→胡志明 3-5 天（跨境最快之一）
- 成本低：物流成本显著低于拉美和欧美

- ⚠ 旺季预警：Q4 大促期间中越边境陆运常态化拥堵，时效可能拉长至 10-15 天，建议提前备货越南仓

模式对比

模式	时效	成本	签收率	适用场景
全托管（深圳仓）	5-10 天	平台承担	80-88%	新手首选
全托管（越南仓）	1-3 天	平台承担	88-93%	稳定爆款
跨境陆运	4-7 天	$2-4/单	78-85%	自营测品
FBT 越南仓	1-2 天	$1.5-3/单	90-95%	爆款标配

主流物流商

- GHN (Giao Hàng Nhanh)：TikTok 官方合作，时效快
- GHTK (Giao Hàng Tiết Kiệm)：价格便宜，覆盖广
- Viettel Post：国企背景，网点最全
- J&T Express Vietnam：服务好，时效稳定

支付构成

支付方式	占比	特征
COD（货到付款）	65%	越南主流，签收率是关键
电子钱包	20%	MoMo、ZaloPay、VNPay
银行转账	10%	大额订单
信用卡	5%	渗透率低

COD 签收率管理（极其重要）

动作	提升效果
Zalo 订单确认（下单后）	+12%
短信发货通知	+8%
派送前 Zalo/电话提醒	+18%
包裹内附感谢卡+小赠品	复购率+25%

⚠ 关键洞察：越南 COD 占比高达 65%，签收率管理是生死线。

签收指标

- COD 签收率基准：72-78%
- 电子支付签收率：92%+
- 优秀水平：COD 签收率 80%+
- ⚠ 建议：通过 Zalo 沟通提升签收率，引导用户使用电子钱包

第五模块：合规经营与政策红线（护本金）

税务合规

核心税种

税种	税率	说明
VAT（增值税）	10%	多数商品
进口关税	0-35%	按品类（中国商品多数较低）
企业所得税	20%	本土店利润

免税额度（De Minimis）——⚠ 2025 年 2 月起已取消

- 历史政策：VND 1,000,000（约 $40）以下曾享受免征进口 VAT
- ⚠ 2025.02 新政：越南政府于 2025 年 1 月发布第 01/2025/QD-TTg 号决定，自 2025 年 2 月 18 日起彻底取消小额商品免税政策，所有跨境包裹无论价值多少均需缴纳 10% 进口 VAT
- 实操影响：小包直发成本上升约 10%，需重新计算定价模型
- 全托管优势：平台代处理清关和税费，卖家无需额外操作
- 中越贸易协定：作为东盟成员国，多数商品关税仍然较低（0-5%）

认证深水区

品类	必需认证	成本	周期
电子产品	CR 标志（越南强制认证）	$800-2,500	4-8 周
化妆品	越南药品管理局登记	$1,000-3,000	8-16 周
食品	卫生安全认证	$1,500-4,000	8-20 周
玩具	安全认证	$500-1,500	3-6 周
普通商品	无强制要求	-	-

新手建议：专注家居、配饰、服装等无认证品类，避开电子整机和食品。

内容红线

越南审核特点

- 政治敏感度高：涉及中越关系、南海问题零容忍
- 尊重国旗：越南国旗不能作为商品装饰
- 语言要求：产品页建议有越南语描述

必须本土化的元素

元素	错误做法	正确做法
语言	纯中文/英文	越南语描述（可用翻译工具优化）
尺寸	标中国/美国码	标注越南常用尺码或 cm
货币	显示人民币/美元	只显示越南盾（VND）
模特	全用中国模特	混合使用东南亚面孔

第六模块：财富策略与避坑（定生死）

💲 推荐财富打法

路径一：全托管+美妆个护（强烈推荐新手）

- 核心策略：1688 精选货源→全托管上架→达人矩阵分销
- 预期回报：月销 VND 200-800 triệu（$8,000-32,000），利润率 28-40%

- 启动资金：$2,000-5,000
- 成功关键：韩系包装风格、达人建联、价格优势

路径二：直播带货+快时尚

- 核心策略：自建直播团队或与本土 MCN 合作，主打服装配饰
- 预期回报：月销 $10,000-50,000，利润率 30-45%
- 启动资金：$5,000-15,000
- 难点：需要越南语主播或培训

路径三：本土仓+供应链深耕

- 核心策略：精选 SKU 入越南仓，利用地缘优势极致时效
- 预期回报：月销 $20,000-80,000，利润率 35-50%
- 启动资金：$15,000-40,000
- 优势：时效最快，体验最好

避坑 Checklist

序号	致命错误	后果	正确做法
1	忽视 COD 签收率管理	利润被吃光	全流程 Zalo/短信跟进
2	产品描述无越南语	转化率暴跌	至少标题和核心卖点用越南语
3	服装尺码按中国标准	退货率高	越南人体型偏瘦小，调整尺码
4	涉及政治敏感内容	店铺封禁	避开任何中越历史话题
5	忽视 MoMo/ZaloPay	损失 20% 优质订单	引导用户使用电子钱包
6	用劣质货冲量	“中国货=差”刻板印象	品质优先，打破偏见

越南电商日历（必记）

节日	时间	营销重点
春节（Tết）	1-2 月（农历）	全年最大促销，堪比双 11
情人节	2 月 14 日	礼品、首饰、美妆
国际妇女节	3 月 8 日	美妆、鲜花、礼品
越南妇女节	10 月 20 日	美妆、家居、礼品
双 11	11 月 11 日	全品类大促
双 12	12 月 12 日	年末清仓
圣诞节	12 月 25 日	年轻人聚会用品

2026 越南站核心策略总结

入场时机：黄金爆发期

竞争烈度：中等（正在上升）

利润潜力：$ $ $ $ 高（流量便宜、物流快）

运营难度：中等（COD管理是关键）

推荐指数：（东南亚新手首选）

一句话忠告：越南是”中国供应链的天然后花园”——地缘近、时差小、文化有共性、直播玩法可复制。但记住：COD 签收率决定生死，用品质打破”中国货=差”的偏见，同时将 2025 年 2 月起实施的 10% 进口 VAT 计入成本模型，才能吃到最甜的红利。如果你错过了 2020 年的印尼，2026 年的越南不能再错过。

最后更新：2026 年 1 月 ｜数据来源：TikTok 官方、越南电商协会（VECOM）、行业调研

马来西亚站实操档案卡

一句话定位：东南亚华人基因最强市场，中文内容可直接复用，电商心智成熟但竞争加剧，适合中小卖家低成本试水东南亚的”新手村”。

◌ 核心发展史：从 Shopee 腹地到 TikTok 新战场

时间	事件	行业影响
2017.09	TikTok 正式进入马来西亚	短视频娱乐用户快速增长
2021.04	TikTok Shop 马来西亚站内测	早期达人带货模式启动
2022.02	TikTok Shop 正式开放跨境入驻	中国卖家批量入场
2023.06	本土店权限大范围开放	物流时效竞争白热化
2024.03	全托管（Fulfilled by TikTok）上线	门槛降低，中小卖家涌入
2024.09	商城（Mall）与短视频/直播打通	购物心智进一步成熟
2025.06	AI 内容工具本地化适配	多语言内容生产成本下降
2026.01	平台佣金调整，竞争进入精细化阶段	毛利压缩，运营效率成核心竞争力

第一模块：市场基础数据与入场门槛（定坐标）

宏观环境（2026 预测）

指标	数据
总人口	3,450 万
互联网普及率	97%
移动端日活占比	89%
TikTok 月活用户	2,200 万+
电商渗透率	38%

地理与时空坐标

- 核心城市：吉隆坡（Kuala Lumpur）、槟城（Penang）、新山（Johor Bahru）、沙巴（Sabah）、马六甲（Melaka）
- 时差：与北京无时差（马来西亚标准时间 MYT = UTC+8）
- 气候与选品节奏：
  - 全年热带：年均温度 27-33°C，无明显季节更替
  - 雨季：10 月-3 月（西马）/ 11 月-2 月（东马），雨具、防潮用品需求上升
  - 选品特征：无需考虑季节更替，防晒、清凉用品全年刚需

⊙ 时光机坐标：相当于 2022-2023 年的中国抖音

关键特征： - 兴趣电商主导：用户以"刷到好东西→冲动购买"为主，商城搜索占比约 20% - 直播带货心智正在建立，华人用户接受度高，马来用户逐渐跟进 - 平台仍有补贴，新账号冷启动成本低 - 达人生态分散，中小达人合作性价比高 - 中文内容可复用：约 25% 人口为华人，中文视频可直接投放

用户画像

- 核心人群：18-35 岁，女性用户占比 58%
- 民族构成：马来族 60%、华族 23%、印度族 7%、其他 10%
- 消费特征：价格敏感但愿为品质付费，热衷"优惠券+满减"组合
- 决策周期：RM50（约￥80）以下秒下单，RM100+ 需多次触达

· 文化特点：多元宗教社会，需尊重伊斯兰文化，华人节日营销效果显著

购买力水平

指标	数值
人均月收入	RM 3,500-4,500（约 $780-1,000）
TikTok Shop 平均客单价（AOV）	RM 45-80（约 $10-18）
爆单甜点价位	RM 25-60（约 $6-14）
高客单天花板	RM 200-350（需强内容背书）
免运费心理价	RM 50（关键分水岭）

准入条件

模式选择矩阵

模式	门槛	净利润率	适合谁
全托管	最低，1688 直供	8-15%	新手测试、厂家清库存
跨境店（自营）	中等，需中国企业资质	15-25%	有供应链优势的卖家
本土店	较高，需马来公司 + 本地银行账户	22-35%	深耕东南亚的成熟卖家

⚠ 净利润率说明：以上利润率已扣除平台佣金（5-6%）、物流、广告（ACOS 20-25%）、退货损耗及 10% LVG 销售税，实际利润受自然流量占比影响。

本土店注册真相

· 公司要求：注册马来西亚 Sdn Bhd 公司，成本 RM 3,000-5,000（约 ¥4,500-7,500）

· 银行账户：需本地银行账户（如 Maybank、CIMB），可通过代理开户

· 法人要求：需至少 1 名马来西亚籍董事（可通过服务商代持）

- 真实封号率：约 5-8%，主要因虚假地址和异常登录
- 隐性成本：公司秘书费 RM 1,200/年、报税 RM 1,500/年、代持董事 RM 3,000-6,000/年

第二模块：TikTok 平台生态与购物心智（搞定人）

心智成熟度：

用户状态："习惯在 TikTok 刷到好东西就买" - 65% 用户有过 TikTok 购物经历 - 华人用户购物心智与中国抖音高度相似 - 马来用户偏好直播互动，印度裔用户相对保守 - 核心转化场景：短视频种草 > 直播转化 > 商城搜索

内容爆款公式

Hook 钩子（前 3 秒生死线）

类型	模版	适用品类
价格冲击	"RM XX 就能买到这个?!"	全品类
本地化共鸣	"在大马生活必备的神器…"	家居、厨房
痛点直击	"热到融化？这个帮你续命"	清凉、防晒
开箱惊喜	直接展示开箱，无需文字铺垫	时尚、美妆
Before/After	效果对比，3 秒内完成	美妆、清洁
中文+马来双语	先中文后马来，覆盖双人群	全品类

语言策略

- 华人用户：中文（普通话/粤语/闽南语）直接触达
- 马来用户：马来语（Bahasa Melayu）配字幕
- 通用策略：英语作为桥梁语言，年轻人普遍接受
- ⚠ 切忌：纯中文标题/描述会丢失 70%+ 用户触达

BGM 调性

- 热卖品类标配：东南亚热带电子舞曲、本地流行音乐
- 美妆个护：轻柔 R&B、ASMR 质感
- 家居厨房：治愈系纯音乐、生活感 vlog 风
- ⚠ 版权提醒：优先使用 TikTok 官方音乐库，避免版权限流

直播现状

接受度：中等偏上

- 华人用户完全接受中国式直播风格
- 马来用户偏好温和互动型，反感过度促销
- 语言要求：中文直播可覆盖华人，想破圈必须加马来语/英语
- 单场直播人均观看时长：5-8 分钟

直播风格偏好

风格	接受度	适用场景
亲和互动型		美妆、时尚、生活方式
实用测评型		电子、家居、厨房
促销福利型		华人用户为主
沉浸式展示型		家居、厨房
喊麦狂欢型		仅限华人深夜场

黄金时段（北京时间 = 马来时间）

时段	时间	流量特征
午间	12:00-14:00	午休流量，适合轻决策产品
傍晚	17:00-19:00	下班通勤流量上升
晚高峰	20:00-23:00	黄金时段，必争
深夜	23:00-01:00	精准人群，华人占比高

流量成本指标（2026 预测）

指标	区间	趋势
CPM（千次展示成本）	RM 8-15（$1.8-3.5）	同比 +15%，温和上涨
CPC（单次点击成本）	RM 0.3-0.8 ($0.07-0.18)	相对稳定
达人佣金率	10-18%	中小达人性价比高
自然流量占比	40-55%	仍有红利

第三模块：本地选品逻辑与热门类目（选对命）

销量 Top 3 垂直品类

| 穆斯林时尚（Muslim Fashion）

- 爆款逻辑：马来族女性刚需，市场缺口大
- 价格带：RM 30-80
- 代表爆品：头巾（Hijab）、长袍（Jubah）、谦逊泳装（Burkini）
- 内容策略：穿搭教程 + 场景展示（办公、节日、运动）
- ⚠ 注意：设计需符合伊斯兰审美，避免暴露元素

| 美妆个护（Beauty & Personal Care）

- 爆款逻辑：热带气候需求强烈，韩妆、日妆偏好明显
- 价格带：RM 20-60
- 代表爆品：控油定妆喷雾、防水防汗底妆、美白精华、身体美白乳
- 内容策略：Halal 认证背书 + 本地达人测评

| 家居厨房（Home & Kitchen）

- 爆款逻辑：家庭文化浓厚，实用小工具需求旺盛
- 价格带：RM 25-70
- 代表爆品：多功能切菜器、收纳神器、懒人清洁工具、小型厨电
- 内容策略：Before/After 对比 + 解决本地生活痛点

降维打击清单（国内过剩→马来神器）

商品	国内成本	马来售价	预估净利	爆款潜力
磁吸手机支架	¥5	RM 25-35	25-35%	
迷你封口机	¥8	RM 20-30	28-38%	
RGB 氛围灯带	¥15	RM 35-50	22-32%	
便携果汁杯	¥25	RM 45-65	18-25%	
车载香薰加湿器	¥20	RM 40-55	20-28%	
冰丝防晒袖套	¥3	RM 12-18	35-45%	

⚠ 净利润说明：以上净利已扣除平台佣金、物流、达人佣金（12%）、退货损耗（5%）及广告成本（ACOS 22%）。

文化与审美图谱

选品禁区

禁忌类型	具体内容	后果
伊斯兰禁忌	猪肉相关、酒精产品、裸露人像	店铺警告/封禁
宗教敏感	涉及宗教符号的不当使用	舆论危机
清真认证	美妆/食品未标注 Halal 认证	马来用户流失
政治元素	涉及马来王室、种族敏感话题	严重法律风险

颜色与风格偏好

- 马来族：偏好柔和色系、金色、翡翠绿（伊斯兰元素）
- 华人：接受度广，中国审美可直接复用
- 节日营销：开斋节（绿色、金色）、农历新年（红色、金色）、屠妖节（紫色、橙色）

价格敏感度

- 冲动消费阈值：RM 50 以下无脑下单
- 考虑区间：RM 50-100 需要强内容说服
- 高客单门槛：RM 100+ 必须有品牌背书或 KOL 强推
- 免运费心理价：RM 50 是关键分水岭

第四模块：物流履约与支付体系（控周转）

物流效率模型

模式对比

模式	时效	成本	适用场景
国内小包直发	7-12 天	RM 8-15/单	测品、长尾款
海外仓自发	2-4 天	RM 5-10/单	稳定爆款
FBT 入仓（官方仓）	1-3 天	平台抽佣内含	全托管/本土店标配

真实时效与回款

模式	签收时效	回款周期
小包直发	8-15 天	T+14 至 T+21
FBT 发货	2-4 天	T+7 至 T+14

- ⚠ 东马物流：沙巴、砂拉越物流时效较西马长 2-3 天

支付血泪史

支付构成

支付方式	占比	特征
电子钱包（Touch ‘n Go, GrabPay, Boost）	40%	年轻用户首选
信用卡/借记卡	30%	中高端用户
网上银行（FPX）	15%	传统用户偏好
货到付款（COD）	15%	下沉市场及东马地区仍较常见

防拒收 SOP

- 主动推送物流：发货后 24 小时内发送物流信息
- COD 订单：电话/WhatsApp 确认，减少拒收

· 售后响应：24 小时内回复，马来用户重视服务态度

签收指标

· 妥投率红线：92% 以下会触发平台警告
· 退货率实况：服装 12-18%，美妆 5-8%，电子 3-5%
· 退货处理：FBT 订单平台承担，自发货需自建本地退货点

第五模块：合规经营与政策红线（护本金）

税务合规

销售税与服务税（SST）
· 税率：销售税 5-10%（商品）/ 服务税 6%（服务）
· 卖家义务：TikTok 代扣代缴，卖家无需自行申报
· 本土店注意：年营收超 RM 500,000 需注册 SST

关税与免税额
· De Minimis：RM 500 以下包裹免关税
· ⚠ LVG 销售税（2024 年起生效）：即使免关税，所有跨境低价值商品（Low Value Goods）需缴纳 10% LVG 销售税，由平台代扣代缴
· 超额处理：超过 RM 500 按品类征收 0-60% 关税 + 10% 销售税
· ⚠ 定价策略：需将 10% LVG 税金计入成本，控制单包货值在 RM 400 以内可免关税但仍需缴 LVG 税

认证深水区

品类	必需认证	成本	周期
电子产品	SIRIM 认证	RM 3,000-8,000	4-8 周
化妆品	马来卫生部（NPRA）注册	RM 2,000-5,000	2-4 周
食品	MESTI/Halal 认证	RM 3,000-10,000	4-12 周
儿童用品	SIRIM + 年龄标识	RM 2,000-5,000	3-6 周

内容红线

必死操作

- 宗教不敬：任何对伊斯兰的不当表述
- 虚假 Halal：未获认证标注 Halal
- 肤色歧视：涉及种族肤色的负面表述
- 王室不敬：任何涉及马来王室的负面内容

敏感词规避

禁用词	替代方案
Babi（猪）	完全避免
酒精（用于产品）	Alcohol-free 强调无酒精
美白（Whitening）	Brightening, Glowing
Slimming（减肥）	Body care, Shaping

第六模块：财富策略与避坑（定生死）

推荐财富打法

路径一：跨境全托管快速起量（适合新手）

- 核心策略：1688 选品→批量上架→数据筛选→追加爆款
- 预期回报：月销 RM 15,000-50,000，净利润率 8-15%
- 启动资金：¥5,000-15,000
- 成功关键：选品眼光 + 高频测款 + 中文内容复用

路径二：华人内容矩阵（适合有中文内容能力者）

· 核心策略：中文内容直接投放→华人用户精准转化→逐步扩展马来语
· 预期回报：月销 RM 50,000-150,000，净利润率 18-28%
· 启动资金：￥20,000-50,000
· 成功关键：内容产出效率 + 达人矩阵 + 双语运营

路径三：本土深耕 + 穆斯林时尚（适合长期玩家）

· 核心策略：本土店 + 穆斯林时尚垂直品类 + 本地达人矩阵
· 预期回报：月销 RM 200,000+，净利润率 25-38%
· 启动资金：￥80,000-150,000
· 成功关键：本土化团队 + 供应链深度 + Halal 认证

避坑

序号	致命错误	后果	正确做法
1	产品涉及猪肉/酒精元素	马来用户投诉，店铺警告	严格筛选供应链，确保清真合规
2	美妆产品无 Halal 认证标识	马来用户流失 60%+	优先选择有 Halal 认证的产品
3	纯中文标题/描述	丢失 70%+ 用户触达	中英马三语标题/描述
4	忽视开斋节营销	错失全年最大促销节点	提前 1 个月备货和预热
5	客服回复超 24 小时	店铺降权，用户差评	WhatsApp 自动回复 + 人工跟进
6	发货时效不达标	订单取消 + 罚款	备足库存，FBT 优先
7	使用猪皮/明胶产品素材	舆论危机	素材审核流程标准化

马来西亚电商日历（必记）

节日	时间	营销重点
农历新年	1-2 月	华人礼品、红色系、年货
开斋节（Hari Raya）	4-5 月（伊斯兰历）	全年最大促销，穆斯林时尚、家居、礼品
卫塞节	5 月	佛教用品（小众）
国庆节	8 月 31 日	国旗元素、爱国主题
屠妖节（Deepavali）	10-11 月	印度裔用户，首饰、服装
双 11/双 12	11-12 月	全品类大促
圣诞节	12 月 25 日	礼品、装饰（城市用户）

2026 马来西亚站核心策略总结

入场时机： 红利期，门槛低

竞争烈度： 中等（但在快速加剧）

利润潜力： 中等

运营难度： 较低（中文内容可复用）

推荐指数： （东南亚新手首选）

一句话忠告：马来西亚是中国卖家进入东南亚的”最佳跳板”——华人基因让内容和运营几乎零门槛迁移，但务必尊重伊斯兰文化，做好 Halal 合规。同时注意：2024 年起的 10%LVG 销售税是硬性成本，需计入定价模型，才能真正吃透这个多元市场。

最后更新：2026 年 1 月 | 数据来源：TikTok 官方、第三方监测平台、行业调研

欧洲市场

英国站实操档案卡

一句话定位：欧洲 TikTok 电商桥头堡，高客单+高购买力+成熟消费心智，适合有品牌意识、追求高利润的成熟卖家。

核心发展史：欧洲市场先锋

时间	事件	行业影响
2018 年	TikTok 正式进入英国市场	年轻用户快速增长
2021.03	TikTok Shop 英国站内测	TikTok 电商首个欧洲试点
2021.10	TikTok Shop 英国站正式开放	全球第二个开放市场（仅次于印尼）
2023 年	英国成为 TikTok Shop 欧洲唯一市场	欧洲战略重心
2024.03	全托管（Fulfilled by TikTok）全面开放	跨境门槛降低
2024.09	本土店审核趋严	合规化运营加速
2025.06	跨境通道进一步开放	中国卖家入场加速
2026 年（预测）	Shop GMV 预计突破 $18 亿	欧洲市场标杆地位确立

第一模块：市场基础数据与入场门槛（定坐标）

宏观环境（2026 预测）

指标	数据
总人口	6,800 万
互联网普及率	96%
移动端日活占比	78%
TikTok 月活用户	2,400 万+
电商渗透率	32%（欧洲领先）
人均 GDP	$48,000（高消费力）

地理与时空坐标

核心经济与消费城市

城市	经济地位	消费特征
伦敦（London）	首都，GDP 占全国 24%	国际化大都市，潮流引领
曼彻斯特（Manchester）	北部经济中心	年轻人口多，足球文化
伯明翰（Birmingham）	中部工业城市	多元文化，实用消费
利兹（Leeds）	约克郡中心	大学城，年轻消费群体
爱丁堡（Edinburgh）	苏格兰首府	文化消费，品质追求

与北京时间时差

时期	时差
冬令时（10 月-3 月）	北京时间 −8 小时
夏令时（3 月-10 月）	北京时间 −7 小时

实操换算： - 英国晚间 8 点 = 北京凌晨 4 点（冬令时）/ 北京凌晨 3 点（夏令时） - 直播挑战：时差大，需要错峰运营或本土主播

气候与季节（指导季节性选品）

季节	时间	气候特征	选品方向
春季	3月-5月	温和多雨，10-15°C	雨具、轻薄外套、园艺用品
夏季	6月-8月	温暖短暂，15-25°C	防晒、户外用品、野餐配件
秋季	9月-11月	转凉多雨	保暖配件、家居用品
冬季	12月-2月	寒冷潮湿，2-8°C	保暖用品、圣诞装饰、冬季护肤

英国特色：- 全年多雨：防水、雨具、除湿产品常年需求 - 室内取暖：暖手宝、电热毯、热水袋冬季爆款 - 花园文化：英国人热爱园艺，户外/花园用品市场大

⊙ 时光机坐标：相当于 2022-2023 年的中国抖音

关键特征：- TikTok 电商心智正在建立，但仍未完全成熟 - 用户习惯在 Amazon、eBay 购物，TikTok 是”发现场” - 直播带货接受度低于亚洲，短视频种草是主流 - 平台仍有流量红利，竞争低于美国 - 核心判断：2026 年是英国站”早期红利期”，抢占心智的关键窗口

用户画像

- 核心人群：18-34 岁（占比 62%），女性主导（55%）
- 消费特征：理性消费、重视品质、关注可持续性、对价格不太敏感
- 决策周期：比美国更谨慎，需要多次触达
- 文化特点：幽默感强、注重隐私、环保意识高、对”中国制造”接受度提升中

购买力水平

指标	数值
人均月收入	£2,500-3,500（约 $3,200-4,500）
TikTok Shop 平均客单价（AOV）	£18-35（约 $23-45）
爆单甜点价位	£10-25（约 $13-32）
高客单接受度	£50+（$64+）品质过硬可接受
免运费心理价	£25 是常见分水岭

准入条件

模式选择矩阵

模式	门槛	利润率	适合谁
全托管（强推）	最低，深圳仓/英国仓发货	22-35%	新手试水
跨境自营	中等，需处理 VAT 和清关	30-45%	有欧洲物流资源者
本土店	最高，需英国公司	35-52%	品牌出海、长期深耕

本土店注册真相

- 法人要求：英国有限公司（Limited Company）
- 注册成本：£500-2,000/年（公司注册+地址服务）
- VAT 要求：必须注册 VAT 税号（门槛£0 起征）
- ⚠ 脱欧影响：英国已脱欧，与欧盟分开计算，需单独处理
- 建议：新手先用全托管，有量后再注册英国公司

第二模块：TikTok 平台生态与购物心智（搞定人）

心智成熟度：

用户状态：“TikTok 很有趣，偶尔看到好东西会买” - 50% 用户有 TikTok 购物经历 - 短视频种草>直播带货（与亚洲相反） - Amazon、ASOS、Boohoo 等传统电商仍占主导 - 机会点：竞争低于美国，品牌溢价空间大

内容爆款公式

Hook 钩子（前 3 秒生死线）

类型	英式表达	适用品类
惊叹发现	“Wait, this is actually brilliant!”	新奇小工具
省钱种草	“ Found this gem for only £[价格]!”	全品类
英式幽默	“ Right, this might be the best thing I’ ve ever bought…”	全品类（幽默感重要）
TikTok Made Me	“TikTok made me buy it and honestly, no regrets”	网红款
Before/After	无需文字，视觉冲击	清洁、护肤

BGM 调性

- 必火类型：英国流行（UK Pop）、Grime、Lo-fi、热门剧集 OST
- 情绪价值：轻松、幽默、治愈
- 英国特色：英国本土艺人音乐、足球歌曲
- ⚠ 版权注意：欧洲版权审核严格，优先用 TikTok 官方音乐库

直播现状

接受度：中等

- 英国用户对直播购物接受度低于亚洲和美国
- 更偏好短视频种草→商品页下单的路径
- 直播风格需专业、简洁、有幽默感

· 机会点：直播竞争极低，先行者有优势

直播风格偏好

风格	接受度	适用场景
专业测评型		电子、美妆、护肤
轻松聊天型		时尚、生活方式
沉浸式展示型		家居、ASMR
热情互动型		可接受但不宜过火
喊麦促销型		完全不推荐

黄金时段（北京时间）

英国时段	北京时间	流量特征
午休（12:00-14:00）	20:00-22:00（冬）/ 19:00-21:00（夏）	午休碎片流量
下班后（17:00-19:00）	01:00-03:00（冬）/ 00:00-02:00（夏）	通勤流量
晚高峰（19:00-22:00）	03:00-06:00（冬）	黄金档（时差挑战）

⚠ 时差应对： - 方案 A：录播+短视频矩阵（无需实时直播） - 方案 B：签约英国本土达人/主播 - 方案 C：国内团队倒班（凌晨直播）

流量成本指标（2026 预测）

指标	区间	对比美国
CPM（千次展示成本）	£5-12（$6-15）	美国的 70-80%
CPC（单次点击成本）	£0.5-1.5（$0.6-1.9）	与美国相当
达人佣金率	12-22%	低于美国
自然流量占比	45-60%	红利期特征

核心洞察：英国流量成本略低于美国，但客单价相当、竞争更低，综合 ROI 可能优于美国。

第三模块：本地选品逻辑与热门类目（选对命）

销量 Top 3 垂直品类

| 美妆个护（Beauty & Skincare）
- 爆款逻辑：英国女性护肤意识强，Clean Beauty 流行
- 价格带：£8-25（$10-32）
- 代表爆品：精华液、面膜、美容仪器、护发产品、美甲用品
- ⚠ 关键：成分透明、环保包装是加分项

| 家居生活（Home & Living）
- 爆款逻辑：英国人热爱家居装饰，室内时间长
- 价格带：£10-35（$13-45）
- 代表爆品：收纳用品、LED 灯饰、厨房工具、花园配件、蜡烛香薰
- 内容策略：极简美学+实用功能

| 时尚配饰（Fashion & Accessories）
- 爆款逻辑：快时尚需求+个性表达
- 价格带：£8-30（$10-38）
- 代表爆品：首饰、发饰、围巾、帽子、包袋
- ⚠ 关键：设计感和品质并重

降维打击清单（中国供应链优势→英国”品质好物”）

商品	国内成本	英国售价	预估净利	爆款潜力
LED 化妆镜	¥15	£18-28	28-38%	
磁吸无线充电宝	¥40	£22-32	25-35%	
便携加湿器	¥18	£15-22	30-40%	
极简收纳套装	¥20	£18-25	32-42%	
电热暖手宝	¥25	£18-28	28-38%	（冬季爆款）
迷你封口机	¥8	£10-15	35-45%	

⚠ 净利润说明：以上净利已扣除平台佣金（5-8%）、物流、达人佣金（15%）、VAT（20%）、退货损耗（8%）。英国物流成本高于东南亚，但客单价也更高。

文化与审美图谱

选品禁区

禁忌类型	具体内容	后果
环保争议	过度包装、一次性塑料	严重差评
版权侵权	使用足球队徽、皇室元素、大牌 Logo	法律风险
尺寸问题	未提供英制尺寸（inch, stone, pint）	用户困惑
电压问题	非英标插头（Type G）	无法使用

颜色与风格偏好

- 主流审美：极简、中性色、自然材质感
- 环保意识：可回收包装、可持续材质是加分项
- 季节敏感：圣诞（红绿金）、复活节（粉蓝黄）
- 避雷提示：过于廉价感的设计不受欢迎

价格敏感度

- 冲动消费阈值：£15（约 $19）以下较易
- 主流价格带：£10-35（$13-45）
- 高客单接受度：£50+（$64+）需品质背书
- 心理技巧：标价£9.99、£14.99 比整数转化高
- 免运费心理价：£25 是常见分水岭

第四模块：物流履约与支付体系（控周转）

物流效率模型

英国物流特点

- 基础设施：全球领先，物流网络发达
- 用户期望：习惯次日/隔日达（Amazon Prime 影响）
- ⚠ 脱欧影响：与欧盟分开清关，跨境需单独处理

模式对比

模式	时效	成本	适用场景
全托管（深圳仓）	8-15 天	平台承担	新手测品
全托管（英国仓）	2-4 天	平台承担	稳定爆款
跨境直发	10-18 天	$6-12/单	长尾测品
FBT 英国仓	1-3 天	£3-6/单	爆款标配

主流物流商

- Royal Mail：英国国家邮政，覆盖最全
- DPD UK：时效快，追踪好
- Hermes/Evri：价格便宜，适合轻小件
- DHL Express：跨境首选，时效稳定

支付构成

支付方式	占比	特征
借记卡/信用卡	65%	Visa/Mastercard 为主
PayPal	20%	高信任度支付方式
Apple Pay/Google Pay	10%	年轻用户偏好
Klarna 分期	5%	高客单必备

英国支付特点

- 无 COD 文化：货到付款在英国几乎不存在
- PayPal 重要：英国人对 PayPal 信任度高
- 分期需求：Klarna/Clearpay（类似花呗）对高客单有帮助

签收指标

- 基准水平：95%+（英国签收率极高）

- 优秀水平：98%+
- 退货率：美妆 8-12%，服装 20-35%（英国消费者享有 14 天法定退货权，服装退货率偏高），电子 5-8%
- ⚠ 关键洞察：英国签收率高，但退货政策宽松，需预留退货成本

第五模块：合规经营与政策红线（护本金）

税务合规

核心税种

税种	税率	说明
VAT（增值税）	20%	标准税率，无起征点
进口关税	0-12%	按品类（服装 12%、电子 0-4%）
公司税	25%	利润£250,000 以上

VAT 合规要求

- 门槛：跨境销售到英国无起征点，第一笔销售即需缴 VAT
- 登记方式：可通过平台代扣代缴（OSS 机制）或自行注册 VAT
- ⚠ 重要：全托管模式平台代缴 VAT，卖家无需单独处理
- 建议：跨境卖家优先选择全托管，避免 VAT 合规负担

免税额度（De Minimis）

- 脱欧后新规：£135 以下商品，卖家需提前缴纳 VAT（不再由买家在清关时支付）
- 实操影响：平台已整合 VAT 处理，卖家无感知

认证深水区

品类	必需认证	成本	周期
电子产品	CE/UKCA 标志（CE 已无限期认可）	£1,500-4,000	4-8 周
无线产品	CE/UKCA + 无线认证	£3,000-8,000	6-12 周
化妆品	CPSR（化妆品安全报告）	£800-2,000/SKU	4-8 周
玩具	UKCA + EN71	£1,000-3,000	4-8 周
普通商品	无强制要求	-	-

⚠ 认证红利更新（2024 新政）： - CE 标志无限期认可：英国政府已于 2023 年 8 月宣布无限期延长对欧盟 CE 标志的认可（适用于大多数商品） - 实操建议：已有 CE 认证的卖家无需额外申请 UKCA 认证即可在英国销售，直接省去一笔合规费用 - 例外情况：医疗器械、建筑材料等特殊品类仍需关注特定法规 - 建议新进卖家优先选择无认证品类，或直接沿用现有 CE 认证

内容红线

英国审核特点

- 广告标准严格：英国广告标准局（ASA）监管严格
- 环保声明审查：不能虚假宣传”环保”“可持续”
- 医疗声明禁止：不能声称治愈、医疗效果

必须本土化的元素

元素	错误做法	正确做法
语言	美式拼写	英式拼写（colour, favourite, organise）
尺寸	仅标 cm	同时标注 inch/UK 尺码
货币	显示美元	只显示英镑（£）
电压	非英标	英标插头（Type G, 240V）
退货政策	不清晰	明确 14 天无理由退货（法律要求）

第六模块：财富策略与避坑（定生死）

推荐财富打法

路径一：全托管+家居美妆（推荐新手）

- 核心策略：精选高品质家居美妆产品，极简风格内容
- 预期回报：月销£8,000-35,000（$10,000-45,000），利润率 25-35%
- 启动资金：$5,000-12,000
- 成功关键：品质第一、环保包装、英式表达

路径二：达人矩阵+时尚配饰

- 核心策略：签约英国本土达人，时尚种草
- 预期回报：月销 $15,000-60,000，利润率 28-40%
- 启动资金：$10,000-25,000
- 难点：需要本土达人资源

路径三：品牌出海+英国仓

- 核心策略：自有品牌入英国仓，主打品质与体验
- 预期回报：月销 $30,000-100,000，利润率 32-48%
- 启动资金：$30,000-80,000
- 优势：品牌溢价空间大，复购率高

避坑 Checklist

序号	致命错误	后果	正确做法
1	忽视 VAT 合规	清关扣货+罚款	使用全托管或注册 VAT
2	使用美式英语	不专业感	全部使用英式拼写和表达
3	电器非英标插头	无法使用+退货	必须配英标插头（Type G）
4	虚假环保宣传	ASA 投诉+罚款	环保声明需有依据
5	退货政策不合规	法律风险	提供 14 天无理由退货
6	时差导致客服延迟	店铺评分下降	设置自动回复+外包客服
7	产品无 CE/UKCA 认证（需认证品类）	海关扣货	避开需认证品类或沿用 CE 认证

英国电商日历（必记）

节日	时间	营销重点
情人节	2 月 14 日	礼品、首饰、美妆
母亲节	3 月（第四个周日）	美妆、家居、礼品
复活节	4 月（日期变动）	巧克力周边、家居装饰
父亲节	6 月第三个周日	工具、电子、户外
返校季	8-9 月	文具、电子、服装
万圣节	10 月 31 日	装饰、服装
黑五/网一	11 月第四周	全年最大促销
圣诞节	12 月 25 日	全品类大促，礼品刚需
Boxing Day	12 月 26 日	年终清仓

2026 英国站核心策略总结

入场时机：早期红利期（欧洲唯一市场）
竞争烈度：低（蓝海市场）
利润潜力：$ $ $ $ 高（客单高、品牌溢价）
运营难度：较高（VAT+时差+本土化）
推荐指数：（适合有经验卖家）

一句话忠告：英国是”欧洲 TikTok 电商唯一的门”——高客单、高购买力、竞争低，但 VAT 合规、英式本土化、时差运营是三座大山。如果你能翻过这三座山，英国的品牌溢价和高利润将是你最好的回报。记住：在英国，品质>价格，幽默感>促销套路。

最后更新：2026 年 1 月 | 数据来源：TikTok 官方、英国零售商协会（BRC）、行业调研

德国站实操档案卡

一句话定位：欧洲最大经济体和电商市场，用户购买力强但极度理性，合规要求严苛，适合有品质供应链和德语本土化能力的中高端卖家深耕。

核心发展史：从保守观望到电商觉醒

时间	事件	行业影响
2018.Q4	TikTok 正式进入德国市场	以娱乐内容起步，年轻用户快速增长
2022.08	TikTok 德国月活突破 2000 万	成为仅次于 Instagram 的社交平台
2024.12	TikTok Shop 上线西班牙、爱尔兰	欧洲扩张信号释放，德国卖家开始预注册
2025.02	德国站开放商家预注册	跨境卖家提前布局，准备合规资质
2025.03.31	TikTok Shop 德国站正式上线	与法国、意大利同步开放，7200 万欧洲用户获得购物入口
2025.06	全托管模式全面运营	门槛降低，中小卖家批量入场
2025.09	本土店权限逐步开放	需德国公司主体 + VAT 税号 + 欧盟授权代表
2026.01	平台加强 GDPR 合规审核	数据隐私违规导致批量下架和封号

市场定位：截至 2026 年 1 月，德国站上线仅 9 个月，正处于蓝海红利爆发期，竞争烈度远低于美国和东南亚成熟市场。

第一模块：市场基础数据与入场门槛（定坐标）

宏观环境（2026 预测）

指标	数据
总人口	8400 万
互联网普及率	95%
移动端日活占比	78%
TikTok 月活用户	2800 万+
电商渗透率	23%

地理与时空坐标

- 核心城市：柏林（Berlin）、慕尼黑（Munich）、汉堡（Hamburg）、法兰克福（Frankfurt）、科隆（Cologne）
- 时差：
  - 标准时间（CET）：比北京慢 7 小时
  - 夏令时（CEST，3 月-10 月）：比北京慢 6 小时
- 气候与选品节奏：
  - 温带海洋性气候：冬季湿冷（11 月-3 月），保暖品类需求持续 5 个月
  - 夏季短暂：6-8 月户外、园艺、烧烤用品旺季
  - 反季机会：7-8 月可预售冬季款，1-2 月可布局春夏款

时光机坐标：相当于 2020-2021 年的中国抖音

关键特征：- 蓝海早期：2025 年 3 月才正式上线，用户购物心智刚刚开始建立 - 直播带货接受度较低，短视频种草转化是主流 - 用户极度注重产品质量、详细描述和售后保障 - 合规至上：GDPR（通用数据保护条例）、产品安全法规执行严格 - 流量红利显著：内容内卷程度极低，优质本土化内容可获得大量自然流量 - 先发优势明显：目前入场的卖家可享受平台扶持和低竞争红利

用户画像

- 核心人群：18-35 岁，女性占比 52%，男性消费力同样强劲
- 消费特征：极度理性，重视产品质量、详细规格和用户评价

· 决策周期: 客单价€20以下可能冲动消费, €30+需要充分研究和比较
· 文化特点: 守时、严谨、环保意识强, 对虚假宣传零容忍

购买力水平

指标	数值
人均月收入	€3,500-4,200
TikTok Shop 平均客单价(AOV)	€25-40
爆单甜点价位	€15-35
高客单天花板	€60-100(需强品质背书)
免运费心理价	€29(关键分水岭)

准入条件

模式选择矩阵

模式	门槛	净利润率	适合谁
全托管	低, 需符合欧盟产品合规	10-15%	新手试水、工厂型卖家
半托管	中等, 需欧洲仓备货	15-22%	有资金、想控货的卖家
跨境自营	较高, 需 VAT + 欧盟授权代表	18-28%	成熟卖家
本土店	最高, 需德国公司 + 完整合规资质	22-35%	长期深耕、品牌出海

⚠ 净利润率说明: 以上利润率已扣除平台佣金(5%)、物流、VAT(19%)、广告成本及退货损耗, 德国退货率较高需特别注意。

本土店注册真相

· 公司要求: 德国有限责任公司(GmbH)或欧盟公司, 注册成本€5,000-15,000

- VAT 税号：必须在德国税务局登记，申请周期 4-8 周
- 欧盟授权代表：非欧盟卖家必须指定，年费 €500-1,500
- LUCID 注册：包装法合规，必须在中央包装登记处注册
- WEEE 注册：电子电器产品必须进行废弃电器登记
- 隐性成本：合规记账 €300-500/月、VAT 申报 €100-200/月、产品认证费用 €1,000-10,000/品类
- ⚠ 风险警告：德国对合规违规处罚极重，罚款可达年营业额 4%

第二模块：TikTok 平台生态与购物心智（搞定人）

心智成熟度： ☆☆

用户状态："知道 TikTok 能买东西，但还在观望" - 45% 用户有过 TikTok 购物意向 - 15% 用户实际完成过购买 - 核心转化场景："刷到详细测评→研究产品→对比后下单"

内容爆款公式

Hook 钩子（前 3 秒生死线）

类型	模版	适用品类
功能演示	“So funktioniert es…”（这是它的工作原理…）	工具、电子、家居
痛点解决	“Endlich eine Lösung für…”（终于有解决方案了…）	个护、收纳、清洁
品质展示	“Made in Germany Qualität”（德国品质）	强调质量的所有品类
价格对比	“€20 vs €80 - Der Unterschied?”（20 欧 vs 80 欧 - 区别在哪?）	平替款
环保主题	“Nachhaltige Alternative zu…”（…的可持续替代品）	环保产品、可重复使用产品

BGM 调性

- 主流偏好：电子音乐（Techno/House）、流行摇滚、简洁干净的背景乐
- 功能展示：轻快节奏配乐，突出产品效果
- 生活方式：Indie、Folk 风格，营造质感
- ⚠ 避雷：过于吵闹的音乐、夸张的效果音，德国用户偏好克制风格

直播现状

接受度：较低　　☆☆☆

- 德国用户极不接受任何形式的喊麦式直播
- 能接受的：专业产品测评、工厂实拍、工艺展示
- 直播更适合品牌展示而非即时转化
- 单场直播人均观看时长：2-4 分钟

直播风格偏好

风格	接受度	适用场景
专业测评型		电子、工具、专业设备
工厂溯源型		强调品质、工艺的产品
知识分享型		专业领域、教育类
朋友聊天型		效果一般
促销喊麦型		极不推荐，适得其反

黄金时段（北京时间）

时段	北京时间	德国时间	流量特征
午间	18:00-20:00	12-14 点	午休流量，适合短视频
晚高峰	02:00-05:00	20-23 点	黄金时段，主力消费窗口
深夜	05:00-07:00	23-01 点	精准人群，转化率高

流量成本指标（2026 预测）

指标	区间	趋势
CPM（千次展示成本）	€6-12	低于美国，竞争上升中
CPC（单次点击成本）	€0.6-1.2	相对合理
达人佣金率	12-20%	德语达人稀缺，议价权高
自然流量占比	45-60%	仍有红利

第三模块：本地选品逻辑与热门类目（选对命）

销量 Top 3 垂直品类

家居生活（Home & Living）

- 爆款逻辑：德国人重视家居品质，“提升生活质量”是核心诉求
- 价格带：€18-45
- 代表爆品：智能收纳、厨房工具、节能 LED 灯、园艺工具
- 内容策略：功能演示 + 品质细节展示 + 环保理念

电子配件（Electronics & Accessories）

- 爆款逻辑：技术控大国，对创新小工具接受度高
- 价格带：€15-40
- 代表爆品：无线充电器、蓝牙耳机、手机支架、数据线
- 内容策略：参数对比 + 实测数据 + 使用场景

户外园艺（Outdoor & Garden）

- 爆款逻辑：德国人热爱户外和园艺，周末花园时间是刚需
- 价格带：€20-50
- 代表爆品：园艺工具套装、户外照明、烧烤配件、露营装备
- 内容策略：户外实景使用 + 耐用性展示

降维打击清单（国内过剩→德国神器）

商品	国内成本	德国售价	预估净利	爆款潜力
智能感应垃圾桶	¥50	€35-50	18-25%	
多功能园艺工具	¥30	€25-35	20-28%	
磁吸无线充电座	¥40	€28-38	18-25%	
可重复使用硅胶保鲜袋	¥8	€12-18	25-35%	
LED 植物生长灯	¥35	€30-45	20-28%	
便携式咖啡机	¥60	€45-65	18-25%	

⚠ 净利润说明：以上净利已扣除平台佣金、物流、VAT（19%）、达人佣金（15%）、退货损耗（12%）。德国退货率较高，需充分考虑。

文化与审美图谱

选品禁区

禁忌类型	具体内容	后果
纳粹相关	任何纳粹符号、军事元素	法律追究 + 永久封禁
虚假环保	“Greenwashing”虚假环保宣传	严重罚款 + 信任崩塌
夸大宣传	任何无法证实的功效声明	下架 + 罚款
劣质塑料	不符合 REACH 法规的材料	海关扣押 + 销毁
CE 缺失	电子产品无 CE 认证	禁止销售 + 罚款

颜色与风格偏好

- 主流审美：极简、实用、高品质感（德式包豪斯风格）
- 偏好色系：黑白灰、原木色、深绿、海军蓝
- 设计原则：功能优先于外观，拒绝花哨
- 包装要求：简约环保，避免过度包装

价格敏感度

- 冲动消费阈值：€20 以下（概率仍低于其他国家）
- 理性区间：€20-50 需要详细产品信息和评价
- 高客单门槛：€50+ 需要品牌背书或专业测评
- 免运费心理价：€29 是关键分水岭

第四模块：物流履约与支付体系（控周转）

物流效率模型

模式对比

模式	时效	成本	适用场景
国内小包直发	12-20 天	€5-10/单	测品、长尾款
欧洲仓自发(德国/波兰仓)	2-4 天	€4-8/单	稳定爆款
FBT 入仓	1-3 天	平台抽佣内含	全托管标配

真实时效与回款

模式	签收时效	回款周期
小包直发	15-25 天	T+21 至 T+35
欧洲仓发货	2-5 天	T+10 至 T+18

- ⚠ 德国特殊情况：德国用户对物流时效要求严格，超过 7 天会大幅提升取消率
- ⚠ 退货预警：德国法律赋予消费者 14 天无理由退货权，退货率普遍 15-25%

支付血泪史

支付构成

支付方式	占比	特征
PayPal	35%	德国最受信任的支付方式
信用卡/借记卡	30%	Visa/Mastercard 为主
Klarna（先买后付）	20%	年轻用户偏好，提升转化
SEPA 银行转账	10%	传统用户
Apple Pay/Google Pay	5%	增长中

防纠纷 SOP

- 详细产品描述：德国用户期望获得完整的产品规格
- 发货确认：发货后立即发送追踪信息
- 退货便利：提供欧洲退货地址，简化退货流程
- 快速响应：24 小时内回复客户咨询

签收指标

- 妥投率红线：96% 以下触发平台警告
- 退货率实况：服装 25-35%，电子 10-15%，家居 12-18%
- 退货处理：必须在欧洲设立退货地址，否则退货成本极高

第五模块：合规经营与政策红线（护本金）

税务合规

VAT 增值税

- 标准税率：19%（食品、书籍等 7%）
- 征收方式：卖家需自行申报或通过平台代扣代缴
- OSS 一站式申报：欧盟内跨境销售可使用 OSS 简化申报
- ⚠ 远程销售阈值：欧盟内年销售超过 €10,000 需在买家国注册 VAT

进口关税

- De Minimis：€150 以下小包免关税（但需缴纳进口 VAT）
- IOSS 机制：€150 以下包裹可使用 IOSS 预缴 VAT，加速清关
- 超过 €150：需正式报关 + 支付关税（根据 HS 编码，0-12% 不等）

认证深水区

品类	必需认证	成本	周期
电子产品	CE + WEEE 登记	€2,000-5,000	3-6 周
玩具	CE + EN71 测试	€1,500-4,000	4-8 周
化妆品	CPSR 安全评估 + EU 成分注册	€2,000-6,000	6-12 周
食品接触材料	EU 1935/2004 符合性声明	€1,000-3,000	2-4 周
包装	LUCID 登记 + 绿点费	€300-1,000/年	1-2 周
电池产品	德国电池法登记	€500-1,500	2-4 周

内容红线

必死操作

- GDPR 违规：未经同意收集用户数据
- 虚假宣传：任何无法证实的功效声明
- 比较广告违规：贬低竞品需有充分证据
- 纳粹相关：任何相关符号或暗示

敏感词规避

禁用词	替代方案
Best / Beste	Hochwertig, Top-bewertet
100% garantiert	Hohe Qualität, Getestet
Wunder（奇迹）	Effektiv, Wirksam
Kostenlos（免费）需谨慎	Gratis-Zugabe, Bonus
Umweltfreundlich 需证据	Aus recyceltem Material

第六模块：财富策略与避坑（定生死）

💰 推荐财富打法

路径一：全托管品质优先（适合新手）

- 核心策略：选择高品质供应链→严格合规→少 SKU 精细运营
- 预期回报：月销 €3,000-10,000，净利润率 10-15%
- 启动资金：€3,000-8,000
- 成功关键：产品品质 + 合规资质完整

路径二：欧洲仓深耕（适合成熟卖家）

- 核心策略：波兰/德国仓备货 + 德语本土化内容 + 达人合作
- 预期回报：月销 €15,000-50,000，净利润率 18-25%
- 启动资金：€20,000-50,000
- 成功关键：本土化团队 + 供应链品质控制

路径三：DTC 品牌出海（适合长期玩家）

- 核心策略：注册德国公司 + 自有品牌 + 内容矩阵 + 多渠道布局

- 预期回报：月销 €50,000+，净利润率 22-35%
- 启动资金：€50,000-150,000
- 成功关键：品牌定位 + 合规体系 + 本土团队

避坑

序号	致命错误	后果	正确做法
1	产品无 CE 认证直接销售	海关扣押 + 罚款 €10,000+	上架前确保所有认证完整
2	未注册 LUCID 包装法	罚款 €50,000-200,000	发货前完成包装法登记
3	VAT 漏报或错报	追缴税款 + 罚金 + 可能刑事责任	聘请德国税务代理
4	产品描述夸大其词	下架 + 消费者投诉 + 罚款	所有声明必须有证据支持
5	忽视 14 天退货权	差评如潮 + 店铺降权	提供便捷退货流程
6	使用机翻德语	用户不信任 + 低转化	聘请母语者翻译和审核
7	未设欧洲退货地址	退货成本吞噬利润	与欧洲仓合作处理退货
8	电子产品未做 WEEE 登记	禁止销售 + 罚款	提前完成废弃电器登记

德国电商日历（必记）

节日	时间	营销重点
复活节	4 月（日期变动）	家居装饰、园艺、巧克力
母亲节	5 月第二个周日	美妆、首饰、鲜花
父亲节（升天节）	5 月（日期变动）	工具、户外、电子
啤酒节	9 月-10 月	传统服饰、派对用品
黑五/网一	11 月第四周	全品类大促
圣诞节	12 月	全年最重要，礼品、装饰
圣诞后促销	12 月 26 日起	清仓、自用购买

2026 德国站核心策略总结

入场时机： 蓝海红利期（2025年3月才上线，仅运营9个月）

竞争烈度： 低（正在上升中）

利润潜力： $ $ $ $ 较高（需合规到位）

运营难度： 高（合规门槛极高）

推荐指数： （有品质供应链和合规能力者强烈推荐）

一句话忠告：德国站是 2026 年最被低估的蓝海市场——上线不到一年，竞争烈度远低于美国和东南亚。但这不是”捡钱”的市场，而是“赚品质和合规的钱”的市场。产品品质过硬、合规体系完善、本土化内容到位，才能在这个欧洲最大市场吃到最甜的先发红利。

最后更新：2026 年 1 月 | 数据来源：TikTok 官方、Statista、德国联邦统计局、行业调研

法国站实操档案卡

一句话定位：欧洲第二大电商市场，浪漫审美与品质追求并存，直播接受度欧洲领先，适合有时尚感知和法语本土化能力的卖家布局。

核心发展史：时尚之国的社交电商觉醒

时间	事件	行业影响
2018.Q3	TikTok 正式进入法国市场	以音乐和舞蹈内容起步，年轻用户快速增长
2021.06	TikTok 法国月活突破 1500 万	成为 Z 世代第一社交平台
2024.Q4	TikTok Shop 欧洲站 Beta（含法国）	时尚美妆品类率先试水
2025.03	TikTok Shop 法国站正式开放	跨境全托管上线，时尚类目表现突出
2025.05	直播带货功能全面开放	法国用户对直播接受度超预期
2025.09	本土店权限开放	需法国公司主体 + VAT + 法语客服
2026.01	平台加强奢侈品仿冒打击	时尚品类审核趋严

第一模块：市场基础数据与入场门槛（定坐标）

宏观环境（2026 预测）

指标	数据
总人口	6800 万
互联网普及率	93%
移动端日活占比	80%
TikTok 月活用户	2500 万+
电商渗透率	20%

地理与时空坐标

- 核心城市：巴黎（Paris）、里昂（Lyon）、马赛（Marseille）、图卢兹（Toulouse）、尼斯（Nice）
- 时差：
  - 标准时间（CET）：比北京慢 7 小时
  - 夏令时（CEST，3 月-10 月）：比北京慢 6 小时
- 气候与选品节奏：
  - 温带海洋性/地中海气候：北部湿润，南部阳光充足
  - 冬季（11 月-3 月）：保暖、护肤品类旺季
  - 夏季（6 月-8 月）：度假相关（泳装、墨镜、防晒）+ 法国人大规模休假
  - ⚠ 8 月注意：法国”全民休假月”，消费力和物流均受影响

时光机坐标：相当于 2022 年的中国抖音

关键特征： - 快速成长期：用户购物心智正在建立，好奇心强 - 直播接受度在欧洲国家中相对较高（受 Instagram Live 影响）- 法国用户重视审美、品味和独特性，厌恶”大众化” - 浪漫消费：愿意为”美”和”情调”付费 - 内容竞争刚刚开始，本土化优质内容稀缺

用户画像

- 核心人群：16-35 岁，女性占比 58%
- 消费特征：追求独特性和品味，冲动消费与理性并存
- 决策周期：时尚美妆品类决策快，电子家居需更多考量
- 文化特点：追求生活品质、重视审美、反感硬销售，对”法式风格”认同感强

购买力水平

指标	数值
人均月收入	€2,800-3,500
TikTok Shop 平均客单价（AOV）	€22-38
爆单甜点价位	€12-30
高客单天花板	€50-80（需强调独特性）
免运费心理价	€25（关键分水岭）

准入条件

模式选择矩阵

模式	门槛	净利润率	适合谁
全托管	低，需符合欧盟合规	10-16%	新手、时尚供应链
半托管	中等，需欧洲仓备货	15-22%	有资金想控货者
跨境自营	较高，需 VAT + 欧盟授权代表	18-28%	成熟卖家
本土店	最高，需法国公司 + 法语客服	22-35%	长期品牌深耕

⚠ 净利润率说明：已扣除平台佣金（5%）、物流、VAT（20%）、广告成本及退货损耗。

本土店注册真相

- 公司要求：法国有限责任公司（SARL/SAS），注册成本 €3,000-10,000
- VAT 税号：法国税务局登记，申请周期 4-6 周
- 法语客服：平台强制要求，外包成本 €500-1,500/月
- 欧盟授权代表：非欧盟卖家必须指定
- 隐性成本：合规记账 €250-400/月、VAT 申报 €80-150/月
- ⚠ 风险警告：法国消费者保护法严格，违规投诉处理成本高

第二模块：TikTok 平台生态与购物心智（搞定人）

心智成熟度：☆

用户状态："对 TikTok 购物很好奇，愿意尝试" - 55% 用户有过 TikTok 购物意向 - 25% 用户实际完成过购买（欧洲领先）- 核心转化场景："被种草→产品有吸引力→下单尝鲜"

内容爆款公式

Hook 钩子（前 3 秒生死线）

类型	模版	适用品类
时尚种草	" Cette pièce change tout…"（这件单品改变一切…）	服饰、配饰
法式美学	" Le secret des Parisiennes"（巴黎女人的秘密）	美妆、护肤
发现惊喜	"J' ai trouvé ça et wow…"（我发现了这个，哇…）	各品类
生活品质	" Pour une vie plus belle"（为了更美的生活）	家居、生活方式
平替揭秘	" Luxe ou pas cher? Devinez!"（奢侈还是平价？猜猜！）	时尚平替

BGM 调性

- 时尚美妆：法式香颂、优雅钢琴、Indie Pop
- 生活方式：轻松 Café 风格、Acoustic
- 年轻潮流：法语说唱、电子流行

- ⚠ 要点：法国用户对音乐品味要求高，拒绝俗气配乐

直播现状

接受度：中等偏上

- 法国用户对直播接受度在欧洲最高
- 喜欢：时尚展示、美妆教程、生活方式分享
- 不喜欢：硬性推销、过度喊麦、低质内容
- 单场直播人均观看时长：3-5 分钟

直播风格偏好

风格	接受度	适用场景
时尚展示型		服装、配饰、美妆
生活方式型		家居、美食、护肤
专业教程型		美妆、护肤、DIY
轻松聊天型		适合建立粉丝关系
促销喊麦型		不推荐

黄金时段（北京时间）

时段	北京时间	法国时间	流量特征
午间	18:00-20:00	12-14 点	午休流量
晚高峰	02:00-05:00	20-23 点	黄金时段，主力消费
周末午后	20:00-23:00	14-17 点	周末购物高峰

流量成本指标（2026 预测）

指标	区间	趋势
CPM（千次展示成本）	€5-10	低于德国，竞争上升
CPC（单次点击成本）	€0.5-1.0	相对合理
达人佣金率	12-18%	法语达人溢价明显
自然流量占比	50-65%	仍有明显红利

第三模块：本地选品逻辑与热门类目（选对命）

销量 Top 3 垂直品类

时尚配饰（Fashion & Accessories）

- 爆款逻辑：法国人追求独特风格，“与众不同”是核心诉求
- 价格带：€10-35
- 代表爆品：极简首饰、丝巾、发饰、设计感包袋
- 内容策略：穿搭教程 + 法式风格展示 + 达人演绎

美妆护肤（Beauty & Skincare）

- 爆款逻辑：法国人重视护肤，追求”自然美”
- 价格带：€12-30
- 代表爆品：护肤精华、唇部产品、美妆工具、香氛
- 内容策略：GRWM + 成分科普 + 自然妆效展示

家居生活（Home & Lifestyle）

- 爆款逻辑：“把家变得更美”，重视生活品质
- 价格带：€15-40
- 代表爆品：香薰蜡烛、装饰品、厨房美学单品
- 内容策略：家居布置 + 生活美学 + 仪式感打造

降维打击清单（国内过剩→法国神器）

商品	国内成本	法国售价	预估净利	爆款潜力
极简设计耳环套装	¥15	€18-28	25-35%	
香薰扩香器	¥25	€22-32	20-28%	
丝缎发圈/发带	¥8	€12-18	28-38%	
美妆收纳盒	¥20	€18-28	22-30%	
LED 化妆镜	¥35	€28-40	18-25%	
便携式挂烫机	¥45	€35-50	18-25%	

⚠ 净利润说明：已扣除平台佣金、物流、VAT（20%）、达人佣金（15%）、退货损耗（15%）。

文化与审美图谱

选品禁区

禁忌类型	具体内容	后果
仿冒奢侈品	任何大牌元素（LV、Chanel、Dior 等）	法律追究 + 永久封禁
低俗审美	过于花哨、俗气的设计	用户反感 + 低转化
虚假法国标签	假冒"Made in France"	严重法律后果
动物皮草	真皮草产品	舆论攻击 + 平台下架
低质塑料感	看起来廉价的产品	差评 + 退货

颜色与风格偏好

- 主流审美：法式极简、优雅克制、“Effortless Chic”（毫不费力的时髦）
- 偏好色系：裸色系、莫兰迪色、黑白、海军蓝、勃艮第红
- 设计原则：简约中有细节，拒绝过度装饰
- 包装审美：简约优雅，环保材质，有设计感

价格敏感度

- 冲动消费阈值：€20 以下，时尚品类尤其明显
- 考虑区间：€20-40 需要强调独特性
- 高客单门槛：€40+ 需要品牌故事或设计师背书
- 免运费心理价：€25 是关键分水岭

第四模块：物流履约与支付体系（控周转）

物流效率模型

模式对比

模式	时效	成本	适用场景
国内小包直发	10-18 天	€4-8/单	测品
欧洲仓自发（法国/比利时仓）	2-4 天	€4-7/单	稳定爆款
FBT 入仓	1-3 天	平台抽佣内含	全托管标配

真实时效与回款

模式	签收时效	回款周期
小包直发	12-20 天	T+18 至 T+30
欧洲仓发货	2-5 天	T+10 至 T+16

- ⚠ 法国特殊情况：8 月全民休假，物流和签收都会延迟
- ⚠ 退货预警：法国消费者享有 14 天无理由退货权，时尚品类退货率可达 20-30%

支付血泪史

支付构成

支付方式	占比	特征
银行卡（Carte Bancaire）	40%	法国本土银行卡系统
信用卡（Visa/MC）	25%	国际信用卡
PayPal	20%	年轻用户偏好
Klarna/Alma（分期）	10%	提升高客单转化
Apple Pay	5%	增长中

防纠纷 SOP

- 优雅沟通：法国用户期望被尊重，客服语气要礼貌
- 法语回复：必须使用法语，英语回复会降低满意度
- 快速退款：退货后尽快处理退款，避免投诉

签收指标

· 妥投率红线：95% 以下触发警告
· 退货率实况：时尚 22-30%，美妆 12-18%，家居 10-15%
· 退货处理：必须在欧洲设立退货地址

第五模块：合规经营与政策红线（护本金）

税务合规

VAT 增值税

· 标准税率：20%
· 降低税率：5.5%（食品、书籍）、10%（部分服务）
· 征收方式：平台代扣代缴或卖家自行申报
· OSS 一站式申报：欧盟内跨境销售可使用

进口关税

· De Minimis：€150 以下小包免关税（需缴 VAT）
· IOSS 机制：€150 以下预缴 VAT，加速清关
· 超过 €150：正式报关 + 支付关税

认证深水区

品类	必需认证	成本	周期
电子产品	CE 认证	€2,000-4,000	3-5 周
化妆品	CPSR + EU 通报	€2,500-6,000	6-12 周
玩具	CE + EN71	€1,500-3,500	4-6 周
纺织品	REACH 合规 + 成分标签（法语）	€500-1,500	2-4 周
食品	EU 食品法规合规	€1,000-3,000	4-8 周

内容红线

必死操作

- 仿冒奢侈品：任何与法国奢侈品牌相似的设计
- 虚假产地：假冒法国制造
- GDPR 违规：未经同意使用用户数据
- 歧视内容：涉及种族、性别、宗教

敏感词规避

禁用词	替代方案
Meilleur / Best	Très apprécié, Populaire
Luxe（需谨慎）	Élégant, Raffiné
Miracle	Efficace, Performant
Français / Made in France（需真实）	Design européen, Style parisien
Gratuit（需明确条件）	Offert avec, Cadeau

第六模块：财富策略与避坑（定生死）

💰 推荐财富打法

路径一：时尚全托管（适合新手）

- 核心策略：选择有设计感的时尚配饰→精美视觉→达人种草
- 预期回报：月销 €3,000-12,000，净利润率 12-18%
- 启动资金：€2,000-6,000
- 成功关键：审美在线 + 法语本土化

路径二：法语达人矩阵（适合有内容能力者）

- 核心策略：签约 10-30 个法语中小达人 + 内容矩阵
- 预期回报：月销 €15,000-40,000，净利润率 18-25%
- 启动资金：€10,000-30,000
- 成功关键：法语达人资源 + 内容审美

路径三：法式生活方式品牌（适合长期玩家）

· 核心策略：打造”法式美学”品牌定位 + 多渠道布局
· 预期回报：月销 €40,000+，净利润率 22-32%
· 启动资金：€40,000-100,000
· 成功关键：品牌故事 + 设计能力 + 本土团队

避坑

序号	致命错误	后果	正确做法
1	产品设计模仿奢侈品牌	法律诉讼 + 永久封禁	原创设计，避免任何相似元素
2	使用机翻法语	用户不信任 + 低转化	聘请法语母语者
3	忽视审美要求	产品卖不动	投资产品摄影和视觉设计
4	8 月大促发力	物流延迟 + 低签收	避开法国休假月
5	客服回复用英语	差评 + 投诉	必须法语客服
6	产品无法语标签	海关扣押 + 罚款	所有产品标签含法语说明
7	未设欧洲退货地址	退货成本高企	与欧洲仓合作
8	低估时尚品类退货率	利润被侵蚀	预留 25% 退货预算

法国电商日历（必记）

节日	时间	营销重点
情人节	2 月 14 日	首饰、香水、浪漫礼品
复活节	4 月（日期变动）	家居装饰、巧克力
母亲节	5 月最后一个周日	美妆、首饰、鲜花
父亲节	6 月第三个周日	配饰、电子、生活方式
夏季打折季	6 月底-7 月	全品类清仓
开学季	9 月	文具、电子、服装
黑五/网一	11 月第四周	全品类大促
圣诞节	12 月	全年最重要，礼品导向
冬季打折季	1 月初	清仓 + 自用购买

2026 法国站核心策略总结

入场时机： 早期红利，竞争适中

竞争烈度： 中等

利润潜力： 较高

运营难度： 中高（审美门槛 + 法语门槛）

推荐指数： （时尚美妆卖家优先考虑）

一句话忠告：法国站是“赚审美的钱”的市场。产品要有设计感，内容要有品味，沟通要用法语——做到这三点，就能在这个浪漫国度收获超额回报。

最后更新：2026 年 1 月 | 数据来源：TikTok 官方、Statista、法国国家统计局、行业调研

西班牙站实操档案卡

一句话定位：南欧热情市场 + 拉美西语跳板，用户年轻活跃、价格敏感度高，COD 占比中等，适合有性价比供应链和西语内容能力的卖家布局。

核心发展史：伊比利亚半岛的社交电商崛起

时间	事件	行业影响
2018.Q4	TikTok 正式进入西班牙市场	以音乐舞蹈内容起步，年轻用户快速增长
2020.Q2	疫情推动 TikTok 用户爆发	成为西班牙最受欢迎娱乐 App
2023.08	TikTok 西班牙月活突破 1800 万	Z 世代第一社交平台
2024.06	TikTok Shop 欧洲站 Beta（含西班牙）	跨境卖家开始测试
2024.12	TikTok Shop 西班牙站正式开放	全托管模式上线
2025.07	直播带货功能全面开放	西班牙用户对直播接受度良好
2025.11	本土店权限开放	需西班牙公司 + VAT + 西语客服
2026.01	拉美市场联动政策推出	西班牙站成为进入拉美的跳板

第一模块：市场基础数据与入场门槛（定坐标）

宏观环境（2026 预测）

指标	数据
总人口	4800 万
互联网普及率	94%
移动端日活占比	85%
TikTok 月活用户	2000 万+
电商渗透率	18%

地理与时空坐标

- 核心城市：马德里（Madrid）、巴塞罗那（Barcelona）、瓦伦西亚（Valencia）、塞维利亚（Sevilla）、毕尔巴鄂（Bilbao）
- 时差：
  - 标准时间（CET）：比北京慢 7 小时
  - 夏令时（CEST，3 月-10 月）：比北京慢 6 小时
  - ⚠ 加纳利群岛（Canary Islands）：再慢 1 小时
- 气候与选品节奏：
  - 地中海气候：夏季炎热干燥，冬季温和
  - 夏季（6 月-9 月）：防晒、泳装、户外用品旺季
  - 冬季：北部（巴斯克、加利西亚）较冷，保暖品类有需求
  - 8 月：西班牙传统假期月，但不如意大利休假彻底

时光机坐标：相当于 2021 年的中国抖音

关键特征： - 初期阶段：用户以娱乐为主，购物心智正在建立 - 用户年轻活跃，内容互动率高 - 价格敏感：西班牙经济相对南欧偏低，用户精打细算 - 对拉丁文化有天然亲近感，西语内容可辐射拉美市场 - 足球文化：皇马/巴萨相关内容引流效果好（但需谨慎）

用户画像

- 核心人群：16-35 岁，女性占比 56%
- 消费特征：价格敏感、追求性价比、冲动与理性并存

- 决策周期：低价品容易冲动消费，高价品需要说服
- 文化特点：热情开放、社交性强、享受生活，对促销活动响应积极

购买力水平

指标	数值
人均月收入	€2,000-2,500
TikTok Shop 平均客单价（AOV）	€15-28
爆单甜点价位	€8-22
高客单天花板	€35-50（需强调价值）
免运费心理价	€18（关键分水岭）

准入条件

模式选择矩阵

模式	门槛	净利润率	适合谁
全托管	低，需欧盟合规	10-16%	新手试水
半托管	中等，需欧洲仓	14-22%	想控货者
跨境自营	较高，需 VAT + 授权代表	16-26%	成熟卖家
本土店	最高，需西班牙公司 + 西语客服	20-32%	长期深耕

⚠ 净利润率说明：已扣除佣金（5%）、物流、VAT（21%）、广告成本、退货及 COD 损耗。

本土店注册真相

- 公司要求：西班牙有限责任公司（S.L.），注册成本 €2,500-6,000
- VAT 税号：西班牙税务局（Agencia Tributaria）登记，周期 3-6 周
- NIE 号码：外国人税务识别号，必须获取
- 西语客服：平台强制要求
- 隐性成本：合规记账 €150-300/月、VAT 申报 €60-120/月
- ⚠ 优势：西班牙语可辐射墨西哥、哥伦比亚等拉美市场

第二模块：TikTok 平台生态与购物心智（搞定人）

心智成熟度：☆☆

用户状态："TikTok 能买东西？有意思，看看便宜不便宜" - 48% 用户有购物意向 - 18% 用户完成过购买 - 核心转化场景："看到便宜好物→查看评价→下单"

内容爆款公式

Hook 钩子（前 3 秒生死线）

类型	模版	适用品类
惊喜价格	“¡Solo €X! Mira esto…”（只要 X 欧！看这个…）	性价比款
发现好物	“He encontrado esto y…”（我发现了这个…）	各品类
生活改变	“Esto ha cambiado mi vida”（这个改变了我的生活）	实用工具
达人推荐	“TikTok me hizo comprarlo”（TikTok 让我买了它）	网红款
对比展示	“Antes vs Después”（之前 vs 之后）	清洁、美妆

BGM 调性

- 西班牙流行：Reggaeton、拉丁流行、Flamenco 现代版
- 年轻潮流：西班牙说唱、电子舞曲
- 生活方式：轻松拉丁风格
- ⚠ 加分项：使用 Bad Bunny、Rosalía 等当红艺人热门曲目效果好

直播现状

接受度：中等

- 西班牙用户对直播接受度良好
- 喜欢：热情互动、促销活动、产品展示

- 不喜欢：无聊冷淡、过于专业
- 单场直播人均观看时长：3-5 分钟

直播风格偏好

风格	接受度	适用场景
热情互动型		全品类
促销活动型		限时优惠
生活分享型		家居、美妆
时尚展示型		服装、配饰
严肃专业型		效果一般

黄金时段（北京时间）

时段	北京时间	西班牙时间	流量特征
午间	19:00-21:00	13-15 点	午休后流量（西班牙午休长）
晚高峰	03:00-06:00	21-24 点	黄金时段，西班牙人晚睡
周末午后	21:00-24:00	15-18 点	周末休闲

⚠ 西班牙特殊作息：西班牙人作息较晚，晚餐通常 21-22 点，黄金时段相应后移。

流量成本指标（2026 预测）

指标	区间	趋势
CPM（千次展示成本）	€3-7	欧洲较低水平
CPC（单次点击成本）	€0.3-0.7	性价比很高
达人佣金率	10-15%	相对合理
自然流量占比	55-70%	红利明显

第三模块：本地选品逻辑与热门类目（选对命）

销量 Top 3 垂直品类

美妆个护（Beauty & Personal Care）

- 爆款逻辑：西班牙女性注重外表，对美妆产品需求旺盛
- 价格带：€8-22
- 代表爆品：美妆工具、护肤品、发饰、唇部产品
- 内容策略：GRWM + 效果对比 + 性价比强调

时尚配饰（Fashion Accessories）

- 爆款逻辑：追求时尚但预算有限，性价比配饰大受欢迎
- 价格带：€6-20
- 代表爆品：首饰套装、墨镜、发夹、手机壳
- 内容策略：穿搭演示 + 平替对比

家居生活（Home & Living）

- 爆款逻辑：提升生活品质，实用型产品受欢迎
- 价格带：€10-28
- 代表爆品：收纳用品、厨房工具、LED 灯饰、清洁工具
- 内容策略：Before/After + 实用演示

降维打击清单（国内过剩→西班牙神器）

商品	国内成本	西班牙售价	预估净利	爆款潜力
美妆工具套装	¥12	€12-18	25-35%	
极简首饰套装	¥10	€10-16	28-38%	
多功能收纳盒	¥15	€12-20	22-30%	
LED 氛围灯带	¥18	€15-22	20-28%	
便携式封口机	¥6	€8-12	30-40%	
手机支架/配件	¥8	€8-14	25-35%	

⚠ 净利润说明：已扣除佣金、物流、VAT（21%）、达人佣金（12%）、退货损耗（12%）及 COD 拒收（预留 8%）。

文化与审美图谱

选品禁区

禁忌类型	具体内容	后果
斗牛争议	斗牛相关元素（动物权益敏感）	部分用户反感
地区政治	加泰罗尼亚独立相关	引发争议
足球队对立	皇马 vs 巴萨 明确站队	得罪一半用户
低质仿品	西班牙品牌仿冒（Zara、Mango 等）	法律风险
过度包装	环保意识增强	负面评价

颜色与风格偏好

- 主流审美：明亮、活泼、有生活气息
- 偏好色系：暖色调（红、橙、黄）、地中海蓝、白色
- 设计原则：简约但不冷淡，有活力感
- 包装要求：简洁实用，避免过度包装

价格敏感度

- 冲动消费阈值：€12 以下很容易冲动下单
- 考虑区间：€12-25 需要强调性价比
- 高客单门槛：€25+ 需要充分的价值说明
- 免运费心理价：€18 是关键分水岭（低于其他欧洲国家）

第四模块：物流履约与支付体系（控周转）

物流效率模型

模式对比

模式	时效	成本	适用场景
国内小包直发	12-18 天	€4-7/单	测品
欧洲仓自发（西班牙/波兰仓）	2-4 天	€3.5-6/单	稳定爆款
FBT 入仓	1-3 天	平台抽佣内含	全托管标配

真实时效与回款

模式	签收时效	回款周期
小包直发	14-20 天	T+20 至 T+32
欧洲仓发货	2-5 天	T+10 至 T+18

- ⚠ 加纳利群岛注意：属于欧盟但在关税区外，物流时效和关税处理需特别注意
- ⚠ 农村地区：西班牙农村地区物流可能额外增加 1-2 天

支付血泪史

支付构成

支付方式	占比	特征
信用卡/借记卡	40%	Visa/MC 为主
PayPal	25%	年轻用户偏好
COD（货到付款）	20%	低于意大利但仍需注意
Bizum（本土移动支付）	10%	西班牙特色，年轻人喜爱
Klarna/SeQura	5%	分期付款

防 COD 拒收 SOP

- 订单确认短信：下单后立即发送西语确认
- 发货通知：发货时发送追踪链接
- 到达前提醒：快递到达前短信/WhatsApp 提醒
- ⚠ 关键指标：COD 拒收率控制在 12% 以下

签收指标

- 妥投率红线：92% 以下触发警告
- 退货率实况：时尚 18-25%，美妆 10-15%，家居 8-12%
- 退货处理：需设欧洲退货地址

第五模块：合规经营与政策红线（护本金）

税务合规

VAT 增值税

- 标准税率：21%
- 降低税率：10%（部分食品、交通）、4%（生活必需品）
- 特殊区域：加纳利群岛适用 IGIC（7%），不是 VAT
- 征收方式：平台代扣代缴或自行申报
- OSS 一站式申报：可用于欧盟内跨境销售

进口关税

- De Minimis：€150 以下小包免关税（需缴 VAT）
- IOSS 机制：€150 以下预缴 VAT
- 加纳利群岛：有独立关税规定，需特别处理

认证深水区

品类	必需认证	成本	周期
电子产品	CE 认证	€1,500-3,500	3-5 周
化妆品	CPSR + EU 通报	€2,000-5,000	6-10 周
玩具	CE + EN71	€1,500-3,500	4-6 周
纺织品	REACH + 西语标签	€500-1,200	2-4 周
食品	EU 食品法规	€1,000-2,500	4-8 周

内容红线

必死操作

- 仿冒西班牙品牌：Zara、Mango、Desigual 等
- 政治敏感：加泰罗尼亚独立、巴斯克地区话题
- GDPR 违规：未经同意使用用户数据
- 虚假促销：虚假原价、虚假折扣

敏感词规避

禁用词	替代方案
Mejor / Best	Muy valorado, Popular
Español / Made in Spain（需真实）	Diseño europeo, Estilo mediterráneo
Milagro	Eficaz, Efectivo
Gratis（需明确条件）	Regalo, Incluido
Oferta 限时（需真实）	Promoción especial

第六模块：财富策略与避坑（定生死）

💰 推荐财富打法

路径一：性价比全托管（适合新手）

- 核心策略：选择高性价比产品→西语本土化→强调价格优势
- 预期回报：月销 €2,000-8,000，净利润率 12-18%
- 启动资金：€1,500-4,000
- 成功关键：价格有竞争力 + 西语内容

路径二：西语达人矩阵（适合有内容能力者）

- 核心策略：签约西语达人 + 性价比选品 + 促销活动驱动
- 预期回报：月销 €10,000-30,000，净利润率 16-24%
- 启动资金：€8,000-25,000
- 成功关键：西语达人资源 + 促销节奏把控

路径三：西语市场双线布局（适合长期玩家）

- 核心策略：西班牙站 + 墨西哥站联动，共用西语内容和供应链
- 预期回报：月销 €30,000+（双市场），净利润率 18-28%
- 启动资金：€30,000-70,000
- 成功关键：西语内容矩阵 + 双市场运营能力

避坑

序号	致命错误	后果	正确做法
1	定价不考虑西班牙购买力	转化率极低	比其他欧洲站定价低 10-15%
2	忽视 COD 拒收风险	利润被侵蚀	建立 COD 确认流程
3	发货到加纳利群岛不加处理	关税问题+物流成本高	在后台设置加纳利邮编（35xxx/38xxx）单独屏蔽或加价
4	产品无西语说明	差评 + 退货	所有产品含西语标签
5	客服不懂西班牙语	投诉升级	必须西语客服
6	直播时间安排太早	流量低	适应西班牙晚作息，21 点后开播
7	免运费门槛设太高	弃购率高	设置 €18-20 免运费
8	内容涉及足球队站队	引发争议	保持中立或只用足球元素

西班牙电商日历（必记）

节日	时间	营销重点
三王节	1月6日	极重要，礼品（西班牙儿童主要收礼日）
情人节	2月14日	礼品、首饰
法雅节	3月（瓦伦西亚）	地区性
复活节	4月（日期变动）	家居装饰
母亲节	5月第一个周日	美妆、首饰
父亲节（圣约瑟夫日）	3月19日	电子、工具
夏季打折季	7月初	全品类清仓
开学季	9月	文具、电子
黑五/网一	11月第四周	全品类大促
圣诞节	12月	礼品、装饰
冬季打折季	1月7日起	三王节后清仓

2026 西班牙站核心策略总结

入场时机： 早期红利，竞争较低

竞争烈度： 较低

利润潜力： $ $ $ 中等（客单价偏低）

运营难度： 中等

推荐指数： （性价比供应链 + 西语能力者优先）

一句话忠告：西班牙站的机会在于低流量成本 + 西语市场跳板——做好西班牙站，你的内容和运营经验可以直接复制到墨西哥、哥伦比亚等更大的拉美市场。价格定位要亲民，西语本土化要到位，这是打开西语世界的钥匙。

最后更新：2026年1月 | 数据来源：TikTok官方、Statista、西班牙国家统计局、行业调研

意大利站实操档案卡

一句话定位：南欧时尚与生活方式大国，用户热情冲动、内容互动率高，COD 占比高需警惕，适合有高颜值产品和情感化营销能力的卖家。

核心发展史：地中海热情遇上短视频

时间	事件	行业影响
2018.Q4	TikTok 正式进入意大利市场	娱乐内容先行，年轻用户快速增长
2020.Q2	疫情期间 TikTok 用户爆发	居家娱乐推动用户量翻倍
2023.06	TikTok 意大利月活突破 2000 万	成为意大利最受欢迎社交平台之一
2024.Q4	TikTok Shop 欧洲站 Beta（含意大利）	跨境卖家开始测试
2025.03	TikTok Shop 意大利站正式开放	全托管模式上线，时尚家居表现突出
2025.06	直播带货功能开放	意大利用户对直播互动热情高
2025.10	本土店权限开放	需意大利公司 + VAT + 意语客服
2026.01	平台加强 COD 风控	拒收率管控趋严

第一模块：市场基础数据与入场门槛（定坐标）

宏观环境（2026 预测）

指标	数据
总人口	5900 万
互联网普及率	88%
移动端日活占比	82%
TikTok 月活用户	2200 万+
电商渗透率	17%

地理与时空坐标

- 核心城市：米兰（Milano）、罗马（Roma）、那不勒斯（Napoli）、都灵（Torino）、佛罗伦萨（Firenze）
- 时差：
  - 标准时间（CET）：比北京慢 7 小时
  - 夏令时（CEST，3 月-10 月）：比北京慢 6 小时
- 气候与选品节奏：
  - 地中海气候：夏季炎热干燥，冬季温和湿润
  - 北部（米兰、都灵）：冬季较冷，保暖品类有需求
  - 南部（那不勒斯、西西里）：全年温暖，夏季用品需求长
  - 8 月：意大利传统假期月（Ferragosto），消费放缓

时光机坐标：相当于 2021 年的中国抖音

关键特征： - 初期阶段：用户以娱乐为主，购物心智刚起步 - 用户极其热情，内容互动率在欧洲最高 - 冲动消费倾向明显，但 COD（货到付款）占比高 - 对”Made in Italy”情结强，但对高性价比外来品也接受 - 家庭观念强：家居、厨房、亲子品类有天然优势

用户画像

- 核心人群：18-40 岁，女性占比 55%
- 消费特征：热情冲动，重视外观和情感价值，但也精打细算

· 决策周期：喜欢的东西会快速下单，但 COD 带来高取消率
· 文化特点：热爱生活、重视家庭、追求美感，对品牌故事有共鸣

购买力水平

指标	数值
人均月收入	€2,200-2,800
TikTok Shop 平均客单价（AOV）	€18-32
爆单甜点价位	€10-25
高客单天花板	€40-60（需强情感连接）
免运费心理价	€20（关键分水岭）

准入条件

模式选择矩阵

模式	门槛	净利润率	适合谁
全托管	低，需欧盟合规	8-14%	新手试水
半托管	中等，需欧洲仓	12-20%	想控货者
跨境自营	较高，需 VAT + 授权代表	15-25%	成熟卖家
本土店	最高，需意大利公司 + 意语客服	20-32%	长期深耕

⚠ 净利润率说明：已扣除佣金（5%）、物流、VAT（22%）、广告成本、退货及 COD 拒收损耗。意大利 COD 拒收率较高，利润需保守计算。

本土店注册真相

· 公司要求：意大利有限责任公司（S.r.l.），注册成本 €3,000-8,000
· VAT 税号：意大利税务局登记，周期 4-8 周
· 意语客服：平台强制要求
· Codice Fiscale：意大利税务识别码，外国人也可申请
· 隐性成本：合规记账 €200-350/月、VAT 申报 €80-150/月
· ⚠ 风险警告：意大利税务审查严格，建议聘请当地会计师

第二模块：TikTok 平台生态与购物心智（搞定人）

心智成熟度：　　　☆☆

用户状态："TikTok 上买东西挺有趣的" - 50% 用户有购物意向 - 20% 用户完成过购买 - 核心转化场景："看到喜欢的→冲动下单(但 COD 可能拒收)"

内容爆款公式

Hook 钩子（前 3 秒生死线）

类型	模版	适用品类
惊喜发现	"Ho trovato questo e…"（我发现了这个…）	各品类
意式生活	"Per una casa perfetta"（为了完美的家）	家居、厨房
美学展示	"Bellissimo! Guarda…"（太美了！看…）	时尚、装饰
妈妈/家庭	"Ogni mamma ha bisogno di…"（每个妈妈都需要…）	亲子、家居
性价比	"Costa poco ma sembra costoso"（便宜但看起来很贵）	平替款

BGM 调性

- 意大利流行：意语流行歌曲、浪漫旋律
- 家居生活：轻松愉快的背景乐
- 时尚美妆：现代电子、Indie Pop
- 厨房美食：欢快的意大利风格音乐
- ⚠ 加分项：使用意大利本土热门歌曲会明显提升互动

直播现状

接受度：中等

- 意大利用户对直播互动热情度高
- 喜欢：热情主播、产品展示、家庭话题
- 不喜欢：冷淡无互动的直播
- 单场直播人均观看时长：3-5 分钟

直播风格偏好

风格	接受度	适用场景
热情互动型		全品类
家庭生活型		家居、厨房、亲子
时尚展示型		服装、配饰
美食烹饪型		厨房用品
冷淡展示型		不推荐

黄金时段（北京时间）

时段	北京时间	意大利时间	流量特征
午间	18:00-20:00	12-14 点	午休流量
晚高峰	02:00-05:00	20-23 点	黄金时段
周日午后	20:00-23:00	14-17 点	家庭休闲时间

流量成本指标（2026 预测）

指标	区间	趋势
CPM（千次展示成本）	€4-8	欧洲较低水平
CPC（单次点击成本）	€0.4-0.8	性价比高
达人佣金率	10-16%	相对合理
自然流量占比	55-70%	红利明显

第三模块：本地选品逻辑与热门类目（选对命）

销量 Top 3 垂直品类

| 家居厨房（Home & Kitchen）

- 爆款逻辑：意大利人热爱烹饪和家庭生活，厨房是核心场景
- 价格带：€12-35
- 代表爆品：厨房收纳、烹饪工具、咖啡配件、餐具
- 内容策略：烹饪场景 + 家庭氛围 + 实用展示

| 时尚配饰（Fashion Accessories）

- 爆款逻辑：时尚之国，配饰是日常必需
- 价格带：€8-28
- 代表爆品：首饰、墨镜、围巾、包袋配饰
- 内容策略：意式风格搭配 + 达人演绎

| 美妆个护（Beauty & Personal Care）

- 爆款逻辑：意大利女性注重护肤和妆容
- 价格带：€10-25
- 代表爆品：护肤工具、彩妆、护发产品
- 内容策略：GRWM + 效果对比 + 日常妆容

降维打击清单（国内过剩→意大利神器）

商品	国内成本	意大利售价	预估净利	爆款潜力
多功能厨房收纳架	¥20	€18-28	20-28%	
咖啡配件（奶泡器等）	¥15	€15-22	22-30%	
极简设计首饰	¥12	€15-25	25-35%	
硅胶厨房工具套装	¥18	€18-28	20-28%	
LED 化妆镜	¥30	€25-38	18-25%	
便携式挂烫机	¥40	€32-45	18-25%	

⚠ 净利润说明：已扣除佣金、物流、VAT（22%）、达人佣金（12%）、退货及 COD 拒收损耗（预留 10-15%）。

文化与审美图谱

选品禁区

禁忌类型	具体内容	后果
仿冒意大利品牌	Gucci、Prada、Armani 等元素	法律追究
劣质皮革	假冒真皮产品	严重差评 + 退货
宗教敏感	不当使用宗教符号（天主教）	用户反感
对足球的冒犯	涉及足球队争议元素	引发争议
低质塑料感	廉价外观	不符合审美预期

颜色与风格偏好

- 主流审美：优雅、温暖、有生活气息
- 偏好色系：暖色调（红、橙、黄）、经典色（黑白）、地中海蓝
- 设计原则：美观与实用并重
- 包装审美：有品质感，不过度简约

价格敏感度

- 冲动消费阈值：€15 以下很容易冲动下单

- 考虑区间：€15-30 需要好内容打动
- 高客单门槛：€30+ 需要强调品质和价值
- 免运费心理价：€20 是关键分水岭

第四模块：物流履约与支付体系（控周转）

物流效率模型

模式对比

模式	时效	成本	适用场景
国内小包直发	12-20 天	€4-8/单	测品（⚠ COD 拒收风险高）
欧洲仓自发	2-4 天	€4-7/单	稳定爆款
FBT 入仓	1-3 天	平台抽佣内含	全托管标配

真实时效与回款

模式	签收时效	回款周期
小包直发	15-22 天	T+25 至 T+40（COD 影响大）
欧洲仓发货	2-5 天	T+12 至 T+20

- ⚠ 意大利特殊情况：南部地区物流时效较慢，那不勒斯以南可能额外增加 2-3 天
- ⚠ COD 警告：意大利 COD 占比约 30-40%，拒收率可达 15-25%

支付血泪史

支付构成

支付方式	占比	特征
COD（货到付款）	30-40%	意大利特色，拒收风险高
信用卡/借记卡	30%	Visa/MC 为主
PayPal	20%	年轻用户偏好
PostePay（邮政卡）	5%	意大利本土支付
Klarna/Scalapay	5%	分期付款，增长中

防 COD 拒收 SOP（关键！）

- 订单确认短信：下单后立即发送意大利语确认短信
- 发货提醒：发货时再次发送追踪信息
- 到达前电话：快递到达前 24 小时电话确认
- 时间窗口选择：让客户选择方便的收货时间
- ⚠ 关键指标：COD 拒收率控制在 15% 以下才能保证盈利

签收指标

- 妥投率红线：90% 以下会严重影响利润（COD 市场特殊性）
- 退货率实况：时尚 20-28%，家居 10-15%，美妆 12-18%
- 拒收处理：需计入成本，无法二次销售的产品直接损耗

第五模块：合规经营与政策红线（护本金）

税务合规

VAT 增值税

- 标准税率：22%（欧盟最高之一）
- 降低税率：10%（部分食品）、4%（生活必需品）
- 征收方式：平台代扣代缴或自行申报
- OSS 一站式申报：可用于欧盟内跨境销售

进口关税

- De Minimis：€150 以下小包免关税（需缴 VAT）
- IOSS 机制：€150 以下预缴 VAT
- 超过 €150：正式报关 + 支付关税

认证深水区

品类	必需认证	成本	周期
电子产品	CE 认证	€1,500-4,000	3-5 周
化妆品	CPSR + EU 通报	€2,000-5,000	6-12 周
食品接触材料	EU 1935/2004	€1,000-2,500	2-4 周
玩具	CE + EN71	€1,500-3,500	4-6 周
纺织品	REACH + 意语标签	€500-1,500	2-4 周

内容红线

必死操作

- 仿冒意大利奢侈品：任何相似设计
- 虚假"Made in Italy"：严重法律后果
- 宗教不当：对天主教符号的不尊重
- GDPR 违规：未经同意使用用户数据

敏感词规避

禁用词	替代方案
Migliore / Best	Molto apprezzato, Popolare
Italiano / Made in Italy（需真实）	Design europeo, Stile italiano
Miracolo	Efficace, Potente
Gratis（需明确条件）	In regalo, Omaggio
Lusso（需谨慎）	Elegante, Di qualità

第六模块：财富策略与避坑（定生死）

推荐财富打法

路径一：家居厨房全托管（适合新手）

- 核心策略：选择高颜值厨房/家居品→意语本土化→控制 COD 比例
- 预期回报：月销 €2,500-10,000，净利润率 10-16%
- 启动资金：€2,000-5,000
- 成功关键：产品颜值 + COD 风控

路径二：欧洲仓 + 预付款优先（适合成熟卖家）

- 核心策略：欧洲仓备货 + 引导预付款 + 意语达人合作
- 预期回报：月销 €12,000-35,000，净利润率 16-24%
- 启动资金：€15,000-40,000
- 成功关键：物流时效 + 降低 COD 比例

路径三：意式生活方式品牌（适合长期玩家）

- 核心策略：打造”意式美学”定位 + 家庭生活场景 + 多渠道
- 预期回报：月销 €35,000+，净利润率 20-30%
- 启动资金：€35,000-80,000
- 成功关键：品牌故事 + 情感连接 + 本土团队

避坑

序号	致命错误	后果	正确做法
1	忽视 COD 拒收风险	利润全部被吞噬	建立完整的 COD 确认流程
2	不做发货前电话确认	拒收率飙升	所有 COD 订单电话确认
3	南部地区不加运费	成本亏损	根据区域设置不同运费/时效
4	产品无意语说明	差评 + 退货	所有产品含意语标签
5	客服不懂意大利语	投诉升级	必须意语客服
6	8 月大量备货	库存积压	避开意大利假期月
7	低估 VAT 成本（22%）	定价失误导致亏损	22% VAT 纳入定价模型
8	只开通 COD 支付	风险过高	引导预付款，设置 COD 门槛

意大利电商日历（必记）

节日	时间	营销重点
情人节	2 月 14 日	首饰、香水、浪漫礼品
狂欢节	2 月（日期变动）	装扮、派对用品
复活节	4 月（日期变动）	家居装饰、巧克力
母亲节	5 月第二个周日	美妆、首饰、厨房礼品
父亲节（圣约瑟夫日）	3 月 19 日	工具、电子
夏季打折季	7 月初	全品类清仓
Ferragosto	8 月 15 日	⚠ 避开，意大利休假高峰
黑五/网一	11 月第四周	全品类大促
圣诞节	12 月	全年最重要，礼品导向
主显节	1 月 6 日	儿童礼品（Befana 传统）

2026 意大利站核心策略总结

入场时机：早期红利，竞争较低

竞争烈度：较低

利润潜力：中等（COD 影响大）

运营难度：中高（COD 风控是核心挑战）

推荐指数：（有 COD 运营经验者优先）

一句话忠告：意大利站的核心挑战是 COD 拒收管控——用户热情冲动，下单容易拒收也容易。建立完善的订单确认流程，引导预付款，是在这个热情市场盈利的关键。

最后更新：2026 年 1 月 | 数据来源：TikTok 官方、Statista、意大利国家统计局、行业调研

www.ingramcontent.com/pod-product-compliance
Lightning Source LLC
LaVergne TN
LVHW060546061026
849523LV00002B/388